Vogeltopographie

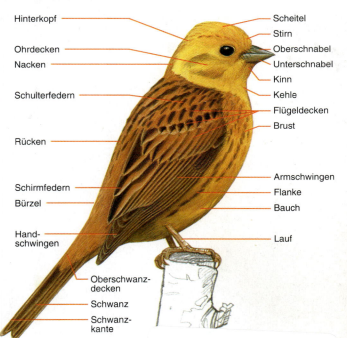

Körperregionen und Gefiederpartien einer Goldammer

Kopfzeichnung eines Sommergoldhähnchens

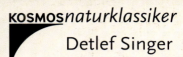

KOSMOS*naturklassiker*

Detlef Singer

Die Vögel Mitteleuropas

Mit Sonderteil: Vogelarten Nord- und Südeuropas

572 Farbfotos von Angermayer/Reinhard (1), Angermayer/Schmidt (1), Angermayer/Ziesler (2), F. Adam (3), M. Bracht (2), H. D. Brandl (11), B. Brossette (2), P. Buchner (1), P. Castell (1), R. Cramm (5), M. Danegger (18), J. Diedrich (20), W. Dierker (1), B. Eichhorn/D. Zingel (8), M. Essler (4), H. Fürst (4), B. Fischer (3), H. Fürst/D. Stahl (7), R. Groß (2), T. Grüner (11), H. Hautala (2), F. Hecker (6), E. Hüttenmoser (1), Juniors/Köpfle (1), Juniors/Nordlicht (1), H. Hiller (1), E. Humperdinck (2), A. Klees (16), C. König (1), L. Kujala (1), W. Layer (12), A. Limbrunner (77), H. Löhrl (2), Magerl/Willner (1), R. Maier (4), G. Moosrainer (7), H. Partsch (3), E. Pott (17), G. Quedens (14), Reinhard-Tierfoto (7), C. Reinichs (2), W. Rohdich (4), R. Schmidt (10), H. Schrempp (25), A. Schulze (9), K. Schwammberger (8), Silvestris (8), Silvestris/Arndt (1), Silvestris/Brehm (1), Silvestris/FLPA (1), Silvestris/Gerlach (1), Silvestris/Lane (4), Silvestris/Marquez (1), Silvestris/Meyers (1), Silvestris/Nigel (1), Silvestris/Rosing (1), Silvestris/Schiersmann (1), Silvestris/Schulte (1), Silvestris/Sycholt (1), Silvestris/Willner (1), Silvestris/Wilmshurst (3), D. Singer (11), M. Stelzner (1), K. Storsberg (2), G. Synatzschke (14), U. Walz (12), J. Weber (1), G. Wendl (13), B. u. L. Werle (1), K. Wernicke (20), K. Wothe (34), P. Zeininger (93), G. Ziesler (2)

99 Flugbilder von Hermann Kacher, 69 farbige Ei-Darstellungen von Walter Söllner sowie 105 farbige Vogelzeichnungen und 46 Schwarzweiß-Zeichnungen von Steffen Walentowitz.

Auf den Umschlagklappen 3 Farbzeichnungen von Steffen Walentowitz, 30 Silhouetten von Wolfgang Lang und 5 Schwarzweiß-Zeichnungen von B. Burkart.

Umschlag von F. Steinen-Broo, eStudio Calamar. Pau, Spanien unter Verwendung einer Aufnahme von Alfred Limbrunner. Das Bild zeigt einen Eisvogel.

Gedruckt auf chlorfrei gebleichtem Papier

4. Auflage, 2000
© 1988, 2000, Franckh-Kosmos Verlags-GmbH & Co., Stuttgart
Alle Rechte vorbehalten
ISBN 3-440-08434-5
Lektorat: Rainer Gerstle
Produktion: Martina Gronau; Lilo Pabel
Satz: G. Müller, Heilbronn/Typomedia, Ostfildern
Printed in Italy/Imprime en Italie
Gesamtherstellung: Printer, Trento s.r.L., Trento

Informationen senden wir Ihnen gerne zu

Bücher · Kalender · Spiele
Experimentierkästen · CDs · Videos
Seminare

Natur · Garten & Zimmerpflanzen ·
Heimtiere · Pferde & Reiten ·
Astronomie · Angeln & Jagd ·
Eisenbahn & Nutzfahrzeuge ·
Kinder & Jugend

KOSMOS

Postfach 10 60 11
D-70049 Stuttgart
TELEFON +49 (0)711-2191-0
FAX +49 (0)711-2191-422
WEB www.kosmos.de
E-MAIL info@kosmos.de

Die Deutsche Bibliothek –
CIP-Einheitsaufnahme
Ein Titelsatz für diese Publikation ist bei der Deutschen Bibliothek erhältlich

Die Vögel Mitteleuropas

Zum Umgang mit diesem Buch	6	Gewölle	64
Zeichen und Abkürzungen	6	Kotspuren	67
Rote Liste	7	**Weiterführende Literatur**	68
Die Symbolleiste	7	**Wichtige Adressen**	68
Was ist für die Bestimmung wichtig?	8	**Bestimmungsteil**	69
Bestimmungsbeispiel	8	**Taucher, Störche, Reiher, Entenvögel u. a.**	69
So gehen Sie vor	8		
Vogelstimmen	9	**Greifvögel**	121
Warum ist die Kenntnis der Vogelstimmen wichtig?	9	**Hühner, Rallen, Kraniche, Trappen**	147
Vogelstimmen kennenlernen	9		
Rufe und Gesang	10	**Watvögel, Möwen, Seeschwalben, Alken**	165
Vogelstimmen zu Papier gebracht	10	**Tauben, Eulen, Racken, Spechte**	221
Bau und Funktion des Stimmorgans	11		
Die Ausrüstung des Vogelbeobachters	11	**Singvögel**	256
		Sonderteil: Vogelarten Nord- und Südeuropas	370
Vogelschutz	12	Nordeuropa	370
Familienschlüssel	15	Südeuropa	382
Eier und Gelege	23	**Flugbilder von Enten und Sägern**	402
Nester und Höhlen	31		
Jungvögel	39	**Flugbilder von Falken und Greifvögeln**	404
Fraßspuren	47		
Rupfungen	53	**Flugbilder von Watvögeln**	406
Federn	57	**Flugbilder von Möwen und Seeschwalben**	408
Gewölle und Kot	63	**Register**	410

Zum Umgang mit diesem Buch

Im vorliegenden Naturführer sind die Vogelarten beschrieben, die regelmäßig in Mitteleuropa angetroffen werden können, in einem Gebiet also, das außer Deutschland, die Beneluxländer, die Schweiz, Österreich, Ungarn, Tschechien, die Slowakei und Polen umfaßt.

Die Reihenfolge, in der die einzelnen Arten abgebildet und beschrieben sind, folgt der jetzt gültigen systematischen Ordnung; so wird der Leser gleich mit den verwandtschaftlichen Beziehungen in unserer Vogelwelt vertraut gemacht. Diese Systematik ist in den verschiedenen Vogelbüchern jedoch nicht immer identisch, denn sie wurde, wie bei den anderen Tier- und Pflanzengruppen auch, nach der stammesgeschichtlichen Verwandtschaft erstellt; die Abstammung der einzelnen Vogelformen ist in vielen Fällen jedoch noch nicht vollständig bekannt.

Die Farbfotos sind bis auf wenige Ausnahmen in freier Natur aufgenommen und zeigen den Vogel in seinem arttypischen Lebensraum. In der Regel ist das Männchen (♂) im Brutkleid abgebildet, handelt es sich um das Weibchen (♀) oder ein anderes Kleid, so ist dies im Text vermerkt.

Farbzeichnungen ergänzen dort die Fotos, wo unterschiedliche Kleider (Weibchen-, Ruhe-, Jugendkleid), typische Flughaltungen oder Farbvarianten wichtige Bestimmungshinweise geben können.

Die in Mitteleuropa vorkommenden Vogelarten sind der Übersichtlichkeit halber in 6 farblich markierte Großgruppen unterteilt:

Taucher, Sturmvögel, Kormorane, Reiher, Störche, Ibisse, Schwäne, Gänse und Enten

Greifvögel und Falken

Hühnervögel, Rallen, Kraniche, Trappen

Schnepfenvögel, Möwen, Seeschwalben, Alken

Tauben, Kuckucke, Eulen, Segler, Nachtschwalben, Racken, Spechte

Singvögel

Zeichen und Abkürzungen

Status: Zu welcher Jahreszeit kann man die einzelnen Arten in Mitteleuropa antreffen:

J Jahresvogel: Vogelart, deren Angehörige kein Zugverhalten zeigen und daher das ganze Jahr über im Brutgebiet verbleiben. Während einige Jahresvögel das ganze Jahr innerhalb der engen Grenzen ihres Reviers verbringen (z. B. Kleiber), streifen andere (z. B. Meisen) in der weiteren Umgebung umher.

S Sommervogel: Vogelart, die Zugverhalten zeigt und nur in den Frühjahrs- und Sommermonaten anzutreffen ist.

Ü Übersommerer: Vogelart, die im Sommer beobachtet werden kann, jedoch nicht im behandelten Gebiet brütet.

W Wintergast, brütet nicht in Mitteleuropa.

(W) Seltener Wintergast

D Durchzügler: Diese Vogelart ist vorwiegend zur Zugzeit anzutreffen.

(D) Seltener Durchzügler

T Teilzieher: Ein Teil der Individuen dieser Vogelarten zieht im Herbst in ein Winterquartier ab, während der andere Teil im Brutgebiet überwintert. Angehörige dieser Arten kann man das ganze Jahr über antreffen, im Winter jedoch oft nur in sehr geringer Zahl (durch „(W)" gekennzeichnet).

I–XII Römische Zahlen geben die Monate an, in denen die Vogelart im behandelten Gebiet angetroffen werden kann.

♂ Männchen
♀ Weibchen

ad. adult (erwachsen)

juv. juvenil (jung)

> größer als

< kleiner als

~ ungefähr so groß wie

bei uns: bezieht sich immer auf die Verhältnisse in Deutschland

O brütet nicht in Deutschland

Rote Liste

Rote Listen sind regionale Zusammenstellungen von gefährdeten Tier- und Pflanzenarten in abgestuften Gefährdungskategorien; sie sind von Wissenschaftlern erstellt und spiegeln jeweils den aktuellen Stand der Erkenntnisse über die Gefährdung der einzelnen Arten wider. Sie sind heute unverzichtbar, denn sie bilden die wissenschaftliche Grundlage für den Artenschutz, also den Schutz der wildlebenden Pflanzen- und Tierarten. Viele mitteleuropäischen Staaten besitzen bereits Rote Listen; in Deutschland gibt es Rote Listen für jedes Bundesland, aus deren Synthese die Rote Liste für Deutschland erstellt wurde.

▽ Gefährdungsgrad nach der Roten Liste der in Deutschland gefährdeten Vogelarten (Stand 1. 6. 1996).

dabei bedeuten die Kategorien:
1 Vom Aussterben bedrohte Arten
2 Stark gefährdete Arten
3 Gefährdete Arten
R Arten mit geographischer Restriktion in Deutschland (beschränkte Vorkommen)
V Arten der Vorwarnliste

Die Texte der Artbeschreibungen enthalten alles Wissenswerte zum Bestimmen und Kennenlernen der verschiedenen Vogelarten in übersichtlicher und leicht verständlicher Form.
Unter dem Stichwort Typisch sind die Kennzeichen und Verhaltensweisen angegeben, die die betreffende Vogelart am besten charakterisieren. Das Stichwort Merkmale beschreibt in Ergänzung zu Farbfoto und Zeichnung das Aussehen des Vogels und weist – soweit erforderlich – auf das je nach Alter, Jahreszeit, Geschlecht und Farbvariante unterschiedliche Gefieder hin.

Die zum Kennenlernen und zur Bestimmung wichtigen Lautäußerungen der Vögel, unterteilt in Rufe und Gesänge, sind unter dem Stichwort Stimme erläutert.
Unter Vorkommen sind die Lebensraumtypen beschrieben, in denen die Vogelart zur Brutzeit und der übrigen Zeit des Jahres anzutreffen ist.
Das Stichwort Verhalten schildert die zum Kennenlernen und Bestimmen wichtigen Verhaltensweisen.
Die arttypische Nahrung des Vogels wird unter dem Stichwort Nahrung angegeben.
Unter dem Begriff Brut stehen Informationen zur Brutzeit, zur Anzahl der Jahresbruten, zum Standort und zum Aussehen des Nestes.

Die Symbolleiste

Die Symbolleiste unter den Artbeschreibungen informiert auf einen Blick über die Zugehörigkeit zu einer Gruppe (Familiensilhouette), die ungefähre Größe (im Vergleich mit einer bekannten Art), den Status (Jahresvogel, Teilzieher usw.), den Zeitraum ihres Aufenthaltes in Mitteleuropa sowie Vorkommen und Gefährdungsgrad in Deutschland. Bei den Größenangaben wurde bewußt auf genaue Maße in Zentimeter verzichtet, da man sich z. B. unter 14 cm Vogel – von der Schnabelspitze zum Schwanzende gemessen – meistens nicht allzuviel vorstellen kann. Um sich die Größe eines Vogels vorstellen zu können, sind Angaben zur Gestalt wichtig: gleich groß ist cm (14) sind Schwanzmeise und Kleiber, der gedrungene Kleiber wiegt jedoch fast das Dreifache der langschwänzigen und grazilen Schwanzmeise.
Statt der cm-Angaben ist zu jeder der beschriebenen Vogelarten das Größenverhältnis zu einer bekannten Vogelart angegeben; die unbekannte Art kann mit dieser „Referenzart" verglichen werden, um die Größenabschätzung eines unbekannten Vogels zu erleichtern. Da die Größen der Referenzarten als bekannt vorausgesetzt werden, stehen bei diesen Arten keine Größenangaben; am entsprechenden Platz in der Symbolleiste steht statt dessen „bekannt". Hier die ungefähren Maße der Referenzarten:
Haussperling   15 cm/30 g
Amsel   25 cm/90 g

Haustaube	33 cm/300 g
Lachmöwe	36 cm/250 g
Rabenkrähe	47 cm/500 g
Mäusebussard	55 cm/800 g
Stockente	58 cm/1200 g
Silbermöwe	60 cm/1100 g

Darüber hinaus dienen noch einige weitere Arten als Referenzarten (2. Ordnung), zur schnellen Orientierung für bereits Fortgeschrittene gedacht: Haubentaucher, Weißstorch, Graureiher, Graugans, Höckerschwan, Steinadler, Turmfalke, Rebhuhn, Haushuhn, Bläßhuhn, Flußseeschwalbe, Mauersegler, Buntspecht, Rauchschwalbe, Star.

In den Symbolleisten unter den Bestimmungstexten dieser Arten wird jedoch auf eine der Referenzarten 1. Ordnung verwiesen.

Häufig ist es recht schwierig, die Größe eines gesehenen Vogels abzuschätzen, denn der subjektive Eindruck täuscht oft stark. Einmal hängt er von der Entfernung ab, in der sich der Vogel vom Beobachter befindet; dann beeinflußt die Umgebung des Vogels unsere Fähigkeit zur Größenabschätzung: Ein Uhu beispielsweise, der in einer hohen Felswand sitzt, wirkt klein, eine Amsel in einem kahlen Baum im Winter dagegen groß. Besonders in der Dämmerung und bei Nebel erscheinen uns die Vögel oft bedeutend größer, als sie in Wirklichkeit sind.

Was ist für die Bestimmung wichtig?

Das Erkennen von freilebenden Vogelarten ist nicht immer leicht, denn häufig kommt man nicht nah genug heran oder der Vogel ist ständig in Bewegung und von der Vegetation verdeckt; hat man sich endlich näher herangepirscht, fliegt er weg und läßt den Beobachter oft ratlos zurück. In der kurzen Zeit, in der man den Vogel sieht, muß man sich möglichst viele Details über Aussehen und Verhalten einprägen. Je mehr Vogelarten man bereits kennt, desto einfacher ist es, einen unbekannten Vogel richtig zu bestimmen. Es ist also sinnvoll, bereits daheim im Bestimmungsbuch zu blättern und sich vor allem die oben aufgeführten Referenzarten möglichst genau einzuprägen. Dabei achte man besonders auf
- Größe und Gestalt des Vogels (im Flug: Flügelform und -länge)
- Größe und Form des Schnabels
- Länge und Form des Schwanzes
- Länge der Beine
- auffällige Gefiederkontraste und -färbungen, z. B. Augenstreifen oder Flügelbinden
- besondere Bewegungen und Verhaltensweisen (im Flug: Flügelschlagfrequenz)
- Lautäußerungen
- Lebensraum
- Jahreszeit der Beobachtung

Die Gewichtung der einzelnen „Feldkennzeichen" kann sehr verschieden sein: So erkennt man Kuckuck und Zilpzalp vorwiegend an ihren Stimmen, den Eisvogel an seiner stahlblauen Oberseitenfärbung oder die Schwanzmeise an ihrer Gestalt (kleiner Vogel mit langem Schwanz). Sind diese typischen Merkmale jedoch nicht wahrzunehmen, so können andere Kennzeichen an Bedeutung gewinnen und zum Ziel der richtigen Diagnose führen. Häufig hilft nur eine Kombination aus mehreren Merkmalen weiter.

Bestimmungsbeispiel

Um die Bestimmung der Vogelarten mit diesem Naturführer möglichst leicht zu machen, finden Sie auf den Seiten 14–22 einen „Familienschlüssel": Zu jeder der im Buch behandelten Vogelfamilien ist mindestens eine typische Silhouette abgebildet; zusätzlich informiert ein kurzer Erläuterungstext über die wesentlichen Merkmale dieser Vogelfamilie; die angegebenen Seitenzahlen verweisen auf die entsprechenden Seiten im Bestimmungsteil.

So gehen Sie vor

Ein Beispiel: Sie sehen im November auf einem Parkteich einen schwarzen Vogel schwimmen, der wie ein Huhn mit dem Kopf nickt und ständig mit dem Schwanz zuckt; als er im Uferbewuchs verschwindet, fällt Ihnen der kurze Schwanz mit schneeweißer Unterseite auf. Beim Vergleich der Silhouetten im Familienschlüssel mit dem unbekannten Vogel stoßen Sie auf eine Darstellung, die bei der Familie Rallen steht. Jetzt lesen Sie sich den Kurztext durch, um festzustellen, ob Ihre Entscheidung richtig sein kann; Sie finden hier Ihre Beobachtung „hühnerähnlich" wieder. Nun schlagen Sie die angegebenen

Seiten im Bestimmungsteil nach und sehen sich die Fotos der verschiedenen Rallenarten an; Ihre Wahl fällt zunächst auf die beiden einzigen schwarzen Rallen, das Teichhuhn und das Bläßhuhn. Mit Hilfe des Artentextes und der Symbolleiste überprüfen Sie Ihre Wahl: In den Symbolleisten erfahren Sie, daß beide Arten das ganze Jahr über, also auch im Winter, anzutreffen sind und somit grundsätzlich in Frage kommen. Der angegebene Größenvergleich „kleiner als Rebhuhn" erscheint Ihnen jedoch zutreffender als „kleiner als Stockente". Unter „Typisch" finden Sie bei der Artbeschreibung des Teichhuhns Ihre Beobachtungen bestätigt.

Letzte Zweifel werden ausgeräumt, wenn Sie sich auch noch das Stichwort „Merkmale" durchlesen.

Vogelstimmen

Warum ist die Kenntnis der Vogelstimmen wichtig?

Die inner- und zwischenartliche Verständigung über Lautäußerungen spielt bei den Vögeln eine entscheidende Rolle. Darum ist es kein Wunder, daß gerade die Vögel ein so reichhaltiges Lautrepertoire entwickelt haben. Da die Lautäußerungen in der Regel artspezifisch sind, eignen sie sich sehr gut als Bestimmungshilfen. Ohne die Kenntnis ihrer Stimmen würden wir von der Anwesenheit vieler Vögel gar nichts merken, denn sie halten sich häufig in Gebüsch oder dichten Baumkronen auf, wo sie unseren Blicken verborgen sind.

Es gibt nahverwandte Arten, die einander so ähnlich sind, daß man sie nach äußeren Merkmalen im Feld kaum voneinander unterscheiden kann. Glücklicherweise sind die Stimmen dieser „Zwillingsarten" meist deutlich verschieden, daß wir sie anhand ihrer Rufe und Gesänge oft eindeutig der einen oder der anderen Art zuordnen können. Will man feststellen, wie viele verschiedene Vogelarten in einem bestimmten Waldgebiet leben, ist die Kenntnis der Vogelstimmen unerläßlich, denn mit rein optischen Methoden würde man nur einen Bruchteil der anwesenden Vögel erfassen können. Diese Bestandsaufnahmen (Vogelkartierungen) werden heute sogar vorwiegend akustisch durchgeführt.

Die genaue Kenntnis der Stimmen macht es dem Vogelkundigen nicht nur möglich, die Zusammensetzung der Vogelarten eines Gebietes anzugeben, sondern erlaubt auch Schätzungen zur Bestandsdichte der einzelnen Arten und zur Situation, in der sich ein Vogel gerade befindet: Heftiges Gezeter verrät beispielsweise die Anwesenheit einer Katze oder eines Wiesels (Bodenfeind), ein hohes, gedehntes „zieh" bedeutet, daß die Gefahr diesmal aus der Luft droht (z.B. ein Sperber), langanhaltender Gesang läßt auf einen unverpaarten Junggesellen schließen, und Bettelrufe von Jungvögeln zeugen von einer erfolgreichen Brut.

Vogelstimmen kennenlernen

Am besten nehmen Sie an vogelkundlichen Wanderungen teil, die von den Vogelschutzverbänden und anderen naturkundlichen Vereinigungen angeboten werden. Zusätzlich können Sie sich Schallplatten und Kassetten mit Vogelstimmen besorgen.

Konzentrieren Sie sich am Anfang auf die Rufe und Gesänge von wenigen und überall häufigen Vogelarten; wenn Sie im Frühjahr damit beginnen, sind die Zugvögel noch nicht zurückgekehrt, die mit ihren vielen unterschiedlichen Gesängen für Verwirrung sorgen können.

Vergleichen Sie einen unbekannten Ruf oder Gesang möglichst mit dem einer bekannten Art, und versuchen Sie, den Klangeindruck verbal auszudrücken, z.B. flötend, orgelnd, kratzend, monoton, melancholisch.

Stellen Sie fest, ob der Gesang deutlich in Strophen untergliedert ist oder mehr kontinuierlich abläuft. Ist er abwechslungsreich, werden Gesangsabschnitte wiederholt, oder besteht er aus der stetigen Wiederholung einer einfachen Strophe?

Versuchen Sie möglichst, den unbekannten Sänger auch zu Gesicht zu bekommen, denn der kombinierte optische und akustische Eindruck prägt sich besonders gut ein.

Rufe und Gesang

Man unterteilt die Lautäußerungen der Vögel ihrer Funktion nach in Rufe und Gesänge. Rufe sind in der Regel kurze Laute, die nicht gelernt werden müssen, sondern zum angeborenen „Stimminventar" gehören. Meist hört man die Rufe das ganze Jahr über, es gibt aber auch Rufe, die nur zu bestimmten Jahreszeiten auftreten, wie der Regenruf des Buchfinken (Brutzeit) oder das „zihdit" der Heckenbraunellen im Herbst. Je nach Funktion lassen sich Lockrufe, Stimmfühlungsrufe, Warnrufe, Drohrufe oder auch Bettelrufe unterscheiden.

Bis auf ein paar Ausnahmen wird der Gesang nur von den Männchen hervorgebracht. Im Gegensatz zu den Rufen, die man in der Regel das ganze Jahr über hört, ist der Gesang auf bestimmte Jahreszeiten beschränkt. Die Männchen der meisten Singvögel singen im Frühjahr, bei einigen Arten gibt es auch einen ausgeprägten Herbstgesang. Die Gesangsaktivität wird von den Keimdrüsen gesteuert; sie kann im Experiment durch die Gabe von männlichen Hormonen – auch bei Weibchen – ausgelöst werden. Der Gesang ist in der Regel komplizierter aufgebaut als die Rufe; er setzt sich aus Untereinheiten (Elementen bzw. Silben) zusammen, die größere Einheiten (Strophen) aufbauen oder ohne strophige Gliederung kontinuierlich „dahinplätschern". Die meisten Gesänge unserer Singvögel sind in Strophen unterteilt; es gibt Vogelarten mit nur einem Strophentyp, der ständig wiederholt wird, andere wie der Buchfink wechseln jeweils nach einer mehr oder weniger großen Anzahl von Strophen zu einem anderen Strophentyp, den sie wiederum eine Zeitlang singen; einige Meistersänger beherrschen sehr viele verschiedene Strophen, beispielsweise Nachtigall (über 200) und Heidelerche (über 100). Die Funktion des Gesanges ist vor allem die akustische Abgrenzung und Verteidigung des Brutreviers; umherstreifende Männchen sollen durch den Gesang davon abgehalten werden, sich in dem besetzten „Grundstück" niederzulassen. Ist der Revierinhaber noch ledig, so dient sein Gesang auch dem Anlocken eines Weibchens. Bei Trauerschnäppern beispielsweise konzentriert sich die Gesangsaktivität vor allem auf die Weibchen; nach erfolgter Verpaarung stellt das Männchen seinen Gesang ein. Da die Männchen vieler Vogelarten auch nach der Verpaarung noch weitersingen, liegt es nahe, daß der Gesang auch eine Rolle bei der Synchronisation des Paares während der Balz spielt. Eine weitere Funktion des Gesanges, die des Paarzusammenhaltens, wurde nur bei wenigen Singvögeln gefunden: Bei den Tannenmeisen singen Männchen und Weibchen das ganze Jahr über, um sich nicht aus den Augen zu verlieren.

Vogelstimmen zu Papier gebracht

Will man eine gehörte Vogelstimme jemand anderem beschreiben, so ist das meist gar nicht so einfach – außer man hat gerade einen Kuckuck gehört oder den „pink"-Ruf eines Buchfinken. Schon bei einfacheren Singvogelgesängen versagen wir oft kläglich, wenn wir versuchen, den Klangeindruck wiederzugeben. Früher versuchte man dieses Problem zu lösen, indem man die Vogelgesänge mit Hilfe der Notenschrift und den entsprechenden Zeichen aus der Musik niederschrieb. Das führte natürlich dazu, daß die Stimmen der verschiedenen Vogelarten aufgrund des subjektiven Klangeindruckes jeweils anders beschrieben wurden.

Auch heute noch findet man in den meisten Vogelbestimmungsbüchern – auch im vorliegenden – die Umsetzung der Vogellaute in unsere Schrift, beispielsweise „zizi-bä" für den Gesang der Kohlmeise. Da diese Methode jedoch noch keinen Klangeindruck vermitteln kann, sind zusätzliche Umschreibungen wie flötend, orgelnd, klappernd oder ähnlich durchaus sinnvoll. Die Wiedergabe von Vogellauten in Worten kann jedoch keine so exakten Ergebnisse liefern, wie sie die Wissenschaft der Tierstimmenforschung (Bioakustik) fordert. Dies wurde erst mit der Einführung des Magnettonbandes und des Klangspektrographen (Sonagraphen) möglich. Der Sonagraph zeichnet mit rein physikalischen Mitteln Schallereignisse auf Papier auf und macht sie dadurch nicht nur unvergänglich, sondern auch objektivierbar. Die Aufzeichnung – auf einem speziell beschichteten Papier – wird als Sonagramm bezeichnet und wie unsere Schrift von links nach rechts gelesen. Auf einem Standardsonagramm sind die Schallereignisse von genau 2,5 Sekunden aufgezeichnet, es gibt jedoch auch Geräte, die „Endlossonagramme" liefern. Senkrecht zur horizontal verlaufenden Zeitachse (2,5 Sekunden) ist die Tonhöhe als Frequenz aufgezeichnet; der Sonagraph analysiert also die Schallereignisse nach ihrer Tonhöhe; tiefe Töne mit niedrigen Frequenzen sind unten nahe der Basislinie aufgezeichnet, höhere Töne entsprechend höher. Auf dem Sonagramm sieht man exakt den Verlauf der Tonhöhe und die Zahl der Einzellaute pro Zeiteinheit. Im Gegensatz zur Notendarstellung sind auch die Unter- und Obertöne dargestellt. Die Intensität des Tones – die Lautstärke – wird durch den Grad der Schwärzung sichtbar gemacht. Mit Hilfe des Sonagraphen ist es heute möglich, detaillierte Untersuchungen zu Fragen der Individualentwicklung von Lautäußerungen, zum akustischen Lernverhalten und zur Ausbildung von Dialekten anzustellen.

Bau und Funktion des Stimmorgans

Während bei den anderen Wirbeltieren und natürlich auch bei uns Menschen die Laute im Kehlkopf entstehen, haben die Vögel ein spezielles Stimmorgan im Brustraum entwickelt, die Syrinx. An der Stelle, an der sich die Luftröhre in die beiden Stammbronchien gabelt, sind zwischen den Knorpelringen zwei membranartige Häutchen aufgespannt, die durch den Strom der Atemluft in Schwingung gebracht werden. Bei den einzelnen Vogelgruppen ist die Ausprägung dieser schwingenden Häutchen (äußere und innere Syrinxmembran) verschieden. Offensichtlich können sie bei den Singvögeln unabhängig voneinander schwingen, denn es entstehen manchmal auch verschiedene Töne zur gleichen Zeit, die nicht zueinander harmonisch sind.

Die Syrinxmuskeln, also die Muskeln, die an den Membranen ansetzen, sind ebenfalls bei den einzelnen Vogelgruppen in unterschiedlicher Art und Weise ausgebildet. Die echten Singvögel sind dadurch charakterisiert, daß sie 4–9 Paar dieser Singmuskeln besitzen, während die übrigen Sperlingsvögel deren nur 3 Paar haben. Diese spezielle Muskulatur hat bei den Singvögeln eine große Bedeutung für die Variationsfähigkeit ihrer Stimmen und damit für deren außergewöhnliche Gesangsleistungen. Tatsächlich hat man herausgefunden, daß die Syrinxmuskeln bei den Gesangsvirtuosen wie Nachtigall, Sprosser, Drosseln und Lerchen wirklich auch am besten ausgebildet sind. Andererseits sind einige „Nichtsingvögel" mit ihrem wesentlich weniger hoch entwickelten Stimmorgan den zu den Singvögeln zählenden Krähen gesanglich deutlich überlegen.

Die Ausrüstung des Vogelbeobachters

Ein gutes Fernglas ist wohl der wichtigste Ausrüstungsgegenstand des Vogelbeobachters. Das Glas sollte nicht zu schwer sein und einfach und schnell in der Handhabung. Damit es nicht gleich beim ersten Hinfallen kaputt ist, ist eine schützende Gummiarmierung sinnvoll. Erfahrungsgemäß haben sich Vergrößerungen von 8–10 mal in der Praxis am besten bewährt; die am häufigsten angebotenen Modelle sind 8 × 30, 8 × 40, 10 × 40 und 10 × 50. Man sieht bei 10facher Vergrößerung nicht unbedingt mehr als bei 8facher, denn je stärker die Vergrößerung, desto lichtschwächer wird die Optik, und desto stärker ist die Gefahr des „Verzitterns". Im Fachhandel werden gute 8- oder 10fache Ferngläser zwischen rund 100 DM und über 1000 DM angeboten. Die Entscheidung für ein Fabrikat wird wohl hauptsächlich von der Kapazität des Geldbeutels bestimmt. Bei billigeren Gläsern sollte man unbedingt mehrere gleiche Exemplare testen, um herauszufinden, mit welchem Glas man am besten zurechtkommt, denn die Justierung zeigt oft erhebliche Unterschiede. Bei einem 1000-DM-Fernglas ist dieser Test sicher nicht notwendig.

Um längere Entfernungen überbrücken zu können, beispielsweise bei der Beobachtung von Wasservögeln, empfiehlt sich die Verwendung eines Fernrohres. Die gebräuchlichsten Vergrößerungen liegen hier bei 25- bis 40fach, es gibt auch 80-, 100fach und noch stärker vergrößernde Fernrohre, die normalerweise für astronomische Zwecke eingesetzt werden – entsprechend hoch sind natürlich auch die Preise! Beim Kauf eines Fernrohres sollte man vor allem auf Schärfe und Lichtstärke achten, denn was nützt eine 60fache Vergrößerung, wenn die Helligkeit des Bildes bei bewölktem Himmel bereits nicht mehr ausreichend ist. Da das Erinnerungsvermögen bekanntlich seine Grenzen hat, ist es immer sinnvoll, ein Notizbuch mitzuführen, in das man seine Beobachtungen einträgt, denn die sind oft schon nach ein paar Stunden vergessen. Wichtig sind Ort, Lebensraum, Zeit und nähere Umstände der Beobachtung; bei unsicherer Artbestimmung sollte man möglichst viele Merkmale der gesehenen Vogelart notieren – neben den Feldkennzeichen auch Verhalten und die Stimme – und zur Verdeutlichung eine Skizze anfertigen; damit ist es möglich, daheim in Ruhe seine Beobachtungen mit Beschreibungen und Abbildungen in Büchern zu vergleichen; in vielen Fällen wird man auf den Namen der gesehenen Vogelart kommen. Doch es bleiben auch bei sehr erfahrenen Vogelbeobachtern häufig noch Fragen offen, das liegt einfach in der Natur der Sache.

Vogelschutz

Bei dem Schlagwort Vogelschutz denken die meisten Menschen an die Fütterung notleidender Vögel oder an das Aufhängen von Vogelnistkästen. In der Tat ist diese klassische Art von Vogelschutz sehr populär und wird oft mit großem finanziellen Aufwand durchgeführt. Für die Erhaltung einer artenreichen Vogelwelt reichen diese Maßnahmen jedoch leider nicht aus. Denn Vogelschutz ist nur dann sinnvoll, wenn gleichzeitig der artgemäße Lebensraum für die Vogelwelt erhalten wird. Denn was nützt es, wenn beispielsweise Meisen in einem aufgehängten Nistkasten zur Brut schreiten, deren Junge aber verhungern müssen, weil es an Insekten, der natürlichen Jungennahrung, fehlt.

Um den Rückgang einer Vogelart zu verstehen und um sinnvolle Hilfe leisten zu können, ist es notwendig, sich eingehend mit den Lebensbedürfnissen dieser Art zu beschäftigen, also mit Biotopansprüchen, Lebensweise und Verhalten des Vogels. Am Beispiel zweier waldbewohnender Vogelarten, dem Auerhuhn und dem Buchfink, soll einmal verdeutlicht werden, wie unterschiedlich die Ansprüche an den Lebensraum sein können:

Das Auerhuhn, ein typischer Großvogel des aufgelockerten Nadelwaldes, stellt sehr hohe Ansprüche: Der Wald muß naturnah und lückig sein, der Abstand zwischen den einzelnen Bäumen darf nicht zu gering sein, damit die großen Hühner auf der Flucht zwischen den Stämmen hindurchfliegen können; außerdem ist eine reichhaltige Bodenvegetation mit Heidelbeere, verschiedenen Moosen und anderen Pflanzen für Deckung und Ernährung notwendig, weiterhin viel Totholz, alte Bäume mit starken Seitenästen für die Baumbalz der Hähne, kleine Moorflächen oder Lichtungen, ferner offene Bodenstellen, an denen die Hühner kleine

Steinchen aufnehmen können, und schließlich Ameisenhaufen für die Kükenernährung. Es liegt nahe, daß eine Landschaft, in der lebensfähige Bestände des Auerhuhns vorkommen, von hohem ökologischen Wert sein muß; das Auerhuhn hat somit „Indikatorfunktion" für die Qualität eines Waldbiotops, d. h., wo das Auerhuhn leben kann, sind die Bedingungen für eine Vielzahl von – meist bedrohten – Pflanzen- und Tierarten ebenfalls günstig.

Der Buchfink dagegen kommt bei uns in jeder Art von Wald vor, im monotonen Fichtenstangenwald genauso wie im gut strukturierten Laub- oder Mischwald, selbst in Parks oder mit Bäumen bestandenen Gärten. Dieser Singvogel stellt keine besonderen Ansprüche an den Lebensraum, ihm genügt es, wenn nur ein paar höhere Bäume vorhanden sind. Sein Wert als Indikatorart ist dementsprechend gering.

Die beiden Beispiele stellen natürlich Extreme dar, denn nur wenige Vogelarten sind in ihren Biotopansprüchen so anspruchslos wie der Buchfink beziehungsweise so anspruchsvoll wie das Auerhuhn. Es versteht sich von selbst, daß es einfacher ist, den Buchfinken zu schützen als das Auerhuhn!

Das Auerhuhn ist bezüglich seiner Biotopansprüche und der Ursachen für den katastrophalen Rückgang inzwischen ausreichend erforscht; man weiß also ziemlich genau, warum dieser Großvogel bei uns im Aussterben begriffen ist. Aus diesem Wissen heraus ist es möglich, sinnvolle Schutzmaßnahmen zu ergreifen. Andere bedrohte Arten sind in dieser Hinsicht noch nicht so gut erforscht, ein Schutzkonzept zu erstellen ist bei diesen Arten erheblich schwieriger – was man nicht kennt, kann man auch nicht schützen!

Bis vor einigen Jahren konzentrierten sich die Bemühungen der Vogelschützer auf die Vogelarten, die spezielle Lebensraumansprüche haben und daher besonders gefährdet sind, wie beispielsweise das Auerhuhn; heute sind es auch die vor kurzem noch häufigen Arten, deren Bestände in den letzten Jahren in besorgniserregender Weise zurückgegangen sind. Es sind also nicht nur ein paar „Spezialisten" gefährdet, sondern unsere Vogelwelt insgesamt ist bedroht. Allein durch das fortschreitende Waldsterben droht ein großer Teil unserer Vogelarten heimatlos zu werden (z. B. viele Singvögel, Spechte, die meisten Eulen und Greifvögel). Von diesem großen Sterben sind natürlich nicht nur Vögel betroffen, sondern auch Säugetiere, Amphibien, Reptilien und Insekten. Ökologisches Gleichgewicht – unsere Lebensgrundlage - ist nur durch die Vielzahl der Pflanzen- und Tierarten gewährleistet; der Verlust jeder einzelnen Art schwächt das Gesamtsystem.

Es reicht nicht, wenn sich nur die Biologen und Naturschützer über die besorgniserregende Situation unserer Vögel und der übrigen freilebenden Tiere im klaren sind. Wichtig ist, daß dieses Bewußtsein in allen Behörden und Gremien Einzug hält, die in irgendeiner Weise mit der Landschaftsplanung befaßt sind. Der wichtigste Schritt zum schonenden Umgang mit der Natur ist die Vermittlung von biologischem Allgemeinwissen, denn allzuoft sind hier die Kenntnisse sehr gering. Der zweite Schritt besteht in der Erstellung von wissenschaftlichem Datenmaterial, das die Schutzbedürftigkeit von Tierarten bzw. -gruppen in einem bestimmten Gebiet dokumentiert. Ohne derartige Fachgutachten ist es oft sehr schwer, die mit der Planung beauftragten Behörden von zerstörerischen Eingriffen in der freien Natur abzuhalten. Gerade der Hobbyornithologe kann durch Freilandstudien, die er veröffentlicht, einen wichtigen Beitrag zum Vogel- und Naturschutz leisten.

Sehr wünschenswert wäre es, wenn er in seiner Umgebung Aufklärungsarbeit leistet und für den Gedanken des Vogelschutzes wirbt, eventuell Vorträge hält und dadurch andere auf die Notwendigkeit des rücksichtsvollen Umgangs mit der Natur aufmerksam macht.

Als weiteres Betätigungsfeld für den Vogelinteressierten bieten sich praktische Artenschutzmaßnahmen an, wie die Horstbewachung der vom Aussterben bedrohten Vogelarten wie Kranich, Seeadler oder Wanderfalke. Er kann sich bei Aktionen beteiligen, die Nistplätze für Eisvögel oder Wasseramseln schaffen oder ähnliche Vorhaben unterstützen.

Da ein Verband wesentlich mehr erreichen kann als eine Privatperson, sollte jeder Vogelbeobachter einem Vogel- bzw. Artenschutzverband (siehe S. 68) beitreten, denn dort kann er seine geplanten Aktionen zusammen mit anderen am besten in die Tat umsetzen. Mitgliederstarke Artenschutzverbände haben heute die Möglichkeit, naturzerstörerische Vorhaben zu Fall zu bringen oder zumindest die negativen Auswirkungen der Eingriffe erheblich zu verringern. Je mehr Menschen in Naturschutzverbänden organisiert sind, desto größeres Gewicht erhält der Naturschutzgedanke in der Politik.

Zum Schluß noch ein Wort zum Thema Vogelfotografie. Dieses schöne Hobby, das sehr viel Freude bereiten kann, erfordert ein hohes Maß an Verantwortungsbewußtsein, damit Störungen der freilebenden Tierwelt auf ein absolutes Mindestmaß beschränkt bleiben. Fotografie am Nest oder in Nestnähe sollte grundsätzlich tabu sein. Es gibt heute eine Fülle von guten Nestfotos nahezu jeder Vogelart, so daß kein Bedarf an neuen Nestfotos besteht. Die wenigen Nestfotos im vorliegenden Naturführer sind Dokumente aus altem Archivmaterial. Der Ehrgeiz des Vogelfotografen sollte darin bestehen, eine Vogelart in ihrem typischen Lebensraum ins Bild zu setzen, und zwar so ungestört, daß sie ihr natürliches Verhalten zeigt, denn das hat auch wissenschaftlichen Wert!

Rohrdommel

Familienschlüssel

Die Vogelfamilien, von denen mindestens eine Art in Mitteleuropa vorkommt

Seetaucher (Gaviidae): Ungefähr gänsegroße, schlanke Tauchvögel mit spitzem Schnabel und weit hinten eingelenkten Füßen mit Schwimmhäuten; liegen tief im Wasser, tauchen ausdauernd. Wirken im Flug durch den gesenkten Hals etwas „buckelig". Die Jungen sind einfarbig dunkel. ———————————— S. 72

Lappentaucher (Podicipedidae): Ungefähr entengroße Tauchvögel mit schlankem, spitzem Schnabel; Füße weit hinten eingelenkt, mit Schwimmlappen an den Zehen (Name!). Wirken schwanzlos. Fliegen selten; tauchen häufig. Junge mit auffällig gestreiftem Dunenkleid. —— S. 74

Sturmvögel (Procellariidae): Hochseevögel mit langen, schmalen und meist steif gehaltenen Flügeln; sehr elegante Flieger. Nasenöffnung röhrenförmig verlängert. Nur 1 Art in Mitteleuropa (Eissturmvogel), erinnert an eine Möwe. ———————————— S. 78

Kormorane (Phalacrocoracidae): Große dunkle Wasservögel; Schnabel mit hakenartig nach unten gebogener Spitze. Ernähren sich von Fischen; sitzen oft mit ausgebreiteten Schwingen, um das Gefieder zu trocknen. Erinnern schwimmend etwas an Seetaucher. —— S. 79

Reiher (Ardeidae): Mittelgroße bis große Stelzvögel mit langen Beinen und langem Hals; Schnabel mittellang, spitz. Verharren oft regungslos in Lauerstellung. Fliegen mit S-förmig gekrümmtem Hals und an die Schultern zurückgezogenem Kopf. Feuchtlandbewohner. ———————— S. 80

Ibisse (Threskiornithidae): An Störche erinnernde Stelzvögel, aber mit langem gebogenen (nicht in Mitteleuropa) oder mit löffelförmig abgeplattetem Schnabel. Fliegen wie Störche mit lang ausgestrecktem Hals. ———————————————————————— S. 87

Störche (Ciconiidae): Große Stelzvögel mit langen Beinen, langem Hals und langem, geradem Schnabel. Schreiten „majestätisch"; im Flug wird der Hals lang ausgestreckt; ausdauernde Segelflieger. ─── S. 88

Entenvögel (Anatidae): Kleine bis sehr große Wasservögel mit kurzen Beinen und Schwimmhäuten zwischen den Vorderzehen: **Schwäne** (S. 90): Sehr große Schwimmvögel mit langem, schlankem Hals; in Europa weiß. **Gänse** (S. 93): Große Wasservögel mit langem dickem Hals, die hauptsächlich an Land Nahrung suchen; Geschlechter gleich gefärbt. **Halbgänse** (S. 99): Merkmale von Enten und von Gänsen (Brandgans). **Schwimmenten** (S. 100): Meist mit einem auffälligen Flügelspiegel; tauchen nur ausnahmsweise, „gründeln" im Wasser; fliegen ohne „Anlauf" auf. **Tauchenten** (S. 107): Ohne auffälligen Flügelspiegel; tauchen oft bei der Nahrungssuche; rennen beim Abflug über das Wasser. **Säger** (S. 117): Schlanker Schnabel, an der Spitze mit Haken und an den Rändern mit Hornzähnchen besetzt; Gestalt langgestreckter als bei Enten.

Fischadler (Pandionidae): Gut bussardgroßer, unterseits heller Greifvogel mit langen schmalen, oft gewinkelt gehaltenen Flügeln; meist an Seen und Flüssen anzutreffen. ─── S. 124

Habichtartige (Accipitridae): Kleine bis sehr große Greifvögel, die ihre Beutetiere (meist Wirbeltiere) mit den Fängen greifen und töten; Schnabel kräftig, an der Spitze nach unten gebogen. ─── S. 125

Falken (Falconidae): Kleine bis mittelgroße Greifvögel mit langen spitzen Flügeln; Kopf rund mit großen dunklen Augen; fliegen schnell und gewandt, meist mit flachen Flügelschlägen; die Beute wird mit dem Schnabel getötet. ─── S. 142

Rauhfußhühner (Tetraonidae): Mittelgroße bis sehr große Bodenvögel, deren Läufe und Füße befiedert sind; kein auffällig langer Schwanz. Viele Arten Waldbewohner. ─── S. 150

Feldhühner (Phasianidae): Kleine bis mittelgroße Hühner mit unbefiederten Läufen; Schwanz kurz (Rebhuhn, Steinhuhn, Wachtel) oder sehr lang (Fasan). Leben in offener Landschaft bzw. im Gebirge. ─ S. 154

Rallen (Rallidae): Kleine bis mittelgroße, an Hühner erinnernde Bodenvögel mit seitlich zusammengedrücktem Körper und oft langen Zehen; viele Arten sind scheue Sumpfbewohner, die man kaum zu Gesicht bekommt. Das Bläßhuhn ist ein wenig scheuer Wasservogel. ─────────────── S.157

Bläßhuhn Wasserralle

Trappen (Otididae): Mittelgroße bis sehr große, kräftige Bodenvögel, die in Steppen oder Kultursteppen leben; ♂ meist viel größer als ♀. ─────── S. 163

Kraniche (Gruidae): Sehr große, an Reiher oder Störche erinnernde Bodenvögel mit langem Hals und langen Beinen; der Schnabel ist jedoch kurz. Im Flug (oft in V–Formation) sind Hals und Beine ausgestreckt. Bezeichnende, laut trompetende Stimme. ─────────────── S. 164

Austernfischer (Haematopodidae): Mittelgroße, schwarz-weiße Strandvögel mit langem roten Schnabel. ─────────────── S. 168

Triele (Burhinidae): Große, kräftige Watvögel mit langen, stämmigen Beinen, starkem Schnabel und großen Augen; Gefieder tarnfarben; vorwiegend dämmerungs- und nachtaktiv. ─────────── S. 169

Stelzenläufer (Recurvirostridae): Mittelgroße, bei uns schwarz-weiß gefärbte Watvögel mit langen bis sehr langen Beinen und langem Hals; viel schlanker und langbeiniger als Austernfischer. ─────── S. 170

Regenpfeifer (Charadriidae): Relativ gedrungene kleine bis mittelgroße Watvögel mit großen Augen und ziemlich kurzem, kräftigem Schnabel; suchen vor allem pickend nach Nahrung. ─────────── S. 172

Schnepfen (Scolopacidae): Kleine bis große Watvögel, meist mit langen Beinen und langem (auch nach unten gebogenem) Schnabel; in der Regel Bewohner von Küsten oder Feuchtgebieten. Nahrungssuche vorwiegend stochernd. ─────────────── S. 179

Wasserläufer Strandläufer

Raubmöwen (Stercorariidae): Große, meist dunkel gefärbte Seevögel, die im Flugbild an Möwen oder Greifvögel erinnern; Flügel schmal und meist gewinkelt gehalten. Jungvögel ohne Schwanzspieße, schwer bestimmbar. ─────────── S. 201

Möwen (Laridae): Schlanke, langflügelige Seevögel (einige Arten auch im Binnenland) mit überwiegend weißem oder grauem Federkleid; einige Arten mit dunklem Mantel, dunkler Gesichtsmaske oder schwarzen Flügelspitzen. _____ S. 203

Seeschwalben (Sternidae): Schlanker, graziler und kurzbeiniger als Möwen, viele Arten weiß mit schwarzer Kappe; Schnabel meist schlank und spitz. Nahrungssuche häufig rüttelnd und sturztauchend; schwimmen im Gegensatz zu Möwen nur selten. _____ S. 210

Alken (Alcidae): Kurzhalsige Meeresvögel mit weit hinten eingelenkten Beinen, kurzen, schmalen Flügeln und spitzen Schnäbeln; geschickte Taucher, die an Land aufrecht sitzen. Gesellig. _____ S. 218

Tauben (Columbidae): Kleine bis mittelgroße, kleinköpfige Vögel von rundlicher Statur. Nahrungssuche vor allem auf dem Boden; Flug oft reißend. Typische gurrende Stimme. _____ S. 224

Kuckucke (Cuculidae): Schlanke und langschwänzige Vögel mit 2 nach vorne und 2 nach hinten gerichteten Zehen. Das Flugbild des Kuckucks erinnert etwas an das des Sperbers. Die Jungen sperren wie junge Singvögel. Typische Stimme. _____ S. 229

Ohreulen und Käuze (Strigidae): Meist dämmerungs- und nachtaktive Jäger mit großen, nach vorne gerichteten Augen; Schnabel gebogen, zeigt nach unten; Krallen kräftig und spitz. Gesichtsschleier aus kranzförmig angeordneten Federn. Einige Arten mit deutlichen Federohren. Flug geräuschlos. _____ S. 230

Schleiereulen (Tytonidae): Helle, langbeinige Eulen mit herzförmigem Gesichtsschleier und relativ kleinen dunklen Augen; Flügelunterseite im Flug sehr hell. _____ S. 239

Segler (Apodidae): Größer als Schwalben, aber im Flugbild ähnlich; Flügel lang und sichelförmig, Schwanz kurz; Gefieder schwärzlich. Fliegt reißend schnell; nur selten sitzend zu sehen. _____ S. 240

Nachtschwalben (Caprimulgidae): Dämmerungs- und nachtaktive Insektenjäger mit langen schmalen Flügeln und langem Schwanz; Augen groß und dunkel, Schnabel klein; Gefieder rindenfarbig. Sitzen am Tage bewegungslos am Boden oder in Längsrichtung auf einem Ast. _____ S. 242

Eisvögel (Alcedinidae): Auffällig gefärbte Vögel mit großem Kopf, langem, kräftigem Schnabel und kurzen Beinen. In Europa nur eine Art (sperlingsgroß), die sich von Fischen ernährt und in selbstgegrabenen Höhlen an Steilufern brütet. —————————————— S. 243

Spinte (Meropidae): Schlanke, auffällig gefärbte Luftjäger mit spitzem, etwas nach unten gebogenem Schnabel. Flug schwalbenähnlich, gleiten oft mit ausgebreiteten Flügeln. In Europa nur eine Art. ————— S. 244

Racken (Coraciidae): Lebhaft gefärbte Vögel mit an Häher erinnernder Gestalt; Schnabel kräftig. Jagt nach Würgerart von einer Warte aus Insekten. In Europa nur eine Art. ————————————————————— S. 245

Wiedehopfe (Upupidae): Durch die große, aufrichtbare Federhaube, den dünnen, gebogenen Schnabel und die auffälligen, schwarz-weiß quergebänderten Schwingen unverkennbar. Nur eine Art. ————— S. 246

Spechte (Picidae): Kleine bis mittelgroße baumbewohnende Vögel mit kräftigem Meißelschnabel und steifen Schwanzfedern als Stützorgan. Zur Brutzeit trommeln Spechte häufig auf dürren Ästen. Eine Art, der Wendehals, ist rindenartig gefärbt, ohne spechttypisches Verhalten. ——————————————— S. 247

Lerchen (Alaudidae): Vorwiegend gestreifte, bräunliche Singvögel, die hauptsächlich auf dem Boden leben; die Geschlechter sind in der Regel gleich; auffallende, z.T. sehr wohltönende Gesänge. ————————— S. 260

Schwalben (Hirundinidae): Schlanke und anmutige kleine Singvögel mit langen spitzen Flügeln, die im Luftraum nach Insekten jagen; Schnabel und Füße klein.
——————————————————————— S. 264

Stelzen (Motacillidae): Vorwiegend bodenlebende Singvögel, die geschickt laufen und rennen (nicht hüpfen). **Eigentliche Stelzen** mit langem bis sehr langem Schwanz und langen Beinen. **Pieper** mit normaler Schwanzlänge, unauffällig braunstreifigem Gefieder und weißen Schwanzkanten; auffällige Singflüge.
——————————————————————— S. 268

Stelze

Pieper

Seidenschwänze (Bombycillidae): Sehr gesellige Vögel, die in Gestalt und Flugbild an Stare erinnern und aus der Entfernung einheitlich braungrau aussehen; auffällige, aufrichtbare Federhaube. 1 Art, die nur im Winter bei uns anzutreffen ist. _____ S. 275

Wasseramseln (Cinclidae): Starengroße Singvögel von gedrungener, zaunkönigsartiger Gestalt. Brüten an fließenden Gewässern und suchen ihre Nahrung vorwiegend tauchend; knicksen häufig. In Europa nur 1 Art. _____ S. 276

Zaunkönige (Troglodytidae): Kleine, bräunliche, insektenfressende Singvögel mit oft steil aufgerichtetem, fein quergebändertem Schwanz; auffallende Rufe und Gesänge. In Europa nur 1 Art. _____ S. 277

Braunellen (Prunellidae): Unauffällige Singvögel, die stark an Sperlinge erinnern, aber mit schlankem und spitzem Schnabel. In Europa 2 Arten, davon eine nur im Hochgebirge. _____ S. 278

Sänger (Muscicapidae): Kleine bis mittelgroße Singvögel mit relativ langen Beinen und schlanken Insektenfresserschnäbeln; oft auffallend wohltönende Stimmen; Nahrungssuche meist am Boden. Man unterscheidet: **Erdsänger** (S. 280), **Fliegenschnäpper** (S. 284), **Rotschwänze** (S. 288), **Wiesenschmätzer** (S. 290), **Steinschmätzer** (S. 292), **Steinmerlen** (S. 293), **Drosseln** _____ (S. 294).

Grasmücken (Sylviidae): Kleine, meist unscheinbar gefärbte, insektenfressende Singvögel mit schlanken Schnäbeln; viele Arten sind schwer zu bestimmen, außer bei guter Kenntnis ihrer Stimmen. Man unterscheidet: **Rohrsänger** (auch Schwirle, Seidensänger, Spötter; S. 300), **eigentliche Grasmücken** (S. 307), **Laubsänger** _____ (S. 312).

Goldhähnchen (Regulidae): Sehr kleine, zarte Insektenfresser mit olivgrünem Gefieder und auffallender Scheitelzeichnung; leben vorwiegend in Nadelbäumen. In Europa 2 Arten. _____ S. 316

Rohrmeisen (Panuridae): Schilfbestände oder dichtes Gebüsch bewohnende Singvögel mit langen abgerundeten Schwänzen; bauen napfförmige Nester. Typisch sind der geradlinig schwirrende Flug und die nasalen Rufe. In Europa nur 1 Art. _____ S. 318

Schwanzmeisen (Aegithalidae): Kleine, insektenfressende Singvögel mit sehr langem Schwanz und auffallend kurzem Schnabel; turnen geschickt an dünnen Zweigen außerhalb der Brutzeit in Trupps. In Europa 1 Art. _____ S. 319

Meisen (Paridae): Kleine rundliche Singvögel mit kurzem Schnabel, die geschickt im Gezweig umherturnen; brüten in Höhlen. Im Winter vielfach in gemischten Trupps. _____ S. 320

Kleiber (Sittidae): Kleine gedrungene Singvögel mit starkem, spechtartigem Schnabel und kurzem Schwanz; mit den kräftigen Füßen klettern sie geschickt auf- und abwärts an Baumstämmen. In Europa 1 Art _____ S. 326

Mauerläufer (Tichodromidae): Sperlingsgroße Singvögel mit langem dünnen, abwärts gebogenem Schnabel; rundliche Flügel mit auffallender roter Zeichnung und weißen Flecken. Weltweit nur 1 Art, die im Hochgebirge lebt. _____ S. 327

Baumläufer (Certhiidae): Kleine Singvögel mit schlankem gebogenen Schnabel und baumrindenfarbenem Gefieder; klettern an Baumstämmen hoch. In Europa 2 Arten, die sich sehr ähnlich sehen. __ S. 328

Beutelmeisen (Remizidae): Kleine, meisenartige Singvögel mit spitzem Schnabel. In Europa 1 Art, die an ihrer schwarzen Augenmaske und dem braunen Rücken leicht zu erkennen ist; baut sehr kunstvolle Nester. _____ S. 330

Pirole (Oriolidae): Drosselgroße Singvögel, deren Männchen bei den meisten Arten auffällig gelb gefärbt sind. Pirole leben hauptsächlich in Afrika und Südasien; in Europa nur 1 Art. _____ S. 331

Würger (Laniidae): Größere Singvögel mit auffälligem Gefieder und hakenförmig gebogener Schnabelspitze; Verhalten greifvogelähnlich; Wartenjäger. Würger spießen bei Nahrungsüberschuß häufig Beutetiere auf Dornen auf oder klemmen sie in Astgabeln ein. ⎯ S. 332

Rabenvögel (Corvidae): Weitaus die größten Singvögel, kräftiger Schnabel; Gefieder meist schwarz; Stimme meist rauh, kein lauter Gesang, jedoch oft gut entwickeltes Nachahmungsvermögen. ⎯⎯⎯⎯⎯⎯⎯⎯⎯⎯ S. 336

Krähe

Elster

Stare (Sturnidae): Knapp drosselgroße Vögel mit langem spitzen Schnabel und kurzem Schwanz; suchen in wackelndem Gang (nicht hüpfend) auf dem Boden Nahrung; sehr gesellig, lebhaft und oft lärmend.
⎯⎯⎯⎯⎯⎯⎯⎯⎯⎯⎯⎯⎯⎯ S. 344

Sperlinge (Passeridae): Meist schlicht gefärbte kräftige Singvögel mit finkenartigem Kegelschnabel; vielfach sehr gesellig und lärmend. In Mitteleuropa 3 Arten, davon eine (Schneefink) nur im Hochgebirge. ⎯ S. 345

Finken (Fringillidae): Typische Körnerfresser mit kleinem spitzen bis großem klobigen Schnabel; Gefieder häufig mit auffallenden Farben, Weibchen meist schlichter gefärbt; viele verschiedene Arten. ⎯ S. 348

Buchfink Kernbeißer

Ammern (Emberizidae): Finkenähnliche, ziemlich langgestreckte Singvögel mit relativ kurzem und dickem Schnabel, ernähren sich hauptsächlich von Körnern. ♂ sind meist auffallender gefärbt als ♀. Lebensraum häufig offene Landschaft mit Büschen und Bäumen. ⎯⎯⎯⎯⎯⎯⎯⎯⎯⎯⎯⎯⎯ S. 362

Eier und Gelege

Geschlechtliche Fortpflanzung im Tierreich ist nicht möglich ohne das Ei, eine abgeschlossene Kapsel, in der alles enthalten ist, was das werdende Individuum zu seiner Entwicklung benötigt. Nur Vogeleier sind mit einer harten Kalkschale umgeben.

Vogeleier müssen nicht unbedingt die typische Eiform (Hühnerei) aufweisen: Fast kugelförmig sind beispielsweise Euleneier, elliptisch geformt die Eier des Mauerseglers. Einen auffallend spitzen Pol weisen die kreiselförmigen Lummeneier auf. Das Ei liegt auf einem schmalen Felssims und würde, wenn es „richtig" eiförmig wäre, leicht vom Felsen rollen; durch seine besondere Form kann es sich jedoch nur um seine eigene Achse drehen. Auch Watvogeleier sind an einem Ende spitz zulaufend. Das Gelege besteht gewöhnlich aus 4 Eiern, die, mit den spitzen Polen zur Mitte zeigend, ähnlich einem Kleeblatt im Nest liegen; da Watvogeleier im Verhältnis zur Größe der Vögel relativ groß sind, können sie nur in dieser Anordnung optimal vom brütenden Altvogel bedeckt werden.

Seite 23: Das Gelege des Sandregenpfeifers ist auf dem Strandboden nur schwer zu entdecken, denn die Eier sind in ihrer Färbung und Fleckung hervorragend der Umgebung angepaßt.

Das Vollgelege des Höckerschwans **(oben links)** enthält meist 5–7 rund 11 cm lange Eier; die Färbung schwankt zwischen blaß blaugrau und leicht grünlich. Die anfangs stumpfe Schale glänzt am Ende der Bebrütungszeit.

Die Jungen schlüpfen nach 34–38 Tagen Brutdauer. – Die grünlichen Eier der Eiderente **(oben rechts)** liegen in einem Kranz von Daunen. Nur das Weibchen bebrütet das Gelege – 25–26 Tage lang. – Die 4–6 rundlichen Eier des Turmfalken **(unten links)** sind rotbraun gefleckt. Während der Brutdauer von 4 Wochen sitzt überwiegend das Weibchen auf dem Gelege. – Gut 3 Wochen werden die dunkel gefleckten Eier des Bläßhuhns **(unten rechts)** von Männchen und Weibchen bebrütet.

Flußregenpfeifer brüten häufig auf Kies- und Sandbänken **(oben links)**. – Ebenfalls tarnfarben sind Kiebitzeier **(oben rechts)**. – Bei Schleiereulen schwankt die Gelegegröße mit dem Beuteangebot zwischen 3 und 10 **(rechts)**. – Der Trauerschnäpper legt 5–7 zart bläulichgrüne Eier **(Mitte links)**. – Die intensiv hellblau gefärbten Singdrosseleier sind sehr auffällig **(Mitte rechts)**. – **Unten links** ein Gelbspöttergelege, **unten rechts** das einer Kohlmeise.

Kleibereier sind zart rötlichbraun gefleckt und gepunktet, besonders ausgeprägt um den stumpfen Pol; sie liegen auf einer Schicht von dürrem Laub oder Kiefernspiegelrinde **(oben links)**. *– Die 4–6 Eier des Buchfinken* **(oben rechts)** *sind glänzend hellblau und meist dicht rötlich und bräunlich gefleckt. – Kernbeißereier* **(links)** *weisen auf hellblauem oder graugrünlichem Grund kräftige Punkte sowie zarte Schnörkel und Kritzel auf. Oft tritt die Zeichnung zum stumpfen Pol hin gehäuft auf.*

Manche Vogelarten legen nur ein Ei, z.B. Trottellumme, Tordalk und Baßtölpel; die meisten Kleinvögel haben Gelegegrößen von 2–6, Meisen sogar von 6–10 Eiern, Hühnervögel haben besonders große Gelege, das Rebhuhn mit bis zu 22 Eiern hält den heimischen Mengenrekord.

Auch die Anzahl der Bruten pro Jahr ist nicht einheitlich; während die größeren Vogelarten nur eine Jahresbrut aufziehen, können Kleinvögel bis zu 4mal im Jahr brüten. Die Gelegegröße nimmt mit fortschreitender Jahreszeit ab – dieser „Kalendereffekt" der Gelegegröße hängt vermutlich damit zusammen, daß das Nahrungsangebot im Laufe des Sommers immer knapper wird.

Die Eier vieler Vogelarten sind weiß. Dies trifft besonders für Höhlenbrüter wie Spechte und Eulen zu, denn deren Eier benötigen in der dunklen Höhle keine Tarnung. Aber auch die Eier einiger freibrütender Arten, z.B. Tauben oder Enten, sind weiß; Enten tarnen ihr Gelege jedoch, indem sie es vor dem Verlassen mit Nistmaterial bedecken.

Dagegen weisen die Eier von Bodenbrütern mit deckungslosen Nestern, wie Möwen, Seeschwalben und Kiebitzen, eine ausgeprägte Tarnfärbung auf, aber auch Eier von bodenbrütenden Singvögeln, wie Lerchen, Piepern und Rotkehlchen, sind hervorragend getarnt. Durch ihre intensive Blaufärbung sind dagegen die Eier von Heckenbraunellen oder Singdrosseln sehr auffällig. Beide Arten brüten aber in dichten Büschen und Jungbäumen, so daß die Brut schon dadurch geschützt ist. Eine ungewöhnliche Brutmethode hat unser Kuckuck entwickelt: Er legt seine Eier in fremde Nester und läßt sie dort von den Stiefeltern ausbrüten (Brutparasitismus). In vielen Fällen gleichen die Kuckuckseier in verblüffender Weise den Wirtsvogeleiern, obwohl sie meist etwas größer sind. Es gibt jedoch auch Ausnahmen; bisher hat man in Heckenbraunellennestern noch nicht blauen Kuckuckseier gefunden, und trotzdem werden junge Kuckucke von Heckenbraunellen erbrütet und aufgezogen.

Nester und Höhlen

Nester schützen ihre Bewohner gegen Feinde sowie gegen Witterungseinflüsse wie Kälte, Nässe und Hitze; außerdem geben sie ihnen, um es vermenschlicht auszudrücken, Geborgenheit. Bei vielen Tiergruppen findet man Nester, beispielsweise bei Säugetieren und bei Insekten, doch fast alle Nester, die man in Wald und Flur sieht, sind von Vögeln gebaut. Die meisten Vogelnester findet man im Winterhalbjahr, denn dann sind auch die gut getarnten Nester in den unbelaubten Bäumen sichtbar; wir können sie jetzt genau betrachten und bestimmen und somit feststellen, was für Vogelarten z.B. am Waldrand oder in der Hecke gebrütet haben.

Im Frühjahr und Sommer jedoch, zur

Seite 31: *Das stabile Nest des Teichrohrsängers ist aus Gras und Halmen gebaut; die Seiten sind wie bei allen Rohrsängernestern um mehrere aufrechte Schilfhalme geflochten; so schwankt es mit den Halmen im Wind und kann auch heftigen Stürmen standhalten.*

Das Nest der Dreizehenmöwe steht auf kleinen Felsvorsprüngen **(oben links)**. *– Sein umfangreiches Nest baut das Bläßhuhn häufig im Flachwasser* **(oben rechts)**. *– Riesige Dimensionen hat das Höckerschwannest* **(Mitte links)**; *die Vögel brüten selbst an Parkteichen. – Bevor der Haubentaucher sein Nest verläßt, deckt er das Gelege sorgsam zu* **(Mitte rechts)**. *– Unter der dicken Schicht aus hervorragend isolierenden Daunen befindet sich das Nest der Eiderente* **(links)**.

Das lockere Nest der Mönchsgrasmücke *(oben links)* ist mit den Zweigen der Trägerpflanze verflochten. – Der Sumpfrohrsänger baut mit Vorliebe in Brennesseln *(oben rechts)*. – Das Nest des Kernbeißers *(rechts)* ist normalerweise besser versteckt. – Ein Singdrosselnest *(Mitte links)*. – Oft brüten Amseln direkt am Haus *(Mitte rechts)*. – Das Neuntöternest *(unten links)* ist in Dornenbüschen gut versteckt. – **Unten rechts** ein Buchfinkennest.

*Die Ränder des kunstvollen Pirolnestes **(oben links)** sind um die Trägerzweige geschlungen. – Die Rauchschwalbe baut nur innerhalb von Gebäuden **(oben rechts)**. – Graureiher horsten kolonieweise auf hohen Bäumen **(Mitte links)**. – In ausgedehntem Röhricht nistet die Rohrweihe **(Mitte rechts)**. – Der Steinadlerhorst **(unten links)** wird von Jahr zu Jahr höher. – **Unten rechts** ein alter Habichtshorst; innen ist er mit frischen Zweigen ausgelegt.*

Nur noch in wenigen ausgedehnten Waldgebieten Mitteleuropas nistet der Schwarzstorch; der große Horst **(oben)** ist meist im Kronenbereich auf einer starken Astgabel gebaut. Wie bei vielen Greifvögeln wird das Nest Jahr für Jahr ausgebessert und erweitert, so daß es im Laufe der Zeit sehr umfangreich werden kann.

Auch Saatkrähen legen ihre Nester im Kronenbereich an **(Mitte)**; sie brüten kolonieweise auf benachbarten großen Bäumen in offener Kultur- und Wiesenlandschaft. Die Horste werden von ♂ und ♀ gemeinschaftlich gebaut, häufig über Jahre hinweg benutzt und dabei ständig ausgebessert.

Das umfangreiche, überdachte Elsternnest **(unten)** findet man in hohen Hecken, Alleen, an Waldrändern und auf Einzelbäumen in offener Landschaft. Es besteht aus gröberen Zweigen und ist an einigen Stellen mit Erde verfestigt.

Zeit der Brut und Jungenaufzucht, sollten wir unbedingt vermeiden, an entdeckte Nester heranzugehen, geschweige denn hineinzufassen! Allein schon durch unsere Anwesenheit in Nestnähe kann der Brutablauf gestört und der Sicht- und Witterungsschutz für Eier und Jungvögel erheblich beeinträchtigt werden. Auch können die von uns hinterlassenen Duftspuren Nesträuber und „Eierdiebe" anlocken!

Jede Vogelart baut ein ganz bestimmtes Nest, das ihren Ansprüchen und Bedürfnissen entspricht. Diese Formenfülle bietet ein Paradebeispiel für die Anpassung an den Lebensraum; daher taugen Vogelnester auch nicht als Kriterium für den Grad der Verwandtschaft zwischen den einzelnen Arten. Ein Beispiel: Rauchschwalbe und Uferschwalbe sind nahe miteinander verwandt, ihre Nester bzw. Nistweisen sind jedoch grundverschieden; während die Rauchschwalbe im Inneren von Gebäuden schalenförmige Nester baut, gräbt die Uferschwalbe bis zu einem Meter lange Röhren in Steilwände.

Die große Vielfalt der Vogelnester teilt man zum einen nach ihrem Standort ein, zum anderen nach ihrer Bauweise. Viele Arten brüten am Boden (Bodenbrüter): auf Wiesen, Äckern, Feldern, auf Mooren und anderen Feuchtflächen (fast alle Enten-, Hühner- und Watvögel). Einige Vogelarten bauen keine

*Das dickwandige, kugelige Moosnest des Zaunkönigs **(oben links)** findet man häufig in Wurzeltellern umgefallener Bäume. – Beide Partner der Wasseramsel bauen ihr großes überdachtes Moosnest fast stets am Ufer eines Fließgewässers **(oben rechts)**. – Das eiförmige Schwanzmeisennest ist außen mit Flechten getarnt **(Mitte)**. – Das Nest der Beutelmeise wird an dünnen Zweigspitzen von Weiden freihängend geflochten; typisch ist die vorgezogene Eingangsröhre **(unten rechts)**, die **unten links** („Henkelkorbstadium") noch nicht fertiggestellt ist.*

Nester; sie legen ihre Eier einfach auf den Erdboden (z.B. Ziegenmelker) oder auf das nackte Holz einer Baumhöhle (z.B. einige Eulen). Lappentaucher, Bläßhühner und Höckerschwäne legen schwimmende Nester im Flachwasser an.

Die meisten Vogelarten, z.B. ein Großteil der Kleinvögel, Rabenvögel und der Greifvögel, und alle heimischen Tauben- und Spechtarten brüten in Büschen und Bäumen. Besonders die wehrlosen Kleinvögel müssen ihre Nester möglichst gut verbergen, um sie vor den Beutegreifern zu schützen.

Neben dem Standort ist vor allem die Bauweise des Nestes für den Bruterfolg ausschlaggebend. Die Mehrzahl unserer heimischen Vögel baut Nester mit mehr oder weniger tiefen Mulden (Napfnester). Geschlossene Nester mit seitlichem Eingang bauen Zaunkönig, Wasseramsel, Laubsänger und die „Meister" unter den heimischen Nestbauern, Schwanzmeise und Beutelmeise, deren Nester vollendete Kunstwerke darstellen. In flachen Reisignestern ziehen viele Taubenarten ihre Jungen auf, stabilere Reisignester bauen Krähen und Häher; große Reisighorste werden von Habichten, Stein- und Seeadlern errichtet.

Während Kleinvögel für jede Brut ein neues Nest bauen, setzen Reiher oder die größeren Greifvögel ihre Horste oft alljährlich wieder instand.

Viele Vogelarten nisten in Höhlen (Höhlenbrüter); denn dort sind sie vor schlechtem Wetter und Feinden sicherer als in einem Freinest. In Baumhöhlen ziehen Spechte, Meisen, Kleiber und Stare ihre Jungen hoch, aber auch Hohltauben, Wiedehopfe, Käuze und einige Entenarten. Doch nur die Spechte und Weidenmeisen sind in der Lage, sich eine eigene Höhle zu zimmern; sie schaffen damit Wohnraum für die anderen Höhlenbrüter. Einige Vogelarten, wie Hohltaube, Rauhfußkauz und Sperlingskauz, sind vollkommen auf Spechte als Höhlenlieferanten angewiesen.

Manche Vogelarten nisten auch in Felsspalten oder in Ritzen und Löchern von Gebäuden, beispielsweise Haussperlinge, Meisen, Rotschwänze, Mauerläufer und Mauersegler. Eisvogel, Bienenfresser und Uferschwalbe hingegen graben sich für die Brut lange Erdröhren, die oft viele Jahre für die Jungenaufzucht benutzt werden.

*Im Gegensatz zur Rauchschwalbe nistet die Mehlschwalbe außen an Gebäuden; sie klebt ihr Nest so dicht unter das Dach, so daß nur noch ein rundliches Einflugloch frei bleibt **(oben)**. – Der Kleiber hat eine wirksame Methode, um sich größere Höhlenkonkurrenten vom Leib zu halten: Er sperrt sie einfach aus, indem er das Flugloch so weit mit feuchtem Lehm zumauert, bis nur noch er selbst hindurchpaßt **(unten)**. Vom Kleiber bezogene Nistkästen sind oft nur schwer zu öffnen, da der Vogel auch die Ritzen und Spalten am Deckel zumörtelt.*

Uferschwalben sind Koloniebrüter; sie graben an Steilufern und an Hängen von Sandgruben lange Röhren **(oben)**; die Einfluglöcher sind queroval geformt **(unten links)**. – Eisvögel nisten an senkrechten Wänden von Bächen und Flüssen, meist 1–4 m über dem Wasserspiegel **(unten rechts)**.

Die meisten Menschen sind ziemlich ratlos, wenn sie einen Jungvogel finden; sie wissen nicht, welcher Vogelgruppe er angehört, und ebensowenig, was sie mit ihm tun sollen. Auf den folgenden Seiten sind Jungvögel der wichtigsten Gruppen abgebildet, die die Zuordnung eines entdeckten Jungvogels zumindest in die richtige Gruppe erleichtern sollen; ob es sich also um einen Greifvogel, eine Eule, Taube oder Möwe, um einen Enten- oder einen Watvogel oder vielleicht um einen Singvogel handelt. Die genaue Artbestimmung eines Jungvogels ist auch für den Fachmann oft sehr schwierig.

Die ansprechenden Fotos in diesem Kapitel Jungvögel sollen auf keinen Fall dazu verleiten, den Brut- und Fütterungsablauf von freilebenden Vögeln zu stören oder gar Jungvögel mit nach Hause zu nehmen. In den allermeisten Fällen sind aufgefundene Jungvögel durchaus nicht verlassen, sondern werden von den Eltern mit Nahrung versorgt. Um den Altvögeln den richtigen Weg zu weisen, verfügen Jungvögel über typische Bettel- oder Standortrufe. Wenn sie richtig fliegen können, folgen sie den Altvögeln oder fliegen ihnen entgegen, wenn diese Futter bringen. Sitzt der kleine Vogel mitten auf einem Weg oder gar auf der Straße, nimmt man ihn vorsichtig auf und setzt ihn in nächster Nähe auf die unteren Zweige eines Baumes oder ins Gebüsch, damit er nicht von unkundigen Spaziergängern oder von Katzen gefunden werden kann.

Soweit der Fundort bekannt ist, sollte

Seite 39: *Junge Waldohreule im Ästlingsstadium*

Die jungen Graugänse **(oben links)** *werden von beiden Altvögeln geführt, suchen ihre Nahrung jedoch von Anfang an selbständig. – Die Brandgansküken* **(oben rechts)** *verlassen gerade die Bruthöhle. – Das Dunenkleid der eben geschlüpften Stockente* **(unten links)** *ist noch naß; schon nach kurzer Zeit ist das Küken trocken und kann bereits schwimmen* **(unten rechts)**. *Mit 7–8 Wochen ist es flügge.*

ein mitgenommener Jungvogel unbedingt wieder dorthin zurückgebracht werden, denn seine Eltern füttern ihn dann meistens weiter. In seltenen Fällen, in denen der Findling tatsächlich verwaist ist oder nicht mehr zum Fund-

Wespenbussarde legen ihren Horst oft mit frischen Zweigen aus; die jungen Wespenbussarde, anfangs im hellen Dunenkleid **(oben links)**, *werden durch die heranwachsenden Konturfedern immer dunkler* **(oben rechts)**; *im Foto* **Mitte rechts** *sind sie kurz vor dem Ausfliegen. – Junge Falken legen 2 Dunenkleider an:* **Unten links** *ein junger Turmfalke im pelzigen 2. Dunenkleid; bei den Turmfalkennestlingen im Nistkasten* **(unten rechts)** *sieht man bereits die Federn des Jugendkleides – des ersten „richtigen" Federkleides – hindurchkommen.*

Die jungen Haselhühner **(oben links)** sind gerade 4 Tage alt. Die Henne macht sie durch Picken auf geeignete Nahrung aufmerksam. – Junge Rallen erkennt am an ihrem schwarzen Dunenkleid. Einige Arten, wie das Teichhuhn **(oben rechts)**, haben eine auffällige Kopf- und Schnabelfärbung. – Typische Nestflüchter sind die Jungen der Watvögel. Während der junge Austernfischer Nahrung sucht, wacht der Altvogel **(Mitte links)**. – Die jungen Flußregenpfeifer **(Mitte rechts** im Alter von 2 Tagen) unterscheiden sich kaum von den Kieselsteinen. – Das Bild **unten links** zeigt frischgeschlüpfte Brachvögel, das Bild **unten rechts** wenige Stunden alte Bekassinen.

*Die Jungen der hoch auf Klippen brütenden Dreizehenmöwe **(oben links)** müssen so lange im Nest bleiben, bis sie flugfähig sind. Die anderen Möwen- und Seeschwalbenjungen verlassen jedoch schon nach ein bis drei Tagen das Nest, um sich in der Umgebung zu verstecken. – Bei der frisch geschlüpften Heringsmöwe **(oben rechts)** sieht man noch den Eizahn auf der rosa Schnabelspitze. Junge Küstenseeschwalben **(rechts)** werden von den Altvögeln mit Fischchen gefüttert.*

*Junge Tauben **(links oben** ein Hohltauben-Nestling) sind wie junge Singvögel Nesthocker; am Anfang werden sie mit der sogenannten Kropfmilch aus dem Schlund der Altvögel gefüttert. – Am neunten Lebenstag beginnen sich die Augen der jungen Waldkäuze **(oben rechts)** zu öffnen. Mit rund 4 Wochen, meist Mitte Mai, verlassen die Jungkäuze die gefährliche Bruthöhle und klettern auf benachbarten Zweigen herum **(rechts)**; sie werden aber noch viele Wochen von den Altvögeln mit Futter versorgt.*

*Die Jungen größerer Eulen (**links** ein älterer Waldkauzästling) werden nur langsam selbständig; nach dem Ausfliegen sind sie noch rund 2 Monate auf die Altvögel angewiesen.*
*Die jungen Schleiereulen **(rechts)** haben bereits den typischen herzförmigen Gesichtsschleier.*

ort gebracht werden kann, sollte man sich an einen Fachmann wenden, denn die Handaufzucht mißlingt häufig, da sie viel Erfahrung und Geschick erfordert.

Also nochmals: Hände weg von Jungvögeln, sie sind in der Regel nicht verwaist und brauchen daher unsere Hilfe nicht.

Man unterscheidet zwei verschiedene Typen von Jungvögeln, die Nesthocker und die Nestflüchter. Nestflüchter kommen mit offenen Augen zur Welt, sind bereits bedunt und verlassen das Nest mit ein bis zwei Tagen. Die Jungen vieler Nestflüchter suchen von Anfang an selbständig Nahrung; bei einigen Arten (z. B. Hühnern) werden die Küken von den Elternvögeln durch Picken auf geeignete Nahrung aufmerksam gemacht. Die Jungen der Taucher, Rallen und einiger Watvögel werden eine bestimmte Zeitlang gefüttert. Manche Arten wie Möwen, Seeschwalben und Nachtschwalben werden zwar zu den Nestflüchtern gerechnet, ihre Küken bleiben jedoch einige Tage im Nest oder in der unmittelbaren Umgebung, obwohl sie bereits laufen können. Sie werden daher Platzhocker genannt.

Nesthocker kommen viel weniger weit entwickelt zur Welt als Nestflüchter und können das Nest in der ersten Zeit nicht verlassen. Bis auf einige Gruppen, deren Junge sehend geboren werden, sind junge Nesthocker anfangs blind, nackt oder mit Flaum bedeckt und müssen in der ersten Zeit von den Altvögeln gehudert werden. Sie sind bis zum Verlassen des Nestes vollständig auf die elterliche Fürsorge angewiesen. Bei Erschütterung des Nestes sperrt der Jungvogel seinen Schnabel auf und reckt den Hals weit hoch. Bei allen Singvögeln sind Rachenraum und Schnabelwülste der Nestlinge auffällig gefärbt. Das „Sperren" in Verbindung mit der Präsentation des Rachenmusters ist für die Elternvögel das auslösende Signal für das Füttern.

Oben links junge Goldammern, **oben rechts** junge Heidelerchen, jeweils wenige Tage alt. – Die Heidelerchen im Foto **rechts** werden bald das Nest verlassen.
Untere Seitenhälfte: Junge, noch nicht flugfähige Feldlerchen **(Mitte links)** verlassen bereits das Nest. Junge Rauchschwalben kurz vor dem Ausfliegen **(Mitte rechts)**. – Die jungen Zaunkönige **(unten links)** haben gerade erst das Nest verlassen. – Junge Rotkehlchen **(unten rechts)** haben noch keine rote Kehle.

Das Jugendkleid des Gartenrotschwanzes **(oben links)** ist deutlich heller als das des Hausrotschwanzes. – Wer als erster den Hals hochreckt, wird auch als erster gefüttert (**oben rechts** eine fütternde Singdrossel); da meistens das hungrigste Junge am schnellsten reagiert, kommen alle Nestgeschwister zu ihrem Recht. – Die jungen Blaumeisen **(Mitte links)** sind schon fast flügge und verlassen bald den Kasten. Bei einer Nistkastenkontrolle könnte es jetzt passieren, daß die Jungvögel unvermittelt herausflattern. Junge Rabenkrähen **(Mitte rechts)** sperren wie alle jungen Singvögel; ihr Sperrachen ist leuchtend rot. – Der junge Grünling **(unten links)** trägt auf dem Kopf noch Reste des Nestlingsflaumes; er hat eben erst das Nest verlassen, kann noch nicht sicher fliegen und ist noch auf die Eltern angewiesen.

Fraßspuren

Viele Vogelarten hinterlassen mehr oder weniger deutliche Reste ihrer Nahrungsaufnahme. Wenn wir diese „Fraßspuren" richtig zu deuten vermögen, können wir interessante Einblicke in die Nahrungsgewohnheiten dieser Vögel gewinnen; ganz nebenbei erhalten wir den Nachweis über das Vorkommen der betreffenden Vogelart. Im Rahmen dieses Buches kann natürlich nicht auf alle Fraßspuren unserer Vögel eingegangen werden. Die Beispiele zu den wichtigsten Fraßspuren mögen jedoch zu eigenen Studien in dieser Richtung anregen. Dabei sollten wir jedoch darauf achten, daß wir die Vögel nicht unnötig stören, wenn wir in ihren Lebensbereich eindringen.

Häufig findet man Hackspuren unserer Spechte. Der Schwarzspecht erbeutet mit Vorliebe Roßameisen (Gattung *Camponotus*), die tief im Inneren von Nadelbaumstämmen umfangreiche Nestkammern anlegen. Im Gegensatz zu den ovalen Höhleneingängen, die meist in 8–15 m Höhe liegen, findet man Hackspuren, die von der Nahrungssuche herrühren, oft unten am Stamm; sie sind außerdem viel größer als die Eingänge zu den Nisthöhlen und meistens länglich geformt.

Ebenfalls häufig findet man von Vögeln bearbeitete Nadelbaumzapfen. Der Buntspecht hat eine besondere Technik entwickelt: Er hackt den Zapfen los und transportiert ihn im Schnabel zu einer Rindenspalte, in der er ihn festklemmen kann. Wenn die Nische nicht groß genug ist, wird sie mit gezielten Schnabelhieben so lange erweitert, bis der Zapfen optimal hineinpaßt. Mit gefundenen Hasel- oder Walnüssen ver-

Seite 47: *Im Winter verzehren Buntspechte häufig die in den Fichtenzapfen enthaltenen Samen; zur Bearbeitung klemmen sie den Zapfen in einer häufig selbstgezimmerten Rindenspalte fest (Spechtschmiede).*

Eier sind für viele Vogelarten begehrte Leckerbissen; besonders im Frühjahr plündern Rabenvögel viele Gelege von Kleinvögeln. Auf dem Foto **unten** *hat ein Eichelhäher ein Singdrosselgelege ausgefressen.*

Stare stochern bei der Nahrungssuche im Boden und hinterlassen dabei kleine Löcher **(oben links)**. – Auf einem Stein schlägt die Singdrossel die Gehäuse von Schnecken auf **(oben rechts)**. – Den Ameisenhaufen **(rechts)** hat ein Grünspecht aufgehackt. – Neuntöter spießen ihre Beutetiere auf Dornen oder Stacheldraht: einen Jungvogel **(Mitte links)**, eine Feldmaus **(unten links)** und eine Hummel **(unten rechts)**. Auf diese Weise legen sie sich Vorräte für ungünstigere Zeiten an.

Auf dem Bild **oben links** haben Haussperlinge die Hüllblätter des Maiskolbens zerrissen und zerfranst, um an die Körner zu gelangen; Kotspuren sind deutlich zu sehen. – **Oben rechts** ein von Fasanen leergefressener Maiskolben. – Die roten Beeren des Feuerdorns **(links)** wurden von Gimpeln angefressen – die Vögel hatten es auf die Samen abgesehen. – Wenn im Sommer das Getreide reift, fallen oft Schwärme von Haussperlingen in den Feldern ein; die Weizenähren **unten links** zeigen deutliche Fraßspuren der Vögel. – Stieglitze klauben häufig die Samen vom Löwenzahn aus **(unten rechts)**.

Der Tannenhäher hackt auf Haselnüsse ein, bis diese in 2 Teile zerspringen **(oben links)**. – Die Samen der Arve **(oben rechts)** wurden ebenfalls vom Tannenhäher geöffnet. – Der Fichtenkreuzschnabel spaltet bei der Bearbeitung von Fichtenzapfen die einzelnen Schuppen **(Mitte links)**. – Unter der Buntspechtschmiede findet man oft viele aufgehackte Nußschalen **(Mitte rechts)**. – Hackspuren des Schwarzspechtes **(unten links und rechts)**. Man findet sie vor allem unten am Stamm.

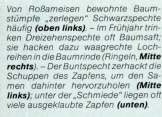

*Von Roßameisen bewohnte Baumstümpfe „zerlegen" Schwarzspechte häufig **(oben links)**. – Im Frühjahr trinken Dreizehenspechte oft Baumsaft; sie hacken dazu waagrechte Lochreihen in die Baumrinde (Ringeln, **Mitte rechts**). – Der Buntspecht zerhackt die Schuppen des Zapfens, um den Samen dahinter hervorzuholen **(Mitte links)**; unter der „Schmiede" liegen oft viele ausgeklaubte Zapfen **(unten)**.*

fährt der Buntspecht in gleicher Weise. Einige Spechte hinterlassen bei der Nahrungssuche auch noch andere Spuren: Sie hacken waagrechte Linien von Löchern in die Baumrinde (Ringeln, Foto Seite 52), um den an diesen Stellen austretenden Baumsaft zu trinken. Während der Buntspecht dazu keine besondere Baumart bevorzugt, ringelt der Dreizehenspecht vor allem an gesunden älteren Fichten.

An bestimmten Stellen im Wald schlagen Singdrosseln die Gehäuse von erbeuteten Schnecken auf (Drosselschmiede, Foto Seite 49); als Spuren ihrer Tätigkeit findet man oft Ansammlungen von Schalenresten der Schnecken.

Besonders auffällig sind die Nahrungsgewohnheiten der Würger: Der Neuntöter, eine bedrohte Vogelart unserer Kulturlandschaft, spießt bei Nahrungsüberschuß Beutetiere auf Dornen und Stacheldraht auf. Neben seiner Hauptnahrung, großen Insekten, erbeutet der Neuntöter auch Mäuse und Jungvögel (Seite 49). Der größere Raubwürger fängt vor allem im Winter viele Mäuse und Kleinvögel; er spießt seine Beutetiere nicht so häufig auf wie der Neuntöter, sondern klemmt sie lieber in Astgabeln.

Bevor Greifvögel geschlagene Vögel fressen können, müssen sie ihnen wenigstens einen Teil der für sie unverdaulichen Federn ausrupfen. Dazu tragen sie ihre Beutetiere – sofern sie nicht zu schwer sind – an eine geeignete Stelle, den Rupfplatz. Die großen Schwingen- und Schwanzfedern werden meist einzeln mit dem Schnabel am unteren Teil des Schaftes gepackt und mit einem Ruck herausgezogen; die dabei entstandenen Schnabelmarken sind oft deutlich zu erkennen, die Federspule bleibt jedoch unversehrt. Einen weiteren Hinweis auf die „Täterschaft" eines Greifvogels liefert das Brustbein des geschlagenen Vogels: Der Greifvogel beginnt meist im Brustbereich mit dem Fressen, denn dort sitzen die größten Fleischportionen; dabei kommt es oft vor, daß er mit dem starken Schnabel auch Stücke aus dem dünnen Kamm des Brustbeins herausbeißt und dort gezackte Einschnitte hinterläßt.

Findet man an einer Rupfstelle Federn, die wie mit der Schere abgeschnitten aussehen, so deutet das auf einen Fuchs oder Marder als Vogeljäger hin; Raubtiere beißen mehrere Federn auf einmal ab, oft sogar den ganzen Schwanz. Zusätzliche Hinweise auf den Beutegreifer im Pelz erhält man durch Kotspuren und den oft starken „Fuchsgeruch"; doch muß der Fuchs nicht der „Räuber" sein, denn häufig setzt er an gefundenen Rupfungen lediglich sei-

Seite 53: *Sperberrupfungen findet man häufig an einer gedeckten Stelle auf Schneisen und Lichtungen im Wald, an Waldrändern oder in Feldgehölzen. Im Bild hat der kleine Greifvogel einen Kernbeißer geschlagen.*

Rupfungen des Habichts:
*Der Sperber wird nicht selten zum Beutetier für den größeren Habicht **(oben)**; obwohl auf dem Foto Fuchslosung zu erkennen ist, beweisen die ausgerissenen Federn, daß der Fuchs nicht der „Täter" war. – In manchen Gebieten machen Tauben – Foto **Mitte** die Rupfung einer Ringeltaube – bis zu 50% der Habichtbeute aus. Neben Tauben erbeuten mitteleuropäische Habichte vor allem Eichelhäher; der Kopf und die typischen blau-schwarz-weiß gebänderten Flügeldeckfedern sind deutlich zu sehen **(unten)**.*

Wanderfalken jagen fast ausschließlich fliegende Vögel. Auf dem Foto **rechts** erkennt man Federn der Ringeltaube und den Flügel eines Kleinvogels. – Die rote Schnabelhälfte und die schwarz-weißen Handschwingen-Federn **(Mitte links)** stammen von einer Lachmöwe; sie wurde vermutlich von einem Habicht oder Wanderfalken erbeutet. Die Nebelkrähe **(Mitte rechts)** ist offensichtlich von einem Fuchs bearbeitet worden – die büschelweise abgebissenen Federn sprechen dafür. – Auf dem Foto **unten links** sind Reste einer Waldohreule zu sehen, die wohl einem Greifvogel zum Opfer fiel. – Die Rupfung eines Kiebitzes zeigt das Foto **unten rechts**. Dieser Watvogel wird häufig von Wanderfalken oder Habichten erbeutet.

nen Kot ab oder markiert die Stelle mit Urin. Während die Entscheidung Greifvogel oder Raubtier als Urheber einer Rupfung meist nicht schwerfällt, ist die Artbestimmung der Greifvögel anhand der Beutereste oft nicht einfach. Sperberweibchen z. B. können gleich große Beutevögel überwältigen wie Habichtmännchen, und beide Arten bevorzugen deckungsreiche Rupfplätze.

Die meisten gefundenen Rupfungen gehen auf das Konto von Sperber und Habicht. Der Baumfalke rupft auf Bäumen, so daß die Federn der Beutevögel vom Winde verweht werden. Der viel seltenere Wanderfalke zerlegt seine Beutevögel auf exponierten Felsvorsprüngen oder auf offenen Flächen.

Zu den häufigen Beutetieren des Habichts zählen Rabenvögel; die auf dem Foto **oben** zu sehenden grünschillernden und schwarz-weißen Federn sind typisch für die Elster. Außerdem erkennt man oben und links im Bild weiße Kotspritzer des Habichts.

Sperber tragen ihre Beutetiere zunächst einmal in Deckung, um sie vor Nahrungskonkurrenten zu schützen. Diese Greifvögel haben ihre bevorzugten Rupfplätze auf Baumstümpfen und anderen Erhöhungen in der Umgebung des Horstes **(unten)**. Die Reste des geschlagenen Buntspechts weisen zwischen den typischen weißgefleckten Flügelfedern auch einige der roten Unterschwanzdecken auf.

Die komplizierteste und in ihrer Funktion vielseitigste Bildung der Haut ist die Feder; sie hat sich im Laufe von Jahrmillionen aus den einfachen Hornschuppen der Reptilien entwickelt – auf welche Weise, das ist bis heute ziemlich rätselhaft. Die Feder ist leicht und doch sehr stabil, elastisch und trotzdem widerstandsfähig. Sie schützt gegen Kälte, Nässe, Hitze und Verletzungen dient häufig als Tarnung und bildet die Tragflächen für den Flug. Bisher hat es der Mensch trotz des gewaltigen technischen Fortschrittes nicht geschafft, einen Kunststoff herzustellen, der die vielfältigen Eigenschaften der Feder in sich vereint. Federn sind einmalig im Tierreich – es gibt sie nur bei den Vögeln, aber jeder Vogel hat sie.

Die typische Gestalt und das Aussehen eines Vogels wird durch sein Federkleid bestimmt. Federn sind die Träger für Farben und Muster, die bei der innerartlichen Kommunikation eine entscheidende Rolle spielen. Gleichzeitig liefern sie dem Vogelkundler wichtige Bestimmungsmerkmale für die Erkennung der einzelnen Arten. Es ist aber nicht leicht, anhand einer einzelnen Feder einen Vogel zu bestimmen, in vielen Fällen ist dies überhaupt nicht möglich. Doch andererseits sind viele Federn sehr typisch, z.B. die auffällig blau gemusterten Flügeldeckenfedern des Eichelhähers, die nach oben gekrümmten Schwanzfedern des Stockerpels (Erpellocke), die leierförmig gebogenen äußeren Schwanzfedern des Birkhahns oder die segelartigen Flügelfedern der Mandarinente.

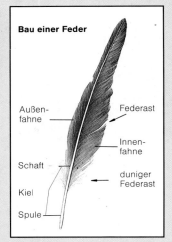

Bau einer Feder

- Außenfahne
- Federast
- Innenfahne
- Schaft
- duniger Federast
- Kiel
- Spule

<u>Konturfedern:</u> dienen als Körperbedeckung und als Trag- und Steuerflächen für den Flug; der untere Teil kann dunig ausgebildet sein (Afterschaft), er wirkt wärmeisolierend.

<u>Halbdunen:</u> haben einen weichen und wenig stabilen Schaft, die Federäste zerfransen zu flaumigen Enden.

<u>Dunen:</u> haben einen kurzen Schaft, die Äste sind weich und flaumig und radiär angeordnet – die Federfahne ist in ihre einzelnen Äste aufgelöst wie beim Afterschaft der Konturfedern; die hervorragende Wärmeisolierung der Dune ist allgemein bekannt.

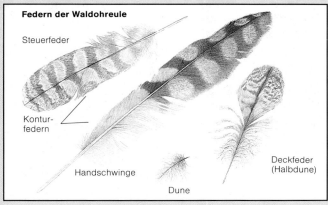

Federn der Waldohreule

- Steuerfeder
- Konturfedern
- Handschwinge
- Dune
- Deckfeder (Halbdune)

Gewölle und Kot

Gewölle

Viele Vögel würgen nach der Nahrungsaufnahme die unverdaulichen Bestandteile als rundliche Speiballen oder Gewölle durch den Schnabel wieder aus. Die Ballen enthalten Haare, Federn, Chitinteile und Knochen, die im Magen des Vogels zusammenklumpen. Damit der Durchgang durch die Speiseröhre reibungslos funktioniert, sind die Gewölle mit einem Schleimüberzug versehen, der an der Luft schnell trocknet.
Während die Speiballen der meisten Vögel schnell zerfallen und dann nur noch schwer zu finden sind, sind sie bei den Eulen und einigen Greifvögeln relativ stabil; diese Arten ernähren sich vor allem von Mäusen, deren Fell die Ballen verfilzt und dadurch haltbarer macht. Die in Eulengewöllen enthaltenen Knochen von Kleinsäugern oder Vögeln sind oft erstaunlich gut erhalten. Der Fachmann kann anhand der Knochenreste oft exakt die Arten der Kleinsäuger bestimmen. Für Aussagen über das Vorkommen und die Häufigkeit von bestimmten Kleinsäugern ist die Gewölleanalyse hervorragend geeignet; den Ornithologen interessieren dagegen vor allem genaue Angaben zur Nahrungsökologie der verschiedenen Eulen- und Greifvogelarten.

Seite 63: Kotspuren des Rebhuhns findet man in der Feldflur.

Um die Beutetiere in den Gewöllen bestimmen zu können, muß man die Ballen zerzupfen und die Knochenteile herauslösen **(oben links)**. – Besonders interessant sind die Kieferknochen der Kleinsäuger, denn anhand der Zähne kann man mit einer Lupe oder einem Binokular die einzelnen Arten bestimmen. – Schleiereulengewölle **(oben rechts)** enthalten Kiefer- und andere Knochen von Feldmäusen und Spitzmäusen. – Gewölle vom Graureiher **(unten links)** findet man vor allem unter den Horstbäumen. – Im Gewölle des Weißstorchs **(unten rechts)** fehlen Knochen, denn sie werden vollständig verdaut.

Oben links: Gewölle des Mäusebussards aus verfilzten Haaren. – **Oben rechts:** Wespenbussardgewölle mit Flügeldecken von Käfern. – **Rechts:** Gewölle des Turmfalken laufen an einem Ende spitz zu. – **Mitte links:** Speiballen der Lachmöwe mit Chitinteilen. – **Mitte rechts:** Ein Silbermöwengewölle mit Muschelresten. – **Unten links:** Waldohreulengewölle liegen oft unter den Schlafbäumen. – **Unten rechts:** Waldkauzgewölle.

*Die schlanken Gewölle des Steinkauzes **(oben)** sind 3–5 cm lang und enthalten vor allem Chitinteile und Mäusehaare. – Schleiereulengewölle **(Mitte links)** sind relativ groß (bis 8 cm lang) und bauchig; im frischen Zustand glänzen sie wie lackiert. – Singvogelgewölle enthalten vor allem Chitinteile von Insekten: **Mitte rechts** der Speiballen eines Grauschnäppers, **unten links** der eines Neuntöters. – Das Raubwürgergewölle **(unten rechts)** sieht jedoch ganz anders aus; es unterscheidet sich nur durch die geringere Größe von einem Eulengewölle, deutlich sind die Nagezähne und Knochenteile der erbeuteten Mäuse zu erkennen. Raubwürger verzehren auch Eidechsen und Kleinvögel, im Sommer oft Großinsekten und Jungvögel.*

Kotspuren

Vogelkot ist meist walzen- oder tropfenförmig, bei Arten, die Gewölle auswürgen, ist er mehr oder weniger dünnflüssig. Der Harn (bei Vögeln Harnsäure!) haftet oft als weiße Haube an einem Ende oder überzieht die Oberfläche. *Kotspuren von Reihern **(oben)** findet man meist unter den Schlaf- und Brutbäumen. – Grauganskot **(Mitte links)** ist häufig am Ufer von Parkteichen zu sehen (Länge 5–8 cm). – Die Losung des Fasans **(Mitte rechts)** ist rund 2 cm lang. – Die bis zu 8 cm langen Kotwürste des Auerhuhns im Winter **(unten links)** enthalten vor allem Koniferennadeln. – Der Wendehals ernährt sich von Ameisen; seine Kotwürstchen **(unten rechts)** sind wohlgeformt.*

Weiterführende Literatur

BERGMANN, H.-H. & H.-W. HELB: Stimmen der Vögel Europas. BLV-Verlag, München 1982
BURTON, R.: Das Leben der Vögel. Kosmos-Verlag, Stuttgart 1985
GÉNSBØL, B. & W. THIEDE: Greifvögel. BLV-Verlag, München 1986
GLUTZ VON BLOTZHEIM, U. N. & K. BAUER: Handbuch der Vögel Mitteleuropas. 14 Bände. Aula Verlag, Wiesbaden, 1966–1997
HARRISON, C.: Jungvögel, Eier und Nester aller Vögel Europas, Nordafrikas und des Mittleren Ostens. Paul Parey Verlag, Hamburg 1975
HEINZEL, H., R. FITTER, J. PARSLOW: Pareys Vogelbuch. Verlag Paul Parey, Hamburg 1983
JONSSON, L.: Die Vögel Europas. 2. Auflage. Kosmos-Verlag, Stuttgart 1999
LANG, A.: BLV-Naturführer Spuren und Fährten unserer Tiere. BLV Verlag, München 1985
LÖHRL, H.: So leben unsere Vögel. Kosmos-Verlag, Stuttgart 1984
MEBS, TH. & W. SCHERZINGER: Die Eulen Europas. Kosmos-Verlag, Stuttgart 2000
NICOLAI, J.: Fotoatlas der Vögel. Gräfe und Unzer Verlag, München 1982
NICOLAI, J., D. SINGER & K. WOTHE: GU Naturführer Vögel. Gräfe und Unzer Verlag, München 1984
PERRINS, CH.: Pareys Naturführer Plus: Vögel. Verlag Paul Parey, Hamburg 1987
PETERSON, R. T., G. MOUNTFORT, P. A. D. HOLLOM: Die Vögel Europas, Paul Parey-Verlag, Hamburg, 14. Auflage 1995
ROCHÉ, J. C.: Die Vogelstimmen Europas. 4 CDs mit Rufen und Gesängen von 396 Vogelarten. Kosmos-Verlag, Stuttgart 2000
SVENSSON, L., P. J. GRANT, K. MULLARNEY, & D. ZETTERSTRÖM: Der neue Kosmos-Vogelführer. Alle Arten Europas, Nordafrikas und Vorderasiens. Kosmos-Verlag, Stuttgart 1999
SVENSSON, L., P. J. GRANT, K. MULLARNEY, & D. ZETTERSTRÖM: Vögel Europas, Nordafrikas und Vorderasiens. Kosmos-Verlag, Stuttgart 2000
THIELCKE, G.: Vogelstimmen, Springer-Verlag, Berlin 1970
WITT, K. u. a.: Rote Liste der Brutvögel Deutschlands, 2. Fassung (Stand 1. 6. 96). Berichte zum Vogelschutz 34, 1996

Wichtige Adressen

Deutsche Ornithologen-Gesellschaft
Zool. Institut d. Universität
Siesmayerstraße 70
60054 Frankfurt/Main

Deutscher Jugendbund für Naturbeobachtung (DJN)
Justus-Strandes-Weg 14
22337 Hamburg

Hessische Gesellschaft für Ornithologie und Naturschutz
Lindenstraße 5
61209 Echzell

Institut für Vogelforschung „Vogelwarte Helgoland"
An der Vogelwarte 21
26386 Wilhelmshaven-Rüstersiel

Institut für Vogelkunde
Gsteigstr. 43
82467 Garmisch-Partenkirchen

Landesbund für den
Vogelschutz in Bayern e. V.
Postfach 1380
91157 Hilpoltstein

Naturschutzbund Deutschland e. V. (NABU)
Bundesgeschäftsstelle
Herbert-Rabius-Str. 26
53225 Bonn

Verein Jordsand zum Schutz der Seevögel und der Natur e. V.
Haus der Natur, Wulfsdorf
22926 Ahrensburg

Vogelwarte Hiddensee
18565 Kloster, Hiddensee

Vogelwarte Radolfzell
78315 Radolfzell

In Österreich:

Österreichische Gesellschaft für Vogelkunde
Naturhistorisches Museum Wien
Burgring 7
A-1014 Wien 1

In der Schweiz:

Schweizerische Vogelwarte
CH-6204 Sempach

Schweizer Vogelschutz (SVS)
Postfach
CH-8036 Zürich

Taucher, Störche, Reiher, Entenvögel u. a.

Seetaucher – Gaviiformes

Seetaucher sind stark an das Wasserleben angepaßte gänsegroße Seevögel. Ihr Körper ist langgestreckt und stromlinienförmig, der Hals ist relativ lang.
Im Unterschied zu den Lappentauchern sind die Vorderzehen durch Schwimmhäute vollständig verbunden. Die Beine sind sehr weit hinten eingelenkt, so daß sich die Vögel an Land – das sie zur Brutzeit aufsuchen – nur rutschend fortbewegen können. Das Nest liegt meist auf einer kleinen Insel höchstens einen Meter vom Ufer entfernt.
Beim Landen kommen Seetaucher ohne Hilfe der Füße mit der Brust zuerst auf dem Wasser auf. Zum Auffliegen benötigen sie eine lange Anlaufstrecke, die größeren Arten können überhaupt nicht vom festen Boden aus auffliegen. Ihre Nahrung besteht hauptsächlich aus Fischen, die sie tauchend erbeuten.
Die Geschlechter sind gleich gefärbt, bei allen Arten gibt es ein Schlichtkleid und ein Prachtkleid, das Dunenkleid ist dunkel und weist keine Zeichnung auf.
Seetaucher fliegen häufiger als Lappentaucher; ihr Flug ist schnell und verläuft gerade, die relativ kleinen und spitzen Flügel schlagen schnell und regelmäßig. Die Flughaltung wirkt durch den gesenkten Hals etwas „buckelig". Alle Seetaucher haben auffällige Stimmen.
Es gibt insgesamt 5 Arten, davon können in Mitteleuropa 3 Arten beobachtet werden.

Lappentaucher – Podicipediformes

Wie die Seetaucher haben auch die Lappentaucher ihre Füße weit hinten am Körper eingelenkt und sind wie diese hervorragend an das Schwimmen und Tauchen angepaßt. Seitlich an den Zehen tragen sie Schwimmlappen (keine Schwimmhäute wie die Seetaucher). Die meisten Arten haben einen langen, relativ dünnen Hals. Der Körper wirkt rundlich und „schwanzlos".
Das Gefieder ist pelzartig weich. Während der Brutzeit tragen viele Lappentaucherarten auffälligen Kopf- und Halsschmuck, während das Schlichtkleid einfach und deutlich heller gefärbt ist.
Die Balzspiele sind oftmals eindrucksvoll. Die Taucher bauen in der Regel ein schwimmendes, in der Vegetation verankertes Nest.
Die Jungen können bereits am ersten Lebenstag schwimmen, werden aber anfangs häufig in den Flügeltaschen der Elternvögel gewärmt und lange Zeit gefüttert; durch ihren streifigen Kopf unterscheiden sie sich deutlich von jungen Seetauchern. In Mitteleuropa können 5 Arten beobachtet werden.

Sturmvögel – Procellariiformes

Diese ausgeprägten Hochseevögel kommen nur zur Brutzeit an Land. Wichtigstes Merkmal der Ordnung ist die röhrenförmige Verlängerung der äußeren Nasenöffnungen („Röhrennasen"). Der Oberschnabel ist an der Spitze hakenförmig nach unten gebogen. Die 3 vorderen Zehen der Sturmvögel sind durch Schwimmhäute miteinander verbunden, die Hinterzehe ist rückgebildet oder fehlt ganz. Die Flügel der Sturmvögel sind lang und schmal, die meisten Arten sind hervorragende Gleitflieger über den Wellen. Während die kleinsten Arten (Sturmschwalben, Wellenläufer) nur wenig größer als Schwalben sind, erreichen die größten (Albatrosse) bis zu 3,5 m Flügelspannweite. In Mitteleuropa brütet nur eine Art.

Ruderfüßer – Pelecaniformes

Zu dieser Ordnung werden außer den Pelikanen auch die Familien der Kormorane und Tölpel gezählt. Wichtigstes Merkmal dieser Gruppe sind die Schwimmhäute, die alle 4 Zehen miteinander verbinden.
Kormorane sind dunkle Wasservögel von der Größe einer Gans. Auf dem Wasser schwimmen Kormorane mit fast ganz eingetauchtem Rücken, hochgerecktem Hals und schräg nach oben weisendem Kopf und Schnabel. Kormorane sitzen oft aufrecht und häufig mit zum Trocknen ausgebreiteten

Schwingen. Die Vögel brüten kolonieweise auf Klippen bzw. hohen Bäumen. In Mitteleuropa sind 2 Arten zu beobachten, davon eine als seltener Gast.

Schreitvögel – Ciconiiformes

Diese Ordnung umfaßt langbeinige Stelzvögel, die zur Nahrungssuche (nur tierisch) langsam schreiten; die Flucht erfolgt jedoch meist fliegend.
Reiher unterscheiden sich von allen anderen Stelzvögeln dadurch, daß sie beim Fliegen den Kopf zwischen die Schultern einziehen und dazu den Hals S-förmig krümmen. Bei einigen Arten wachsen zur Brutzeit an Kopf, Hals und Rücken lange Schmuckfedern.
Störche sind große Stelzvögel mit langen Beinen, deren langer Hals im Flug ausgestreckt ist. Sie sind ausgeprägte Segelflieger und nutzen geschickt thermische Aufwinde. In Mitteleuropa brüten 2 Arten.
Ibisse fliegen wie Störche mit lang ausgestrecktem Hals. Ihr Schnabel ist entweder lang und gebogen oder – wie bei der einzigen mitteleuropäischen Art – gerade und abgeplattet.

Entenvögel – Anseriformes

In dieser Ordnung sind recht unterschiedliche Schwimmvögel zusammengefaßt. Alle Entenvögel haben relativ kurze Beine und Schwimmhäute zwischen den Vorderzehen. Der Schnabel ist in der Regel mit einer weichen Haut überzogen, an der Schnabelspitze sitzt eine harte Hornplatte, der sogenannte Nagel.
Schwäne sind sehr große weiße Wasservögel mit auffallend langen Hälsen. Das Jugendkleid der 3 in Mitteleuropa auftretenden Schwanenarten ist bräunlich oder grau (selten auch weiß). Die Paare leben in Einehe.
Gänse sind große (meist deutlich größer als Enten) und kräftige Schwimmvögel mit langen Hälsen. Die Geschlechter sind wie bei den Schwänen gleich gefärbt, Einehe ist die Regel. Ihre Nahrung – Pflanzenteile – nehmen sie fast ausschließlich an Land auf. In Mitteleuropa können 8 Arten beobachtet werden.
Halbgänse haben sowohl Enten- als auch Gänsemerkmale. In Mitteleuropa ist eine Art häufiger und regelmäßiger Brutvogel.
Schwimmenten tauchen bei der Nahrungssuche nur Kopf und Vorderkörper ins Wasser (Gründeln); sie nehmen Nahrungsbestandteile auch von der Wasseroberfläche auf und suchen sogar an Land nach Nahrung. Viele Arten haben auffällige Flügelspiegel. Beim Schwimmen liegen sie recht hoch im Wasser. Von der Wasseroberfläche können sie ohne Anlauf und fast senkrecht starten. In Mitteleuropa können 7 Arten angetroffen werden.
Tauchenten haben ihre Beine recht weit hinten eingelenkt und suchen ihre Nahrung vor allem tauchend. Sie liegen tiefer im Wasser als Schwimmenten und können von der Wasseroberfläche nur mit langem Anlauf starten. Sie haben keine auffälligen Flügelspiegel. In Mitteleuropa kann man 10 Arten beobachten, einige davon nur als Wintergäste.
Säger sind langgestreckte, tauchende Entenvögel, die sich hauptsächlich von Fischen ernähren.
Ihre Schnäbel sind schlank, weisen an der Spitze einen Haken auf und sind an den Rändern mit vielen Hornzähnchen besetzt. In Mitteleuropa sind 3 Arten anzutreffen.

Prachttaucher *Gavia arctica*
Familie Seetaucher *Gaviidae*
E Black-throated Diver
F Plongeon arctique

<u>Typisch:</u> Der im Gegensatz zum Sterntaucher gerade Schnabel und die meist waagrechte Kopfhaltung.
<u>Merkmale:</u> Körper länger und Hals kürzer als beim Haubentaucher, wirkt dadurch viel gedrungener. Im Brutkleid (Foto) wirken Kopf und Hals etwas schlangenartig, Rücken mit auffallender weißer Fensterung. Im Ruhekleid (Zeichnung), in dem man die Taucher bei uns sieht, oberseits einheitlich schwärzlich, unterseits weißlich, an Kopf und Hals scharfe Farbgrenze; Schnabel schwarz; Jungvögel im Ruhekleid oberseits etwas heller und mit hellgrauem Schnabel.
<u>Stimme:</u> Im Winter selten zu hören; ein gedehntes, etwas unheimlich klingendes „a-uu-a" sowie – bei Beunruhigung – miauende Laute.
<u>Vorkommen:</u> Brütet an größeren fischreichen Seen Nordeuropas, außerhalb der Brutzeit meistens auf dem Meer in

Prachttaucher, Ruhekleid

Küstennähe. Im Winterhalbjahr regelmäßig an der Nord- und Ostseeküste, seltener auf größeren Seen des Binnenlandes, dort meist einzelne Vögel.
<u>Verhalten:</u> Benötigt zum Starten von der Wasseroberfläche eine längere Anlaufstrecke.
<u>Nahrung:</u> Im Winterhalbjahr ausschließlich Fische.

| | > **Stockente** | W, D | X-IV | O |

Sterntaucher *Gavia stellata*
Familie Seetaucher *Gaviidae*
E Red-throated Diver
F Plongeon catmarin

<u>Typisch:</u> Der Kopf mit dem leicht aufgeworfenen Schnabel wird meist etwas schräg nach oben gehalten.
<u>Merkmale:</u> Etwas kleiner als der Prachttaucher, Kopf, Hals und Schnabel schlanker. Im Brutkleid (Foto) mit auffallendem, rotbraunem Fleck am Vorderhals, der von weitem schwarz aussieht. Im Ruhekleid (Zeichnung, bei uns meist zu sehen) sehr ähnlich dem Prachttaucher, aber Rücken durch feine, weißliche Sprenkelung heller, an Kopf und Hals ist die Unterseitenfärbung weniger stark abgesetzt.
<u>Stimme:</u> Im Winter manchmal klagend „a-uu-a", im Flug gänseartig „gag-gag-gag".

<u>Vorkommen:</u> Brütet in Nordeuropa auf kleinen Seen in Moorgebieten und in der Tundra; bei uns nur im Winterhalbjahr, vor allem auf dem küstennahen Meer der Nord- und Ostsee; seltener,

Sterntaucher, Ruhekleid

aber regelmäßig, auf Binnenseen, Fischteichen und größeren Flüssen.
<u>Nahrung:</u> Im Winter Fische.
Der **Eistaucher** *Gavia immer,* Brutvogel Islands, ist seltener Wintergast an der Nord- und Ostseeküste. Ähnlich dem Prachttaucher, aber größer, mit stärkerem Schnabel und mit eckig wirkendem Kopf.

| > **Stockente** | W, D | X-IV | O | |

Haubentaucher
Podiceps cristatus
Familie Lappentaucher
Podicipedidae
E Great Crested Grebe
F Grèbe huppé

<u>Typisch:</u> Im Brutkleid mit auffälligem Kopf- und Halsschmuck.
<u>Merkmale:</u> Im Ruhekleid (Zeichnung) Kopfseiten und vorderer Hals weiß, dunkle Kopfkappe, die nicht bis zum Auge reicht und einen weißen Überaugenstreif freiläßt. Jungvögel mit längsgestreiften Kopf- und Halsseiten. Liegt tief im Wasser.
<u>Stimme:</u> Ruft vor allem im Frühjahr rauh „gröck-gröck", heiser „rra-rra" oder trompetend „ää-ää".
<u>Vorkommen:</u> Weit verbreitet auf den größeren Seen mit verschilften Ufern, manchmal auch auf Teichen und sogar auf Stauseen mit nur wenig oder fehlender Ufervegetation. Im Winter oft truppweise auf großen Seen und Flüssen.
<u>Verhalten:</u> Im Frühjahr sind die eindrucksvollen Balzspiele leicht zu beobachten: Dabei schwimmen die Partner häufig mit gesträubtem Kopf- und Halsschmuck Brust an Brust und schütteln ihre Köpfe. Wirkt im Flug sehr schlank.

Haubentaucher, Ruhekleid

<u>Nahrung:</u> Kleine Fische, aber auch Krebstiere und Wasserinsekten, Kaulquappen und kleine Frösche.
<u>Brut:</u> Mai–Juli, 1–2 Bruten; schwimmendes Nest aus Pflanzenmaterial, meist gut in Schilf oder Binsen versteckt.

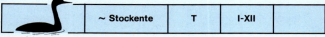

| | ~ Stockente | T | I-XII |

Rothalstaucher
Podiceps grisegena
Familie Lappentaucher
Podicipedidae
E Red-necked Grebe
F Grèbe à joues grises

Typisch: Gedrungener als Haubentaucher, Hals kürzer und dicker.
Merkmale: Im Brutkleid (Foto) Hals rostrot, Wangen und Kehle weißlich, Schnabel schwarz mit gelbem Grund. Im Ruhekleid (Zeichnung) sehr ähnlich dem Haubentaucher, aber ohne weißlichen Überaugenstreif und mit grauem Hals. Gefieder bei Jungvögeln blasser, auf den weißen Wangen ein schwärzliches Streifenmuster.
Stimme: Während der Balz lautes, pferdeartiges Wiehern „üööh", auch nachts zu hören; bei Beunruhigung keckerndes „eck eck eck". Im Winter wenig rufaktiv.

Vorkommen: Brütet an Seen mit breitem Schilfgürtel, auch an kleinen und flachen; nistet häufig im Schutz einer Lachmöwenkolonie. Bei uns seltener Brutvogel, regelmäßig nur in der Norddeutschen Tiefebene. Im Winterhalbjahr auf größeren Seen und auf dem küstennahen Meer.

Rothalstaucher. Ruhekleid

Nahrung: Wasserinsekten, Krebstiere, Wasserschnecken, Frösche, Molche, kleine Fische.
Brut: Mai–Juli, 1 Brut; Nest nahe am Ufer, meist im Bewuchs versteckt, manchmal auch offen.

| < **Haubentaucher** | T | I-XII | ▽ | |

Schwarzhalstaucher
Podiceps nigricollis
Familie Lappentaucher
Podicipedidae
E Black-necked Grebe
F Grèbe à cou noir

<u>Typisch:</u> Die hohe Stirn und der leicht aufgeworfene Schnabel.
<u>Merkmale:</u> Deutlich kleiner als Haubentaucher; im Brutkleid (Foto) leicht an den goldgelben Federbüscheln in der Ohrgegend zu erkennen. Im Ruhekleid (Zeichnung) ähnlich dem Ohrentaucher, jedoch die schwarze Kopfkappe reicht bis unter das Auge; der Schnabel ist beim Ohrentaucher gerade, die Stirn deutlich flacher.
<u>Stimme:</u> Ruft ansteigend, etwas klagend „krüit" oder „pu-it", während der Balz oft ein zwergtaucherartiges hohes Keckern.
<u>Vorkommen:</u> Brütet auf Weihern, Teichen und Seen mit dicht bewachsenen Ufern und Schwimmblattbeständen, z. B. auf Fischteichen; oft mehrere Paare kolonieweise, häufig in der Nachbarschaft von brütenden Lachmöwen. Außerhalb der Brutzeit auf größeren Seen und an der Küste.

Ohrentaucher, Ruhekleid

Schwarzhalstaucher, Ruhekleid

<u>Nahrung:</u> Wasserinsekten, Schnecken, Kleinkrebse, Kaulquappen.
<u>Brut:</u> Mai–Juni, 1 Brut; schwimmendes Nest im Uferbereich.
Der **Ohrentaucher** *Podiceps auritus* ist Brutvogel auf seichten Seen Nordeuropas, bei uns regelmäßiger Wintergast, sehr seltener Brutvogel.

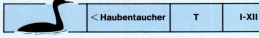

Zwergtaucher
Tachybaptus ruficollis
Familie Lappentaucher
Podicipedidae
E Little Grebe F Grèbe castagneux

Typisch: Der kleinste Taucher Europas.
Merkmale: Gedrungen und kurzhalsig. Im Brutkleid (Foto) Kopf- und Halsseiten kastanienbraun, deutlicher heller Fleck am Schnabelwinkel. Ruhekleid (Zeichnung) unauffällig graubraun, Flanken etwas heller.
Stimme: Hauptsächlich im Frühjahr ein langes, vibrierendes Trillern, oft von ♂ und ♀ im Duett, daneben auch ein hohes „bi-ib".
Vorkommen: Brütet auf Teichen und kleinen Seen, im dichtbewachsenen Uferbereich großer Seen und langsam fließender Flüsse, manchmal auch auf kleinen Tümpeln. Im Winter oft in kleinen Trupps auf Flüssen und Seen, auch auf Gewässern mitten in der Großstadt.
Verhalten: Im Sommerhalbjahr ist der Zwergtaucher oft schwer zu beobachten, da er sich geschickt zwischen den Wasserpflanzen versteckt, im Winter dagegen oft deckungslos und in Ufer-

Zwergtaucher, Ruhekleid

nähe, dick aufgeplustert mit hohem „Heck".
Nahrung: Insekten, deren Larven, Kleinkrebse, Schnecken, Kaulquappen, im Winter kleine Fische.
Brut: April–Juli, 1–2 Bruten; schwimmendes Nest am Ufer.

| < **Bläßhuhn** | T | I–XII | ▽ 3 | |

Eissturmvogel *Fulmarus glacialis*
Familie Sturmvögel *Procellariidae*
E Fulmar F Pétrel glacial

<u>Typisch:</u> Gleitet mit starr gehaltenen Flügeln und gelegentlichen Flügelschlägen über den Wellen.
<u>Merkmale:</u> Ähnelt einer großen Möwe, aber plumper, Kopf und Hals dicker; Schnabel kurz und dick.
<u>Stimme:</u> Heisere und schnarrende Rufe wie „ärr", „quäquä" oder „ahr-gock-gock", im Flug oft „kuh".
<u>Vorkommen:</u> Brütet in Kolonien an felsigen Küsten und auf Inseln, außerhalb der Brutzeit auf dem Meer, oft küstenfern. Brutvogel Helgolands seit 1972; sonst regelmäßig, aber selten an der Nordseeküste, gelegentlich auch an der Ostsee zu beobachten.
<u>Verhalten:</u> Folgt häufig Schiffen.
<u>Nahrung:</u> Tote Fische, Tintenfische, Kleinkrebse. Fett toter Meeressäuger.

<u>Brut:</u> Mai – August, 1 Brut; nistet vorwiegend auf Felsklippen.
Der gänsegroße, schlanke **Baßtölpel** *Sula bassana* (Zeichnung) ist außer-

Baßtölpel

halb der Brutzeit an der deutschen Nordseeküste in geringer Zahl anzutreffen. Stürzt sich bei der Jagd auf Fische aus bis zu 40 m Höhe senkrecht und mit nach hinten gestreckten Flügeln ins Wasser (Stoßtaucher); brütet an den Felsküsten Nord- und Westeuropas, sowie auf Helgoland.

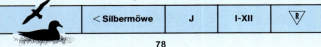

| | < **Silbermöwe** | J | I-XII | ▽ R |

Kormoran *Phalacrocorax carbo*
Familie Kormorane
Phalacrocoracidae
E Cormorant F Grand cormoran

Typisch: Schwarzer Wasservogel mit weißem Kinn und weißen Wangen, Schnabelspitze mit Haken.
Merkmale: Während der Brutzeit mit weißem Fleck am Schenkelansatz (Brutfleck). Jungvögel mit bräunlicher Ober- und weißlicher Unterseite.
Stimme: Meist nur am Brutplatz zu hören: rauh schnarrende, gurgelnde und krähende Laute wie „kra", „korr korr" oder „rähräh".
Vorkommen: Brütet kolonieweise auf hohen Bäumen und an der felsigen Meeresküste, im Binnenland meist auf Inseln in großen Seen, oft mit Graureihern in enger Nachbarschaft. Brutvogel in Deutschland und Polen sowie in Holland; bei uns bis auf wenige Brutkolonien ausgerottet; im Winterhalbjahr jedoch regelmäßig auf größeren Seen zu beobachten.
Verhalten: Schwimmt tief im Wasser liegend, ähnlich einem Seetaucher.
Nahrung: Überwiegend Fische.
Brut: Mai–Juli, 1 Brut; nistet auf Bäumen oder auf Klippen.
Die etwas kleinere und kurzhalsigere **Krähenscharbe** *Phalacrocorax aristotelis* ist bei uns selten, aber regelmäßig (meist im Winterhalbjahr) im Bereich von Helgoland anzutreffen. Gefieder schwarz mit grünlichem Glanz; zur Brutzeit mit aufrichtbarer, nach vorne gebogener Federhaube. Brütet in Kolonien an felsigen Meeresküsten; ernährt sich wie der Kormoran von Fischen.

| < **Graugans** | T | I-XII | | |

Rohrdommel *Botaurus stellaris*
Familie Reiher *Ardeidae*
E Bittern F Butor étoilé

<u>Typisch:</u> Reckt bei Gefahr Kopf und Hals nach oben und verharrt in dieser Stellung oft längere Zeit bewegungslos (Pfahlstellung).
<u>Merkmale:</u> Viel gedrungener und kurzhalsiger als der Graureiher; Gefieder schilffarben, Beine und Zehen grünlich (Tarntracht). Fliegt mit eingezogenem oder (bei Kurzflügen) mit lang ausgestrecktem Hals, Flug wirkt eulenartig.
<u>Stimme:</u> Zur Brutzeit ein nebelhornartiges, dumpfes „ü-prauh", oft mehrere Kilometer weit zu hören; Flugruf ein rauhes „aark".
<u>Vorkommen:</u> Brütet in ausgedehnten Schilfbeständen an Seeufern, in Sümpfen und Mooren. Bei uns selten und überall im Rückgang begriffen, besonders in Süddeutschland. Überwintert manchmal bei uns.
<u>Verhalten:</u> Scheu und nur selten zu sehen; versteht sich ausgezeichnet zu tarnen: klettert langsam und schleichend im Röhricht, bewegt sich in der Pfahlstellung im Rhythmus des schwankenden Schilfs langsam hin und her, um die Tarnwirkung noch zu verstärken, oder entfernt sich im Zeitlupentempo von der Gefahrenstelle. Drohhaltung uhuartig geduckt, mit seitwärts ausgebreiteten Flügeln, gesträubtem Gefieder und leicht geöffnetem Schnabel.
<u>Nahrung:</u> Fische, Frösche, Molche, Blutegel, Würmer, Wasserinsekten.
<u>Brut:</u> Mai – Juli, 1 Brut; Nest im Schilf, meist über seichtem Wasser.

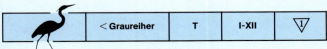

Zwergdommel
Ixobrychus minutus
Familie Reiher *Ardeidae*
E Little Bittern F Butor blongios

Typisch: Kleinster Reiher Europas.
Merkmale: ♂ (im Foto rechts) mit dunklem Oberkopf und dunkler Oberseite, ♀ weniger kontrastreich gefärbt, an Hals, Brustseiten und Flanken dunkel längsgestreift. Im Flug fällt das helle Flügelfeld auf, besonders beim ♂.
Stimme: Flugruf ein kurzes, rauhes „kär", zur Balz- und Brutzeit hört man vom ♂ im Abstand von rund zwei Sekunden ein gedämpftes „wu", das wie fernes Hundebellen klingt.
Vorkommen: Brütet in dichten Schilfbeständen an Teichen und Seen, in feuchtem Weidengebüsch an größeren Flüssen, in Sumpf- und Auwaldgebieten; häufig im gleichen Brutbiotop wie der Drosselrohrsänger. Bei uns durch Lebensraumzerstörung und Freizeitrummel sehr stark zurückgegangen.
Verhalten: Klettert mit den extrem langen Zehen geschickt im Schilf, umklammert dabei mehrere Halme gleichzeitig; verharrt bei Gefahr ähnlich wie die Rohrdommel unbeweglich in der Pfahlstellung oder „stiehlt" sich langsam davon. Fliegt aufgescheucht mit raschen Flügelschlägen niedrig über dem Schilf, um kurz darauf wieder im dichten Rohrwald unterzutauchen.
Nahrung: Fische, Frösche, Wasserinsekten, Kaulquappen, Blutegel, Würmer und Schnecken, Jungvögel.
Brut: Mai – Juli, 1 Brut; Nest im Schilf oder in dichtem, feuchtem Gebüsch, oft über dem Wasser.

| ~ Haustaube | S | IV-X | | |

Graureiher *Ardea cinerea*
Familie Reiher *Ardeidae*
E Heron F Héron cendré

<u>Typisch:</u> Größter und häufigster Reiher Europas.
<u>Merkmale:</u> Langer Hals und lange Beine; Schnabel lang und spitz, gelblich gefärbt. Gefieder überwiegend grau; schwarzer Überaugenstreif, der sich in zwei langen Schmuckfedern im Nacken fortsetzt. Jungvögeln fehlen der Überaugenstreif und die Schmuckfedern. Fliegt mit langsamen, wuchtigen Flügelschlägen, der Hals ist stets S-förmig eingezogen, die Beine sind weit nach hinten ausgestreckt; wirkt im Flug sehr groß.
<u>Stimme:</u> Ruft im Flug rauh „kräick".
<u>Vorkommen:</u> Brütet kolonieweise auf hohen Laub- und Nadelbäumen, gebietsweise auch im Schilf. Nahrungssuche im seichten Wasser, an flachen Ufern von Bächen, Gräben, Teichen und Seen oder (zum Mäusefang) auf feuchten Wiesen.
<u>Verhalten:</u> Graureiher stehen oft unbeweglich am Ufer oder schreiten langsam und mit weit vorgestrecktem Hals durch das Flachwasser und lauern auf Fische; haben sie ein Beutetier entdeckt, stoßen sie sehr schnell mit dem langen Schnabel zu. Wegen der Zerstörung naturnaher Gewässer und Feuchtwiesen sind Graureiher immer mehr darauf angewiesen, ihre Beutetiere in Fischzuchten zu fangen.
<u>Nahrung:</u> Vorwiegend Fische, aber auch Kleinsäuger, Frösche, Würmer.
<u>Brut:</u> März – Juni, 1 Brut; großes Nest meist hoch auf Bäumen.

| | < **Weißstorch** | **T** | **I-XII** | |

Purpurreiher *Ardea purpurea*
Familie Reiher *Ardeidae*
E Purple Heron F Héron pourpré

Typisch: Hält den dünnen Hals oft schlangenartig.
Merkmale: Schlanker und langhalsiger als Graureiher; das Gefieder wirkt sehr dunkel, vor allem im Flug. Jungvögel heller, ohne schwarze Kopf- und Halszeichnung, Unterseite gelblichbraun, von weitem leicht mit dem Graureiher zu verwechseln. Im Flug fallen die großen Füße auf; der tief herabhängende Hals wirkt eckig.
Stimme: Flugruf „kra" oder „kreg", etwas höher als der Graureiherruf, bei Gefahr „quär"; außerhalb der Brutzeit wenig rufaktiv.
Vorkommen: Brütet in ausgedehnten Röhrichtbeständen, auch in Sumpfgebieten mit dichtem Weiden- und Erlengebüsch. Bei uns als Brutvogel sehr selten und unregelmäßig, meist in kleinen Kolonien, die sich für einige Jahre ansiedeln und dann wieder verschwinden; größere Bestände am Neusiedler See in Österreich und in Holland.
Verhalten: Sitzt nur selten auf Bäumen, hält sich meistens im Halmengewirr des Schilfwaldes auf; verharrt bei Gefahr oft rohrdommelartig und ist dann sehr schwer zu entdecken. Lauert bei der Beutesuche an kleinen, offenen Wasserstellen und Gräben im dichten Schilfwald.
Nahrung: Kleine Fische, Frösche, Insekten.
Brut: April – Juli, 1 Brut; Nest meist über dem Wasser im Schilf.

| < Graureiher | S | IV-IX | 2 | |

Silberreiher *Casmerodius albus*
Familie Reiher *Ardeidae*
E Great White Egret
F Grande aigrette

<u>Typisch:</u> Gefieder schneeweiß, während der Brutzeit mit langen Schmuckfedern auf den Flügeln.
<u>Merkmale:</u> Deutlich schlanker als Graureiher, mit sehr langem, dünnem Hals. Schnabel im Brutkleid schwarz mit gelber Basis, im Ruhekleid nahezu ganz gelb; Beine und Füße grünlich-schwarz, im Brutkleid Beine im oberen Teil gelblich.
<u>Stimme:</u> Meistens stumm; gelegentlich hört man ein krächzendes „krah", am Brutplatz ratternde und bellende Laute.
<u>Vorkommen:</u> Brütet in ausgedehnten Schilfbeständen an Seen, Altwässern und in breiten Flußmündungen, auch in offenen Sümpfen mit Büschen und niedrigen Bäumen; regelmäßiger Brutvogel am Neusiedler See in Österreich und in Ungarn. Sonst seltener, aber fast regelmäßig auftretender Gast an geeigneten Gewässern.
<u>Verhalten:</u> Bei der Nahrungssuche pirschen Silberreiher langsam durchs seichte Wasser. Oft stehen die Reiher unbeweglich an kleinen Wasserstellen und warten auf eine günstige Gelegenheit; dabei sind sie weit weniger sichtgeschützt und natürlich viel auffälliger als die im gleichen Biotop lebenden, deckungsliebenden Purpurreiher.
<u>Nahrung:</u> Fische, Frösche, Wasserinsekten.
<u>Brut:</u> April–Juni, 1 Brut; Nest meist im Schilf; Koloniebrüter.

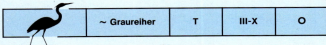

	~ **Graureiher**	T	III-X	O

Seidenreiher *Egretta garzetta*
Familie Reiher *Ardeidae*
E Little Egret F Aigrette garzette

Typisch: Kleiner, schneeweißer Reiher mit schwarzem Schnabel, schwarzen Beinen und gelben Füßen.
Merkmale: Zur Brutzeit mit langen Schmuckfedern an Hinterkopf und Schultern, die während der Balz gesträubt werden. Im Flug an der geringeren Größe, am schnelleren Flügelschlag und an den mehr gerundeten Flügeln vom Silberreiher zu unterscheiden. Die gelben Füße sieht man ebenfalls am besten im Flug (Zeichnung).
Stimme: Am Brutplatz verschiedene keckernde, gurgelnde, schnarrende und krächzende Laute.
Vorkommen: Brütet kolonieweise in ausgedehnten Sumpfgebieten, die mit Büschen und Bäumen bestanden sind, aber auch (in zunehmendem Maße) in Reisfeldern, z.B. in Ungarn; dort und in Tschechien seltener Brutvogel; am Neusiedler See regelmäßig übersommernd.

Seidenreiher, Flug

Verhalten: Läuft bei der Nahrungssuche hastig durch seichtes Wasser und schnappt dabei links und rechts nach Beutetieren.
Nahrung: Kleine Fische, Frösche, Wasserinsekten.
Brut: April – Juni, 1 Brut; Nest meist auf Büschen und Bäumen, selten im hohen Schilf. Koloniebrüter.

| < Graureiher | S | IV-X | O | |

Nachtreiher
Nycticorax nycticorax
Familie Reiher *Ardeidae*
E Night Heron F Héron bihoreau

<u>Typisch:</u> Hauptsächlich dämmerungs- und nachtaktiv; sitzt tagsüber häufig mit eingezogenem Kopf in Bäumen versteckt.
<u>Merkmale:</u> Gedrungen und kurzhalsig, im Nacken einige lange weiße Schmuckfedern; Flügel breit und abgerundet; fliegt mit eulenartig weichen Flügelschlägen. Jungvögel (Zeichnung) rohrdommelartig gestreift und hell gefleckt.
<u>Stimme:</u> Ruft bei Beunruhigung rauh quakend „ark", meist in der Dämmerung und nachts; am Brutplatz verschiedene kehlige und rauhe Laute.
<u>Vorkommen:</u> Brütet in dichtbewachsenen Sumpflandschaften mit Büschen und Bäumen, in Flußauen mit vielen Altwässern und dschungelartiger Vegetation. Bei uns sehr selten, durch rücksichtslose Verfolgung fast ausgerottet, nur noch wenige Brutkolonien in Holland und Süddeutschland; in Ungarn und Tschechien dagegen wesentlich häufiger.

Nachtreiher, juv.

<u>Nahrung:</u> Frösche, Fische, Kaulquappen, Wasser- und Landinsekten, Blutegel.
<u>Brut:</u> April – Juli, 1 Brut; Nest im Gebüsch oder in Bäumen; Koloniebrüter.

| | < **Graureiher** | S | IV-X | |

Löffler *Platalea leucorodia*
Familie Ibisse *Threskiornithidae*
E Spoonbill F Spatule blanche

<u>Typisch:</u> Der lange, löffelartige Schnabel mit gelber Spitze.
<u>Merkmale:</u> Gefieder weiß, am Kinn ockergelb; zur Brutzeit gelblicher Federschopf am Hinterkopf und gelbliches Brustband. Bei Jungvögeln fehlen der Schopf, der gelbe Kinnfleck und das gelbe Brustband, Flügel mit dunklen Spitzen. Im Flug werden Kopf und Hals weit ausgestreckt, der Hals hängt etwas durch.
<u>Stimme:</u> Am Brutplatz nasale, grunzende und klagende Laute, sonst meist stumm.
<u>Vorkommen:</u> Brütet in weiten, offenen Sumpfgebieten mit Schilfbestand und Flachwasserbereichen, in Verlandungszonen mit schilfigem Weiden- und Erlengebüsch, das mit offenen Flächen abwechselt; häufige Brutnachbarn der Löfflerkolonien sind Silberreiher. Nahrungssuche auch an deckungslosen Gewässern; außerhalb der Brutzeit häufig an der Meeresküste. Seltener Brutvogel in Holland, am Neusiedler See und in Ungarn.
<u>Verhalten:</u> Bei der Nahrungssuche watet der Löffler im Wasser und durchseiht Wasser und Schlamm nach Nahrungstieren, dabei pendelt der Kopf seitlich hin und her. Trupps fliegen häufig in langen Reihen oder in V-Formation.
<u>Nahrung:</u> Fische, Wasserinsekten, Muscheln, Schnecken, Kaulquappen, Krebstiere.
<u>Brut:</u> April – Juni, 1 Brut; Nest häufig über dem Wasser auf umgebrochenem Schilf. Koloniebrüter.

| < **Weißstorch** | S | IV-IX | O | |

Weißstorch *Ciconia ciconia*
Familie Störche *Ciconiidae*
E White Stork F Cigogne blanche

<u>Typisch:</u> Der lange, rote Schnabel und die langen, roten Stelzbeine.
<u>Merkmale:</u> Sehr großer, weißer Schreitvogel mit schwarzen Schwungfedern, leicht zu erkennen. Bei Jungvögeln sind Schnabel und Beine viel blasser gefärbt. Segelt häufig, fliegt im Gegensatz zu Reihern mit weit ausgestrecktem Hals (Zeichnung).
<u>Stimme:</u> Außer dem bekannten Klappern, vor allem während der Brutzeit, nahezu stumm, gelegentlich (bei Gefahr) zischende Laute.
<u>Vorkommen:</u> Nahrungssuche auf Feuchtwiesen und extensiv bewirtschafteten Wiesen des offenen Tieflandes; brütet bei uns fast ausschließlich auf Gebäuden und Kaminen, häufig auf einem eigens angebrachten Wagenrad als Nestunterlage. In Auwaldgebieten Ostösterreichs gibt es noch wenige baumbrütende Weißstörche. Im westlichen Mitteleuropa seit Jahrzehnten

Weißstorch, Flug

drastisch zurückgegangen, vor allem durch Lebensraumverlust, Unfälle an Starkstromleitungen und Abschuß im Winterquartier.
<u>Nahrung:</u> Mäuse, Frösche, Regenwürmer, Insekten.
<u>Brut:</u> April – Juni, 1 Brut; großes Nest meist hoch auf Gebäuden.

| | > **Graureiher** | S | III–IX | |

Schwarzstorch *Ciconia nigra*
Familie Störche *Ciconiidae*
E Black Stork F Cigogne noire

<u>Typisch:</u> Bewohner des Waldes.
<u>Merkmale:</u> Leicht vom etwa gleich großen Weißstorch zu unterscheiden: Gefieder überwiegend schwarz mit grünlichem und purpurnem Schimmer, nur Bauch und Unterschwanz weiß. Jungvögel graubraun gefärbt, Schnabel und Beine grünlich. Segelt oft hoch und ausdauernd.
<u>Stimme:</u> Im Vergleich zum Weißstorch reichhaltiges Lautrepertoire: im hohen Segelflug ein melodisches „vüho", bei Auseinandersetzungen „fiiche", am Horst gedämpft „chichu".
<u>Vorkommen:</u> Östliche Art; brütet in ausgedehnten, alten und ruhigen Laub- und Mischwäldern mit Tümpeln, Bächen und eingestreuten Feuchtwiesen. Zur Nahrungssuche an seichte Gewässer gebunden. Bei uns durch Lebensraumzerstörung und forstliche Maßnahmen sehr selten geworden, jedoch seit einigen Jahren wieder im Aufwärtstrend.

Schwarzstorch, Flug

<u>Nahrung:</u> Wasserinsekten, Molche, Frösche, Fische, gelegentlich auch Kleinsäuger.
<u>Brut:</u> April–Juli, 1 Brut; großer Baumhorst aus Ästen und Zweigen, oft auf alten Kiefern oder Eichen, auch ehemalige Greifvogelhorste werden bezogen.

~ Weißstorch	S	III–IX		

Höckerschwan *Cygnus olor*
Familie Entenvögel *Anatidae*
E Mute Swan F Cygne tuberculé

Typisch: Der größte und schwerste Schwimmvogel.

Merkmale: Gefieder ganz weiß, Schnabel rötlich mit schwarzem Grund; deutlicher Schnabelhöcker, beim ♂ stärker ausgeprägt, vor allem im Frühjahr. Jungvögel graubraun gefärbt, mit grauem Schnabel und ohne Schnabelhöcker.

Stimme: Wenig lautfreudig; bei Auseinandersetzungen hart und durchdringend „gaiarr", bei Abwehr ein lautes Zischen.

Vorkommen: Lebt bei uns als verwilderter Parkvogel auf vielen Seen des Tieflandes, auch auf Parkteichen mitten in der Stadt. Im Winter oft große Scharen futterzahmer Schwäne auf Parkseen und an Dampferstegen. Brütet auf wasserpflanzenreichen Teichen und Seen mit verschilften Ufern, auch an den Ufern von langsam fließenden Flüssen und an der Küste.

Verhalten: Schwimmt im Gegensatz zu Sing- und Zwergschwan mit leicht S-förmig gebogenem Hals und abwärts gerichtetem Schnabel. Fliegt mit weit ausgestrecktem Hals und kraftvollen Flügelschlägen, dabei hört man ein deutliches Schwingenpfeifen.

Nahrung: Wasser- und Sumpfpflanzen, manchmal Gras und junge Saat.

Brut: April–Juni, 1 Brut; großes Nest aus altem Schilf und anderem Pflanzenmaterial, meist gut versteckt am Ufer.

| | > **Graugans** | T | I-XII | |

Singschwan *Cygnus cygnus*
Familie Entenvögel *Anatidae*
E Whooper Swan
F Cygne sauvage

<u>Typisch:</u> Vom Höckerschwan am besten durch die gelbe Schnabelwurzel und das Fehlen eines Schnabelhöckers zu unterscheiden.
<u>Merkmale:</u> Hält beim Schwimmen den Hals weniger gebogen als der Höckerschwan, der Kopf wird meist aufrechter gehalten. Jungvögel mehr grau als junge Höckerschwäne, Schnabel fleischfarben mit dunkler Spitze.
<u>Stimme:</u> Ruft fast ständig; Trupps äußern im Schwimmen häufig nasale, gänseartige Laute, vor und während des Abfluges und im Flug laut trompetend „anghö".
<u>Vorkommen:</u> Brutvogel der Moor- und Tundraseen Nordeuropas, im Winterhalbjahr regelmäßig in größeren Trupps an der Nord- und Ostseeküste, auf Seen des Norddeutschen Tieflandes und in geringer Zahl auf den größeren Seen bis ins Alpenvorland.
<u>Verhalten:</u> Während der Höckerschwan in der Drohhaltung die Flügel aufstellt und den Hals gebogen hält, droht der Singschwan mit seitlich ausgebreiteten Flügeln und erhobenem Hals. An Land ist der Singschwan viel weniger unbeholfen. Fliegt ohne ein Schwingengeräusch, aber ruft sehr häufig; Trupps fliegen oft in Schrägreihe.
<u>Nahrung:</u> Vorwiegend Wasserpflanzen und deren Wurzeln, verschiedene Gräser und krautige Pflanzen an Land.
<u>Brut:</u> Mai – Juni, 1 Brut; großes Nest, meist auf einer kleinen Insel nah am Wasser.

~ **Höckerschwan**	W	X-IV	O	

Zwergschwan *Cygnus bewickii*
Familie Entenvögel *Anatidae*
E Bewick's Swan
F Cygne de Bewick

<u>Typisch:</u> Wirkt mehr gänseartig als Höcker- und Singschwan, besonders im Flug.
<u>Merkmale:</u> Kopf und Schnabel kürzer als beim Singschwan, der Hals ist etwas kürzer und kräftiger und wird meist gerade getragen, das Gelb an der Schnabelwurzel ist viel weniger ausgedehnt und mehr abgerundet (beim Singschwan keilförmig nach vorne gezogen). Fliegt seltener in Formation.
<u>Stimme:</u> Deutlich tiefer und klarer als die des Singschwans; melodisch trompetend „kuhk" oder „glüglü", die Stimmen von weiter entfernten Trupps verschmelzen zu einem angenehmen Singsang.

<u>Vorkommen:</u> Brütet auf kleinen Gewässern in der Tundra Nordosteuropas; regelmäßiger Wintergast an der Nordsee, nur ausnahmsweise im Binnenland. Die Trupps weiden im Winter-

Zwergschwan, Flug ▽

Singschwan, Flug △

quartier auch fernab des Wassers auf Wiesen und Feldern.
<u>Nahrung:</u> Wasserpflanzen und deren Wurzeln, Gras und junge Saat.
<u>Brut:</u> Juni – Juli, 1 Brut; großes Nest aus Pflanzenmaterial, meist auf einem kleinen Inselchen.

| | < **Höckerschwan** | W | X-IV | O |

Saatgans *Anser fabalis*
Familie Entenvögel *Anatidae*
E Bean Goose
F Oie des moissons

Typisch: Dunklere Vorderflügel und rauhere Rufe als die Graugans.
Merkmale: Ähnlich der Graugans, aber deutlich dunkler und bräunlicher, besonders an Kopf, Hals und Vorderflügel; Kopf und Schnabel sind länger, Schnabel an der Basis und Spitze schwarz, dazwischen in variabler Ausdehnung orangegelb gefärbt, bei der sibirischen Rasse (Tundrasaatgans) nur schmale, orangefarbene Binde. Füße orangegelb, bei Jungvögeln graugelb.
Stimme: Weniger ruffreudig als die Graugans; im Flug oft rauh und nasal „kajak", „kajakak" oder „agaka", auch einsilbige Laute.

Vorkommen: Brütet in Moorgebieten mit kleinen Seen und in Flußniederungen der Taigazone Nordeuropas (Waldsaatgans) und in der Tundra. Im Winterhalbjahr regelmäßig in größeren Verbänden an der Nord-und Ostseeküste und im östlichen Mitteleuropa, seltener und in kleinen Trupps auch bei uns im Binnenland. Nahrungssuche auf ausgedehnten und ungestörten Wiesen- und Weideflächen.
Nahrung: Gräser, Kräuter, Klee, Getreide, Kartoffeln.

Die **Kurzschnabelgans** *Anser brachyrhynchus* ist kleiner, hat einen kürzeren Schnabel und fleischfarbene Füße. Im Flug fällt vor allem die deutlich hellere, blaugraue Vorderkante der Flügel auf. Die Rufe sind höher und weniger rauh als die der Saatgans. Brutvogel auf Island, Spitzbergen und Grönland, überwintert regelmäßig, aber in geringer Anzahl an der Nordseeküste.

~ Graugans	W	X-IV	O	

Graugans *Anser anser*
Familie Entenvögel Anatidae
E Grey-lag Goose F Oie cendrée

<u>Typisch:</u> Im Flug an den auffallend silbergrauen Vorderkanten der Flügel zu erkennen.
<u>Merkmale:</u> Große, kräftige, hellgraue Gans, Stammform der Hausgans; Schnabel orangegelb (westl. Rasse) oder fleischfarben (östl. Rasse), es gibt auch Mischformen der Schnabelfärbung; Füße fleischfarben, bei Jungvögeln grau.
<u>Stimme:</u> Ziemlich ruffreudig; häufig ein hausgansartiges, nasales „ga-ga-ga", „ahng-ahng", „angangangang" oder ähnlich.
<u>Vorkommen:</u> Brütet an großen Binnenseen mit dichten Randbereichen wie Schilf, Binsen oder sumpfiges Dickicht oder in Mooren. Bei uns seltener Brutvogel im nördlichen Teil, die Brutansiedlungen in Süddeutschland sind wohl nicht durch Wildvögel entstanden.
<u>Verhalten:</u> Lebt gebietsweise ganzjährig als halbzahmer Parkvogel, oft mit

Graugans, Flug

Kanadagänsen zusammen, mitten in Städten.
<u>Nahrung:</u> Gräser, Kräuter, Triebe, Wurzeln, Beeren, Samen, Getreide, Saat, Kartoffeln.
<u>Brut:</u> April–Juni, 1 Brut; großes, lockeres Nest aus Pflanzenmaterial, meist nahe am Wasser in dichter Vegetation.

| | > **Stockente** | T | I-XII | |

Bläßgans *Anser albifrons*
Familie Entenvögel *Anatidae*
E White-fronted Goose
F Oie rieuse

<u>Typisch:</u> Die auffällige Stirnblesse und die ausgedehnte schwarze Querbänderung am Bauch.
<u>Merkmale:</u> Schnabel lang und rötlich, bei der grönländischen Rasse gelb. Jungvögel ohne schwarze Bauchzeichnung und ohne Blesse, Schnabel mit dunkler Spitze.
<u>Stimme:</u> Ruft höher, heller und in schnellerer Folge als die Graugans: „kwi kwi kwi", „klikli" oder „kjauljau".
<u>Vorkommen:</u> Brütet in der Tundra Nordrußlands und Grönlands, meist in Gewässernähe; im Winterhalbjahr in großen Scharen an der holländischen und deutschen Nordseeküste, außer in Ungarn nur selten und in kleinen Trupps im Binnenland. Die Gänse halten sich zur Nahrungssuche auf Wiesen und Salzwiesen im Küstenbereich auf, wo sie ungestört sind, und übernachten auf dem Wasser.
<u>Nahrung:</u> Gräser und deren Samen, im Winter auch Salzpflanzen.

Die sehr ähnliche **Zwergbläßgans** *Anser erythropus* ist kleiner und kurzhalsiger und hat einen runderen Kopf und kürzeren Schnabel, die Blesse reicht bis über das Auge hinauf; typisch ist der leuchtend gelbe Augenring. Ihr Flug ist sehr wendig. Die Zwergbläßgans ist relativ häufiger Durchzügler in Polen und Ungarn, in milden Wintern auch Wintergast in der Ungarischen Tiefebene. Ruft hoch „kjüju".

| < **Graugans** | W | X-V | O | |

Kanadagans *Branta canadensis*
Familie Entenvögel *Anatidae*
E Canada Goose
F Bernache du Canada

<u>Typisch:</u> Sehr große Gans mit langem, schwarzem Hals.
<u>Merkmale:</u> Kopf auffallend schwarz-weiß, Schwanz, Schnabel und Füße schwarz. Bastardiert manchmal mit der Graugans. Trupps fliegen häufig in V-Formation.
<u>Stimme:</u> Im Flug ein weit hörbares, nasal trompetendes „a-honk", wobei die Höhe der zweiten Silbe stark zunimmt. Im Trupp durchdringende Rufe bei Beunruhigung.
<u>Vorkommen:</u> Aus Nordamerika bei uns eingebürgert; brütet ursprünglich an sumpfigen See- und Flußufern bis in die Tundraregion. Bei uns seit einigen Jahrzehnten als Jahresvogel etabliert, hauptsächlich in Bayern und Niedersachsen; in Ausbreitung begriffen. Die verwilderten Parkvögel haben sich an größeren und kleineren Seen mit deckungsbietenden Ufern, an Fischteichen und vor allem an Parkseen angesiedelt. Nur bei großer Kälte weichen die Gänse über kurze Entfernungen zu offenen Gewässern aus; die im Winterhalbjahr alljährlich an der Nordseeküste erscheinenden Kanadagänse sind echte Wintergäste aus den schon seit über 50 Jahren freibrütenden schwedischen Populationen.
<u>Nahrung:</u> Gräser, Kräuter, Klee, Wurzeln, Samen, junge Saat, Wasserpflanzen, Algen.
<u>Brut:</u> März – Juni, 1 Brut; großes Nest aus Pflanzenmaterial, meist am Ufer oder auf kleiner Insel.

| | > **Graugans** | J, W | I-XII | |

Nonnengans *Branta leucopsis*
Familie Entenvögel *Anatidae*
E Barnacle Goose
F Bernache nonnette

<u>Typisch:</u> Auffallend weißes Gesicht, das zum schwarzen Hals kontrastiert.
<u>Merkmale:</u> Eine mittelgroße Gans mit kleinem, schwarzem Schnabel; wirkt aus der Ferne oben schwarz und unten weiß. Jungvögel im ersten Jahr mit grauweißem Gesicht und dunkelbrauner Halsfärbung, weniger scharf abgesetzt.
<u>Stimme:</u> Im Flug heisere Rufe wie „gäk gäk gäk", die Stimmen von großen Scharen klingen aus der Entfernung wie das Gebell von kleineren Hunden.
<u>Vorkommen:</u> Nonnengänse brüten meist zu mehreren Paaren auf unzugänglichen Klippen und Felsbändern hoch über Flußtälern oder Fjorden Grönlands, Spitzbergens und Nordrußlands. Die vor Eisfüchsen gut geschützten Nistplätze sind von den Gänsen nur fliegend erreichbar. Bei uns regelmäßig in den Wattenmeergebieten Schleswig-Holsteins und Hollands; zur Nahrungssuche im Watt, auf Salzwiesen, aber auch auf küstennahen Wiesen und Feldern.
<u>Verhalten:</u> Sehr gesellig, kleine Gruppen schließen sich häufig anderen Gänsearten an, große Verbände (bei uns die Regel) sind dagegen vorwiegend artrein. Die Schwärme fliegen meist ungeordnet.
<u>Nahrung:</u> Im Winterquartier Gräser, Seegräser, Queller, Kräuter, Algen, daneben auch junge Saat.

| < Graugans | W | X-IV | | |

Ringelgans *Branta bernicla*
Familie Entenvögel *Anatidae*
E Brent Goose
F Bernache cravant

Typisch: Die tiefen, kehligen Rufe („Rottgans").
Merkmale: Kleine, sehr dunkle, etwas entenartig wirkende Gans mit schwarzem Schnabel und schwarzen Beinen; Hinterteil leuchtend weiß, an den Halsseiten je ein länglicher, weißer Fleck, der den Jungvögeln fehlt. Bei uns zwei verschiedene Rassen, eine hellbäuchige und eine (häufigere) dunkelbäuchige; manchmal Angehörige beider Rassen in einem Trupp.
Stimme: Ruft bei Beunruhigung tief und nasal „rott rott rott" oder kehlig „rronk", im Flug kurz und hart „ack", daneben leisere, hohe Laute.

Vorkommen: Ringelgänse brüten in Kolonien auf der seenreichen, arktischen Tundra in Küstennähe, die hellbäuchige Rasse häufig auf kleinen Inseln vor der Küste. Im Winterquartier an der flachen Meeresküste mit Seegras- und Quellerbeständen. Bei uns im Winterhalbjahr regelmäßig und in größeren Trupps im Wattenmeer der Nordsee; im Binnenland nur sehr selten. In den letzten Jahrzehnten sind die Bestände durch Bejagung und durch das Absterben von großen Seegrasflächen drastisch zurückgegangen.
Verhalten: Sehr gesellig, meistens in großen Scharen; fliegen schnell und in der Regel ungeordnet.
Nahrung: Im Winterquartier Seegräser, Queller, Grünalgen, Gras und junge Saat.

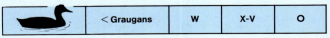

Brandgans *Tadorna tadorna*
Familie Entenvögel *Anatidae*
E Shelduck F Tadorne de Belon

<u>Typisch:</u> Die kontrastreiche Färbung und der Schnabelhöcker (♂).
<u>Merkmale:</u> Eine große Ente, die von weitem schwarz-weiß wirkt, Gestalt gänseartig; durch die auffällige Gefiederfärbung kaum mit einer anderen Art zu verwechseln. Im Ruhekleid sind die Farben weniger intensiv. ♂ mit Höcker an der Schnabelbasis, der beim ♀ (Zeichnung) fehlt. Jungvögel mit überwiegend graubrauner Oberseite und weißlicher Unterseite, Schnabel und Füße hellgrau.
<u>Stimme:</u> Rufe des ♂ hoch pfeifend „tjutjutjutju…", oft von einem trillernden Laut gefolgt; die Lautäußerungen der ♀ sind viel tiefer und härter: „ak-ak-ak", „ga-ga-ga-ga" oder „ahk".
<u>Vorkommen:</u> Häufiger Brutvogel an der Nord- und Ostseeküste, regelmäßig auch auf Seen in Küstennähe anzutreffen.
<u>Verhalten:</u> Fliegt mit relativ langsamen

Brandgans, ♀

Flügelschlägen, häufig in Ketten oder Keilformation.
<u>Nahrung:</u> Muscheln, Schnecken, Würmer, Kleinkrebse, Insekten.
<u>Brut:</u> April – Juli, 1 Brut; nistet in alten Kaninchenbauten, Löchern in Dämmen, unter Gebäuden oder in eigens für sie angelegten Höhlen.

| > **Stockente** | T | I-XII | |

Pfeifente *Anas penelope*
Familie Entenvögel *Anatidae*
E Wigeon F Canard siffleur

<u>Typisch:</u> Tritt außerhalb der Brutzeit in oft großen, dicht zusammenhaltenden Scharen auf.

<u>Merkmale:</u> Mittelgroße Ente mit hoher Stirn und kurzem Schnabel. ♂ sehr bunt und leicht zu erkennen; ♀ ähnlich Stockenten-♀, aber zierlicher, Kopf mehr gerundet, Schnabel deutlich kürzer, Schwanz spitzer und Gefieder mehr rostbraun. Im Flug fallen die langen Flügel, der spitze Schwanz und der scharf abgesetzte, weiße Bauch auf; ♂ im Flug am großen, weißen Feld im Vorderflügel zu erkennen (fehlt im ersten Winterkleid).

<u>Stimme:</u> Das ♂ ruft pfeifend „huiuuh" oder „wiuu", das „i" ist betont, oft auch gereiht und dazwischen „arr"; das ♀ ratternd „rrarr", „werr" oder „krr-krr".

<u>Vorkommen:</u> Brütet an vegetationsreichen, flachen Seen, Moorseen und Flußdeltas Nordeuropas; einzelne Bruten in Deutschland, Holland und Polen. Bei uns regelmäßiger und zahlreicher Durchzügler und Wintergast an der Nord- und Ostseeküste, seltener und in viel geringerer Zahl auf Seen des Binnenlandes.

<u>Verhalten:</u> Sehr gesellig, oft mit Ringelgänsen vergesellschaftet. Nahrungssuche häufig auf Wiesen und Feldern.

<u>Nahrung:</u> Seegräser, Gräser, Kräuter, Grünalgen.

<u>Brut:</u> Mai – Juni, 1 Brut; flaches, mit Dunen gepolstertes Nest in Wassernähe, unter Zwergsträuchern oder im Gras versteckt.

	< **Stockente**	T, W, D	IX-IV	

Schnatterente *Anas strepera*
Familie Entenvögel *Anatidae*
E Gadwall F Canard chipeau

Typisch: In allen Kleidern mit weißem Flügelspiegel, der vor allem im Flug gut sichtbar ist.
Merkmale: Etwas zierlicher und mit steilerer Stirn als die Stockente, ♂ relativ unauffällig gefärbt, von weitem gut am schwarzen „Heck" zu erkennen, im Flug scharf abgesetzter weißer Bauch kennzeichnend; im Ruhekleid ähnlich ♀, aber mit rotbraunen Flügeldecken. ♀ vor allem am Schnabel (gelborange mit schwarzem First) zu erkennen.
Stimme: Das ♂ ruft während der Balz tief „träb" oder „ärp", daneben „fied" (Grunzpfiff); das ♀ ähnlich der Stockente laut „rääk-rääk-räk…" (Decrescendo-Ruf).

Vorkommen: Brütet im Tiefland an flachen, nährstoffreichen Süßwasserseen mit reicher Ufervegetation, auch an langsam fließenden Flüssen. Bei uns

Schnatterente, ♀

spärlicher Brutvogel, der in vielen Gegenden ganz fehlt. Im Winter manchmal auf Stauseen, die meisten Schnatterenten ziehen jedoch weg.
Nahrung: Vorwiegend Wasserpflanzen, gelegentlich Kleintiere.
Brut: Mai–Juli, 1 Brut; Nest meist direkt am Wasser, in dichter Ufervegetation.

< **Stockente**	T	I-XII	

Krickente *Anas crecca*
Familie Entenvögel *Anatidae*
E Teal F Sarcelle d'hiver

Typisch: Sehr kleine Ente mit grünem Flügelspiegel.
Merkmale: ♂ im Brutkleid auffallend gefärbt, an den Seiten des Hinterendes gelbes, schwarz umrahmtes Dreieck. ♀ gelblichbraun gefleckt mit schwarzgrauem Schnabel. Fliegt sehr gewandt und reißend, oft niedrig und in dicht gedrängten Trupps; der Flug erinnert eher an Watvögel als an Enten.
Stimme: Das ♂ ruft häufig ein langsam wiederholtes, melodisches und hell klingendes „krück" oder „kriück", oft auch im Flug; das ♀ quakt hoch und etwas rauh, beim Auffliegen schnarrend „trrr".

Vorkommen: Brütet an flachen Binnenseen mit dicht bewachsener Uferzone, auf kleinen Moor- und Waldseen, auch im Bergland; gelegentlich an Wiesengräben mit Schilfbestand. Bei uns verbreiteter, aber nicht häufiger Brutvogel, besonders im Süden selten. Außerhalb der Brutzeit viel häufiger, vor allem in den Flachzonen der Gewässer, auf überschwemmten Wiesen und an schlammigen Ufern.
Verhalten: Nahrungssuche meist im flachen Wasser gründelnd oder im lockeren Schlamm schnatternd.
Nahrung: Wasserpflanzen und kleine Samen (Winter), Muscheln, Schnecken und Insektenlarven (Sommer).
Brut: April–Juni, 1 Brut; Nest gut versteckt in der dichten Bodenvegetation nah am Wasser.

	< **Stockente**	T	I-XII	

Knäkente *Anas querquedula*
Familie Entenvögel *Anatidae*
E Garganey F Sarcelle d'été

Typisch: Der breite, weiße, bis zum Hinterkopf ziehende Überaugenstreif des ♂.

Merkmale: Nur wenig größer als die Krickente, Gestalt etwas langgestreckter, Hals schlanker. ♂ im Ruhekleid wie ♀, aber Vorderflügel blaugrau; beide Geschlechter im Ruhekleid mit deutlicher ausgeprägtem Überaugenstreif als bei der Krickente, Gesicht heller; ♀ im Flug durch weniger auffälligen Flügelspiegel und hellere Vorderflügel unterschieden, beim Schwimmen ist der Vorderkörper tiefer eingetaucht, die Flügel sind spitzer und stehen deutlicher ab.

Stimme: Das ♂ ruft während der Balz und bei Erregung hölzern knarrend „klerrreb", daneben kurz „jäk"; das ♀ quakt hoch und nasal, ähnlich wie die Krickente.

Vorkommen: Brütet an nahrungsreichen, flachen Gewässern mit üppiger, deckungsbietender Vegetation; außerhalb der Brutzeit auf großen und kleinen Seen, Überschwemmungswiesen, in Sümpfen und kleinen Feuchtstellen. Bei uns seltener Brutvogel, nur im Norden in etwas größerer Dichte.

Verhalten: Fliegt nicht so reißend wie die Krickente.

Nahrung: Wasserpflanzen, Samen von Laichkräutern, Kleinkrebse, Insektenlarven, Weichtiere.

Brut: Mai–Juni, 1 Brut; Nest nah am Wasser in dichter Vegetation.

| < **Stockente** | S | III–X | ▽3 | 🦆 |

Löffelente *Anas clypeata*
Familie Entenvögel *Anatidae*
E Shoveler F Canard souchet

<u>Typisch:</u> Der auffallend lange, löffelförmig verbreiterte Schnabel, den man oft auch von weitem gut sieht.
<u>Merkmale:</u> Gedrungener als die Stockente, spitzere Flügel; im Flug ♂ am dunklen Kopf, der weißen Brust und dem kastanienbraunen Bauch, ♀ (Zeichnung) am taubenblauen Vorderflügel zu erkennen. ♂ im Ruhekleid ähnlich dem ♀, aber mit rosafarbenem Anflug an den Flanken.
<u>Stimme:</u> Unauffällig und selten zu hören: ♂ tief und heiser „tuk-tuk" oder „klak".
<u>Vorkommen:</u> Brütet auf nahrungsreichen, flachen und nicht zu großen Seen des Tieflandes, deren Randbereiche mit Binsen, Seggen oder Schilf bewachsen sind, auch in Sumpfgebieten mit kleinen offenen Wasserflächen;

Löffelente, ♀

außerhalb der Brutzeit auch an der Meeresküste und auf Salzseen. Bei uns seltener Brutvogel, der in vielen Gegenden fehlt, nur im Norden etwas häufiger.
<u>Nahrung:</u> Sehr kleine Nahrungspartikel (Samen, Kleinkrebse, Insekten), die von der Wasseroberfläche geseiht werden.
<u>Brut:</u> Mai–Juni, 1 Brut; Nest gut versteckt am Ufer.

| | < **Stockente** | T, (W) | III–X |

Spießente *Anas acuta*
Familie Entenvögel *Anatidae*
E Pintail F Canard pilet

<u>Typisch:</u> Die auffallende Kopf- und Halsfärbung und der lange, spitze Schwanz des ♂
<u>Merkmale:</u> Schlanker und graziler als die Stockente; ♀ (Zeichnung) ähnlich dem Stockenten-♀, vor allem durch den spitzeren Schwanz und den kleineren, grauen Schnabel unterschieden; ♂ im Ruhekleid sehr ähnlich dem ♀, oberseits jedoch dunkler. Im Flug fallen die langen, spitzen Flügel, die schlanke Körperform, der lange Hals und der hinten weiß gesäumte Spiegel auf. Fliegt sehr schnell mit sausendem Flügelgeräusch.
<u>Stimme:</u> Der Ruf des ♂ während der Balz erinnert an den des Krickerpels „grüg" oder „bjüb"; das ♀ quakt etwas länger und rauher als die Stockente.
<u>Vorkommen:</u> Brütet hauptsächlich auf flachen Seen in höhergelegener, offener Moorlandschaft des nordischen

Spießente, ♀

Nadelwaldes und der Tundrazone. Bei uns seltener Brutvogel auf großen, flachen, vegetationsreichen Seen im Norden; außerhalb der Brutzeit meist an der Küste.
<u>Nahrung:</u> Hauptsächlich Wasserpflanzen und Samen, Kleintiere.
<u>Brut:</u> April–Juni, 1 Brut; Nest nah am Wasser, gut versteckt.

| < **Stockente** | S, (W) | IV-X | ▽2 | |

Stockente *Anas platyrhynchos*
Familie Entenvögel *Anatidae*
E Mallard F Canard colvert

<u>Typisch:</u> Größte und bei weitem bekannteste Schwimmente („Wildente"), Stammform vieler verschiedener Hausentenformen.

<u>Merkmale:</u> Körper recht plump. ♂ im Prachtkleid (X–VI) am flaschengrünen Kopf mit gelbem Schnabel, an der rotbraunen Brust und den schwarzen „Erpellocken" (aufgerollte Spitzen der mittleren Schwanzfedern) leicht zu erkennen; im Ruhekleid sehr ähnlich dem ♀, aber etwas dunkler und mit einheitlich grüngelbem Schnabel. ♀ tarnfarben, stets mit dunklem Schnabelfirst. Fliegt schnell, dabei fallen der lange Hals und der vorn und hinten schwarz und weiß gesäumte Flügelspiegel auf.

<u>Stimme:</u> Während der Balzzeit rufen die ♂ häufig ein gedämpftes „rääb", auch mehrmals gereiht, oft auch hoch und dünn pfeifend (Grunzpfiff). Von den ♀ hört man häufig ein quakendes, in der Tonhöhe etwas absinkendes „waak-wak-wak-wak-wak" (Decrescendo-Ruf).

<u>Vorkommen:</u> Brütet an stehenden und nicht zu schnell fließenden Gewässern fast aller Art, auch an Kleinstgewässern; ganzjährig auch in meist großer Zahl mitten in der Großstadt als halbzahmer Parkvogel anzutreffen.

<u>Nahrung:</u> Sehr vielseitig: Wasserpflanzen, Samen, Würmer, Schnecken, Kleinkrebse, Insekten, Brot.

<u>Brut:</u> März – Juni, 1 Brut; Nest meist gut getarnt und dicht am Wasser, selten in Baumhöhlen.

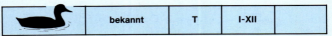

Kolbenente *Netta rufina*
Familie Entenvögel *Anatidae*
E Red-crested Pochard
F Nette rousse

<u>Typisch:</u> Eine große, gedrungene und dickköpfige Tauchente, die relativ hoch im Wasser liegt.
<u>Merkmale:</u> ♂ im Brutkleid mit kastanienbraunem Kopf (Scheitelfedern heller) und rotem Schnabel sehr auffällig; ♀ einfarbig graubraun mit scharf gegen den dunkleren Oberkopf abgesetzten, hellgrauen Wangen, ähnelt etwas dem Trauerenten-♀. Im Flug sehr helle Unterflügel und oberseits breite weiße Flügelbinde kennzeichnend, ♂ mit breitem, schwarzem Bauchstreif.
<u>Stimme:</u> Das ♂ ruft zur Balzzeit laut und kurz „bät" oder leise und nasal „geng", das ♀ ein mechanisch klingendes „err" oder „trr-trr", im Flug „wu-wu-wu".
<u>Vorkommen:</u> Brütet auf nährstoffreichen Seen mit schilfigen Ufern der Steppen- und Halbwüstenzone; in Mitteleuropa nur an wenigen Stellen brütend; bei uns seltener Brutvogel am Bodensee, in Bayern und Schleswig-Holstein. Im Sommer regelmäßig große Ansammlungen von mausernden ♂, z. B. am Bodensee und in Südbayern.
<u>Verhalten:</u> Wirkt auf dem Wasser ähnlich wie eine Schwimmente, benötigt im Gegensatz zu anderen Tauchenten zum Starten nur eine kurze Anlaufstrecke.
<u>Nahrung:</u> Hauptsächlich Wasserpflanzen wie Laichkräuter und Algen, seltener Kleintiere.
<u>Brut:</u> Mai – Juni, 1 Brut. Nest am Ufer, gut versteckt.

| < **Stockente** | S, D | III-XI | | |

Tafelente *Aythya ferina*
Familie Entenvögel *Anatidae*
E Pochard F Fuligule milouin

<u>Typisch:</u> Plumpe Ente mit langem, hohem Kopf und „fliehender" Stirn. Pfeifendes Fluggeräusch.
<u>Merkmale:</u> ♂ an der kontrastreich silbergrauen, schwarzen und kastanienbraunen Färbung leicht zu erkennen; ♀ dunkelbraun, Schnabel schwärzlich mit schmaler, heller Schrägbinde, am sichersten am typischen Kopfprofil zu erkennen.
<u>Stimme:</u> Unauffällig, ♂ während der Balz ein nicht sehr lautes „uiwijerr"; das ♀ ruft rauh schnarrend „chärr chärrr".
<u>Vorkommen:</u> Brütet auf nährstoffreichen Binnengewässern mit großer, freier Wasserfläche und gut ausgebildeter Schilfzone. Bei uns weit verbreiteter Brutvogel, doch nicht häufig und vielerorts fehlend. Außerhalb der Brutzeit auf größeren Seen, Stauseen, Fischtei-

Tafelente, ♀

chen und langsam fließenden Flüssen, oft in großen Trupps; auch futterzahm auf Parkgewässern und an Seen.
<u>Nahrung:</u> Wasserpflanzen, Würmer, Schnecken, Insektenlarven; im Winter Muscheln, Getreide.
<u>Brut:</u> April–Juni, 1 Brut; Nest dicht am Ufer, in der Vegetation versteckt oder auf kleinen Inseln.

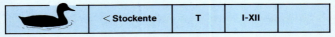

| | < **Stockente** | T | I-XII |

Moorente *Aythya nyroca*
Familie Entenvögel *Anatidae*
E Ferruginous Duck
F Fuligule nyroca

Typisch: Das weiße Abzeichen am „Heck" und der hohe Scheitel.
Merkmale: Etwas kleiner und weniger gedrungen als die Tafelente; ♂ mit intensiv kastanienbrauner Färbung an Kopf, Brust und Körperseiten, mit schneeweißen Unterschwanzfedern und weißer Iris; ♀ (Zeichnung) viel matter gefärbt, mit hellbrauner Iris. Im Flug breites, bis in die Flügelspitzen reichendes, blendend weißes Flügelband und weiße, dunkel umrandete Unterflügel, der weiße Bauch ist durch einen dunklen Bereich von den weißen Unterschwanzfedern abgetrennt.

Stimme: ♂ im Frühjahr leise stöhnend „wräijo" – oder „gjä-gjä", ♀ im Flug schnarrend „kjär kjär kjär", etwas höher als der entsprechende Ruf der Reiherente.
Vorkommen: Brütet an flachen, nährstoffreichen Seen (auch Salzseen) mit einer breiten Verlandungszone; vorwiegend in Steppen- und Halbwüstengebieten; in Mitteleuropa nur im Osten; bei uns als regelmäßiger Brutvogel nahezu ausgestorben. Außerhalb der Brutzeit auch an vegetationsarmen Gewässern, bei uns nur selten und in kleinen Trupps anzutreffen.
Nahrung: Wasserpflanzen, Samen, Mollusken, kleine Fische.
Brut: Mai – Juni, 1 Brut; Nest nah am Wasser, meist sehr gut getarnt.

< **Stockente**	T	I-XII	▽1	🦆

Reiherente *Aythya fuligula*
Familie Entenvögel *Anatidae*
E Tufted Duck F Fuligule morillon

<u>Typisch:</u> ♂ mit schwarz-weißem Gefieder und langem Schopf am Hinterkopf.
<u>Merkmale:</u> Kleine, kompakte Tauchente; ♀ dunkel bräunlich, mit ganz kurzem oder fehlendem Schopf, manchmal mit weißlichem Fleck an der Schnabelbasis. Im Flug ist das weiße Flügelband zu sehen.
<u>Stimme:</u> Das ♂ ruft während der Balz kehlig „gü-gü-gü" oder „bük bük", das ♀ vor allem im Flug hart und knarrend „kräck kräck".
<u>Vorkommen:</u> Brütet an nicht zu flachen Seen und Stauseen mit größerer, offener Wasserfläche, auch an der Meeresküste; bei uns mäßig häufiger Brutvogel, gelegentlich auch in Städten; fehlt gebietsweise. Außerhalb der Brutzeit oft in großen Scharen auf Seen, Stauseen und langsam fließenden Flüssen, meistens nach Stockente und Bläßhuhn der häufigste Wasservogel. Im Winter oft futterzahm auf Parkteichen mitten in der Großstadt.

Reiherente, ♀

<u>Nahrung:</u> Muscheln, Schnecken, Insektenlarven, Samen von Wasserpflanzen.
<u>Brut:</u> Mai–Juni, 1 Brut; Nest nahe am Wasser, mehr oder weniger gut versteckt.

| | < **Stockente** | T | I-XII | |

Bergente *Aythya marila*
Familie Entenvögel *Anatidae*
E Scaup F Fuligule milouinan

<u>Typisch:</u> Etwas größer als die Reiherente, ohne Schopf, Kopf größer und rundlicher, Schnabel breiter.
<u>Merkmale:</u> ♂ mit grünschwarzem Kopf, hellgrau meliertem Rücken und weißen Flanken; im Ruhekleid weniger kontrastreich gefärbt, Kopf braun, Flanken schmutzigweiß. ♀ (Zeichnung) sehr ähnlich dem Reiherenten-♀, aber stets mit breitem weißem Fleck an der Schnabelbasis, im Brutkleid mit mehr oder weniger großem weißem Fleck in der Ohrgegend.
<u>Stimme:</u> Selten zu hören; ♂ während der Balz pfeifend „pik pik pehu" oder „weiar"; ♀ tief und rauh „karr", etwas tiefer als der entsprechende Laut der Reiherente.

<u>Vorkommen:</u> Brütet in Nordeuropa auf kleinen und mittelgroßen, klaren Bergseen in der Birken- und Weidenregion und an spärlich bewachsenen Küsten-

Bergente, ♀

bereichen; bei uns im Winterhalbjahr regelmäßig und in größeren Trupps an der Meeresküste und auf küstennahen Seen, seltener einzelne Vögel weiter südlich auf Binnenseen.
<u>Nahrung:</u> Insekten, Kleinkrebse, Schnecken, Samen.
<u>Brut:</u> Mai–Juni, 1 Brut; Nest nah am Wasser, oft unter Sträuchern.

| < **Stockente** | W | IX-IV | Ⓡ | 🦆 |

Eiderente *Somateria mollissima*
Familie Entenvögel *Anatidae*
E Eider F Eider à duvet

<u>Typisch:</u> Die Größe und das langgestreckte Kopfprofil.
<u>Merkmale:</u> Deutlich schwerer als Stockente, wirkt gedrungen und kurzhalsig; ♂ im Brutkleid auffallend schwarz und weiß, junge ♂ im ersten Jahr überwiegend dunkel mit weißen Gefiederteilen, wirken „scheckig". ♀ (Zeichnung) bräunlich mit dunkler Bänderung.
<u>Stimme:</u> ♂ während der Balz ein lautes „ohuuo" oder „hu-huo"; das ♀ ruft tief und rauh „goggoggog" oder „korr".
<u>Vorkommen:</u> Brütet an der Meeresküste und auf den vorgelagerten Inseln; außerhalb der Brutzeit in seichten Buchten und im Wattenmeer, nur selten auf Binnenseen. Häufiger Brutvogel an der holländischen und deutschen Nordseeküste, an der Nord- und Ostsee große Mauser- und Winterbestände.
<u>Verhalten:</u> Sehr gesellig; Trupps fliegen

Eiderente, ♀

oft in langen Ketten niedrig über dem Wasser.
<u>Nahrung:</u> Muscheln, Schnecken, Krebstiere, Würmer; kaum Pflanzen.
<u>Brut:</u> April – Mai, 1 Brut; Nest mehr oder weniger getarnt, eine mit Pflanzenmaterial und Daunen (Eiderdaunen!) ausgelegte Mulde.

| | > **Stockente** | T | I-XII | |

Eisente *Clangula hyemalis*
Familie Entenvögel *Anatidae*
E Long-tailed Duck
F Harelde de Miquelon

<u>Typisch:</u> Die auffällig langen Schwanzspieße des ♂.
<u>Merkmale:</u> Knapp reiherentengroß, kurzschnäblig; je nach Jahreszeit sehr verschieden gefärbt, jedoch ♂ fast immer mit langen Schwanzspießen; im Prachtkleid (Winter, Foto) überwiegend weiß mit braunem Ohrfleck und dunkelbrauner Brust, Flügel braun. ♀ im Winter (Zeichnung) hell mit dunkler Stirn und dunklem Ohrfleck. Im Brutkleid (Sommer) ♂ mit dunkler Oberseite und auffälligem, weißem Bereich ums Auge.
<u>Stimme:</u> ♂ während der Balz melodisch und weit hörbar „aua-aulik"; ♀ „ark ark ark…".

<u>Vorkommen:</u> Brütet an kleinen Seen und langsam fließenden Flüssen in der Birken- und Weidenregion des skandinavischen Fjälls und auf kleinen Tundraseen, auch an der Küste. Häufiger

Eisente, ♀

Winter

Wintergast an der Ostsee, viel seltener an der Nordsee, meist fernab von der Küste auf dem Meer; im Wattenmeer und auf Binnenseen nur ausnahmsweise anzutreffen.
<u>Nahrung:</u> Am Brutplatz hauptsächlich Mückenlarven, Schnecken; im Winter Muscheln, Kleinkrebse und Würmer.

< **Stockente**	W	X-IV	O	

Trauerente *Melanitta nigra*
Familie Entenvögel *Anatidae*
E Common Scoter
F Macreuse noire

Typisch: ♂ im Brutkleid einheitlich tiefschwarz, Schnabel schwarz mit orangegelbem Fleck.
Merkmale: Gedrungen und kurzhalsig; Gefieder beim ♂ im Ruhekleid braunschwarz, beim ♀ (Zeichnung) dunkelbraun mit helleren Kopf- und Halsseiten.
Stimme: ♂ während der Balz kurze, flötende Rufe wie „pjü" oder „püpjü"; ♀ „hau hau hau" oder ein laut knarrendes „knarr".
Vorkommen: Brütet an Seen (auch sehr kleinen) der skandinavischen Fjällkette von der oberen Nadelwaldregion bis in die Weidenzone; auch auf Tundraseen. Außerhalb der Brutzeit hauptsächlich auf dem Meer, oft weit draußen vor der Küste; mäßig häufiger Durchzügler an der Nord- und Ostseeküste; überwintert nur selten bei uns, häufiger an der holländischen Küste.

Trauerente, ♀

Verhalten: Die Enten fliegen schnell in unregelmäßigen Ketten oder Pulks, die Erpel erzeugen ein hell pfeifendes Flügelgeräusch.
Nahrung: Muscheln, Schnecken, Krebstiere, Insekten.
Brut: Mai–Juni, 1 Brut; Nest nahe am Wasser, mit dunkelbraunen Dunen ausgelegt.

	< **Stockente**	D, W	VIII–IV	O

Samtente *Melanitta fusca*
Familie Entenvögel *Anatidae*
E Velvet Scoter F Macreuse brune

Typisch: Von der kleineren Trauerente am weißen Flügelfeld zu unterscheiden (beim Schwimmen manchmal verborgen).
Merkmale: ♂ schwarz mit weißem Fleck unter dem Auge; ♀ dunkelbraun mit zwei hellen Flecken an den Kopfseiten, die gelegentlich fehlen können, die Stirn ist flacher ausgeprägt.
Stimme: Während der Balzzeit ♀ im Flug nasal rollend „arr-ha" oder „braa braa", außerdem ein pfeifendes Flügelgeräusch; ♂ pfeifend „kju" oder „kjuörr".
Vorkommen: Brütet an der skandinavischen Ostseeküste und an klaren Bergseen der Fjällkette, dort vor allem in der oberen Nadel-und in der unteren Birkenwaldzone. Außerhalb der Brutzeit häufig an der Nord- und Ostseeküste als Durchzügler und Wintergast; auf Binnenlandseen häufiger als die Trauerente, jedoch meistens nur kleine Trupps von nicht ausgefärbten Enten.
Verhalten: Am Brutplatz unternimmt das Samtentenpaar häufig in der Morgen- und Abenddämmerung ausgedehnte Rundflüge über dem Brutrevier. Außerhalb der Brutzeit nur selten mit anderen Entenarten in gemischten Trupps.
Nahrung: Schnecken und Muscheln, Krebstiere, wenig Pflanzenteile.
Brut: Mai – Juni, 1 Brut; Nest oft unter einem Baum oder Busch, auch weiter vom Wasser entfernt.

| ~ **Stockente** | D, W | VII-V | O | |

Schellente *Bucephala clangula*
Familie Entenvögel *Anatidae*
E Goldeneye F Garrot à œil d'or

<u>Typisch:</u> Der rasante Flug mit schnellen Flügelschlägen und laut pfeifendem Flügelgeräusch (bei alten ♂ am deutlichsten).
<u>Merkmale:</u> Sehr gedrungene Ente mit großem, hohem Kopf und gelber Iris. ♂ auffällig schwarz-weiß, zwischen Auge und Schnabel ein ovaler weißer Fleck; ♀ (Zeichnung) überwiegend grau mit braunem Kopf und gelber Schnabelspitze. Junge ♂ ähnlich ♀, aber Kopf dunkler, weißer Augenfleck nur angedeutet, Schnabel einheitlich schwarz.
<u>Stimme:</u> ♂ bei der Balz nasal, gepreßt „we-weák", ♀ im Flug knarrend „krärr".
<u>Vorkommen:</u> Brütet häufig an Seen und Fließgewässern der Nadelwaldzone Nordeuropas; bei uns seltener Brutvogel in einigen Paaren in Niedersachsen und Schleswig-Holstein, neuerdings

Schellente, ♀

auch in Bayern. Außerhalb der Brutzeit häufiger Durchzügler und Wintergast auf Seen, Stauseen und größeren Flüssen, besonders am Alpenrand und an der Meeresküste.
<u>Nahrung:</u> Schnecken, Kleinkrebse, Insektenlarven, Fische.
<u>Brut:</u> März – Juni, 1 Brut; nistet in Baumhöhlen (vor allem vom Schwarzspecht) in Gewässernähe.

| | < **Stockente** | **W, (S)** | **I-XII** | |

Zwergsäger *Mergellus albellus*
Familie Entenvögel *Anatidae*
E Smew F Harle piette

<u>Typisch:</u> Gefieder des ♂ sehr auffällig gefärbt; blendend weiß mit schwarzer Zeichnung, besonders am Auge und auf dem Rücken.
<u>Merkmale:</u> Kleinster Säger; steile Stirn, relativ kurzer Schnabel; ♀ (Zeichnung) unscheinbar mit rotbrauner Kopfkappe, Kehle und Wangen weiß, ♂ im Ruhekleid wie ♀, aber mit größeren weißen Flügelabzeichen. Unausgefärbte ♂ mit schmutzigweißem Flügelfleck. Wirkt im Flug relativ dunkel, die Flügel sind schwarz-weiß.
<u>Stimme:</u> Wenig auffallend; ♂ bei Erregung und während der Balz knarrend „kärrr"; ♀ „gräk" oder quakend „ga-gaga".

<u>Vorkommen:</u> In seinen Biotopansprüchen ähnlich wie die Schellente; brütet an waldumsäumten, nahrungsreichen Seen des nördlichen Nordeuropas. Im

Zwergsäger, ♀

Winter regelmäßig an der Nord- und Ostseeküste, in geringer Zahl auch auf flachen Binnenseen, Stauseen und Flüssen, bei uns nach Süden zu deutlich seltener.
<u>Verhalten:</u> Im Winterquartier häufig mit Schellenten zusammen, taucht oft; fliegt sehr schnell.
<u>Nahrung:</u> Vor allem Fische, Krebstiere und Insektenlarven.

| < **Stockente** | W | XI–IV | O | |

Mittelsäger *Mergus serrator*
Familie Entenvögel *Anatidae*
E Red-breasted Merganser
F Harle huppé

Typisch: Der zweigeteilte, abstehende Federschopf am Hinterkopf.
Merkmale: Schlanker als die Stockente und mit langem, schlankem Schnabel; ♀ (Zeichnung) ähnlich dem Gänsesäger-♀, aber mit schlankerem, gleichmäßig dickem Schnabel und undeutlichem Übergang von Kopf-und Halsfärbung. ♂ im Ruhekleid ähnlich dem ♀, aber mit viel deutlicherem, weißem Flügelfeld, dunklerem Rücken und roten Augen.
Stimme: ♂ zur Balzzeit nasal „qui-qui-äh" oder heiser „gweng"; ♀ beim Auffliegen oder im Flug häufig schnarrend „aark aark aark".

Vorkommen: Brütet an klaren Seen und Flüssen Nordeuropas und an der flachen, sandigen oder steinigen Meeresküste, oft auf kleinen, flachen, gerne grasbewachsenen Inselchen. Bei uns

Mittelsäger, ♀

seltener Brutvogel an der Ostseeküste und in wenigen Paaren im Binnenland Niedersachsens. Außerhalb der Brutzeit vorwiegend an der Meeresküste, viel seltener und unregelmäßig auf Binnenseen bis ins Alpenvorland.
Nahrung: Fische, Krebstiere.
Brut: April – Juni, 1 Brut; Nest in dichtem Bodenbewuchs, oft zwischen Steinen nah am Wasser.

| | ~ Stockente | T, W | I-XII | |

Gänsesäger *Mergus merganser*
Familie Entenvögel *Anatidae*
E Goosander F Harle bièvre

<u>Typisch:</u> Größter und häufigster Säger Europas.

<u>Merkmale:</u> Langer, schmaler, roter Schnabel mit Haken an der Spitze; ♂ überwiegend weiß, auf der Unterseite mit lachsrotem Anflug, Kopf schwarzgrün, Rücken schwarz; ♀ (Zeichnung) überwiegend grau, Kopf und Vorderhals tiefbraun, scharf gegen die Körperfärbung abgesetzt. ♂ im Ruhekleid ähnlich dem ♀, aber ohne den lachsroten Anflug, Rücken dunkler, Vorderflügel weiß.

<u>Stimme:</u> ♂ während der Balz ein hohes, an einen entfernten Kranichruf erinnerndes „rüh-ro" und ein leises „uig-a"; ♀ am Brutplatz Serien von harten „skrrak"-Rufen.

<u>Vorkommen:</u> Brütet an klaren, fischreichen Seen und Flüssen in Waldgebieten bis in die Tundrenzone, seltener an der Meeresküste. Bei uns seltener Brutvogel in den Alpen, im Alpenvorland

Gänsesäger, ♀

und in Schleswig-Holstein. Außerhalb der Brutzeit auf größeren Seen und Flüssen und an der Meeresküste.

<u>Nahrung:</u> Vorwiegend Fische, manchmal auch Krebstiere.

<u>Brut:</u> März – Juni, 1 Brut; nistet in Baumhöhlen oder Nistkästen direkt am Ufer, manchmal auch in Fels- und Mauerlöchern.

| > **Stockente** | T, W | I-XII | | |

Mandarinente *Aix galericulata*
Familie Entenvögel *Anatidae*
E Mandarin F Canard mandarin

<u>Typisch:</u> ♂ sehr auffällig bunt.
<u>Merkmale:</u> Kleine, gedrungene Ente mit großem Kopf; ♂ mit orangefarbenem „Segel" auf den Flügeln, das besonders während der Balz zur Geltung kommt, Schnabel rot; ♀ (Zeichnung) unscheinbar graubraun mit weißen Abzeichen an Auge und Schnabelgrund; ♂ im Ruhekleid ähnlich dem ♀, aber mit rötlichem Schnabel und mehr metallisch schillerndem Rücken.
<u>Stimme:</u> Das ♂ ruft im Flug pfeifend „wrrick", bei der Balz „pfruip", das ♀ bläßhuhnartig „kett" oder „eck".
<u>Vorkommen:</u> Aus dem ursprünglichen Verbreitungsgebiet in Ostasien bei uns eingebürgert; brütet an stehenden und fließenden, möglichst baumumstandenen Gewässern mit deckungsbietendem Uferbewuchs; derzeit vorwiegend auf Parkseen, es haben sich jedoch bereits einige verwilderte Parkvögel an Flüssen und Seen angesiedelt.

Mandarinente, ♀

<u>Nahrung:</u> Samen, Früchte, Pflanzenteile, kleine Würmer.
<u>Brut:</u> April – Juni, 1 Brut; nistet in Baumhöhlen in Gewässernähe, selten am Boden zwischen Steinen oder in dichter Vegetation.

	< **Stockente**	J	I-XII	

Greifvögel

Greifvögel – Accipitriformes

Greifvögel sind sehr unterschiedlich große Vögel mit kräftigem, stark nach unten gebogenem Schnabel, der das Zerkleinern der Beutetiere ermöglicht. Die Füße (in der Jägersprache: Fänge) tragen in der Regel spitze, stark nach unten gebogene Krallen; im Gegensatz zu den Falken töten Greifvögel meist durch kräftigen Druck mit den krallenbewehrten Fängen. Je nach Beuteart sind lange Beine mit langen und schlanken Fängen (z.B. zum Ergreifen fliegender Vögel) oder kurze Beine mit kurzen und kräftigen Fängen (zum Festhalten und Töten von bodenlebenden Säugern oder Reptilien) ausgebildet. Da die meisten Arten nicht so streng auf eine Beutetiergruppe spezialisiert sind, kommen viele Übergänge dieser beiden Extremformen vor. Bei den Greifvögeln sind die Weibchen meist deutlich größer und schwerer als die Männchen, besonders ausgeprägt ist dieses Phänomen bei Sperber und Habicht.

Während der Brutperiode versorgt meist das Männchen das brütende Weibchen und die Jungen.

In der Regel sind Greifvögel Wirbeltierjäger, einige Arten verzehren jedoch vorwiegend Insekten, andere ernähren sich hauptsächlich von Aas und Abfällen. Die meisten Arten bauen große Horste, die sie häufig über Jahre hinweg benutzen.

Die **Fischadler** sind mit den eigentlichen Adlern nicht näher verwandt, sondern werden als eigene Familie abgetrennt. Ihr Flug erinnert etwas an Möwen, die langen, schmalen Flügel werden oft deutlich gewinkelt gehalten; häufig sieht man die Vögel über dem Wasser rütteln. In Anpassung an die Fischjagd sind die Schenkel nur kurz befiedert, die Unterseite der Zehen ist stark aufgerauht, um die glitschige Beute festhalten zu können. Weltweit gibt es nur eine Art, die in Mitteleuropa vor allem auf dem Durchzug beobachtet werden kann.

Zu den **Habichtartigen** gehören die meisten unserer Greifvögel. Der Einfachheit halber unterteilt man diese Familie in verschiedene Gruppen:

Habichte und Sperber mit langem Schwanz und relativ kurzen, runden Flügeln. Sie sind waldbewohnende Überraschungsjäger, die sehr wendig zwischen Bäumen jagen können. Sie jagen vor allem Vögel, der Habicht auch Säugetiere. In Mitteleuropa leben 2 Arten.

Weihen sind mittelgroß mit ziemlich langen Flügeln und langem Schwanz; sie fliegen häufig in niedrigem, langsamem Flug über offenes Land. Die alten Männchen sind an ihrer auffallenden Färbung leicht zu erkennen. Den Horst legen Weihen stets am Boden an. Sie ernähren sich vor allem von Kleinsäugern und Vögeln. In Mitteleuropa brüten 3 Arten.

Milane sind bussardgroß, aber langflügeliger und mit längerem, mehr oder weniger stark gegabeltem Schwanz. Sie ernähren sich vor allem von Aas und Abfällen und suchen vielfach an Gewässern nach kranken oder toten Fischen. Es gibt nur 2 Arten, sie kommen beide in Mitteleuropa vor.

Bussarde sieht man häufig im Segelflug; im Gegensatz zu Habichten kreisen sie oft zu mehreren; auffallend sind die breiten Flügel und der relativ kurze Schwanz. Die Fänge sind deutlich schwächer als die von Adlern, ihre Beutetiere sind meist Kleinsäuger.

In Mitteleuropa können 2 echte Bussarde beobachtet werden, der Wespenbussard ist nicht näher mit ihnen verwandt.

Adler sind wenig bis sehr deutlich größer als Bussarde und haben sehr starke Fänge und oft mächtige Schnäbel. Ihre Flügel sind lang und breit, der Schwanz relativ kurz; das Federkleid ist in der Regel ziemlich dunkel gefärbt. Adler treten meist einzeln auf; häufig sieht man sie in warmen Aufwinden segeln. Der Seeadler, bundesdeutscher Wappenvogel, zählt nicht zu den eigentlichen Adlern (3 Arten in Mitteleuropa), sondern ist eher mit den Milanen verwandt; der Schlangenadler, ebenfalls kein eigentlicher Adler, ist leicht mit Bussarden zu verwechseln.

Geier sind ausgeprägte und meist gesellige Segelflieger, die zu den größten Greifvögeln zählen. Sie ernähren sich hauptsächlich von Aas und Abfällen, der Bartgeier verzehrt sogar große Stücke von Röhrenknochen. In Mitteleuropa sind Geier (Gänsegeier) derzeit nur als seltene, aber regelmäßige Sommergäste anzutreffen; den Bartgeier versucht man zur Zeit in den Alpen wieder heimisch zu machen.

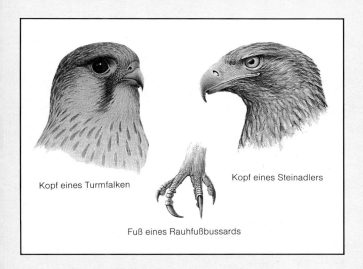

Kopf eines Turmfalken

Kopf eines Steinadlers

Fuß eines Rauhfußbussards

Falkenartige – Falconiformes

Falken sind kleine bis mittelgroße beutegreifende Vögel mit großem runden Kopf, großen dunklen Augen und relativ schwachen Fängen. Viele Arten haben einen dunklen Bartstreif, dessen Ausprägung ein wichtiges Bestimmungsmerkmal darstellt. Am Oberschnabel befindet sich ein zahnartiger Vorsprung (Falkenzahn), der als Tötungswerkzeug dient (Nackenbiß). Die meisten Falken haben schmale, spitze Flügel, viele Arten sind auf das Fangen von fliegenden Vögeln spezialisiert. Ihr Flug ist schnell, einige erreichen Spitzengeschwindigkeiten von über 200 km/h.

Falken bauen keine Nester, sondern legen ihre Eier in Höhlungen und auf Simsen oder übernehmen alte Nester anderer Vogelarten.

In Mitteleuropa können 7 Falkenarten beobachtet werden, 2 davon nur sehr selten.

Fischadler *Pandion haliaetus*
Familie Fischadler *Pandionidae*
E Osprey   F Balbuzard fluviatile

Typisch: Im Flug sehr helle Unterseite und lange schmale, meist gewinkelt gehaltene Flügel; erinnert etwas an eine Möwe.
Merkmale: Oberseite schwarzbraun, Unterseite überwiegend weiß mit bräunlichem Brustband, bei ♀ und Jungvögeln stärker ausgeprägt.
Jungvögel außerdem mit heller Linienzeichnung auf der Oberseite.
Stimme: Meist nur in Horstnähe zu hören, variiert in Klangfarbe und Tempo: ein lautes, melodisches „djüpp-djüpp-djüpp", „tjip-tjip-tjip" oder „gjü gjü gjü".
Vorkommen: Brütet in Waldgebieten an klaren und fischreichen Seen, langsam fließenden Flüssen und an der Meeresküste. In Mitteleuropa nur noch an wenigen Plätzen Nordostdeutschlands und Polens; bei uns regelmäßig auf dem Frühjahrs- und besonders auf dem Herbstzug, an Fischteichen, fischreichen Seen und Flüssen.
Verhalten: Fliegt mit flachen, leicht anmutenden Flügelschlägen, rüttelt häufig über dem Wasser; stößt beim Beutefang mit halb zusammengelegten Flügeln fast senkrecht hinunter; streckt kurz vor Erreichen der Wasseroberfläche die Füße weit nach vorne und taucht mit großer Geschwindigkeit ins Wasser ein, wo er oft kurze Zeit völlig verschwindet.
Nahrung: Mittelgroße Fische.
Brut: April – Juli, 1 Brut; großes Nest oft auf dem Wipfel von alten und hohen Kiefern.

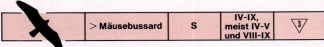

| | > Mäusebussard | S | IV–IX, meist IV–V und VIII–IX | ▽ 3 |

Seeadler *Haliaeetus albicilla*
Familie Habichtartige *Accipitridae*
E White-tailed Eagle
F Pygargue à queue blanche

Typisch: Im Flug sehr breite, brettartige Flügel (werden im Segelflug nicht abgewinkelt), weit herausragender Kopf und kurzer, keilförmiger Schwanz.
Merkmale: Sehr großer, gedrungener Greifvogel mit mächtigem, gelbem Schnabel und kurzem, weißem Schwanz; Jungvögel (im Alter von 1–4 Jahren) dunkel, auch an Kopf, Schnabel und Schwanz. Fliegt mit langsamen, kraftvollen und etwas steif wirkenden Flügelschlägen.
Stimme: Zur Balzzeit (ab Januar) sehr stimmaktiv; ein lautes, jauchzendes, etwas an Schwarzspecht erinnerndes „kjaukjaukjau..."; das ♂ ruft deutlich höher; am Horst oft „kli-kli-kli".
Vorkommen: Brütet an großen waldumgebenen Seen und Flüssen, auch einige Kilometer vom Gewässer entfernt, an der Meeresküste und auf dem Tundraboden. In Mitteleuropa größtenteils ausgerottet; Restbestände in Tschechien, jedoch größere Bestände in Norddeutschland und Polen. Außerhalb der Brutzeit regelmäßig an einigen großen Seen, besonders im Alpenvorland.
Nahrung: Im Sommerhalbjahr meist überwiegend Fische, aber auch Jungvögel bis Reihergröße und Säugetiere bis Rehgröße; im Winter vorwiegend Wasservögel, Aas.
Brut: Februar – Juni; 1 Brut; sehr großer Horst auf hohen Bäumen.

> **Steinadler**	T, W	I-XII	3	

Schwarzmilan *Milvus migrans*
Familie Habichtartige *Accipitridae*
E Black Kite F Milan noir

Typisch: Im Flug lange, relativ breite Flügel und langer, meist schwach gegabelter, aber stets eckig wirkender Schwanz.
Merkmale: Schlanker als Mäusebussard, Gefieder sehr dunkel. Jungvögel ober- und unterseits mit heller Zeichnung, aber nie mit so auffälligen weißen Flügelabzeichen wie beim Rotmilan. Wirkt im Flug elegant und harmonisch, kreist mit horizontal gehaltenen Flügeln.
Stimme: Ruft häufig hoch wiehernd und jammernd „hüiijhrr" oder „wühihihihi", klingt oft abgehackt.
Vorkommen: Brütet meistens in Gewässernähe; in Auwäldern, Feldgehölzen, an Waldrändern, auch an Berghängen; jagt häufig über dem Wasser, aber auch in offener Landschaft; außerhalb der Brutzeit besonders an Flüssen und Seen. Bei uns weit verbreitet, aber nirgends sehr häufig, fehlt gebietsweise.
Verhalten: Fliegt auf der Suche nach toten Fischen oft langsam und niedrig über Wasserflächen und am Ufer entlang; manchmal auch an Straßen, um überfahrene Tiere aufzunehmen. Jagt auch Greifvögeln und Reihern ihre Beute ab. Außerhalb der Brutzeit recht gesellig.
Nahrung: Sehr vielseitig, aber vorwiegend tote Fische; auch Jungvögel, kleinere Säugetiere; meist tote oder verletzte Tiere.
Brut: April – Juni, 1 Brut; Horst auf hohen Bäumen, die Nestmulde ist oft mit Müll ausgelegt.

	~ Mäusebussard	S	III-IX	

Rotmilan *Milvus milvus*
Familie Habichtartige *Accipitridae*
E Kite F Milan royal

<u>Typisch:</u> Im Flug lange Flügel und langer, tief gegabelter Schwanz.
<u>Merkmale:</u> Viel langflügeliger als Mäusebussard; kontrastreiche Färbung: hellgrauer Kopf deutlich vom rotbraunen Körpergefieder abgesetzt. Unterseite und Oberflügeldecken bei Jungvögeln heller, Rücken mehr rotbraun, Kopf mehr bräunlich, auf der Brust gröbere Fleckung. Segelt oft mit etwas angehobenen Flügeln; Ruderflug mit tief ausholenden, relativ langsamen Flügelschlägen, verdreht im Suchflug oft den Schwanz.
<u>Stimme:</u> Rufe gedehnt pfeifend-klagend, oft im Frühjahr zu hören: „weuu-weuweuweu-weuuu", auch einzelne „diää"- oder „jiii"-Rufe.
<u>Vorkommen:</u> Weniger an Gewässer gebunden als Schwarzmilan; brütet in abwechslungsreicher, gerne hügeliger Waldlandschaft mit offenen Stellen wie kleinen Mooren, Gewässern und Anbauflächen (Jagdgebiet), aber auch in trockenen und flachen Landschaften mit kleinen Waldstücken. Bei uns weit verbreiteter, aber nicht häufiger Brutvogel, fehlt in Südbayern. Überwintert manchmal in Mitteleuropa.
<u>Nahrung:</u> Weniger Fische als Schwarzmilan, dafür mehr selbstgefangene Beutetiere; hauptsächlich kleinere Säugetiere, Vögel, kranke, größere Tiere, Aas, Abfälle.
<u>Brut:</u> April – Juni, 1 Brut; Horst auf hohen Bäumen, häufig mit Zivilisationsmüll ausgestattet.

| > **Mäusebussard** | T | I-XII | | |

Gänsegeier *Gyps fulvus*
Familie Habichtartige *Accipitridae*
E Griffon Vulture F Vautour fauve

Typisch: Sehr großer Greifvogel mit hell sandfarbenem Gefieder und dunklen Schwung- und Steuerfedern.
Merkmale: Jungvögel (1–4 Jahre) oberseits dunkler und mit brauner Halskrause. Im Flug lange, sehr breite, brettartige Flügel, die direkt am Körper schmaler werden, kleiner Kopf und kurzer Schwanz. Segelt mit leicht V-förmig gehaltenen Schwingen. Außer am Brutplatz sehr gesellig.
Stimme: Am Aas hört man kreischende, hölzern keckernde, röhrende und fauchende Laute.
Vorkommen: Brütet in trockenen Gebirgsgegenden mit steilen, Thermik erzeugenden Abhängen, auch auf trockenen, von tiefen Schluchten unterbrochenen Hochebenen; wichtig ist ein ausreichendes Angebot an Huftieren. Bei uns regelmäßig den Sommer über in den Hohen Tauern Österreichs zu beobachten.

Flug

Gänsegeier,

Nahrung: Fleisch und Eingeweide frischtoter oder in Verwesung übergegangener Tiere, meistens von Huftieren, aber auch von kleineren Säugetieren und Vögeln.
Brut: Februar – Juli, 1 Brut; kleiner Horst in Felsnischen oder größeren Höhlungen im Fels.

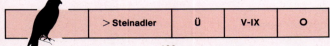

| | > **Steinadler** | Ü | V-IX | O |

Bartgeier *Gypaetus barbatus*
Familie Habichtartige *Accipitridae*
E Lammergeier or Bearded Vulture
F Gypaète barbu

Typisch: Im Flug lange, schmale und spitz zulaufende Flügel, langer, keilförmiger Schwanz und weit vorgestreckter Kopf.
Merkmale: Ein sehr großer, langschwänziger Greifvogel von schlanker, langgestreckter Gestalt und kontrastreicher Färbung; Unterseite weißlich, mit mehr oder weniger ausgeprägtem, rostrotem Anflug; auffallender, schwarzer Augenstreif, zwischen Auge und Schnabel ein schwarzer Federbart. Jungvögel einheitlich dunkel, im Flug mit sehr dunkler Unterseite, ähnlich jungen Schmutzgeiern (aber viel größer), mit zunehmendem Alter unterseits immer heller.
Stimme: Meist stumm; bei der Balz (im Flug) hoch pfeifend „fiiij", Kontaktruf „pie".
Vorkommen: Brütet sehr selten in entlegenen, stark zerklüfteten Gebirgsgegenden Südeuropas; bei uns seit über

Bartgeier, Flug

100 Jahren ausgerottet; neuerdings Versuche zur Wiederansiedlung in den Alpen Österreichs, der Schweiz und bei uns.
Nahrung: Meist Fleisch und Knochen von toten Huftieren, auch große, alte Knochenstücke.
Brut: Januar–Juli, 1 Brut, großer Horst in hohen Felswänden.

| > **Steinadler** | J | I-XII | O | | |

Schlangenadler
Circaetus gallicus
Familie Habichtartige *Accipitridae*
E Short-toed Eagle
F Circaète Jean-le-Blanc

<u>Typisch:</u> Der auffallend dicke Kopf und die gelben Augen.
<u>Merkmale:</u> Unterseite mehr oder weniger stark gefleckt. Im Flug sind die scharf von der hellen Unterseite abgesetzte, dunkle Vorderbrust, der markant vorgestreckte, dicke Kopf, der lange, schmale, gerade abgeschnittene Schwanz und die langen, breiten, beim Segeln horizontal gehaltenen Schwingen kennzeichnend; beim Gleitflug werden die Flügel stark gewinkelt und nach vorne gehalten.
<u>Stimme:</u> Ziemlich ruffreudig, besonders während der Balzzeit; die pfeifenden Rufe des ♂ erinnern etwas an Pirol, die des ♀ sind weniger klangvoll.
<u>Vorkommen:</u> Brütet in offenen, abwechslungsreichen Landschaften mit reichlichem Reptilienvorkommen; gerne in Feuchtgebieten, die mit Heidegebieten, Wäldchen und landwirtschaftlichen Flächen abwechseln; im Süden in kargen und bergigen Gegenden, mit einzelnen hohen Bäumen für den Horst. Seltener Brutvogel in Ungarn, der Slowakei und in Ostpolen. Bei uns seltener Gast in weiten Moor- und Heidegebieten.
<u>Nahrung:</u> Vorwiegend Schlangen, besonders Nattern, aber auch Vipern, Blindschleichen, Eidechsen, seltener kleine Säugetiere und Vögel.
<u>Brut:</u> April–Juli, 1 Brut; kleiner Horst in Baumkronen oder in einer Felswand.

	> Mäusebussard	S	IV-X	O

Rohrweihe *Circus aeruginosus*
Familie Habichtartige *Accipitridae*
E Marsh Harrier
F Busard des roseaux

<u>Typisch:</u> Fliegt häufig im langsamen Suchflug mit weichen Flügelschlägen und eingeschobenen, schwebenden Gleitstrecken mit V-förmig angehobenen Flügeln.

<u>Merkmale:</u> Schlanker und deutlich schmalflügeliger als Mäusebussard und mit längerem Schwanz; ♂ relativ bunt mit hellgrauem Schwanz und hellgrauen Armschwingen, die in auffälligem Kontrast zu den schwarzen Flügelspitzen und den anderen dunklen Gefiederbereichen stehen. ♀ (Foto) und Jungvögel dunkel mit rahmfarbenem Kopf und ebenso gefärbten Schultern.

<u>Stimme:</u> ♂ während der Flugbalz ein quäkend-klagendes „quiäh"; ♂ und ♀ warnen mit keckernden Rufreihen wie „kike-kike-kike…".

<u>Vorkommen:</u> Brütet in ausgedehnten und dichten Schilfflächen an Seen und Flüssen im Flachland; jagt über dem Schilf, auf Feuchtwiesen und angrenzenden Wiesen und über Feldern; auch während der Zugzeit meistens in Feuchtgebieten, aber auch in offener Kulturlandschaft. Bei uns seltener Brutvogel, im Norden etwas häufiger.

<u>Nahrung:</u> Kleinere Säugetiere bis Rattengröße, Vögel bis Krickentengröße, daneben auch Fische, Lurche, Insekten; häufiger Eier und Junge von Wasservögeln.

<u>Brut:</u> April – Juni, 1 Brut; Nest im dichtesten und höchsten Bereich des Schilfs, nur selten über trockenem Boden.

| < Mäusebussard | S | III–X | | |

Kornweihe *Circus cyaneus*
Familie Habichtartige *Accipitridae*
E Hen Harrier
F Busard Saint-Martin

<u>Typisch:</u> Wirkt im Flug schlank und leicht.
<u>Merkmale:</u> ♂ leicht zu erkennen am hell aschgrauen Gefieder, den kontrastreich abgesetzten schwarzen Flügelspitzen und dem weißen Bürzel. ♀ (Foto) oberseits dunkelbraun, unterseits hell gelblichbraun, an den Schwingen und am Schwanz gebändert, weißer Bürzel auffallend.
<u>Stimme:</u> ♂ während des Balzfluges ein klagendes, hohes „piiu piiu" oder ein meckerndes „kekeke-keke", ♀ ein heiseres „pih-e", bei Gefahr ein spechtartiges „chek-ek-ek-ek".
<u>Vorkommen:</u> Brütet in der offenen Landschaft: in Mooren, Heidegebieten, Dünengelände, Marschen und Feuchtwiesen, gebietsweise auch in jungen Aufforstungsflächen und sogar in Feldern. Bei uns sehr seltener Brutvogel, der im Süden völlig fehlt; im Winterhalbjahr jedoch regelmäßig über offenen Feuchtgebieten und Kulturland zu beobachten.
<u>Verhalten:</u> Segelt und gleitet häufig mit V-förmig angehobenen Flügeln, „schwebt" oft in dieser Flügelhaltung niedrig über offenen Flächen.
<u>Nahrung:</u> Kleinsäuger bis Rattengröße, vorwiegend Wühlmäuse; Vögel, vor allem Kleinvögel und Junge von Wat-, Enten- und Hühnervögeln.
<u>Brut:</u> Mai–Juli, 1 Brut; Bodennest in dichter Vegetation.

| | < Mäusebussard | T, D, W | I-XII | ▽ |

Wiesenweihe *Circus pygargus*
Familie Habichtartige *Accipitridae*
E Montagu's Harrier
F Busard cendré

<u>Typisch:</u> Wirkt im Flug überaus schlank und grazil, etwas schlaksig und trotzdem elegant; erinnert an eine Möwe oder Seeschwalbe.
<u>Merkmale:</u> ♂ (Foto und Zeichnung) ähnlich der Kornweihe, aber mit schmaleren, mehr möwenartigen Flügeln und mit längerem Schwanz, mit einer schwarzen Flügelbinde und bräunlicher Streifung des Bauches. ♀ von der weiblichen Kornweihe kaum zu unterscheiden, jedoch Flügel schmaler, weißer Bürzelfleck weniger ausgeprägt. Jungvögel ähnlich ♀, aber mit rotbrauner Unterseite.
<u>Stimme:</u> ♂ während der Balz ein kekkerndes, schrilles „gjekgjek-gjek…", ♀ hell „pih-i".
<u>Vorkommen:</u> Brütet in ausgedehnten Verlandungszonen mit nicht zu hoher Vegetation, in feuchten Heidegebieten,

Wiesenweihe, ♂ Flug

vor allem in Flachmooren, zunehmend auch auf Feldern. Jagt vorwiegend über Feuchtgebieten mit niedriger Vegetation, auch über Kulturland. Bei uns seltener Brutvogel, im Norden etwas häufiger.
<u>Nahrung:</u> Kleinsäuger, Insekten, Kleinvögel, Jungvögel, Vogeleier.
<u>Brut:</u> Mai – Juli, 1 Brut; dürftiges Nest in höherer Vegetation.

< Mäusebussard	S	V-IX	▽1	

Habicht *Accipiter gentilis*
Familie Habichtartige *Accipitridae*
E Goshawk
F Autour des palombes

<u>Typisch:</u> Die Größe (♀), der lange Schwanz und die relativ kurzen und runden Flügel; Überraschungsjäger.
<u>Merkmale:</u> ♂ wesentlich kleiner und leichter als ♀ (Foto); Oberseite beim ♂ graubraun bis schiefergrau, beim ♀ braun; Unterseite weißlich, dicht quergebändert, bei Jungvögeln gelblich bis rostfarben mit kräftiger, dunkelbrauner Tropfenfleckung. ♂ leicht mit Sperber ♀ zu verwechseln, wirkt aber schwerer, hat eine kräftigere Brustpartie und deutlich langsameren Flügelschlag.
<u>Stimme:</u> Während der Balzzeit (ab März) lange Reihen von ungeduldig klingenden „gik-gik-gik"-Rufen, vor allem bei Störungen am Horst; daneben ein bussardähnliches „hiäh", die erste Silbe betont. Die Standortrufe flügger Jungvögel sind hoch und heiser, häufig „überschnappend", wie „psiä".
<u>Vorkommen:</u> Brütet in abwechslungsreichen Waldlandschaften, hauptsächlich in hochstämmigem Nadelwald, manchmal auch in Siedlungsnähe. Bei uns weit verbreitet, aber fast überall deutlich seltener als der Mäusebussard.
<u>Nahrung:</u> Sehr vielseitig und je nach Angebot stark variierend; Vögel bis Hühnergröße und Säugetiere bis Junghasengröße; häufig Rabenvögel, Tauben, Rebhühner, Kaninchen, Eichhörnchen.
<u>Brut:</u> März – Juli, 1 Brut; großer, gut versteckter Horst, meist hoch auf einem Nadelbaum.

	~ Mäusebussard (♀), ♂ wesentl. kleiner	T	I-XII	

Sperber *Accipiter nisus*
Familie Habichtartige *Accipitridae*
E Sparrowhawk
F Épervier d'Europe

<u>Typisch:</u> Überraschungsjäger, der geschickt die Deckung ausnützt.
<u>Merkmale:</u> ♂ etwa so groß wie eine Türkentaube, ♀ wesentlich größer; Gestalt und Färbung ähnlich dem Habicht, der Schwanz wirkt jedoch länger, schmaler und gerade abgeschnitten; Unterseite eng quergebändert, beim ♂ (Foto) auf rostbrauner Grundfärbung; Oberseite beim ♀ bräunlichgrau; beim ♂ blaugrau. Jungvögel oberseits dunkelbraun, unterseits mit grober und unregelmäßiger Querstreifung.
<u>Stimme:</u> Meist nur im Frühjahr zu hören; bei Störungen im Horstbereich schnelle, hohe „gjigjigji"-Reihen, beim ♂ höher als beim ♀. Die Rufe der ausgeflogenen Jungsperber ähneln den Standortrufen junger Waldohreulen „jih jih…".
<u>Vorkommen:</u> Vor allem Nadel- und Mischwald, der mit offener Landschaft (Kulturland, Moor, Heide), Hecken und Gehölzen abwechselt; jagt im Winter auch in Dörfern und Städten. Bei uns weit verbreitet, aber nur gebietsweise häufig.
<u>Verhalten:</u> Nach dem Landen häufig Schwanzschütteln, sitzt oft aufrecht mit eingezogenem Kopf.
<u>Nahrung:</u> Hauptsächlich Vögel von Goldhähnchen- bis Ringeltaubengröße, ♂ höchstens bis Drosselgröße; selten Kleinsäuger.
<u>Brut:</u> April – Juni, 1 Brut; flaches Nest gut versteckt, meist in 20–50jährigen Fichten- oder Kiefernstangenbeständen.

> Amsel (♂) < Rabenkrähe (♀)	T	I–XII		

Mäusebussard *Buteo buteo*
Familie Habichtartige *Accipitridae*
E Buzzard F Buse variable

Typisch: Häufigster Greifvogel.
Merkmale: Ein mittelgroßer, etwas plump wirkender Greifvogel mit kurzem Hals und großem, rundem Kopf; Flügel breit; der Schwanz wirkt bei Spreizung abgerundet. Färbung sehr variabel von fast weiß bis einheitlich schwarzbraun, meistens bräunlich mit hellerem Brustband. Iris dunkelbraun bis gelb. Wirkt im Flug ziemlich kompakt, die Flügelhaltung ist etwas steif, beim Segeln sind die Flügelspitzen deutlich aufgebogen.
Stimme: Zu jeder Jahreszeit, aber besonders im Frühjahr ein bezeichnendes, miauendes „hijäh".

Vorkommen: Brütet in abwechslungsreicher Waldlandschaft mit Äckern, Feldern, Mooren, Hecken und Gehölzen. Jagt über offenem Land, nistet meist an Waldrändern.
Verhalten: Segelt oft ausdauernd über dem Kulturland, besonders häufig im Frühjahr. Ansitzjäger, der oft geduldig auf einem Pfosten sitzt und auf Kleinsäuger lauert. Im Winter vielfach an Straßen, sucht nach überfahrenen Tieren.
Nahrung: Vorwiegend Wühlmäuse, aber auch andere Kleinsäuger wie Waldmäuse, Spitzmäuse, Hamster, Jungkaninchen; Regenwürmer, Reptilien, Insekten; nur selten Vögel; im Winter häufig Fallwild und ausgelegte Fleischabfälle.
Brut: März – Juli, 1 Brut; Horst hoch in Laub- oder Nadelbäumen.

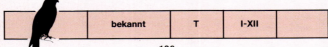

	bekannt	T	I-XII	

Rauhfußbussard *Buteo lagopus*
Familie Habichtartige *Accipitridae*
E Rough-legged Buzzard
F Buse pattue

<u>Typisch:</u> Schwanz weiß mit breiter dunkler Endbinde; rüttelt viel häufiger als der Mäusebussard.

<u>Merkmale:</u> Gefieder fast ebenso variationsreich gefärbt wie beim Mäusebussard, jedoch meist heller, besonders am Kopf, und kontrastreicher, Füße bis zum Zehenansatz befiedert. Im Flug längere Flügel, längerer Schwanz und kontrastreich von den hellen Unterflügeln abgesetzter, schwarzer Bugfleck.

<u>Stimme:</u> Ähnlich der des Mäusebussards, klingt aber etwas klagend; „pi-i-eeh"; im Winter meist stumm.

<u>Vorkommen:</u> Brütet in Nordeuropa im Bergland meist oberhalb der Nadelwaldgrenze und in der Tundra. Hängt wie der Mäusebussard stark vom Angebot an Kleinsäugern ab, nur in Jahren der Massenvermehrung in größerer Bestandsdichte; daher in manchen Wintern Masseneinflüge nach Mitteleuropa. Im Winterhalbjahr in Moor- und Heidegebieten, Flußniederungen und in weiter, offener Kulturlandschaft; überwintert in größerer Zahl im östlichen Mitteleuropa, bei uns seltener.

<u>Verhalten:</u> Fliegt oft in niedrigem Suchflug; sitzt häufig auf dem Boden, auf Erdschollen und auf kleinen Sträuchern.

<u>Nahrung:</u> Im Brutgebiet Wühlmäuse und Lemminge, Junge von Hasen und Hühnervögeln; im Winter wie Mäusebussard; vielfach tot aufgefundene Tiere.

~ Mäusebussard	W, D	X-IV	O	

Wespenbussard *Pernis apivorus*
Familie Habichtartige *Accipitridae*
E Honey Buzzard
F Bondrée apivore

<u>Typisch:</u> Im Flug am taubenartig vorgestreckten Kopf, an den relativ schmalen Schwingen und dem langen, schmalen Schwanz mit ein bis zwei deutlichen Binden und einer Schwanzendbinde zu erkennen.

<u>Merkmale:</u> In der Größe wie Mäusebussard, aber schlanker, langflügeliger und mit längerem Schwanz. Gefieder ebenfalls sehr variabel, oberseits meist dunkelbraun, unterseits hell mit kräftiger brauner Fleckung, fast weiß oder auch einheitlich bräunlich; Kopf taubengrau, Iris stets gelb. Flügelschlag tiefer, ruhiger und weniger steif als beim Mäusebussard. Jungvögel sind weniger schmalflügelig und ähneln somit noch mehr dem Mäusebussard. Rüttelt nur selten.

<u>Stimme:</u> Am Brutplatz häufig ein melodisches, hohes „dühdlilöh".

<u>Vorkommen:</u> Reich strukturierte, gerne etwas bergige Landschaften, in denen Laub- oder Mischwald mit Lichtungen, Wiesen oder Feldern abwechselt. Horst meistens am Waldrand, Nahrungssuche auf offenen Flächen.

<u>Nahrung:</u> Hauptsächlich Larven und Puppen von Wespen und Bienen, seltener von Hummeln, aber auch fertige Insekten, Frösche, Eidechsen und Jungvögel, nur selten kleine Säugetiere.

<u>Brut:</u> Mai–August, 1 Brut; Horst auf hohen Bäumen, meist mit frischen Blättern ausgelegt.

	~ Mäusebussard	S	IV-IX	

Steinadler *Aquila chrysaetos*
Familie Habichtartige *Accipitridae*
E Golden Eagle F Aigle royal

Typisch: Großer dunkler Adler, wird häufig unterschätzt.
Merkmale: Sehr kräftig gebaut, mit großem Schnabel und starken Fängen; Oberkopf und Nacken goldbraun. Flügel lang und relativ schmal, im Gegensatz zu den brettartigen Flügeln des Seeadlers etwas geschwungen. Schwanz mittellang und recht breit. Jungvögel sehr dunkel mit großen weißen Flecken im Handschwingenbereich und weißem Schwanz mit breiter schwarzer Endbinde.
Stimme: Nur selten zu hören; während der Balz klangvoll „klüi" oder „kijä", aber auch kläffend „klüklüklüklü" oder „gögögögögö".

Vorkommen: Ursprünglich in abwechslungsreichen Wald- und Berglandschaften; heute fast überall in einsame Gebirgsgegenden abgedrängt; in den Alpen und Karpaten seltener Brutvogel, bei uns nur in Südbayern und im Schwarzwald. Jungvögel streifen manchmal weit umher.
Nahrung: Mittelgroße Säugetiere bis zur Größe von schwachen Rehen; Vögel, z.B. Rauhfußhühner; in den Alpen im Sommer meistens Murmeltiere, im Winter vorwiegend Aas.
Brut: Februar–Juni, 1 Brut; großer Horst in Felsnischen, seltener in großen alten Bäumen.
Etwas kleiner und schwächer ist der nur noch in Ungarn und in der Slowakei in wenigen Paaren brütende **Kaiseradler** *Aquila heliaca*. Beim segelnden Altvogel sind Vorder- und Hinterkante des Flügels nahezu parallel.

> **Mäusebussard**	J	I-XII	2	

Zwergadler *Hieraaetus pennatus*
Familie Habichtartige *Accipitridae*
E Booted Eagle F Aigle botté

<u>Typisch:</u> Die langen Rufreihen am Brutplatz.
<u>Merkmale:</u> Erinnert nur entfernt an den Mäusebussard; im Flug mit viel längerem, meist gerade abgeschnittenem Schwanz, schmaleren Flügeln (mit stärker gespreizten Handschwingen) und mit deutlich vorstehendem Kopf. Tritt in zwei Farbvarianten auf, in einer selteneren dunklen (Foto) und einer häufigeren hellen Form (Zeichnung).
<u>Stimme:</u> Am Brutplatz recht häufig zu hören; die Rufe erinnern etwas an Watvögel: ein regenpfeiferartiges „jiiüp", hoch „kjikjikji" oder bussardähnlich „hijää".
<u>Vorkommen:</u> Brütet meist in bergiger Landschaft, in der lichter Laub- und Mischwald mit Buschgelände und offenen Flächen abwechselt; nistet häufig in trockenwarmem Eichenwald. In Mit-

Zwergadler   Flug

teleuropa sehr seltener Brutvogel, seit kurzem Brutvogel in Deutschland. Gefährdung hauptsächlich durch Lebensraumzerstörung, Umweltgifte und direkte Verfolgung.
<u>Nahrung:</u> Reptilien, Säugetiere und Vögel, daneben auch Insekten.
<u>Brut:</u> April – Juli, 1 Brut; Horst meist von Greifvögeln, Reihern oder Störchen übernommen.

| | | ~ **Mäusebussard** | S | IV-IX | |

Schreiadler *Aquila pomarina*
Familie Habichtartige *Accipitridae*
E Lesser Spotted Eagle
F Aigle pomarin

<u>Typisch:</u> Im Segelflug sind die langen Flügel von der Basis bis zur Spitze gleich breit und werden oft brettartig gehalten.
<u>Merkmale:</u> Ein mittelgroßer, wohlproportionierter Adler, fliegt mit stark gespreizten Handschwingen (ähnlich dem Seeadler), der Schwanz ist abgerundet. Gefiederfarbe braun, Schwungfedern von unten dunkler als die rotbraunen Flügeldecken (beim Schelladler umgekehrt!). Jungvögel mit ein bis zwei weißen Fleckenreihen auf den Flügeln.
<u>Stimme:</u> Am Brutplatz oft ein lautes, melodisches „jück jück".
<u>Vorkommen:</u> Ursprüngliche Laub- und Mischwälder mit eingestreuten Feuchtgebieten und Lichtungen. In Mitteleuropa selten, brütet nur noch im östlichen Teil, auch in Ostdeutschland.
<u>Nahrung:</u> Wühlmäuse und andere Kleinsäuger, Frösche, Jungvögel, Großinsekten, Aas.

Schreiadler

Flug

<u>Brut:</u> April–Juli, 1 Brut; großer Horst meist hoch in Laubbäumen.
Sehr ähnlich, aber dunkler ist der in wenigen Paaren in Ostpolen brütende **Schelladler** *Aquila clanga*.

> Mäusebussard	S	IV–IX	▽2	

Turmfalke *Falco tinnunculus*
Familie Falken *Falconidae*
E Kestrel F Faucon crécerelle

<u>Typisch:</u> Häufigster kleiner Greifvogel, oft an Straßen zu beobachten, rüttelt ausdauernd.
<u>Merkmale:</u> Kleiner Falke mit langem Schwanz, langen, spitzen Flügeln und brauner Oberseite; beim ♂ Rücken rotbraun, schwach gefleckt, Oberkopf und Schwanz grau, breite schwarze Schwanzendbinde. ♀ mit einheitlich rotbrauner, gebänderter Oberseite. Jungvögel ähnlich dem ♀, aber stärker gestreift (im Foto junges ♂).
<u>Stimme:</u> Ruft häufig, besonders während der Brutzeit, hoch und schnell „kikikiki…" oder „kjikjikji…", das ♀ oft vibrierend „wrrih wrrih".
<u>Vorkommen:</u> Jagt oft in abwechslungsreicher Kulturlandschaft, brütet in Feldgehölzen, am Waldrand, in Steinbrüchen, in Dörfern und Städten, auch im Hochgebirge. Außerhalb der Brutzeit in offener Landschaft, oft in der Kultursteppe; vielfach an Autobahnen und Landstraßen.

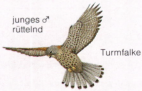

junges ♂ rüttelnd

Turmfalke

<u>Nahrung:</u> Hauptsächlich Feldmäuse, aber auch andere Kleinsäuger, Reptilien, Insekten, Jungvögel.
<u>Brut:</u> April – Juni, 1 Brut; nistet in alten Krähennestern, in Baumhöhlen, in Nischen von Gebäuden und Felsen sowie in Nistkästen.

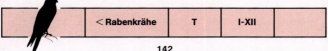

| | < **Rabenkrähe** | T | I-XII | |

Rotfußfalke *Falco vespertinus*
Familie Falken *Falconidae*
E Red-footed Falcon
F Faucon kobez

<u>Typisch:</u> Kleiner Falke, der im Flugbild an Baumfalke erinnert und bei uns nur unregelmäßig auftritt.
<u>Merkmale:</u> ♂ (Zeichnung) dunkel schiefergrau mit rotem Schenkelgefieder („Hosen"); ♀ (Foto) mit gelblichbrauner Unterseite, hellgrauem, quergebändertem Rücken und Schwanz und kurzem Bartstreif. Jungvögel sehr ähnlich jungen Baumfalken, aber mit längerem, enger gebändertem Schwanz und schwächer gemusterter Unterseite.
<u>Stimme:</u> In der Brutkolonie recht ruffreudig, sonst schweigsam; an Wendehals erinnernde Rufreihen wie „gjä gjä gjä", bei Erregung „kikiki…" oder „tsrrii tsrri…".

<u>Vorkommen:</u> Offene, steppenartige Landschaft des Tieflandes mit Gebüsch und Baumgruppen oder lichtem Auwald; brütet in Ungarn und in der

Rotfußfalke, ♂

Slowakei, sporadisch auch in Ostösterreich. Bei uns im Sommerhalbjahr in geringer Zahl, meist über insektenreichen Moor- und Heidegebieten und Verlandungszonen von Seen.
<u>Nahrung:</u> Großinsekten wie Käfer, Libellen, Heuschrecken, Ameisen; Eidechsen, Kleinsäuger, Jungvögel.
<u>Brut:</u> Mai – September, 1 Brut; nistet kolonieweise (bis zu mehreren hundert Paaren) in alten Saatkrähen- und Elsternnestern.

< **Rabenkrähe**	S, D	IV-X	O	

Baumfalke *Falco subbuteo*
Familie Falken *Falconidae*
E Hobby F Faucon hobereau

Typisch: Erinnert im Flug an einen großen Mauersegler.
Merkmale: Größe ungefähr wie Turmfalke, doch viel kürzerer Schwanz und lange, sichelförmige Flügel; Oberseite blaugrau, Kopf kontrastreich mit auffallendem dunklem Bartstreif, Schenkelgefieder („Hosen") und Unterschwanzdecken rostrot. Jungvögel mit gelblichen „Hosen", bräunlicher Oberseite und rahmfarbener, kräftig gestreifter Unterseite.
Stimme: Ruft häufig während der Balz- und Brutzeit, auch nach dem Ausfliegen der Jungen; Rufe meist ein durchdringendes, schnelles „gjegjegje…", erinnert etwas an Wendehalsgesang; daneben turmfalkenartig „kikiki…" und gedehnt „gjih gjih".
Vorkommen: Abwechslungsreiche Waldlandschaft mit Mooren, Heiden, Feuchtwiesen und ausgedehnten Verlandungszonen; brütet in lichtem Wald, an Waldrändern und in Feldgehölzen. Im Gegensatz zum Turmfalken nur selten in der Kultursteppe oder in Siedlungen. Bei uns weit verbreitet, doch nicht sehr häufig.
Nahrung: Kleinvögel wie Schwalben, Lerchen, Sperlinge, Finken, auch Mauersegler; Libellen, Käfer, Schmetterlinge, Heuschrecken.
Brut: Mai – September, 1 Brut; nistet meistens in alten Nestern von Krähen, aber auch von Elstern, Greifvögeln oder Tauben.

| | < **Rabenkrähe** | S | IV-X | 3 |

Wanderfalke *Falco peregrinus*
Familie Falken *Falconidae*
E Peregrine Falcon
F Faucon pèlerin

<u>Typisch:</u> Krähengroßer, kräftiger und sehr rasanter Falke.
<u>Merkmale:</u> Lange, spitze, an der Basis jedoch breite Flügel, kurzer, sich verjüngender Schwanz; breiter, dunkler Bartstreif; Unterseite hell mit auffallender dunkler Querbänderung. ♀ deutlich größer als ♂. Jungvögel oberseits dunkelbraun, unterseits gelbbraun, kräftig dunkel längsgestreift. Ruderflug relativ langsam mit kraftvollen, nicht sehr tiefen Flügelschlägen und eingeschobenen, verschieden langen Gleitphasen.
<u>Stimme:</u> Am Brutplatz, vor allem bei Störungen, häufig ein klagendes „gjä gjä gjä…" oder „gjääi".
<u>Vorkommen:</u> Abwechslungsreiche Landschaft mit steilen Felsen für die Brut, Mittel- und Hochgebirgsgegenden, Meeresküste; jagt im Winter oft am Wasser. Nach sehr starkem Rückgang durch Umweltgifte seit einigen Jahren Bestandszunahme; bei uns nur noch im südlichen Teil Brutvogel.
<u>Nahrung:</u> Vögel bis Reihergröße; vor allem Tauben, Rabenvögel, Drosseln, Stare, Lerchen, Möwen und Watvögel.
<u>Brut:</u> April – Juli, 1 Brut; nistet in Felsnischen, gebietsweise Baumbrüter in alten Greifvogelnestern.

Der größere, langschwänzigere und hellere **Würgfalke** *Falco cherrug* ist Brutvogel Ungarns, Tschechiens und der Slowakei, außerdem regelmäßiger Gast in den Steppengebieten des Burgenlandes in Österreich. In Europa ist der Würgfalke ein ausgesprochener Zieselspezialist; er erbeutet jedoch auch andere Kleinsäuger und Vögel.

| > **Turmfalke** | T | I-XII | ▽3 | |

Merlin *Falco columbarius*
Familie Falken *Falconidae*
E Merlin F Faucon émerillon

<u>Typisch:</u> Ein sehr kleiner, kompakter Falke mit spitzen Flügeln, der oft niedrig und rasant dahinsaust.

<u>Merkmale:</u> ♂ (im Foto rechts) oberseits grau mit zarter Strichelung, Bartstreif nur angedeutet, Unterseite rostgelb, dunkel längsgestreift; ♀ unterseits kräftiger längsgestreift, oberseits dunkelbraun, Schwanz gebändert. Jungvögel sehr ähnlich wie ♀. Im Flug manchmal mit dem Sperber zu verwechseln, doch dieser hat einen viel längeren Schwanz und abgerundete Flügel mit meist gespreizten Handschwingen.

<u>Stimme:</u> Meist nur am Horst zu hören; bei Störung ein sehr schnelles „kekekeke…" oder „kikiki…".

<u>Vorkommen:</u> Brütet in den fjällnahen Birkenwäldern, auf baumlosen Heiden und in Moorgebieten Nordeuropas; im Winterhalbjahr kann man regelmäßig einzelne Merline im Bereich der Küste und – seltener – im Binnenland beobachten, wo sie über offener Landschaft jagen.

<u>Verhalten:</u> Überraschungsjäger, der die Beutevögel oft in niedrigem und schnellem Flug aufscheucht, um sie dann zu überrumpeln; sitzt auch auf Steinen und Pfosten.

<u>Nahrung:</u> Kleinvögel bis Drosselgröße, nur selten Kleinsäuger; vorwiegend Pieper, Lerchen, Ammern, Drosseln, Regenpfeifer.

<u>Brut:</u> Mai – August, 1 Brut; nistet häufig in alten Krähennestern, auch in Felsnischen und am Boden.

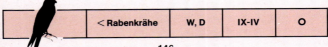

	< **Rabenkrähe**	W, D	IX-IV	O

Hühner, Rallen, Kraniche, Trappen

Hühnervögel – Galliformes

Alle Hühner sind an das Bodenleben angepaßt und haben kräftige Lauffüße mit meist langen Zehen. Der Schnabel ist kurz, kräftig und etwas nach unten gebogen. Die Nahrung besteht vorwiegend aus Pflanzenteilen, die Küken sind jedoch in der ersten Lebensphase auf Insekten angewiesen. Bis auf die Wachtel, einen echten Zugvogel, sind Hühner Stand- oder Strichvögel. Bei vielen Arten gibt es auffällige Geschlechtsunterschiede; meist sind die Hähne deutlich größer und auffällig gefärbt, die Hennen dagegen in Tarntracht. Die Jungen sind ausgeprägte Nestflüchter, laufen bereits kurz nach dem Schlüpfen umher und erlangen schon lange vor Ende des Größenwachstums die Flugfähigkeit. In Mitteleuropa kommen 2 Familien vor:

Rauhfußhühner haben mehr oder weniger stark befiederte Läufe und Füße. Dieses Merkmal und Reihen von Hornstiften an den Zehen, die wie Schneeschuhe wirken, sind Anpassungen an kalte und schneereiche Winter. Typisch sind auch die roten nackten Hautstellen (Rosen) über dem Auge. Sie sind ausgesprochene Deckungsvögel, die oft erst kurz vor dem Beobachter polternd auffliegen. Ihr Flügelschlag ist schnell, häufig legen sie im Flug Gleitstrecken ein. Rauhfußhühner sind in der Regel standorttreu. Einige Arten vollführen im Frühjahr auffällige Balzspiele. Das Nest besteht aus einer einfachen Bodenvertiefung; Brut und Aufzucht der Jungen werden von der tarnfarbenen Henne allein bestritten. Die Rauhfußhühner sind sehr störungsempfindlich und meiden die Nähe des Menschen. In Mitteleuropa leben 4 Arten, eine davon nur im Hochgebirge.

Feldhühner oder Glattfußhühner leben vor allem in offener Landschaft, nie in größeren Waldgebieten. Die Läufe und Füße der Feldhühner sind unbefiedert. Während die echten Feldhühner kurzschwänzig und gedrungen sind, haben die Fasanen auffallend lange Schwänze. Letztere leben in halboffener Landschaft mit Büschen und Bäumen, in Feuchtgebieten und sogar in lichtem Wald. Rebhühner und Wachteln kommen in der offenen Feldflur vor; sie sind oft in dichter Vegetation versteckt und daher häufig nur anhand ihrer Stimmen nachweisbar. Steinhühner trifft man an sonnigen Hängen des Hochgebirges an. In Mitteleuropa kommen 4 Arten vor, der Fasan wurde bei uns schon vor langer Zeit eingebürgert, kann aber vielerorts nur durch ständiges Aussetzen von gezüchteten Vögeln erhalten werden.

Rallen und Kranichvögel – Gruiformes

In dieser Ordnung sind sehr unterschiedliche Formen von Sumpf- oder Steppenvögeln zusammengefaßt. Die meisten sind langbeinig und langhalsig. Die Jungen sind Nestflüchter, aber in den ersten Lebenstagen noch nicht so selbständig wie Hühner- oder Entenküken. Die in Mitteleuropa vorkommenden Arten gehören 3 Familien an:

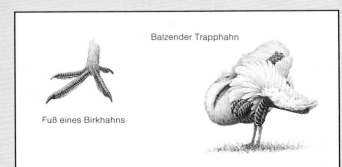

Balzender Trapphahn

Fuß eines Birkhahns

Ziehende Kraniche

Rallen sind kleine bis mittelgroße, gedrungene Bodenvögel mit kräftigen Füßen und langen Vorderzehen; wegen ihres kurzen Schwanzes und häufigen Kopfnickens erinnern sie etwas an Hühner. Bei den meisten Arten ist der Körper seitlich zusammengedrückt, so daß sie sehr geschickt durch dichte Vegetation schlüpfen können (Dickichtschlüpfer). Die Mehrzahl der 7 in Mitteleuropa vorkommenden Rallen lebt in Schilf- und Seggengebieten, eine Art, der Wachtelkönig, bewohnt hochgrasige Wiesen (Wiesenralle), während das Bläßhuhn wie die Enten ein reiner Wasservogel ist. Bis auf Bläß- und Teichhuhn sind die Rallen nur schwer zu beobachten, denn sie halten sich meistens in dichter Bodenvegetation auf. Die Kenntnis der Lautäußerungen ist für die sichere Artbestimmung oft unerläßlich.

Trappen leben im Gegensatz zu den Rallen in trockenen, steppenartigen Landschaften. Sie haben sehr kräftige Lauffüße mit drei dicken Zehen, der Hals ist lang. Im Flug fallen die breiten und kontrastreich schwarz-weiß gezeichneten Flügel auf. Sehr markant sind die Größenunterschiede von Männchen und Weibchen: Die Hähne können mehr als doppelt so schwer werden wie die Hennen. Von den beiden in Mitteleuropa ursprünglich vorkommenden Arten ist die Zwergtrappe in diesem Jahrhundert ausgestorben. Die Männchen der Großtrappe zählen mit ihren bis zu 12 kg Gewicht zu den schwersten flugfähigen Vögeln der Erde.

Kraniche erinnern im Aussehen etwas an Störche, sie fliegen ebenfalls mit ausgestrecktem Hals; ihr Schnabel ist jedoch deutlich kürzer. Sehr auffällig ist die weit hörbare, schmetternde und trompetende Stimme, die durch eine starke Verlängerung der Luftröhre ermöglicht wird. Kraniche ziehen häufig in größeren Verbänden in der typischen V-Formation. Die Vögel leben in ausgedehnten Feuchtgebieten; sie nisten an unzugänglichen Plätzen am Boden. In Europa kommt nur eine Art vor.

Haselhuhn *Bonasa bonasia*
Familie Rauhfußhühner
Tetraonidae
E Hazel Hen F Gélinotte des bois

<u>Typisch:</u> Rebhuhngroßes Waldhuhn mit hoher, an Goldhähnchengesang erinnernder Stimme.

<u>Merkmale:</u> Kleine, aufrichtbare Kopfhaube, ♂ mit auffällig schwarzer, weiß gesäumter Kehle. Im Flug fällt die breite, schwarze Schwanzbinde auf, die durch die einfarbigen, mittleren Steuerfedern unterbrochen ist; das Flügelgeräusch aufgescheuchter Haselhühner klingt burrend.

<u>Stimme:</u> Der Reviergesang, ein sehr hohes, pfeifendes „Spissen", läßt eher einen zarten Singvogel als ein Huhn vermuten; ist fast das ganze Jahr über zu hören; daneben verschiedene leise Rufe.

<u>Vorkommen:</u> Unterholzreiche Wälder mit großer Strukturvielfalt, besonders Mischwälder mit gut ausgebildeter Kraut- und Strauchschicht (vor allem beerentragende Arten), im Norden hauptsächlich in der Fichtentaiga. Bei uns außerhalb der Alpen sehr selten geworden und in vielen Gegenden ganz verschwunden. Hauptrückgangsursachen sind der Schwund naturnaher Wälder und häufige Störungen der lärmempfindlichen Vögel.

<u>Nahrung:</u> Hauptsächlich vegetarisch; Knospen, Triebe, Blätter und Früchte von verschiedenen Sträuchern und Zwergsträuchern; Samen, Kätzchen und Insekten.

<u>Brut:</u> April – Juli, 1 Brut; Nest eine vom ♀ gescharrte Mulde, oft am Fuße eines Baumes unter dem Schutz der herabhängenden Zweige.

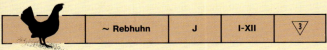

Alpenschneehuhn
Lagopus mutus
Familie Rauhfußhühner
Tetraonidae
E Ptarmigan F Lagopède des Alpes

<u>Typisch:</u> Im Flug stets schneeweiße Flügel; die auffallend knarrende Stimme.
<u>Merkmale:</u> Nur wenig größer als Rebhuhn, ♂ im Brutkleid (Foto) mit dunkel braungrau marmorierter Oberseite und Brust, sonst weiß, über den Augen rote Hautlappen („Rosen"). ♀ gelblichbraun mit dunkler Wellenzeichnung, nur angedeutete „Rosen". Im Winter bis auf die ganz schwarzen Schwanzfedern schneeweiß, ♂ mit roten „Rosen" und schwarzem Strich vom Schnabel bis hinter das Auge (Zeichnung ♀).
<u>Stimme:</u> ♂ während der Balzzeit hölzern knarrend „qarrr qarr krrr ak ak ak", auch beim Abflug von ♂ und ♀ knarrende Laute „arr" oder „krrr"; ♀ außerdem sonor „kück".
<u>Vorkommen:</u> Bewohnt reich strukturierte, felsige Matten und Steinhalden oberhalb der Baumgrenze; im Winter in

Alpenschneehuhn ♀ Winter

tieferen Lagen. Bei uns in den Alpen weit verbreitet, aber nicht häufig.
<u>Nahrung:</u> Beeren, Triebe und Knospen von Zwergsträuchern und Kräutern. Kükennahrung Insekten.
<u>Brut:</u> Mai – Juli, 1 Brut; Nest in kleiner Mulde zwischen den Felsen oder unter Zwergsträuchern, meist gut getarnt.

| ~ Rebhuhn | J | I-XII | ▽R | |

Birkhuhn *Lyrurus tetrix*
Familie Rauhfußhühner
Tetraonidae
E Black Grouse F Tétras lyre

Typisch: Im Flug fallen die weißen Unterflügeldecken auf.
Merkmale: ♂ mit blauschwarz glänzendem Gefieder und leierförmig nach außen gebogenen Schwanzfedern, die während der Balz stark gefächert werden und so die weißen Unterschwanzdecken zur Geltung bringen (Foto). ♀ (Zeichnung) deutlich kleiner, mit bräunlicher Tarntracht, beim Auffliegen ist der schwach gegabelte Schwanz zu sehen. Flug schnell und oft auch hoch, dabei wechseln Phasen mit raschen Flügelschlägen mit längeren Gleitflugstrecken ab. Sitzt auch häufig auf Bäumen, besonders im Winterhalbjahr.
Stimme: ♂ während der Gruppenbalz auffälliges Kullern, zwischendurch oft ein fauchendes „tschüüsch".
Vorkommen: Weite Moor- und Heidelandschaften, offene Waldgebiete; Zwergstrauchheiden im Bereich der

Birkhuhn, ♀

Baumgrenze. Bei uns außerhalb der Alpen, der Rhön und der Norddeutschen Tiefebene fast ausgestorben.
Nahrung: Knospen, Triebe und Beeren von Zwergsträuchern, Bäumen und Sträuchern, Insekten.
Brut: April – Juni, 1 Brut; Nest am Boden, in der dichten, hohen Vegetation versteckt.

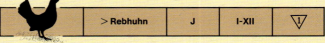

Auerhuhn *Tetrao urogallus*
Familie Rauhfußhühner
Tetraonidae
E Capercaillie F Grand tétras

<u>Typisch:</u> Die polternden Abfluggeräusche (vor allem des ♂) wirken oft erschreckend.
<u>Merkmale:</u> ♂ fast truthahngroß, kaum mit einer anderen Art zu verwechseln; langer Schwanz, der während der Balz gefächert wird (Foto). ♀ (Zeichnung) kleiner, mit orangebraunem Brustband und rostrot-schwarz gebändertem Schwanz. Flug nach geräuschvollem Start schnell mit kraftvollen Flügelschlägen und langen Gleitstrecken.
<u>Stimme:</u> ♂ während der Balz merkwürdige, schleifende, wetzende, knallende und glucksende Laute; die Balzstrophe dauert ungefähr sieben Sekunden.
<u>Vorkommen:</u> Reich strukturierter, ruhiger Misch- und Nadelwald mit kleinen Lichtungen, Heidelbeerbeständen und Ameisenhaufen. Bei uns wegen des Schwundes naturnaher Wälder und durch häufige Störungen nur noch in den höheren Lagen einiger Mittelgebirge und in den Alpen oberhalb 1000 m Höhe.

Auerhuhn, ♀

<u>Nahrung:</u> Knospen und Triebe von Bäumen, Blätter und Beeren von Blau- und Preiselbeere; im Winter fast nur Kiefernnadeln.
<u>Brut:</u> April–Juni, 1 Brut; Bodennest, oft unter Zweigen.

| > **Haushuhn** | J | I-XII | ▽1 | |

Rebhuhn *Perdix perdix*
Familie Feldhühner *Phasianidae*
E Partridge F Ferdix grise

<u>Typisch:</u> Aufgescheuchte Rebhühner fliegen dichtgedrängt mit lautem Flügelburren und rufend niedrig über dem Boden.
<u>Merkmale:</u> Kleines, gedrungenes Huhn mit kurzem Schwanz; Flanken rostrot gebändert, auffallender, dunkler, hufeisenförmiger Brustfleck, der auch schwächer ausgeprägt sein kann. ♂ und ♀ sind nur an der Musterung von Schulterfedern und Oberflügeldecken sicher zu unterscheiden, beim ♀ fehlt der dunkle Brustfleck bisweilen. Flug abwechselnd mit schnellen Flügelschlägen und mit etwas nach unten gewölbten Flügeln gleitend.
<u>Stimme:</u> Aufgescheuchte Rebhühner rufen laut „kerripriprip ...". Reviergesang des ♂ ein durchdringend und heiseres, in Abständen wiederholtes „girreck", das vor allem morgens und abends zu hören ist.
<u>Vorkommen:</u> Abwechslungsreiche, trockene Kulturlandschaft des Tieflandes mit Ackerrainen, Hecken und Hochstaudenbereichen; Heidegebiete, Brachland. Bei uns weit verbreitet, aber starker Rückgang durch Intensivierung der Landwirtschaft und dem damit verbundenen Verlust an Nahrung und Deckung.
<u>Nahrung:</u> Samen und grüne Teile von Wildkräutern, Getreide, Klee; Jungennahrung Insekten, Spinnen.
<u>Brut:</u> April – Juni, 1 Brut; sehr gut getarntes Bodennest, eine mit Pflanzenmaterial ausgelegte Mulde, häufig im Schutz von Feldrainen.

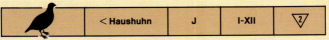

Wachtel *Coturnix coturnix*
Familie Feldhühner *Phasianidae*
E Quail F Caille des blés

<u>Typisch:</u> Die Rufe, da man dieses Huhn kaum zu Gesicht bekommt.
<u>Merkmale:</u> Kleinstes europäisches Huhn, gedrungen und fast schwanzlos, tarnfarbenes Gefieder; ♂ an Kopf und Kehle schwärzlich gemustert, ♀ mit dicht gefleckter Brust.
<u>Stimme:</u> Reviergesang des ♂ ein bezeichnendes „pick-werwick", das man besonders in der Abenddämmerung hört; beim Auffliegen „reck reck" oder „chrwi chrwi".
<u>Vorkommen:</u> Abwechslungsreiche Feldflur mit Rainen, Hecken; brütet gerne in Wintergetreide-, Klee- und Luzernefeldern und in hochgrasigen Wiesen. Bei uns weit verbreitet im Tiefland, aber die Bestände schwanken von Jahr zu Jahr sehr stark und nehmen insgesamt drastisch ab; Hauptrückgangsursache ist die Umwandlung der vielfältigen Feldflur in eintönige, maschinengerechte Produktionsflächen und der Einsatz von Giften, so daß die Vögel weder ausreichend Nahrung noch Deckung finden.
<u>Verhalten:</u> Wachteln leben nahezu unsichtbar in dichter Vegetation und flüchten fast immer zu Fuß; nur selten sieht man sie mit schnellen, flachen Flügelschlägen dicht über dem Bewuchs fliegen.
<u>Nahrung:</u> Samen von Feld- und Ackerkräutern, Getreide, grüne Pflanzenteile, Insekten, Spinnen.
<u>Brut:</u> Mai–August, 1–2 Bruten; Bodennest in dichtem Bewuchs.

| ~ Amsel | S | IV-IX | V | |

Fasan *Phasianus colchicus*
Familie Feldhühner *Phasianidae*
E Pheasant F Faisan de chasse

<u>Typisch:</u> ♂ auffallend bunt.
<u>Merkmale:</u> Sehr langer, spitzer Schwanz; ♀ gelblichbraun und schwärzlich gemustert, mit kürzerem Schwanz als ♂.
<u>Stimme:</u> Reviergesang des ♂ ein explosives, laut blökendes „gögock", auf das häufig ein lautes Flügelburren folgt; im Flug oft ein hartes, heiseres „äch" oder (aufgescheucht) gepreßt „gökök".
<u>Vorkommen:</u> Ursprünglich im südlichen Asien beheimatet; für Jagdzwecke in mehreren Rassen in Europa eingebürgert. Lebt bei uns in der reich gegliederten Kulturlandschaft, am Rand von lichten Wäldern und in nicht zu nassen Feuchtgebieten. Weitverbreitet und trotz Rückgangs noch häufig.

<u>Nahrung:</u> Samen, Getreide, Früchte, Beeren, grüne Pflanzenteile, Würmer, Schnecken, Insekten.
<u>Brut:</u> April–Juni, 1 Brut; Bodennest, meist gut versteckt.

Steinhuhn

Das seltene **Steinhuhn** *Alectoris graeca* (Zeichnung) brütet an trockenen, steinigen, meist südexponierten Hängen in den Hochalpen Österreichs und der Schweiz; in den Bayerischen Alpen nur wenige Paare. Stark bedroht.

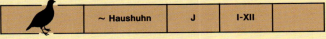

	~ Haushuhn	J	I–XII

Wasserralle *Rallus aquaticus*
Familie Rallen *Rallidae*
E Water Rail F Râle d'eau

<u>Typisch:</u> Die an Schweinequieken erinnernden Rufe.
<u>Merkmale:</u> Langer, etwas nach unten gebogener, roter Schnabel und die schwarz-weiß gestreiften Flanken auffallend; Oberseite dunkelbraun mit schwarzer Längsfleckung, Kopfseiten, Kehle und Brust schiefergrau, Unterschwanzdecken weißlich. Schnabel beim ♂ im Brutkleid hellrot, im Ruhekleid und beim ♀ blasser und mehr braun. Jungvögel unterseits hell bräunlich, an Hals und Brustseiten zart gebändert, Flankenbänderung nur undeutlich.
<u>Stimme:</u> Die Rufe erinnern an das Quieken von Ferkeln „kriek krruie krruie…"; Reviergesang des ♂ im Frühjahr aus hart angeschlagenen „tjük-tjük-tjük…"-Reihen, die oft mit einem gedehnten, kehligen „tjuier" enden; ♀ trillernd „tip-quiiir".
<u>Vorkommen:</u> Brütet in dichten Schilf- und Seggenbeständen, vor allem an Fluß- und Seeufern. Wasserrallen überwintern manchmal in Mitteleuropa, dann kann man sie gelegentlich ganz frei an Grabenrändern oder Ufern sehen. Bei uns weit verbreitet, jedoch nicht häufig.
<u>Verhalten:</u> Klettert sehr geschickt in dichtem Pflanzengewirr, flüchtet meist zu Fuß.
<u>Nahrung:</u> Würmer, Schnecken, Wasserinsekten, kleine Krebstiere, Kaulquappen; gelegentlich auch Fische, Kleinsäuger, Jungvögel.
<u>Brut:</u> April – Juli, 1–2 Bruten; Nest aus Pflanzenteilen, gut in dichter Vegetation versteckt.

> Amsel	T, (W)	I-XII		

Tüpfelsumpfhuhn
Porzana porzana
Familie Rallen *Rallidae*
E Spotted Crake
F Marouette ponctuée

<u>Typisch:</u> Sehr selten zu sehen, lebt im dichten Pflanzengewirr; im Frühjahr ist der auffallende Balzgesang des ♂ bezeichnend.
<u>Merkmale:</u> Kaum amselgroße Ralle mit dunklem, dicht und fein weiß geflecktem Gefieder, Flanken weiß gebändert, Unterschwanzdecken gelblich. Schnabel viel kürzer als bei der Wasserralle. Jungvögel mit weißlicher Kehle und heller Unterseite.
<u>Stimme:</u> Der Balzgesang des ♂ ist besonders in der Dämmerung und nachts zu hören, ein kurzes, monoton wiederholtes, peitschenartiges „huitt"; das ♀ ruft leiser und weniger scharf; daneben noch weitere Laute wie kurz „käck" oder knurrend „brurr".
<u>Vorkommen:</u> Brütet in der Verlandungszone von Flüssen und Seen, gerne am Übergang vom Schilf zu Seggenbeständen, aber auch in hochgrasigen Naßwiesen und an dichtbewachsenen, feuchten Grabenrändern; wichtig ist ein niedriger, möglichst wenig schwankender Wasserstand. Bei uns seltener Brutvogel, der vielerorts ganz fehlt und seit Jahrzehnten in starkem Rückgang begriffen ist.
<u>Nahrung:</u> Insekten, Spinnen, Schnecken und Würmer, gelegentlich auch zarte Pflanzenteile.
<u>Brut:</u> April – Juli, 1–2 Bruten; Nest aus alten Stengeln und Blättern, meist über zentimetertiefem Wasser.

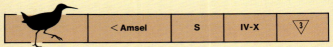

Kleines Sumpfhuhn
Porzana parva
Familie Rallen *Rallidae*
E Little Crake F Marouette poussin

<u>Typisch:</u> Wegen der versteckten Lebensweise sehr schwer zu entdecken; Stimme zum Nachweis wichtig.
<u>Merkmale:</u> Schnabel gelbgrün mit roten Schnabelwinkeln; Oberseite olivbraun mit heller und dunkler Längszeichnung und undeutlichen weißen Fleckenreihen; Unterseite schiefergrau, Unterschwanz deutlich, Flanken nur schwach gebändert. ♀ mit rahmfarbener Unterseite und weißlicher Kehle.
<u>Stimme:</u> Das ♀ ruft im Frühjahr schnelle, abfallende Triller wie „pep-perrr". Beunruhigt rufen ♂ und ♀ scharf „twug". Gesang des ♂ aus einzelnen Kurzelementen, die unter Beschleunigung aneinandergereiht werden: „put put put purrr"; meist in der Dämmerung zu hören.
<u>Vorkommen:</u> Brütet in dichten, im Flachwasser stehenden Schilf-, Rohrkolben- und Seggenbeständen. In Mitteleuropa nur an wenigen Stellen Brutvogel, z. B. am Neusiedler See; im Westen meist unregelmäßig, genaue Verbreitung nur ungenügend bekannt.
<u>Nahrung:</u> Hauptsächlich Insekten.
<u>Brut:</u> Mai – August, 1–2 Bruten; tiefmuldiges Nest meist auf umgeknickten Halmen oder auf einer Seggenbülte, nach oben durch zusammengezogene Halme geschützt.

Das sehr ähnliche **Zwergsumpfhuhn** *Porzana pusilla* ist bei uns noch seltener; das ♂ ist kontrastreicher gezeichnet, hat eine auffälligere Flankenbänderung und einen einfarbig grünen Schnabel.

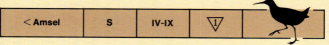

| < **Amsel** | S | IV-IX | $\triangledown{1}$ | |

Wachtelkönig, Wiesenralle
Crex crex
Familie Rallen *Rallidae*
E Corncrake F Râle de genêts

<u>Typisch:</u> Wegen der versteckten Lebensweise in dichtem Bewuchs selten zu sehen, daher Stimme für den Nachweis sehr wichtig.
<u>Merkmale:</u> Schmal gebaut; Oberseite hell graubraun, Rücken stark dunkel gefleckt. Fliegt etwas unbeholfen und flatternd, dabei fallen die herunterhängenden Beine und die rotbraunen Flügeldecken auf.
<u>Stimme:</u> Der Gesang des ♂, ein monoton wiederholtes, hölzern schnarrendes „rrerrp rrerrp", ist oft stundenlang, auch in den Nachtstunden, und bis zu einem Kilometer weit zu hören.
<u>Vorkommen:</u> Brütet in Feuchtwiesen, in extensiv genutzten, hochgrasigen und meist feuchten Mähwiesen; auch auf trockenen Kulturflächen wie Getreide-, Luzerne- und Kleefeldern, gebietsweise sogar auf Kartoffel- und Rübenäckern. Bei uns im Tiefland weit verbreitet, aber nirgends häufig; drastischer Rückgang durch landwirtschaftliche Zerstörung des Lebensraumes.
<u>Verhalten:</u> Wenig gesellig; fliegt ungern und meist nur kurze Strecken; ruft vor allem in der Dämmerung, morgens und nachts.
<u>Nahrung:</u> Vorwiegend Insekten, Würmer, Schnecken, kleine Frösche, Samen, grüne Pflanzenteile.
<u>Brut:</u> Mai – Juli, 1 Brut; das Nest wird in einer Bodenmulde unter dichtem Pflanzenwuchs angelegt.

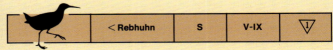

Teichhuhn *Gallinula chloropus*
Familie Rallen *Rallidae*
E Moorhen F Poule d'eau

<u>Typisch:</u> Bewegungen hühnerartig, schwimmt und läuft kopfnickend und unter ständigem Schwanzzucken.
<u>Merkmale:</u> Kleiner und schlanker als das Bläßhuhn; Schnabel rot mit gelber Spitze, rotes Stirnschild; Beine und die sehr langen Zehen grün. Beim Schwanzzucken leuchten die schneeweißen Unterschwanzdecken rhythmisch auf. Jungvögel bräunlich mit aufgehellter Kehlregion, Schnabel und Stirnschild olivgrün. Läßt beim Auffliegen die Beine herabbaumeln.
<u>Stimme:</u> Häufig hört man den Erregungsruf, ein rauh gutturales, aber wohlklingendes „kürrk"; bei Gefahr durchdringend „kirreck" oder scharf „dick dick"; im Flug oft mehrmals „kek-kek".
<u>Vorkommen:</u> Brütet in der deckungsreichen Uferzone von stehenden und langsam fließenden Gewässern, auch an Gräben und kleinen, fast zugewachsenen Tümpeln; vielerorts an dicht bewachsenen Bächen und Parkgewässern mitten in Dörfern und Städten. Nahrungssuche gerne auf ufernahen Wiesen. Bei uns weit verbreitet und überall häufig.
<u>Nahrung:</u> Samen, Triebe und Früchte von Sumpf- und Wasserpflanzen, Schnecken, Würmer, Kaulquappen, Insekten.
<u>Brut:</u> April – August, 1–2, manchmal sogar 3 Bruten; tiefmuldiges Nest meist sehr gut in der Ufervegetation in Wassernähe versteckt, selten auch ganz frei.

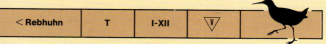

| < Rebhuhn | T | I-XII | ▽ | |

Bläßhuhn *Fulica atra*
Familie Rallen *Rallidae*
E Coot F Foulque macroule

<u>Typisch:</u> Schwarzer, rundlicher Wasservogel, sehr häufig auf größeren Flüssen und Seen.

<u>Merkmale:</u> Eine Ralle, die zum Wasservogel geworden ist; Zehen mit Schwimmlappen besetzt; leuchtend weißes Stirnschild.

<u>Stimme:</u> Ziemlich häufig zu hören; ♂ stimmlos „tsk" oder „tsi", oft auch wie ein knallender Sektkorken „tp". ♀ laut und bellend „köw". Bei Erregung scharf „psi".

<u>Vorkommen:</u> Brütet an nährstoffreichen Seen, Stauseen, Teichen und langsam fließenden Flüssen mit gut ausgebildeter Ufervegetation; auch an kleinen Kiesgrubenseen und an Parkteichen mitten in der Großstadt. Im Winter oft in großen Scharen auf eisfreien Seen; an Dampferstegen und auf Parkseen lassen sich die oft sehr vertrauten Bläßhühner durch den Winter füttern. Bei uns weit verbreitet und fast überall häufig.

<u>Verhalten:</u> Schwimmt hoch auf dem Wasser unter ständigem Kopfnicken; taucht mit einem kleinen „Tauchsprung" unter; läuft beim Starten von der Wasseroberfläche erst eine längere Strecke flügelschlagend und platschend über das Wasser.

<u>Nahrung:</u> Schilfsprosse, Wasserpflanzen, Gras, Laub, Muscheln, Schnecken, Würmer, Insekten, Entenfutter, Brot, Abfälle.

<u>Brut:</u> April – Juli, 1 Brut; großes Nest aus Pflanzenteilen, meist über seichtem Wasser.

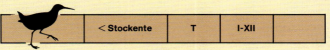

Großtrappe *Otis tarda*
Familie Trappen *Otididae*
E Great Bustard F Outarde barbue

Typisch: Stolziert mit hoch erhobenem Kopf und „würdevollen" Schritten; eindrucksvolle Balz.
Merkmale: Sehr großer und schwerer Laufvogel; ♂ mit dickem Hals, weißlichem Kehlbart und bräunlichem Brustband; ♀ viel kleiner, mit dünnerem Hals, ohne Kehlbart und Brustband. Fliegt mit langsamen und kraftvollen, gleichmäßigen Flügelschlägen. Sehr scheu.
Stimme: Nahezu stumm; bei Auseinandersetzungen röchelnde ö- oder ä-Laute, Junge trillern hoch und melodisch „ürrrr", bei Gefahr weinen sie „jüüü…".
Vorkommen: Ursprünglich Steppenvogel; heute in Mitteleuropa in weiträumigen, offenen Acker- und Grünlandflächen. Brütet nur noch im Osten von Deutschland und Österreich, in Ungarn, Tschechien, der Slowakei und in Polen. Rückgang durch Intensivierung der Landwirtschaft, Einsatz von Agrargiften und Zerschneidung der Brutareale durch Verkehrswege.
Nahrung: Grüne Teile und Samen von Steppen- und Feldpflanzen, in der Kultursteppe häufig Klee, Luzerne, Esparsette, Winterraps; daneben Insekten, Regenwürmer, Eidechsen, Mäuse und Jungvögel.
Brut: April – Juli, 1 Brut; das Nest, eine flache, etwas mit Pflanzenmaterial ausgelegte Mulde, wird meistens auf Feldern und Äckern mit niedriger Vegetation angelegt.

| ~ Hausgans | J | I-XII | ▽1̲ | |

Kranich *Grus grus*
Familie Kraniche *Gruidae*
E Crane F Grue cendrée

<u>Typisch:</u> Sehr scheuer Vogel, der vor allem durch seine lauten, trompetenden Rufe auffällt.
<u>Merkmale:</u> Sehr eleganter, hochbeiniger Schreitvogel mit relativ kurzem Schnabel. Im Flug (Zeichnung) mit lang ausgestrecktem Hals und lang über den Schwanz hinausragenden Beinen; Wanderscharen fliegen oft in Keilformation.
<u>Stimme:</u> Sehr bezeichnende, laut schmetternde, trompetende Rufe wie „gruh" oder „krrüi-kruh"; häufig in der Morgendämmerung, beim Abflug und im Flug zu hören.
<u>Vorkommen:</u> Brütet in weiten Moorgebieten, Verlandungszonen, lichten Bruchwäldern inmitten von Sumpfgebieten und an einsamen Waldseen. Brutvogel Deutschlands und Polens; in Westdeutschland nur noch ein klei-

Kranich, Flug

ner Restbestand. Auf dem Zug auch auf Kulturland, übernachtet zur Sicherheit häufig in seichtem Wasser.
<u>Nahrung:</u> Hülsenfrüchte, Getreide, Kartoffeln, Ackerkräuter, Beeren, Eicheln, Regenwürmer, Schnecken, Insekten, Mäuse, Frösche.
<u>Brut:</u> April–Juni, 1 Brut; großes Nest aus Pflanzenteilen, oft auf kleinen Inselchen im Sumpf.

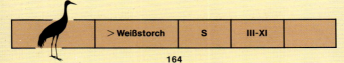

| | > **Weißstorch** | S | III-XI |

Watvögel, Möwen, Seeschwalben, Alken

Schnepfen-, Möwen- und Alkenvögel – Charadriiformes

Diese Ordnung enthält eine Vielzahl von kleinen bis großen, oft langbeinigen Vögeln, die in ihrer Lebensweise an Feuchtgebiete angepaßt sind; einige sind sogar ausgesprochene Hochseevögel. Nur wenige Arten leben auf trockenem Boden. In Mitteleuropa kommen Vertreter aus 9 Familien vor:

Austernfischer sind kräftig gebaute Strandvögel, deren Schnäbel und Beine auffallend gefärbt sind. Sie ernähren sich vor allem von Muscheln, Schnecken und Krebsen, deren harte Schalen sie mit speziellen Techniken öffnen. Eine Art ist häufiger Brutvogel an den europäischen Küsten; besonders außerhalb der Brutzeit kann man an unseren Küsten oft große Scharen von Austernfischern beobachten.

Triele erinnern mit ihren kurzen Schnäbeln und kräftigen Beinen etwas an Trappen, sind aber viel kleiner; auch den Lebensraum - trockene, steppenartige Landschaften - haben sie mit den großen Laufvögeln gemeinsam. Triele sind dämmerungs- und nachtaktiv, ihre Augen sind auffallend groß; das tarnfarbene Gefieder läßt die Vögel oft mit dem steinigen Untergrund verschmelzen. Die Kenntnis der typischen Rufe erleichtert das Auffinden dieser wenig geselligen Vögel. Die einzige europäische Art ist in Mitteleuropa sehr selten geworden.

Stelzenläufer haben auffällig lange Beine und einen dünnen Schnabel, der beim Säbelschnäbler aufwärts gebogen ist. Die beiden in Mitteleuropa vorkommenden Arten sind mittelgroß, grazil und mit ihrem schwarz-weißen Gefieder relativ leicht zu bestimmen.

Regenpfeifer sind im Vergleich zu anderen Watvögeln kurzbeinig und kurzschnäbelig; ihr Schnabel, der an der Spitze häufig verdickt ist, eignet sich weniger zum Sondieren als zum Aufpicken von Beutetieren von der Bodenoberfläche. Der Körper ist meist kompakt, der Kopf rundlich, und die Augen sind recht groß. In Mitteleuropa kommen zwei Gruppen vor, die Kiebitze mit einer Art und die eigentlichen Regenpfeifer - schnelle Flieger mit spitzen Flügeln - mit 6 Arten.

Schnepfen sind mit ihren langen Beinen und langen Schnäbeln die typischen Watvögel; einige Arten sind jedoch klein, kurzhalsig und kurzbeinig. Ihre Nahrung suchen Schnepfen meist mit Hilfe des Tastsinnes, indem sie in weichem Substrat sondieren. Die Vögel bewohnen vor allem Feuchtgebiete und Küsten; sie sind bis auf wenige Ausnahmen Bodenbrüter, in der Regel besteht das Gelege wie bei den Regenpfeifern aus 4 gut getarnten Eiern. In Mitteleuropa kann man über 25 sehr unterschiedliche Arten dieser Familie antreffen.

Raubmöwen sind mittelgroße bis große möwenähnliche Seevögel mit meist dunkler Gefiederfärbung. Die mittleren Schwanzfedern sind verlängert, die Schnabelspitze ist hakenförmig gebogen. Die einzelnen Arten, besonders Jungvögel, sind oft sehr schwierig zu unterscheiden. Raubmöwen sind geschickte Flieger; häufig jagen sie anderen Seevögeln ihre Nahrung ab (Beuteparasitismus), sie fangen jedoch auch selbständig kleinere Tiere. In Europa kommen 4 Arten vor, die alle auch gelegentlich in Mitteleuropa – im Binnenland jedoch nur ausnahmsweise – beobachtet werden können.

Möwen sind mittelgroße bis große Seevögel mit langen Flügeln und mit überwiegend weißem oder grauem Gefieder; häufig kommen dunkle Flügelspitzen vor. Einige der kleineren Arten weisen während der Brutzeit eine mehr oder weniger ausgedehnte dunkle Kopfzeichnung auf. Möwen leben an Küsten und Binnengewässern, nur wenige Arten sind Hochseevögel. Im Gegensatz zu Seeschwalben können sie nur wenig tauchen und nehmen ihre Nahrung vor allem von der Wasseroberfläche auf. Während die kleineren Arten im Alter von 2 Jahren ausgefärbt sind, legen die großen Arten erst mit 4 Jahren das Adultkleid an. Möwen sind in der Regel Bodenbrüter, die Jungen sind Platzhocker: Sie verlassen nach wenigen Tagen das Nest und verstecken sich in der Umgebung. In Mitteleuropa können 9 Arten beobachtet werden, einige weitere kommen als Ausnahmegäste hinzu.

Seeschwalben sind meist kleiner und schlanker als Möwen, ihre Flügel sind schmal und spitz, die Beine auffallend kurz und taugen kaum zum Laufen; häufig ist der Schwanz gegabelt oder zumindest eingeschnitten. Ihre Nahrung erbeuten Seeschwalben vor allem

Austernfischer
Säbelschnäbler
Triel
Bekassine
Sandregenpfeifer, verleitend
Lachmöwe
Falkenraubmöwe
Trottellumme
Flußseeschwalbe

stoßtauchend, die Sumpfseeschwalben nehmen häufig Insekten von der Wasseroberfläche auf. Im Gegensatz zu Möwen sieht man sie nur selten schwimmen. Seeschwalben sind ausgeprägte Zugvögel; eine Art, die Küstenseeschwalbe, legt alljährlich größere Entfernungen zurück als alle anderen Vogelarten. In Mitteleuropa sind 9 Arten regelmäßig anzutreffen.
Alken sind kompakte kleine bis mittelgroße Meeresvögel mit kleinen Flügeln; sie fliegen schnell mit schwirrenden Flügelschlägen. Ihre Beine sind weit hinten eingelenkt, so daß sie an Land mehr oder weniger aufrecht stehen. Alken können mit Hilfe der Flügel und Füße ausgezeichnet tauchen, ihre Nahrung besteht überwiegend aus Fischen. Die Vögel brüten in Kolonien an Klippen und Hängen in Meeresnähe. Meist legen die Vögel nur ein einziges, relativ großes Ei. An der mitteleuropäischen Küste können 4 Arten beobachtet werden, 2 davon als seltene Gäste.

Austernfischer
Haematopus ostralegus
Familie Austernfischer
Haematopodidae
E Oystercatcher F Huîtrier pie

<u>Typisch:</u> Durch sein Aussehen und die laute Stimme Charaktervogel vieler Küsten.
<u>Merkmale:</u> Großer, kräftiger Strandvogel mit langem, rotem, etwas seitlich zusammengedrücktem Schnabel und roten Beinen. Gefieder auffällig schwarzweiß. Im Ruhekleid mit weißem Kehlband. Jungvögel mit weißlicher Kehlzeichnung und dunkler Schnabelspitze. Im Flug breite weiße Flügelbinde und weißer Bürzel sichtbar.
<u>Stimme:</u> Sehr laut und weit zu hören; ein durchdringendes „keliip", „klieliep" oder „tjiep", auch mehrfach gereiht. Reviergesang ein wohltönendes, gereihtes „teli" oder „tlie".
<u>Vorkommen:</u> Brütet an verschiedenen Arten von Küsten, vor allem an Sand- und Kiesstränden, gebietsweise (Norddeutsche Tiefebene) auch an Seen und Flüssen im Binnenland. Außerhalb der Brutzeit oft in großen Scharen im Watt, auch auf Wiesen und Weiden in Küstennähe. Bei uns häufiger Brutvogel an der Nord- und Ostseeküste.
<u>Nahrung:</u> Muscheln, Schnecken, Krebse, Kleinkrebse, Regen- und andere Ringelwürmer, Insekten.
<u>Brut:</u> April – Juli, 1 Brut; das Nest, eine flache Bodenmulde, steht auf einer vegetationsarmen Fläche, oft auf dem Strand.

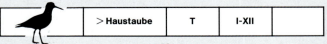

Triel *Burhinus oedicnemus*
Familie Triele *Burhinidae*
E Stone Curlew
F Œdicnème criard

<u>Typisch:</u> Hauptsächlich dämmerungs- und nachtaktiv, duckt sich am Tage oft auf den Boden, fliegt erst dicht vor dem Menschen hoch.
<u>Merkmale:</u> Großer und kräftiger Watvogel mit kurzem Schnabel, großen gelben Augen und langen, relativ dicken, gelben Beinen. Im Flug sind zwei weiße Flügelbinden erkennbar, die Handschwingen sind auffallend schwarzweiß.
<u>Stimme:</u> Ruft häufig in der Dämmerung: ein rauhes, etwas an Brachvogel erinnerndes „krürrieh" oder rein flötend „külie"; oft rufen mehrere Triele duettartig; im Flug häufig „gügügügügi".

<u>Vorkommen:</u> Brütet in spärlich bewachsener, offener und trockener Landschaft mit sandigem oder steinigem Boden: in Steppengebieten, ausgedehnten Flußbetten und Feldern mit niedrigem Bewuchs. Rastet auf dem Zug auch an Küsten. Seltener Brutvogel Polens, Tschechiens und Ungarns; in Österreich noch kleiner Restbestand von wenigen Paaren, in Deutschland ist die Art möglicherweise bereits ausgestorben, denn der letzte Brutnachweis erfolgte 1987.
<u>Nahrung:</u> Regenwürmer, Schnecken, Insekten (häufig Heuschrecken), Spinnen, Frösche, Eidechsen, Schlangen, Mäuse und Jungvögel.
<u>Brut:</u> April–August, 1 Brut; das Nest wird in einer flachen Vertiefung in lockerer Vegetation auf trockenem Boden angelegt.

| > **Haustaube** | S | III-X | ▽1 | |

Säbelschnäbler
Recurvirostra avosetta
Familie Stelzenläufer
Recurvirostridae
E Avocet F Avocette

Typisch: Der lange, aufwärts gebogene Schnabel und die bläulichen Beine.
Merkmale: Ein sehr eleganter schwarzweißer Küstenvogel. Jungvögel mit bräunlicher Kopfkappe und bräunlicher Rückenzeichnung. Im Flug überragen die Beine den Schwanz weit.
Stimme: Ein häufig zu hörendes klangvolles „plütt" oder „plüit", das bei Erregung schnell wiederholt wird.
Vorkommen: Brütet auf Strandwiesen und Stränden, an seichten Lagunen, an Flußmündungen und flachen Binnenseen. Brutvogel an der Nordseeküste – manchmal auch im Winter zu beobachten – und in Steppengebieten Ungarns bis Ostösterreich.
Verhalten: Nahrungssuche im Flachwasser mit seitlichen Pendelbewegungen von Kopf und Schnabel. Außerhalb der Brutzeit sehr gesellig. Schwimmt gelegentlich im tiefen Wasser.
Nahrung: Ringelwürmer, Insekten, Kleinkrebse, kleine Fische, Insektenlarven.
Brut: Mai – Juli, 1 Brut; Bodennest, eine einfache Mulde in Wassernähe; oft Koloniebrüter.

Säbelschnäbler, Flug

	~ Haustaube	S	IV-X	

Stelzenläufer
Himantopus himantopus
Familie Stelzenläufer
Recurvirostridae
E Black-winged Stilt
F Échasse blanche

Typisch: Wirkt durch die extrem langen Beine schlaksig.
Merkmale: Mit seinen überaus langen roten Beinen mit keiner anderen Art zu verwechseln.
Schnabel dünn, gerade und schwarz, etwas länger als der Kopf. ♂ im Brutkleid meist mit schwarzem Ober- und Hinterkopf; ♀ meist mit reinweißem Kopf (Foto). Im Winter ♂ und ♀ mit grauem Kopf und Hals. Jungvögel mit bräunlicher Oberseite. Im Flug leicht am kontrastreich schwarz-weißen Gefieder und an den sehr weit über das Schwanzende hinausragenden Beinen zu erkennen.
Stimme: Ruft häufig bei Störungen „kiepp" oder „kjiwip", auch „gek" oder „kwät kwät", klingt meckernd und nasal.
Vorkommen: Brütet in der Nähe des flachen Wassers an Flußmündungen, an seichten Lagunen und Salinen. Empfindlich gegen Wasserstandsveränderungen. In Mitteleuropa sehr seltener und mit Ausnahme von Ungarn unregelmäßiger Brutvogel; bei uns in manchen Jahren Einflüge von Stelzenläufern mit anschließenden Brutversuchen und sogar kurzzeitigen Ansiedlungen an der Meeresküste.
Nahrung: Wasserinsekten, Kaulquappen, Kleinkrebse, kleine Fischchen, seltener Landinsekten.
Brut: April – Juli, 1 Brut; Bodennest nahe am Wasser, oft auf einer kleinen Erhöhung gut versteckt.

< **Haustaube**	S	IV-IX		

Flußregenpfeifer
Charadrius dubius
Familie Regenpfeifer
Charadriidae
E Little Ringed Plover
F Petit gravelot

<u>Typisch:</u> Die laute, etwas melancholisch klingende Stimme.
<u>Merkmale:</u> Kleiner, rundlicher Watvogel mit lehmgelben Beinen und intensiv gelbem Augenring. Im Ruhekleid ohne die schwarze Kopfzeichnung und mit bräunlichem Kropfband. Jungvögeln fehlt der weiße Fleck hinter dem Auge, Kopf und Hals ohne Kontraste. Im Flug am Fehlen der Flügelbinde vom Sandregenpfeifer zu unterscheiden.
<u>Stimme:</u> Ruft bei Erregung häufig scharf „piu" oder „pitt pitt..." Reviergesang des ♂ ein heiseres „grügrügrü..." oder „grigrigrigriä griä griä...", häufig in fledermausartigem Singflug vorgetragen.
<u>Vorkommen:</u> Brütet ursprünglich auf kiesigen und sandigen, spärlich bewachsenen Ufern und Inseln von Flüssen; heute in Mitteleuropa meist in Kies- und Sandgruben, Ödflächen, abgelassenen Fischteichen und Steinbrüchen. Bei uns im Binnenland weit verbreitet, aber nicht häufig. Rastet auf dem Zug vorwiegend an wenig bewachsenen Ufern und auf Schlammflächen. Rückgang durch Flußregulierungen.
<u>Nahrung:</u> Insekten, vorwiegend kleine Käfer, Kleinkrebse, kleine Schnecken und Würmer.
<u>Brut:</u> April – August, meist 2 Bruten; das Gelege wird zwischen Kieseln in einer flachen Mulde angelegt und ist ohne Beobachtung des Altvogels kaum zu entdecken.

	> **Haussperling**	S	IV-IX	

Sandregenpfeifer
Charadrius hiaticula
Familie Regenpfeifer
Charadriidae
E Ringed Plover F Grand gravelot

Typisch: Kleiner, oberseits erdfarbener Strandvogel, der mit sehr schnellen Schritten über den Sand „rollt" und häufig ruckartig stehen bleibt.

Merkmale: Etwas größer als der Flußregenpfeifer, Schnabel kräftiger, gelb mit schwarzer Spitze, im Ruhekleid schwarz mit orangefarbenem Fleck am Grund; Beine orangegelb, im Ruhekleid gelblich. Jungvögel ähnlich Altvögeln im Ruhekleid, aber oberseits mit hellen Federsäumen. Im Flug stets durch die weiße Flügelbinde vom Flußregenpfeifer zu unterscheiden. Trupps fliegen sehr rasant und vollführen schnelle Wendungen.

Stimme: Bei Störung, häufig auch beim Abflug, ein weich klingendes „tü-ip" oder „düi", daneben auch ein schnelles „kip-kiwip". Der Gesang, eine schnelle heisere Folge wie „drüe drüe drüe…", wird oft im niedrigen, taumelnden Singflug vorgetragen.

Vorkommen: Brütet auf Kies- und Sandstränden an der Küste, auch an Salzseen; auf dem Zug auch regelmäßig an sandigen oder schlammigen Ufern im Binnenland. Mäßig häufiger Brutvogel an der Nord- und Ostseeküste.

Nahrung: Insekten, vor allem Käfer und Fliegen, kleine Muscheln und Schnecken, Ringelwürmer, Spinnen, Kleinkrebse.

Brut: April – August, 1–2 Bruten; das Nest, eine sehr flache Bodenmulde, wird meist auf Sandboden angelegt.

> **Haussperling**	S	III-X		

Seeregenpfeifer
Charadrius alexandrinus
Familie Regenpfeifer
Charadriidae
E Kentish Plover
F Gravelot à collier interrompu

<u>Typisch:</u> Der Regenpfeifer mit der stärksten Bindung an Salzwasser; am Meer meist in Spülsaumnähe.
<u>Merkmale:</u> Hochbeiniger, heller und an Kopf und Hals weniger kontrastreich gefärbt als Fluß- und Sandregenpfeifer. Schnabel und Füße dunkel, nur angedeutetes Halsband; ♂ im Brutkleid mit orangebraunem Oberkopf und schwärzlichem Querband auf der Stirn (Foto), im Ruhekleid ähnlich ♀, aber mit dem schwärzlichen Stirnband; Gefieder beim ♀ kontrastlos und hell. Im Flug weißes Flügelband und weiße Schwanzkanten auffallend.
<u>Stimme:</u> Bei Störung oft „brrr brrr", im Flug und beim Abflug häufig kurze „pit"- oder „püt"-Rufe; Gesang schnurrend, wird oft im Singflug vorgetragen.
<u>Vorkommen:</u> Brütet an Sandstränden. Brutvogel in Ungarn und in einem Restbestand in Ostösterreich; bei uns mäßig häufig an der Nord- und Ostseeküste.

Seeregenpfeifer

<u>Nahrung:</u> Ringelwürmer, kleine Muscheln und Schnecken, Kleinkrebse, Insekten.
<u>Brut:</u> April – August, 1 Brut; das Nest ist eine flache, vom ♀ in den Sand gedrehte Mulde.

| | > **Haussperling** | S | III–IX | |

Mornell *Charadrius morinellus*
Familie Regenpfeifer
Charadriidae
E Dotterel F Pluvier guignard

Typisch: Brütende ♂ sind oft sehr vertraut und lassen den Menschen sehr nahe heran.
Merkmale: Auffallende weiße Überaugenstreifen, die zum Hinterkopf ziehen und ein deutliches V ergeben. ♀ etwas größer als ♂ (Foto), intensiver und kontrastreicher gefärbt. Im Ruhekleid viel blasser, oberseits gelbgrau, Bauch weiß, das helle Brustband und die weißen Überaugenstreifen sind etwas verwaschen. Wirkt im Flug gedrungen und kurzschwänzig, keine Flügelbinde; im Brutkleid ist der schwarze Bauchfleck oft zu sehen.
Stimme: Ruft häufig beim Abflug „kürr" oder „dirr", oft auch „brütt" oder „plitt". Gesang des ♀ während des Singfluges: ein rhythmisch wiederholtes „pit-pit-pit…".
Vorkommen: Brütet in Nordeuropa auf den kargen, trockenen Hochflächen des Fjälls (Flechtentundra), in Mitteleuropa Brutvogel an wenigen Stellen im Hochgebirge der Steiermark (Österreich) und seit 1961 an der holländischen Küste; dort auch regelmäßig im Sommer nichtbrütende Vögel. Außerhalb der Brutzeit in kleinen Trupps auf trockenen und steinigen Flächen, kurzrasigen Viehweiden und an Flußufern.
Nahrung: Vor allem Insekten und deren Larven, auch kleine Schnecken.
Brut: Mai – Juli, 1 Brut; Nest in niedrigem Bewuchs, das brütende ♂ ist hervorragend an den Untergrund angepaßt.

Goldregenpfeifer
Pluvialis apricaria
Familie Regenpfeifer
Charadriidae
E Golden Plover F Pluvier doré

<u>Typisch:</u> Die wehmütige Stimme in der weiten Moorlandschaft.
<u>Merkmale:</u> Im Brutkleid höchstens mit dem Kiebitzregenpfeifer zu verwechseln, der aber vorwiegend im Watt anzutreffen ist und bei uns nur selten im Brutkleid erscheint. Die Ausdehnung der schwarzen Unterseitenfärbung variiert bei mitteleuropäischen Vögeln stark und kann manchmal fast völlig fehlen. Auch im Ruhekleid (Zeichnung) Oberseite goldgelb getönt.
<u>Stimme:</u> Ruft häufig weich „düh," bei Beunruhigung scharf „tlie", im Brutgebiet wehmütig klagend „dlü-i-vieh". Der Gesang, oft im Singflug vorgetragen, besteht aus hohen Pfeiflauten, die in schnelle Roller und Triller übergehen.
<u>Vorkommen:</u> Brütet auf der feuchten Bergtundra des skandinavischen Fjällbereichs und in ausgedehnten Mooren der Nadelwaldzone; in Mitteleuropa nur auf Hochmooren. Bei uns geringe Rest-

Goldregenpfeifer, Ruhekleid

bestände in Niedersachsen. Auf dem Zug häufig in größeren Trupps auf Wiesen, Weiden und Feldern.
<u>Nahrung:</u> Vor allem Insekten, Würmer, Schnecken.
<u>Brut:</u> April – August, 1 Brut; Bodennest auf trockenem Untergrund.

| | > **Amsel** | S, D | III-X | ▽1 |

Kiebitzregenpfeifer
Pluvialis squatarola
Familie Regenpfeifer
Charadriidae
E Grey Plover F Pluvier argenté

<u>Typisch:</u> Der typische Ruf ist oft schon von weitem zu hören.
<u>Merkmale:</u> Etwas größer und kräftiger als Goldregenpfeifer, Schnabel stärker; wirkt im Ruhekleid oberseits grauer. Unterseite im Brutkleid (bei uns selten zu sehen) kontrastreich schwarz-weiß. Im Flug leicht durch die in allen Kleidern schwarzen Achseln und den weißen Bürzel vom Goldregenpfeifer unterschieden (Zeichnung). Zieht meist einzeln. Wirkt in der Ruhehaltung durch den eingezogenen Kopf etwas „bedrückt".
<u>Stimme:</u> Ruft im Flug häufig „pli-ö-ih" oder „tli-e-ii", die mittlere Silbe ist jeweils am tiefsten. Der Gesang des ♂ klingt ähnlich wie der Ruf des Großen Brachvogels.
<u>Vorkommen:</u> Brütet in der arktischen Flechtentundra. An der Nord- und Ostseeküste regelmäßiger und zum Teil häufiger Durchzügler, seltener Über-

Ruhekleid, Flug

Kiebitzregenpfeifer

sommerer, vereinzelt auch Wintergast. Hält sich meist einzeln im Watt auf; regelmäßig, aber viel seltener, auf Schlammflächen im Binnenland.
<u>Nahrung:</u> Wattwürmer, kleine Muscheln, Schnecken und Krebse.

| > **Amsel** | D, (W), (Ü) | III-XI | O | |

Kiebitz *Vanellus vanellus*
Familie Regenpfeifer
Charadriidae
E Lapwing F Vanneau huppé

<u>Typisch:</u> Im Frühjahr sieht man häufig den taumelnden Balzflug über dem Brutrevier (Zeichnung).
<u>Merkmale:</u> Wirkt von weitem schwarzweiß; auffällige, lange und spitze Federholle. ♀ mit kürzerer Holle und weißlicher Kehle. Im Ruhekleid Oberseite mit hellen Federrändern, Kehlbereich hell gemustert, Holle kurz.
<u>Stimme:</u> Häufig zu hören, klingt etwas weinerlich und heiser; „piewi" oder „kie-witt"; beim Reviergesang im Singflug ständig „kchiäwitt-witt kchiäwitt"; außerdem ist das wuchtelnde Flügelgeräusch oft deutlich zu hören.
<u>Vorkommen:</u> Brütet auf offenem und flachem Gelände mit niedriger Vegetation: auf Feuchtwiesen, Mooren, Wiesen und Weiden im Küstenbereich, auf Heiden, Feldern und Äckern, Schotter- und Ödlandflächen. Bei uns weit verbreiteter Brutvogel, am häufigsten an der Küste; im Herbst oft in großen Schwärmen.

Kiebitz, ♂, Balzflug

<u>Nahrung:</u> Insekten und deren Larven wie Käfer, Schnaken, Raupen; Regenwürmer, Samen und Früchte.
<u>Brut:</u> März–Juni, 1 Brut; Bodennest mit wenig trockenem Pflanzenmaterial ausgelegt, meist etwas erhöht auf trockenem Untergrund.

| | ~ **Haustaube** | T, D, (W) | III-XI | |

Knutt *Calidris canutus*
Familie Schnepfen *Scolopacidae*
E Knot F Bécasseau maubèche

<u>Typisch:</u> Bildet riesige, dichte Schwärme, „Wolken", die in Bodennähe eine gestreckte, in der Höhe mehr eine ovale Form annehmen.
<u>Merkmale:</u> Großer, gedrungener und kurzbeiniger Strandläufer mit kurzem, geradem Schnabel. Im Brutkleid (Foto) überwiegend rostbraun gefärbt, Oberseite grob hell und schwärzlich gemustert. Ruhekleid (Zeichnung) schlicht mit hellgrauer Ober- und weißlicher Unterseite. Jungvögel mit schwarz-weiß gesäumten Rückenfedern und leicht rostbraun getönten Flanken. Im Flug lange, schmale Flügel mit heller Binde, weißlicher Bürzel.
<u>Stimme:</u> Bei Beunruhigung ein gedämpftes „djüg", im Flug „we-it we-it" oder „wit wit". Der Gesang, in kreisendem Singflug vorgetragen, klingt etwas wie der des Großen Brachvogels.
<u>Vorkommen:</u> Brütet in der Moos- und Flechtentundra Grönlands. Außerhalb der Brutzeit meist im Wattenmeer; häufig an der Nordseeküste, seltener und in

Knutt, Ruhekleid

kleineren Trupps an der Ostsee; wenige Trupps überwintern an der Nordsee.
<u>Nahrung:</u> Auf dem Zug hauptsächlich kleine Muscheln und Schnecken, Kleinkrebse.

~ Amsel	D, (W)	I-XII	O	

Sanderling *Calidris alba*
Familie Schnepfen *Scolopacidae*
E Sanderling
F Bécasseau sanderling

<u>Typisch:</u> Sanderlinge laufen oft mit sehr schnellen Trippelschritten unmittelbar an der Wasserlinie entlang, vor den anlaufenden Wellen weichen sie landwärts aus.

<u>Merkmale:</u> Ein kleiner, im Ruhekleid sehr heller Strandläufer mit geradem schwarzem Schnabel und schwarzen Beinen. Im Brutkleid Oberseite, Hals und Vorderbrust rostrot mit dunkler Musterung, sonst reinweiß. Im Ruhekleid (das bei uns oft zu sehen ist) hellgraue Oberseite mit dunklem Bugfleck. Im Jugendkleid (Foto) Stirn und Vorderbrust weiß, Scheitel und Brustseiten gemustert, oft mit rostbraunem Anflug. Wirkt im Flug silbergrau, die breite weiße Flügelbinde ist oft deutlich zu sehen.

<u>Stimme:</u> Ruft häufig ein kurzes „plitt", „tjick" oder „tiwick", beim Auffliegen oft gereiht. Singt trillernd im schwirrenden Singflug.

<u>Vorkommen:</u> Brütet in der spärlich bewachsenen Flechtentundra. Außerhalb der Brutzeit an der Meeresküste, hält sich meistens an der Flutlinie auf. Häufiger Durchzügler, seltener Sommer- und Wintergast an der Nord- und Ostseeküste.

<u>Nahrung:</u> Auf dem Zug Insekten, Kleinkrebse, Ringelwürmer, kleine Schnecken.

<u>Brut:</u> Juni–Juli, 1 Brut; das Nest wird zwischen Flechten, Silberwurz oder Kriechweiden am Boden angelegt.

	< **Amsel**	D, (W)	IV-V, VII-X	O

Zwergstrandläufer
Calidris minuta
Familie Schnepfen *Scolopacidae*
E Little Stint F Bécasseau minute

<u>Typisch:</u> Trippelt bei der Nahrungssuche hektisch umher.
<u>Merkmale:</u> Winziger Strandvogel mit kurzem schwarzem Schnabel und schwarzen Beinen; im Brutkleid mit rotbraun-schwarz gefleckter Oberseite und einem undeutlichen weißen V auf dem Rücken. Im Ruhekleid Oberseite mehr grau, Brustseiten verwaschen grau. Bei Jungvögeln ist das weiße V auf dem Rücken viel deutlicher ausgeprägt.
<u>Stimme:</u> Beim Auffliegen häufig ein gedämpft vibrierendes „tirrtirrtirrit", im Flug oft „bit". Gesang ein zarter, klirrender Triller, der in der Tonhöhe variiert und meist in schmetterlingsartigem Singflug vorgetragen wird.
<u>Vorkommen:</u> Brütet in der feuchten Tundra des hohen Nordens; auf dem Zug häufig in kleinen Trupps an der Küste und im Binnenland. Hält sich meistens auf vegetationslosen Schlamm- und Schlickflächen auf, oft mit Alpenstrandläufern vergesellschaftet.
<u>Nahrung:</u> Insekten, kleine Würmer, Schnecken, Samen.
<u>Brut:</u> Juni–Juli, 1 Brut.
Der sehr ähnliche **Temminckstrandläufer** *Calidris temminckii* ist langgestreckter und weniger hochbeinig, die Beine sind heller, das Gefieder ist oberseits mehr grau. Brütet an Fluß- und Seeufern in der Weiden- und Birkenzone Nordeuropas. Auf dem Zug an locker bewachsenen Ufern; wenig gesellig.

| < **Haussperling** | D | V-X | O | |

Sichelstrandläufer
Calidris ferruginea
Familie Schnepfen *Scolopacidae*
E Curlew Sandpiper
F Bécasseau cocorli

<u>Typisch:</u> Bei der Nahrungssuche oft bis zum Bauch im Wasser.
<u>Merkmale:</u> Größe wie Alpenstrandläufer, wirkt aber größer und weniger gedrungen, Beine, Schnabel und Hals länger; Schnabel leicht abwärts gebogen. Im Brutkleid (Foto) leicht zu erkennen; im Ruhekleid (Zeichnung) heller als Alpenstrandläufer und mit deutlichem weißem Überaugenstreif. Jungvögel oberseits mit hellen Federsäumen. Im Flug auffällige weiße Flügelbinde und weißer Bürzel kennzeichnend. Stochert häufiger im Flachwasser als Alpenstrandläufer.
<u>Stimme:</u> Ruft im Flug trillernd „krilli" oder „tirri", weicher und weniger nasal als der Alpenstrandläufer. Gesang des ♂ trillernd und schnurrend.
<u>Vorkommen:</u> Brütet in der arktischen Küstentundra. Auf dem Zug vorwiegend im Watt, seltener auf Schlammflächen des Binnenlandes und an Salz-

seen. Regelmäßig an den mitteleuropäischen Küsten, vor allem an der Nordsee; häufig mit Alpenstrandläufern zusammen.
<u>Nahrung:</u> Ringelwürmer, kleine Muscheln und Schnecken, Kleinkrebse, Insekten.

Alpenstrandläufer
Calidris alpina
Familie Schnepfen *Scolopacidae*
E Dunlin F Bécasseau variable

<u>Typisch:</u> Der häufigste Strandläufer Europas.
<u>Merkmale:</u> Schnabel relativ lang, an der Spitze etwas abwärts gebogen. Im Brutkleid (Foto) mit großem schwarzem Bauchfleck. Im Ruhekleid (Zeichnung) überwiegend braungrau, ohne schwarzen Bauchfleck. Jungvögel mit brauner Oberseite, Federränder hell. Große Scharen fliegen oft in länglichen Pulks mit ausgezogener Spitze.
<u>Stimme:</u> Ruft im Flug nasal gepreßt „trirr" oder „krrü". Der Gesang beginnt mit „drür drürr", dann folgt ein schnurrendes Trillern, zum Schluß „krri-rü-rü".
<u>Vorkommen:</u> Brütet in der Tundra, auf Sumpfwiesen und Moorflächen im Fjäll oberhalb der Baumgrenze und auf offenen Strandwiesen an der Meeresküste. Kleine Brutvorkommen an den Küsten der Norddeutschen Tiefebene, bei uns wenige Paare. Außerhalb der Brutzeit in oft riesigen Scharen auf Schlickflächen

Ruhekleid

Alpenstrandläufer

an der Küste, in kleinen Trupps auch im Binnenland.
<u>Nahrung:</u> Insekten, Ringelwürmer, kleine Muscheln und Schnecken, Kleinkrebse.
<u>Brut:</u> April – Juli, 1 Brut; Bodennest, im Bewuchs versteckt.

| < Amsel | J, D | I-XII | ▽1 | |

Meerstrandläufer
Calidris maritima
Familie Schnepfen *Scolopacidae*
E Purple Sandpiper
F Bécasseau violet

<u>Typisch:</u> Relativ vertraut; sieht in seiner Tarntracht aus wie ein „lebendig gewordener" dunkler Stein.
<u>Merkmale:</u> Größer und kurzbeiniger als Alpenstrandläufer, wirkt gedrungen, Brust etwas entenartig gewölbt; Schnabel kopflang, schwach nach unten gebogen, dunkel mit gelblicher Basis, Beine graugrün. Im Brutkleid Rücken schwärzlich, rostbraun und weißlich gemustert; im Ruhekleid (Foto) überwiegend dunkel braungrau, Bauch hell, Beine blaß orange. Wirkt auch im Flug sehr dunkel, die an der Basis weißen Schwanzseiten und die schmale Flügelbinde fallen auf.
<u>Stimme:</u> Im Winter wenig ruffreudig; beim Abflug kurz „wiit" oder „witwiet". Gesang flötend, erinnert etwas an das Lachen des Grünspechtes, am Boden und in schwirrendem Singflug vorgetragen.
<u>Vorkommen:</u> Brütet auf kargen, steinigen Plateaus des skandinavischen Fjälls, meist weit von der Küste entfernt. Außerhalb der Brutzeit in kleinen Trupps an steinigen und felsigen Küsten, auch auf Steinbuhnen, oft in der Spritzwasserzone.
<u>Nahrung:</u> Insekten, Samen und grüne Pflanzenteile, im Winter kleine Strandschnecken und Krebse.
<u>Brut:</u> Mai–Juli, 1 Brut; Nest: eine mit Pflanzenmaterial ausgelegte Mulde auf trockenem Boden.

Kampfläufer
Philomachus pugnax
Familie Schnepfen *Scolopacidae*
E Ruff (♀ Reeve)
F Chevalier combattant

<u>Typisch:</u> Die eindrucksvolle Arenabalz der ♂ im Frühjahr.
<u>Merkmale:</u> ♂ im Brutkleid (Foto) mit auffälliger Halskrause, Gefieder sehr variabel gefärbt, Gesicht nackt und mit Hautpapillen besetzt. ♀ (Zeichnung) und Ruhekleid unauffällig, oberseits mit Schuppenmuster. Im Flug schmale Flügelbinde und die an der Basis weißen Schwanzkanten zu sehen.
<u>Stimme:</u> Kaum zu hören; auf dem nächtlichen Zug rauh „grü".
<u>Vorkommen:</u> Brütet in weiten Mooren, auf Feuchtwiesen und auf Heideflächen mit Naßstellen; bei uns vorwiegend auf extensiv genutzten Feuchtwiesen mit Gräben und kleinen Tümpeln in Küstennähe. Außerhalb der Brutzeit häufig in Trupps auf Schlammflächen, im Frühjahr mehr auf Wiesen mit Staunässe. Seltener Brutvogel der Norddeutschen Tiefebene, bei uns nur noch wenige hundert Paare. Rückgang

Kampfläufer, ♀

durch die Zerstörung und Entwässerung der Brutbiotope.
<u>Nahrung:</u> Wasserinsekten, kleine Schnecken und Muscheln, Würmer, Samen und grüne Pflanzenteile.
<u>Brut:</u> Mai–Juli, 1 Brut; Nest meist gut getarnt, an einer trockenen Stelle.

| ♀ ~ Amsel, ♂ deutlich größer | S, D | III–IX | ▽ | |

Dunkler Wasserläufer
Tringa erythropus
Familie Schnepfen *Scolopacidae*
E Spotted Redshank
F Chevalier arlequin

Typisch: Der bezeichnende Flugruf.
Merkmale: Wenig größer als der Rotschenkel, Schnabel und Beine länger; im Brutkleid (selten bei uns zu sehen) überwiegend schwärzlich, auf der Oberseite fein weiß gemustert. Beine dunkelrot. Im Ruhekleid ähnlich Rotschenkel, aber heller (Foto Übergangskleid). Jungvögel mit dunkel quergewellter Unterseite. Flügel ohne weiße Abzeichen.
Stimme: Ruft beim Abflug und im Flug häufig scharf „tjü-it", bei Störung am Brutplatz durchdringend „tjicktjicktjicktjick…". Gesang sehr melodisch schnurrend, etwas leiernd „krrrü-i-krrrü-i …", häufig im Singflug.
Vorkommen: Brütet auf weiten, von Wald umgebenen Mooren Nordskandinaviens und Nordrußlands. Außerhalb der Brutzeit in kleinen Trupps an flachen Gewässerufern und an Prielen und Brackwasserzonen der flachen Meeresküste.
Verhalten: Watet oft im bauchtiefen Wasser, schwimmt gelegentlich.
Nahrung: Wasserinsekten und deren Larven, Kleinkrebse, Würmer, Kaulquappen, kleine Fischchen.

Ein seltener Gast, der vor allem im östlichen Mitteleuropa auftritt, ist der **Teichwasserläufer** *Tringa stagnatilis*. Sehr zierlich mit langen dünnen Beinen und doppelt kopflangem, sehr dünnem Schnabel. Hält sich auf dem Zug meist an seichten Gewässern auf.

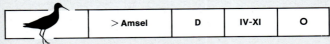

Rotschenkel *Tringa totanus*
Familie Schnepfen *Scolopacidae*
E Redshank F Chevalier gambette

Typisch: Die leuchtend roten Beine und der im Flug sichtbare, breite, weiße Flügelhinterrand (Zeichnung).
Merkmale: Im Sitzen bis auf die roten Beine unscheinbar; zur Brutzeit (Foto) Oberseite bräunlich, dunkel gefleckt; im Ruhekleid Oberseite heller graubraun, weniger stark gemustert. Jungvögel ohne die rote Schnabelwurzel, Beine mehr gelblich, Oberseite mehr rotbraun.
Stimme: Beim Abflug und im Flug laut flötend „djü-ü" oder „djü-dü-dü"; am Brutplatz häufig anhaltend schimpfend „tjiktjiktjik…". Gesang jodelnd, oft im Singflug „tülie tülie tülie…".
Vorkommen: Brütet in offenen Sumpf- und Moorgebieten mit kurzer Vegetation. Bei uns häufiger Brutvogel an der Küste, nach Süden zunehmend seltener. Außerhalb der Brutzeit an der Flachküste, oft in größeren Trupps im

Rotschenkel, Flug

Watt, in kleineren Flügen in binnenländischen Feuchtgebieten, Nahrungssuche oft im schlammigen Flachwasser.
Nahrung: Insekten, Ringelwürmer, Kleinkrebse, kleine Muscheln und Schnecken.
Brut: April–Juni, 1 Brut; in der Vegetation verstecktes Bodennest.

| > **Amsel** | S, D, (W) | III-X | ▽ 3 | |

Grünschenkel *Tringa nebularia*
Familie Schnepfen *Scolopacidae*
E Greenshank
F Chevalier aboyeur

<u>Typisch:</u> Fällt durch seine Größe, das helle Gefieder und die laut flötende Stimme auf.
<u>Merkmale:</u> Ein stattlicher heller Wasserläufer mit langem, leicht aufwärts gebogenem Schnabel und langen grünlichen Beinen; im Jugend- und Ruhekleid Oberseite heller und mehr grau, Unterseite fast reinweiß. Im Flug überragen die Beine den Schwanz weit.
<u>Stimme:</u> Flugruf ein an Grünspecht erinnerndes, hart flötendes „tjüh tjüh tjüh", bei Störungen am Brutplatz ein noch härteres „kjükjükjü…". Gesang flötend „klüviklüviklüvi…"; singt oft auf einer Warte, vollführt über dem Brutrevier häufig Singflüge.
<u>Vorkommen:</u> Brütet in Nordeuropa auf offenen Mooren und Heideflächen mit einzelnen Büschen oder Bäumen in Gewässernähe; auch in der Weidenregion des Fjälls und in der Tundra. Außerhalb der Brutzeit in kleinen Trupps oder einzeln an der flachen Meeresküste, an kiesigen oder sandigen Fluß- und Seeufern und auf Überschwemmungswiesen.
<u>Verhalten:</u> Nahrungssuche häufig im Seichtwasser, rennt oft mit etwas geöffnetem Schnabel hinter kleinen Fischen her oder fängt kleine Beutetiere auf der Wasseroberfläche.
<u>Nahrung:</u> Wasserinsekten, Ringelwürmer, Kleinkrebse, Kaulquappen, kleine Fische und Frösche.

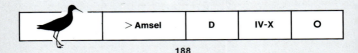

Bruchwasserläufer
Tringa glareola
Familie Schnepfen *Scolopacidae*
E Wood Sandpiper
F Chevalier sylvain

<u>Typisch:</u> Zur Zugzeit einer der häufigsten Watvögel.
<u>Merkmale:</u> Klein, zärtlich und etwas unscheinbar, ähnlich dem Waldwasserläufer; Oberseite heller und dichter gefleckt, im Ruhekleid ist die Fleckung weniger stark ausgeprägt. Jungvögel mit regelmäßig angeordneter, gelblicher Fleckung. Die Beine überragen im Flug das Schwanzende deutlich, außerdem durch die helle Flügelunterseite und die geringeren Farbkontraste auf der Oberseite vom Waldwasserläufer unterschieden.
<u>Stimme:</u> Flugruf ein angenehmes, helles „jiff jiff jiff". Der Gesang klingt wie „de triede triede triede…" und wird im hohen Singflug über dem Brutrevier vorgetragen, Eindringlinge werden mit harten anhaltenden „tjip tjip tjip"-Rufen empfangen.
<u>Vorkommen:</u> Brütet in Wassernähe auf Mooren mit einzelnen Bäumen, in Sumpfwäldern und in der Tundra; auf dem Zug in kleinen, nur locker zusammenhaltenden Trupps auf offenen Schlammflächen, überschwemmten Wiesen und an Altwässern, auch häufig an der Küste. Seltener Brutvogel des nordöstlichen Mitteleuropas; in Deutschland hat die Art bis 1980 in Hochmooren Niedersachsens gebrütet.
<u>Nahrung:</u> Insekten, Wasserinsekten, kleine Muscheln und Schnecken.
<u>Brut:</u> Mai – Juli, 1 Brut; Bodennest, sorgfältig im dichten Bodenbewuchs versteckt; manchmal auch in Drosselnestern.

| < **Amsel** | S, D | III–X | O | |

Waldwasserläufer
Tringa ochropus
Familie Schnepfen *Scolopacidae*
E Green Sandpiper
F Chevalier cul-blanc

<u>Typisch:</u> Beim Auffliegen starker Kontrast zwischen der dunklen Oberseite und der schneeweißen Schwanzwurzel; bezeichnender heller Flugruf.
<u>Merkmale:</u> Gedrungener und oberseits dunkler und spärlicher gefleckt als der Bruchwasserläufer; Schwanz weiß mit 3–4 bräunlichen Querbinden. Jungvögel auf der Oberseite gelblich gepunktet. Scheitel und Hals dunkler.
<u>Stimme:</u> Ruft häufig scharf und hell „tluit-ti-tit", besonders beim Abflug; bei Störungen am Brutplatz anhaltend „tick-tick-tick…"; im kreisenden Singflug über dem Brutplatz „gegjärluid gegjärluid".
<u>Vorkommen:</u> Brütet in Mooren mit lichtem Baumbestand, in feuchten Bruchwäldern und an baumbestandenen Gewässerufern. Auf dem Zug fast ausschließlich an Binnenseen, oft an schlecht einsehbaren Ufern; an ähnlichen Stellen wie der Flußuferläufer, aber auch an kleinen Gräben und Tümpeln; nicht auf offenen Schlammflächen wie der Bruchwasserläufer. Brutvogel im Nordosten Mitteleuropas, bei uns seltener Brutvogel.
<u>Nahrung:</u> Insekten, deren Larven, Spinnen, Würmer, kleine Fischchen.
<u>Brut:</u> April – Juni, 1 Brut; nistet meistens in vorjährigen Drosselnestern, aber auch in alten Nestern von Krähen, Tauben und Eichhörnchen.

Flußuferläufer
Actitis hypoleucos
Familie Schnepfen *Scolopacidae*
E Common Sandpiper
F Chevalier guignette

<u>Typisch:</u> Wippt häufig mit dem Hinterteil; fliegt abwechselnd mit steif nach unten gehaltenen Flügeln und Serien schwirrender, flacher Flügelschläge knapp über dem Wasser.
<u>Merkmale:</u> Klein, gedrungen und kurzbeinig mit kräftigem geradem Schnabel und dunklem Bürzel. Im Ruhekleid Kopf- und Halszeichnung etwas verwaschen, Oberseite mit feinem Wellenmuster. Im Flug sieht man oft die weiße Flügelbinde.
<u>Stimme:</u> Ruft beim Abflug durchdringend und hell „hii-di-di-hii-di-di. ..", Warnruf scharf „hiehd". Der Gesang, eine lange, geleierte Folge, klingt wie „hi-dih - tititi - widih - tititiwidih ...", vorwiegend im fledermausartigen Singflug mit zitternden Flügelschlägen.
<u>Vorkommen:</u> Brütet an den Ufern von Flüssen und Seen, gerne auf nicht zu dicht bewachsenen Flußinseln, auch an felsigen Ufern mit lockerem Baumbestand. Bei uns seltener Brutvogel an naturnahen Flüssen, vorwiegend in Gebirgsgegenden. Außerhalb der Brutzeit häufig an kiesigen oder steinigen Gewässern, auch an der felsigen Küste.
<u>Nahrung:</u> Kleine Insekten.
<u>Brut:</u> Mai – Juli, 1 Brut; das Nest, eine mit Pflanzenteilen ausgelegte Mulde, wird nah am Ufer auf trockenem Boden gut versteckt in der Vegetation oder zwischen Treibgut angelegt.

| < **Amsel** | S, D | III-X | $\triangledown$ 3 | |

Steinwälzer *Arenaria interpres*
Familie Schnepfen *Scolopacidae*
E Turnstone
F Tourne-pierre interprète

<u>Typisch:</u> Dreht bei der Nahrungssuche Steine und Pflanzen um.
<u>Merkmale:</u> Kurzbeinig und gedrungen; Gefieder im Brutkleid sehr bunt, im Ruhekleid (Zeichnung) Oberseite bräunlichschwarz mit hellen Federrändern, Kinn und Kehle weiß; Jugendkleid ähnlich, aber oberseits mit hell rostbraunen Federsäumen. Im Flug mit breiter weißer Flügelbinde, weißem Schwanz mit schwarzer Endbinde und schwarzem V auf dem weißen Bürzel.
<u>Stimme:</u> Im Flug ein schnelles „trütrütrü" oder „tük-a-tük". Der Gesang, ein nasales „tivi-tivi-tititi", wird auf einer Singwarte oder im Singflug vorgetragen.
<u>Vorkommen:</u> Brütet an steinigen Küsten, auf meist spärlich bewachsenen, aber auch mit Bäumen bestandenen Inseln und in der Moos- und Flechtentundra Nordeuropas. In Mitteleuropa regelmäßig und recht häufig in kleinen

Steinwälzer, Ruhekleid

Trupps an der steinigen Küste und am Strand.
<u>Nahrung:</u> Auf dem Zug kleine Muscheln, Schnecken und Krebse, Ringelwürmer, Abfälle.
<u>Brut:</u> Mai–Juni, 1 Brut; Bodennest, meist zwischen Steinen.

| 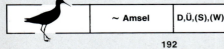 | ~ Amsel | D,Ü,(S),(W) | IV-X | |

Odinshühnchen
Phalaropus lobatus
Familie Schnepfen *Scolopacidae*
E Red-necked Phalarope
F Phalarope à bec étroit

<u>Typisch:</u> Schwimmvogel, dreht sich bei der Nahrungssuche häufig wie ein Spielzeug um die eigene Achse.
<u>Merkmale:</u> Ein kleiner und zierlicher Watvogel mit knapp kopflangem, sehr feinem Schnabel; im Brutkleid (bei uns kaum zu sehen) ♀ (Zeichnung) mit weißer Kehle und leuchtend rostbraunem Band an Halsseiten und Kropf. ♂ viel unauffälliger und matter gefärbt. Im Ruhekleid (Foto) mit deutlichem dunklem Augenstreif. Im Flug fällt der weiße Flügelstreif meist auf.
<u>Stimme:</u> Beim Abflug häufig „kritt kritt" oder „pit", auf dem Wasser oft ein leises „pirr".
<u>Vorkommen:</u> Brütet an kleinen Seen und Tümpeln in den skandinavischen Fjällgebieten. Auf dem Zug (in südöstlicher Richtung) einzeln und in kleinen Trupps auf dem offenen Meer, gelegentlich in Mitteleuropa auf küstennahen Gewässern, noch seltener im Binnenland.

Odinshühnchen, ♀ Brutkleid

<u>Verhalten:</u> Liegt beim Schwimmen hoch auf dem Wasser, nickt ständig mit dem Kopf, pickt sehr schnell links und rechts nach kleinen Insekten, die auf der Oberfläche schwimmen. Nur das ♂ brütet.
<u>Nahrung:</u> Kleine Insekten, Spinnen, Krebstiere, Würmer und Schnecken.

> **Haussperling**	D	V-IX	O	

Regenbrachvogel
Numenius phaeopus
Familie Schnepfen *Scolopacidae*
E Whimbrel F Courlis corlieu

<u>Typisch:</u> Die auffällig kichernde Stimme und der dunkel gestreifte Scheitel.
<u>Merkmale:</u> Ein kleiner Brachvogel, Schnabel etwas kürzer, dicker und weniger stark gebogen als beim Großen Brachvogel; Oberseite kontrastreicher gezeichnet, Scheitel mit zwei breiten, dunkelbraunen Längsstreifen. Fliegt mit schnelleren Flügelschlägen als der Große Brachvogel.
<u>Stimme:</u> Häufig zu hören: Flugruf, wimmernd „bibibibi…" oder etwas an Kuckucks-♀ erinnernd „pü-hü-hü-hü…". Der Gesang erinnert an den des Großen Brachvogels, der trillernde Teil ist jedoch im Klangcharakter etwas härter und weniger „entschwebend".
<u>Vorkommen:</u> Brütet in Nordeuropa auf Mooren und feuchten Heiden der Nadelwaldzone bis in die Fjällregion, auch in der Tundra; gerne in Gewässernähe, aber nicht auf Kulturflächen wie der Große Brachvogel. Auf dem Zug in kleineren oder größeren Trupps an der Küste, vorwiegend im Watt, aber auch an Steilküsten, seltener im Binnenland; häufig mit Großen Brachvögeln vergesellschaftet, überwintert manchmal an der Nordseeküste.
<u>Nahrung:</u> Insekten, Ringelwürmer, kleine Krebstiere, Schnecken und Muscheln; im Herbst auch Beeren.

	~ Lachmöwe	D, (W)	IV-IX	O

Großer Brachvogel
Numenius arquata
Familie Schnepfen *Scolopacidae*
E Curlew F Courlis cendré

<u>Typisch:</u> Größter Watvogel Europas.
<u>Merkmale:</u> Langer, stark abwärts gebogener Schnabel, beim ♀ etwas länger und im Spitzendrittel mehr gebogen; Gefieder oberseits heller als beim ähnlichen Regenbrachvogel, keine dunkle Kopfzeichnung. Flug nicht besonders schnell.
<u>Stimme:</u> Sehr melodisch und stimmungsvoll; ruft im Flug häufig flötend „tlüie" oder etwas heiser „chrüie", bei Erregung gereiht „güi-güi-güi"; Gesang laut flötend und trillernd, wird vom ♂ im auf- und absteigenden Singflug hervorgebracht, kurz vor der Landung klingt der Gesang in einem melancholischen Triller aus.
<u>Vorkommen:</u> Ausgedehnte, offene Hoch- und Niedermoore, Verlandungszonen, Feuchtwiesen, Heideflächen. Brütet seit der Zerstörung der meisten Moore und Feuchtwiesen bei uns auf Mähwiesen; der Bruterfolg auf diesen Flächen ist durch zu frühe und häufige Mahd, Düngung und durch Freizeitrummel gefährdet. Bei uns (mit Ausnahme der Norddeutschen Tiefebene) seltener Brutvogel. Außerhalb der Brutzeit große Scharen im Watt.
<u>Nahrung:</u> Regenwürmer, Insekten und deren Larven, kleine Muscheln, Schnecken und Krebstiere; Beeren und grüne Pflanzenteile.
<u>Brut:</u> April–Juni, 1 Brut; gut getarntes Bodennest in niedriger Vegetation angelegt.

| ~ Lachmöwe | S, D, (W) | meist III–XI | | |

Pfuhlschnepfe *Limosa lapponica*
Familie Schnepfen *Scolopacidae*
E Bar-tailed Godwit
F Barge rousse

<u>Typisch:</u> Der leicht aufgebogene, lange Schnabel.
<u>Merkmale:</u> Etwas kleiner und weniger hochbeinig als die ähnliche Uferschnepfe, Schnabel etwas kürzer und leicht aufgebogen, Schwanz eng quergebändert. ♀ größer und langschnäbliger als ♂. Im Brutkleid ♂ mit überwiegend rostrotem Gefieder, Rücken mit schwärzlicher Fleckung; ♀ viel matter gefärbt. Ruhekleid (Zeichnung). Im Flug überragen die Beine den Schwanz nur geringfügig, keine Flügelbinde.
<u>Stimme:</u> Ruft im Flug nasal und durchdringend „gegege" oder „gägägägä". Kleine Trupps sind oft schweigsam. Der Gesang ähnelt dem der Uferschnepfe, er beginnt mit „tuituitui...", worauf ein jodelndes „dowi dowi dowi" oder „dwiedwiedwie..." folgt.
<u>Vorkommen:</u> Brütet im hohen Norden Skandinaviens und Rußlands auf feuchter Tundra und auf Mooren am

Uferschnepfe, Ruhekleid

Pfuhlschnepfe, Ruhekleid

Rande der Nadelwaldgrenze; auf dem Zug in kleinen bis großen Trupps im Wattenmeer, sehr selten auf Schlammflächen im Binnenland.
<u>Nahrung:</u> Insekten und deren Larven, Ringelwürmer, Schnecken, Muscheln, kleine Krebse.

| | < **Haustaube** | D, (W), (Ü) | I-XII | O |

Uferschnepfe *Limosa limosa*
Familie Schnepfen *Scolopacidae*
E Black-tailed Godwit
F Barge à queue noire

<u>Typisch:</u> Im Flug setzen sich die weiße Flügelbinde und die weiße Schwanzbasis kontrastreich von der dunklen Oberseitenfärbung ab.
<u>Merkmale:</u> Ein großer, langbeiniger und langschnäbliger Watvogel, wirkt schlank und elegant; beim ♂ im Brutkleid (Foto) Hals und Brust rostbraun, ♀ mit längerem Schnabel, Rostfärbung oft weniger intensiv. Jungvögel an Hals und Brust ockerfarben, Rücken mit hellen Federsäumen. Im Ruhekleid ♂ und ♀ eintönig grau.
<u>Stimme:</u> Ruft häufig nasal „geg" oder „wäd", auch gereiht; bei Störungen am Brutplatz laut und energisch „widewidewide". Beim Singflug, oft in größerer Höhe, ein lautes und durchdringendes, etwas jammerndes „gruttegrutte…".
<u>Vorkommen:</u> Brütet ursprünglich auf Mooren und in Heide- und Steppengebieten in Gewässernähe; heute bei uns vorwiegend auf Feuchtwiesen mit extensiver Nutzung; Brutvorkommen in Mitteleuropa hauptsächlich in der Norddeutschen Tiefebene und im östlichen Österreich; bei uns im Süden sehr selten. Rückgang vor allem durch Intensivierung der Grünlandwirtschaft und Umwandlung von Wiesen in Akkerland. Außerhalb der Brutzeit häufig an der Küste und im Binnenland an Flachwasser.
<u>Nahrung:</u> Regen- und andere Ringelwürmer, Schnecken, Insekten, kleine Krebstiere, Kaulquappen, Samen.
<u>Brut:</u> April–Juni, 1 Brut; Bodennest, meist im hohen Gras.

| ~ Haustaube | S, D | III–X | | |

Waldschnepfe *Scolopax rusticola*
Familie Schnepfen *Scolopacidae*
E Woodcock F Bécasse des bois

<u>Typisch:</u> Balzflug während der Dämmerung in Baumkronenhöhe unter quorrenden und puitzenden Lauten.
<u>Merkmale:</u> Eine gedrungene, kurzbeinige und dickköpfige Schnepfe mit langem, geradem Schnabel; Gefieder tarnfarben, an den Waldboden hervorragend angepaßt. Wirkt im Flug „halslos", die Flügel sind breit und abgerundet, der lange Schnabel zeigt schräg nach unten; fliegt aufgescheucht meist geräuschlos (manchmal mit kurzem Flügelklatschen) und in schwachen Zickzack-Kurven ab, um nicht weit entfernt wieder einzufallen. Dämmerungs- und nachtaktiv.
<u>Stimme:</u> Mit Ausnahme des Balzfluges wenig stimmfreudig; bei Störung manchmal hoch „zwieht". Während des Balzfluges singt das ♂ abwechselnd tief und hölzern „kworr-kworr-kworr" und sehr hoch und scharf „pizick".
<u>Vorkommen:</u> Brütet in größeren Waldgebieten, meist in aufgelockertem Laub-und Mischwald mit einer artenreichen Kraut- und Strauchschicht und mit kleinen, eingesprengten Feuchtflächen oder Lichtungen. Bei uns weit verbreitet, aber meist selten; Rückgang vor allem durch forstliche Maßnahmen und Störungen zur Brutzeit. Zur Zugzeit auch in kleinen Waldflächen, manchmal sogar in Parks.
<u>Nahrung:</u> Regenwürmer, Insekten und deren Larven, Spinnen.
<u>Brut:</u> März–Juni, 1–2 Bruten; Bodennest, oft am Fuße eines Baumes.

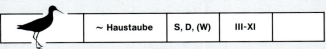

| | ~ Haustaube | S, D, (W) | III-XI | |

Bekassine *Gallinago gallinago*
Familie Schnepfen *Scolopacidae*
E Snipe F Bécassine des marais

Typisch: Fliegt aufgescheucht im reißenden Zickzackflug und mehrmals rufend, oft nur wenige Meter vor dem Menschen auf („himmeln").
Merkmale: Sehr langschnäbliger, mittelgroßer Watvogel; Oberseite tarnfarben, Rücken bräunlich mit schwärzlichen Flecken und gelblichen Längsstreifen, Scheitel mit zwei dunklen Längsstreifen.
Stimme: Ruft beim Auffliegen mehrmals nasal „ätsch". Der Gesang, ein taktfest wiederholtes, melodisches „tücka-tücka-tücka…" oder „djepe-djepe-djepe", wird von ♂ und ♀ am Boden, auf einer Singwarte oder im Flug vorgetragen. Das ♂ vollführt hoch über dem Brutplatz Singflüge in Wellenbahnen; beim Abwärtssausen des Vogels geraten die abgespreizten äußeren Schwanzfedern in Schwingung und erzeugen einen vibrierenden Summton, der wie „wwwwww…" klingt („Mekkern").
Vorkommen: Brütet auf Mooren, Feuchtwiesen und anderen Feuchtflächen mit nicht zu hoher Vegetation. Bei uns weit verbreitet, aber nicht häufig; starker Rückgang durch Lebensraumzerstörung. Außerhalb der Brutzeit an flachen Seeufern, auf Schlammflächen, auch an kleinen Tümpeln und Gräben.
Nahrung: Würmer, Schnecken, kleine Krebse, Insektenlarven.
Brut: April–Juni, 1 Brut; sehr gut verstecktes Bodennest.

| < **Amsel** | S, D | III–XI | ▽2 | |

Zwergschnepfe
Lymnocryptes minimus
Familie Schnepfen *Scolopacidae*
E Jack Snipe F Bécassine sourde

<u>Typisch:</u> Fliegt meist erst wenige Meter vor dem Menschen auf und fällt nach kurzer Flugstrecke wieder ein, himmelt nicht.
<u>Merkmale:</u> Viel kleiner als die Bekassine, relativ kurzer Schnabel; Oberseite dunkel mit zwei breiten gelblichen Längsstreifen.
<u>Stimme:</u> Ruft beim Abflug manchmal kurz und heiser „ätsch". Die merkwürdigen, an das ferne Galoppieren eines Pferdes erinnernden Gesangsstrophen hört man vorwiegend in der Dämmerung über dem Brutrevier.
<u>Vorkommen:</u> Brütet auf großen, nassen Mooren mit Seggen- und Wollgrasbeständen Nordskandinaviens und Nordrußlands, von der Nadelwaldzone bis in die Weidenregion. Rastet auf dem Zug auf deckungsbietenden Verlandungsflächen, nassen Wiesen, Gräben und kleinen Naßstellen auf Viehweiden, im Küstenbereich und im Binnenland; bei uns regelmäßig, aber selten.
<u>Verhalten:</u> Wenig gesellig, vorwiegend dämmerungsaktiv, sehr schwer sitzend zu beobachten, lebt sehr versteckt und drückt sich bei Gefahr fest an den Boden.
<u>Nahrung:</u> Würmer, Schnecken, Insekten, Spinnen.

Die etwas größere, im Freiland nur schwer von der Bekassine zu unterscheidende **Doppelschnepfe** *Gallinago media* ist seltener Brutvogel Skandinaviens und Nordostpolens; bei uns sehr seltener Durchzügler.

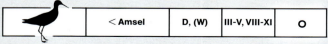

Schmarotzerraubmöwe
Stercorarius parasiticus
Familie Raubmöwen
Stercorariidae
E Arctic Skua F Labbe parasite

Typisch: Jagt anderen Seevögeln die Beutefische ab, indem sie das Opfer durch Sturzflüge so lange attackiert, bis es die Nahrung fallen läßt oder auswürgt.

Merkmale: Kommt in verschiedenen Farbvarianten vor: einer hellen mit weißlicher Unterseite und dunklem Halsband (das auch fehlen kann) und einer einheitlich dunklen; Übergänge beider Formen möglich. Zwei kurze und spitze Schwanzspieße, die bei Jungvögeln jedoch kaum zu sehen sind.

Stimme: Ruft möwenartig heiser und miauend „ihh-jär" oder „eh-jär", oft mehrfach gereiht.

Vorkommen: Brütet in Nordeuropa auf offenen Flächen mit niedrigem Bewuchs, meist an der Küste oder auf grasbewachsenen Inseln, gebietsweise auch im Binnenland auf Mooren, Heideflächen und auf dem Tundraboden. Außerhalb der Brutzeit auf dem Meer, häufiger in Küstennähe als die Falkenraubmöwe. An der Nord- und Ostseeküste regelmäßig, aber nicht häufig.

Nahrung: Mäuse, Lemminge, Klein- und Jungvögel, Eier; außerhalb der Brutzeit vorwiegend Fische.

Die größte Raubmöwenart, die **Skua** *Stercorarius skua*, erscheint ebenfalls gelegentlich an der Nord- und Ostseeküste. Im Flug erkennt man diese silbermöwengroße, dunkle Raubmöwe am besten an den auffallenden hellen Flügelfeldern und an dem Fehlen von Schwanzspießen.

~ **Lachmöwe**	D	IV-XI	O	

Falkenraubmöwe
Stercorarius longicaudus
Familie Raubmöwen
Stercorariidae
E Long-tailed Skua
F Labbe longicaude

Typisch: Auffallend lange Schwanzspieße, sehr eleganter Flug.
Merkmale: Zierlicher und schnittiger als die anderen Raubmöwen, scharf abgegrenzte, dunkelbraune Kopfkappe, Hals und Vorderbrust weiß; die langen Schwanzspieße können auch abgebrochen sein.
Jungvögel schwer von jungen Schmarotzerraubmöwen zu unterscheiden, schlanker und mit schmaleren Flügeln, mittlere Schwanzfedern ebenfalls kurz, aber deutlich abgerundet. Flugsilhouette seeschwalbenartig, fliegt mit schnellen, elastischen Flügelschlägen.

Stimme: Ruft etwas bussardartig „piää" oder scharf „kiu", bei Gefahr Serien von kurzen, harten „kriepp"-Rufen.
Vorkommen: Brütet in Nordeuropa auf Fjällheiden oberhalb der Baumgrenze und auf dem Tundraboden. Außerhalb der Brutzeit Hochseevogel; selten an der Nord- und Ostseeküste zu beobachten.
Nahrung: Im Brutgebiet vor allem Lemminge und andere Kleinsäuger, Jung- und Kleinvögel, Insekten; auf See hauptsächlich Fische (oft anderen Seevögeln abgejagt).
Die **Spatelraubmöwe** *Stercorarius pomarinus* tritt wie die etwas kleinere Schmarotzerraubmöwe in einer dunklen und einer hellen Variante auf. Kennzeichnend sind die spatelartig verlängerten und etwas gedrehten mittleren Schwanzfedern, die allerdings auch abgebrochen sein können. Seltener Gast an Nord- und Ostsee.

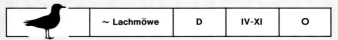

Dreizehenmöwe *Rissa tridactyla*
Familie Möwen *Laridae*
E Kittiwake F Mouette tridactyle

Typisch: Die tiefschwarzen Flügelspitzen ohne weiße Flecken.
Merkmale: Schnabel gelb, kurze dunkle Beine. (Zeichnung: Jungvogel).
Stimme: Ruft im Flug häufig weinerlich „gak" oder „gog", auch rauh „kekeke"; am Brutplatz laut und durchdringend „kiti-wääk".
Vorkommen: Brütet in großen Kolonien an hohen und steilen Klippen der Meeresküste; gebietsweise auch an Häusern und anderen Gebäuden. Einziger Brutplatz in Mitteleuropa ist der Felsen von Helgoland mit mehreren tausend Paaren. Außerhalb der Brutzeit Hochseevogel, erscheint an der Nord- und Ostseeküste regelmäßig, aber nur in geringer Zahl, im Binnenland treten gelegentlich, vor allem in den Wintermonaten, einzelne Dreizehenmöwen im Jugendkleid auf.
Verhalten: Nimmt häufig Beutetiere von

Dreizehenmöwe, juv.

der Wasseroberfläche auf; taucht manchmal im Sturzflug.
Nahrung: Kleine Fische, Muscheln, Schnecken, Kleinkrebse, Abfälle.
Brut: Mai – Juli, 1 Brut; Nest meist auf einem Vorsprung oder einem schmalen Felsband, besteht aus Erde und Schlamm.

> **Lachmöwe**	S (D)	I–XII	R	

Zwergmöwe Larus minutus
Familie Möwen Laridae
E Little Gull F Mouette pygmée

Typisch: Kleinste Möwe Europas; seeschwalbenartiger Flug.
Merkmale: Im Brutkleid (Foto) ähnlich der größeren Lachmöwe, aber die Kopfmaske ist schwarz und reicht weiter in den Nacken; ohne Weiß am Auge, Flügelspitzen abgerundet, nicht schwarz; im Flug leicht an den schwärzlichen Unterflügeln mit breitem weißem Hinterrand zu erkennen. Im Ruhekleid (Zeichnung) mit dunklem Oberkopfmuster, Flügeloberseite grau. Jungvögel im Flug mit auffallendem dunklem Zickzackmuster auf der Flügeloberseite.
Stimme: Ruft hell „kik-ki-ki" oder seeschwalbenartig „kjäk"; ♂ während der Balz „kik-käk-kik-käk", oft im segelnden Balzflug.

Vorkommen: Brütet an flachen und reichbewachsenen Binnenseen, oft mit Lachmöwen zusammen. In Mitteleuropa einzelne Brutpaare in Holland und in Schleswig-Holstein, größere Bestände

Zwergmöwe, Ruhekleid

nur in Polen. Außerhalb der Brutzeit auf dem Meer, regelmäßig auch an größeren Binnenseen.
Nahrung: Vor allem fliegende Insekten, kleine Fische, Kleinkrebse.
Brut: Mai–Juli, 1 Brut; nistet kolonieweise in Sumpfgebieten.

| | < **Lachmöwe** | S, D | IV-X | |

Lachmöwe *Larus ridibundus*
Familie Möwen *Laridae*
E Black-headed Gull
F Mouette rieuse

Typisch: Die häufigste Möwe im Binnenland.
Merkmale: Schokoladebraune Kopfmaske (nicht bis in den Nacken reichend) mit halbmondförmiger weißer Zeichnung am Auge; die Spitzen der Handschwingen sind schwarz, Schnabel und Beine dunkelrot. Im Ruhekleid (Zeichnung) Kopf weiß mit dunklem Ohrfleck. Jungvögel mit bräunlich gefleckter Oberseite, dunklem Flügelhinterrand und dunkler Schwanzendbinde. Im Flug schlanke, spitze Flügel mit weißem Vorderrand.
Stimme: Besonders zur Brutzeit sehr lautes Geschrei: klingt wie „kwerr", „kwäär" oder „kwärarrr"; im Winter häufig „ke-ke-ke" oder hoch „piee".

Vorkommen: Brütet in oft großen Kolonien im Verlandungsbereich; häufig in Schilf- und Seggenbeständen und auf kleinen Inseln. Bei uns weit verbreitet, im Süden jedoch weniger zahlreich.

Lachmöwe, Ruhekleid

Außerhalb der Brutzeit sehr häufig an der Küste und an Binnengewässern, auch mitten in der Großstadt.
Nahrung: Sehr vielseitig; vor allem Würmer, Insekten, kleine Fische, Krebstiere, Aas, Abfälle.
Brut: April – Juni, 1 Brut; Nest oft auf einer Seggenbülte.

bekannt	T, D, W	I-XII		

Sturmmöwe *Larus canus*
Familie Möwen *Laridae*
E Common Gull
F Goéland cendré

<u>Typisch:</u> Sieht aus wie eine kleine Silbermöwe, kein roter Schnabelfleck.
<u>Merkmale:</u> Rundlicher, weißer Kopf, relativ schlanker, gelber Schnabel und dunkle Augen; Füße grünlichgelb. Im Ruhekleid mit fein bräunlich gestricheltem Kopf. Jungvögel (Zeichnung) oberseits bräunlich gemustert, Schnabel dunkel. Im Flug schwarze Flügelspitzen mit weißen Flecken (Brutkleid), auffallende dunkelbraune Schwanzendbinde (Jugendkleid).
<u>Stimme:</u> Höher und durchdringender als Silbermöwe; im Flug oft „kia kia"… oder „kjau kjau", bei Erregung „ä-ä-ä-iiii-ä-iii-ä".
<u>Vorkommen:</u> Brütet meist in Küstennähe; Kolonien auf Strandwiesen, Moor- und Heideflächen mit nicht zu hoher Vegetation; in Skandinavien häufig, in Mitteleuropa gebietsweise Binnenlandbrüter; bei uns vorwiegend im Norden. Außerhalb der Brutzeit haupt-

Sturmmöwe, juv.

sächlich an der Meeresküste, aber auch an größeren Binnenlandseen und sogar an Parkgewässern.
<u>Nahrung:</u> Würmer, Insekten, Fische, Mäuse, Pflanzenteile, Abfälle.
<u>Brut:</u> April–Juni, 1 Brut; Bodennest in niedriger Vegetation.

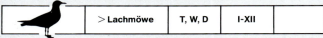

| | > **Lachmöwe** | T, W, D | I-XII | |

Silbermöwe *Larus argentatus*
Familie Möwen *Laridae*
E Herring Gull F Goéland argenté

<u>Typisch:</u> Die häufigste Großmöwe an der Küste; folgt häufig Schiffen.
<u>Merkmale:</u> Gefieder bis auf die blaugrauen Oberflügel und die schwarzen Flügelspitzen weiß; Schnabel kräftig, gelb mit rotem Punkt, Augen gelb, Füße fleischfarben. Im Ruhekleid mit zart bräunlicher Strichelung am Kopf. Jungvögel bräunlich gefleckt, breite schwarze Schwanzendbinde; erst im Alter von 4 Jahren ausgefärbt.
<u>Stimme:</u> Häufig zu hören, laut und durchdringend; oft ein gereihtes „kjau" oder „kiija"; Warnruf am Brutplatz „gagaga". Jungvögel rufen hoch „psiiä".
<u>Vorkommen:</u> Brütet auf Strandwiesen, in Dünen, auf Kiesbänken und kleinen Inseln, gebietsweise in Felsnischen und auf Hausdächern. Außerhalb der Brutzeit in Mitteleuropa an der Küste, nur selten im Binnenland.
<u>Nahrung:</u> Sehr vielseitig; Krebstiere, Muscheln, Schnecken, Seesterne, Fische, Vögel, Eier, Kleinsäuger, Abfall und Aas.
<u>Brut:</u> April–Juli, 1 Brut; meist Bodennest mit je nach Umgebung mehr oder weniger Nistmaterial.
Die sehr ähnliche **Weißkopfmöwe** *Larus cachinnans* hat gelbe Füße und einen etwas dunkleren Rücken, die Flügelspitzen überragen den Schwanz beim Stehen etwas länger. In Mitteleuropa seltener Brutvogel, in wenigen Paaren auch im Binnenland Schleswig-Holsteins und in Bayern.

| bekannt | T, W, D | I–XII | | |

Heringsmöwe *Larus fuscus*
Familie Möwen *Laridae*
E Lesser Black-backed Gull
F Goéland brun

<u>Typisch:</u> Silbermöwengroß mit dunklem Mantel.
<u>Merkmale:</u> Ähnlich wie die Silbermöwe, etwas zierlicher, die Flügelspitzen überragen den Schwanz weiter; Rücken und Flügeloberseite sind dunkel schiefergrau, die Beine gelb gefärbt. Im Winter mit gestricheltem Kopf und gelblichen bis rötlichen Beinen. Jungvögel von jungen Silbermöwen kaum zu unterscheiden, vom zweiten Lebensjahr ab auf der Oberseite dunkler.
<u>Stimme:</u> Etwas tiefer und weniger durchdringend als die der Silbermöwe „kwau kwau kwau" oder „äa äa äa…", bei Gefahr ähnlich wie die Silbermöwe „gagagga", aber heller.
<u>Vorkommen:</u> Brütet an flachen Küsten und auf Inseln, bevorzugt im Brutbiotop höheren Pflanzenwuchs als die Silbermöwe; auch auf Mooren des Binnenlandes. In Mitteleuropa viel seltener als die Silbermöwe; mäßig häufiger Brutvogel an der Nordseeküste, besonders Hollands, an der Ostseeküste nur unregelmäßig brütend. Außerhalb der Brutzeit vorwiegend an der Küste, regelmäßig auch an Binnenseen. Nahrungssuche häufig auf der offenen See, besucht seltener Müllplätze.
<u>Nahrung:</u> Fische, Krebstiere, Muscheln, Mäuse, Aas, Würmer, Insekten, Jungvögel, Eier.
<u>Brut:</u> Mai – Juli, 1 Brut; nistet in Kolonien, oft unter Silbermöwen.

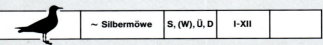

Mantelmöwe *Larus marinus*
Familie Möwen *Laridae*
E Great Black-backed Gull
F Goéland marin

<u>Typisch:</u> Größte Möwe bei uns; im Flug sind Kopf und Schnabel weit vorgestreckt, wirkt daher etwas greifvogelartig.
<u>Merkmale:</u> Die schwarze Flügeloberseite, der große, längliche Kopf, der kräftige gelbe Schnabel und die fleischfarbenen Füße. Jungvögel sehr ähnlich jungen Silbermöwen, Kopffärbung aber meist heller. Fliegt mit langsamen und gleichmäßigen Flügelschlägen und längeren Gleitphasen.
<u>Stimme:</u> Ruft häufig „krau krau krau…"; Rufreihe (Jauchzen) tiefer und langsamer als bei der Silbermöwe; bei Beunruhigung ein sonores „gagagaga".

<u>Vorkommen:</u> Brütet an felsigen und steinigen Küsten Nord- und Westeuropas, gerne auf kleinen Felsinseln. Außerhalb der Brutzeit an Flachküsten, häufig auch an Müllplätzen. An der Nord- und Ostseeküste ganzjährig anzutreffen, im Sommer nur geringe Bestände.
<u>Verhalten:</u> Lebensweise mehr „räuberisch" als andere Möwen; jagt häufig anderen Vögeln die Beute ab, überwältigt Seevögel und deren Junge (häufig junge Eiderenten), erbeutet aber auch auf dem Land Kaninchen und Nagetiere.
<u>Nahrung:</u> Fische, Krebstiere, Würmer, Insekten, Vögel (meist Jungvögel), Säugetiere, Aas, Abfälle.
<u>Brut:</u> April – Juli, 1 Brut; Nest meist auf spärlich bewachsenem Boden, oft wenig geschützt.

> **Silbermöwe**	D, W, (Ü)	I-XII	▽R	🐦

Raubseeschwalbe *Sterna caspia*
Familie Seeschwalben *Sternidae*
E Caspian Tern
F Sterne caspienne

<u>Typisch:</u> Größte Seeschwalbe, fast silbermöwengroß, mit sehr kräftigem roten Schnabel.
<u>Merkmale:</u> Auffallende schwarze Kopfkappe, die im Ruhekleid teilweise hell gesprenkelt aussieht. Jungvögel mit hellbraun gemusterter Kopfkappe und dunkelbraun gefleckten Rücken. Im Flug sind die dunkel abgesetzten Handschwingen meist gut zu sehen. Wirkt durch die langsamen Flügelschläge möwenartig.
<u>Stimme:</u> Klingt graureiherartig heiser und nasal wie „chrääor" oder „chräächräär". Am Brutplatz hört man häufig ein heiseres „tschäägrää", bei Gefahr „rrä" und bei Attacken „gagaga".
<u>Vorkommen:</u> Nistet in oft großen Kolonien auf flachen Sandstränden, kleinen Inseln vor der Küste und an Salzwasserlagunen. Brütet an der südschwedischen und finnischen Ostseeküste. In Deutschland sehr seltener und unregelmäßiger Brutvogel; im 19. Jahrhundert noch mehrere hundert Brutpaare auf Sylt; tritt regelmäßig als Gast an der Ostsee- und (seltener) an der Nordseeküste auf, fast alljährlich auch im Binnenland.
<u>Nahrung:</u> Fische bis 23 cm Länge, daneben auch Jungvögel, Eier und Insekten.
<u>Brut:</u> Mai–Juli, 1 Brut; die Nester der Brutkolonie liegen meist an Stellen mit guter Rundumsicht auf Kies- oder Sandboden.

Lachseeschwalbe
Gelochelidon nilotica
Familie Seeschwalben *Sternidae*
E Gull-billed Tern F Sterne hansel

<u>Typisch:</u> Die nasal quäkende Stimme, der dicke schwarze Schnabel und der möwenartige Flug.
<u>Merkmale:</u> Ähnlich der Brandseeschwalbe, aber gedrungener und langbeiniger; Schnabel dicker, kürzer und mehr möwenartig, einheitlich schwarz; der Kopf wirkt rundlicher, der Schwanz ist grau und weniger tief gegabelt. Im Ruhekleid mit hellem Kopf und dunklem, länglichem Fleck hinter dem Auge. Jungvögel ähnlich Altvögeln im Ruhekleid, aber Rücken mit bräunlichen Federsäumen. Im Flug fallen die relativ breiten Flügel auf.
<u>Stimme:</u> Ruft häufig nasal „käwäg" oder „gluwig", bei Beunruhigung durchdringend quäkend „gägägä".
<u>Vorkommen:</u> Brütet auf Kiesbänken in naturnahen Flußlandschaften, an vegetationsarmen Salz- und Süßwasserseen und an der flachen Meeresküste. Ehemals häufiger Brutvogel auf Schotterbänken einiger Flüsse des Alpenvorlandes, heute nur mehr wenige Brutpaare an der Nordseeküste Schleswig-Holsteins; im Binnenland sehr seltener Gast.
<u>Nahrung:</u> Vorwiegend Insekten, aber auch Regenwürmer, Frösche, Molche, Eidechsen, Mäuse, kleine Fische. Nahrungssuche oft auf dem Land.
<u>Brut:</u> Mai – Juli, 1 Brut; nistet in Kolonien oder Einzelpaaren, oft zusammen mit anderen Seeschwalbenarten oder Möwen; Nester meist auf spärlich bewachsenem Boden.

| < **Lachmöwe** | S | IV-IX | 2 | |

Brandseeschwalbe
Sterna sandvicensis
Familie Seeschwalben *Sternidae*
E Sandwich Tern F Sterne caugek

<u>Typisch:</u> Relativ große Seeschwalbe mit struppiger Haube am Hinterkopf.
<u>Merkmale:</u> Langer schwarzer Schnabel mit gelber Spitze. Im Ruhekleid mit weißer Stirn; Jungvögel (Zeichnung) mit bräunlich gemustertem Rücken. Im Flug schlank und schmalflügelig, fliegt mit tiefen Flügelschlägen.
<u>Stimme:</u> Ruft häufig durchdringend und hart „kjirreck" oder „krriwi", bei Beunruhigung kurz und scharf „krik" oder „irk"; in der Brutkolonie hört man oft „kräkräkrä...", von Jungvögeln „trirr".
<u>Vorkommen:</u> Ausschließlich an der Meeresküste; brütet in Kolonien auf Sand- und Kiesbänken, gerne auf Inseln, Halbinseln oder einsamen Landzungen, oft neben Kolonien anderer Seeschwalben oder Möwen. Außerhalb der Brutzeit in fischreichen Küstengewässern. An den Küsten Mitteleuropas mehrere große Kolonien, bei uns vor allem an der Nordsee.

Brandseeschwalbe

<u>Nahrung:</u> Kleine Fische bis 17 cm Länge.
<u>Brut:</u> Mai–Juli, 1 Brut; die Nester sind einfache Mulden in Sand oder Kies, die mit meist nur wenig Nistmaterial ausgelegt werden.

| | < **Lachmöwe** | S, D | IV-IX | |

Zwergseeschwalbe
Sterna albifrons
Familie Seeschwalben *Sternidae*
E Little Tern F Sterne naine

<u>Typisch:</u> Die kleinste Seeschwalbe, auch im Brutkleid mit weißer Stirn; rüttelt häufig.

<u>Merkmale:</u> Aufgrund der geringen Größe, des gelben Schnabels mit schwarzer Spitze und der scharf abgesetzten weißen Stirn leicht zu erkennen. Im Ruhekleid ist der Scheitel weißlich, geht allmählich in das Schwarz des Hinterkopfes über. Jungvögel mit bräunlichem Scheitel und dunkel gewellter Oberseite. Wirkt im Flug schlankflügelig mit plumpem Rumpf. Flügelschlag viel schneller und mehr ruckartig als bei anderen Seeschwalben, rüttelt vor dem Stoßtauchen viel länger.

<u>Stimme:</u> Ruft bei Beunruhigung häufig heiser „wäd wäd wäd…", hoch und rauh „kirrit", „kürri-ik" oder hart „gik gik".

<u>Vorkommen:</u> Brütet auf Sand- und Kiesstränden, flachen, felsigen Küsten, Lagunen und an Flachufern von Binnengewässern; meist in kleinen Kolonien und im Anschluß an Kolonien anderer Seeschwalben. Seltener Brutvogel an der Nord- und Ostseeküste sowie an der Elbe entlang bis Hamburg. Tritt bei uns im Binnenland nur sehr selten auf.

<u>Nahrung:</u> Kleine Fische, Kleinkrebse, Insekten.

<u>Brut:</u> Mai – Juli, 1 Brut, bis zu 2 Ersatzbruten; Nester meist in schütterer Vegetation, häufig auch auf unbewachsenem Boden. Eier und Junge sind hervorragend an den Untergrund angepaßt.

< **Flußsee-schwalbe**	S, D	IV-X		

Flußseeschwalbe
Sterna hirundo
Familie Seeschwalben *Sternidae*
E Common Tern
F Sterne Pierre-Garin

<u>Typisch:</u> Die einzige weiße Seeschwalbe, die regelmäßig im Binnenland beobachtet werden kann.
<u>Merkmale:</u> Sehr schlank und elegant; intensiv roter Schnabel mit schwarzer Spitze; relativ lange Beine; im Sitzen überragen die Schwanzspieße die Flügel nicht. Im Ruhe- und Jugendkleid mit dunklem Schnabel und weißlicher Stirn. Im Flug fallen die dunkleren äußeren Handschwingen auf, die mit den hellen und von unten durchscheinend wirkenden inneren Handschwingen kontrastieren.
<u>Stimme:</u> Häufig zu hören, klingt hart und schneidend; im Flug ständig kurz „kick", „kirikirikiri" oder „chriiär" (Warnruf, auf der ersten Silbe betont).
<u>Vorkommen:</u> Brütet kolonieweise auf Sandstränden, in Dünenlandschaften, auf den Kiesbänken breiter, naturnaher Flüsse und an flachen, möglichst spärlich bewachsenen Ufern von Seen und Teichen. Die mitteleuropäischen Binnenlandbestände sind durch Flußbegradigung und -verbauung stark zurückgegangen, an einigen Stellen brüten die Seeschwalben jetzt erfolgreich auf künstlichen Nistflößen.
<u>Nahrung:</u> Kleine Fische, Insektenlarven, Kleinkrebse, Kaulquappen.
<u>Brut:</u> Mai – Juli, 1 Brut; Bodennest eine flache Mulde, meist auf Kies oder Sand, zwischen Treibgut oder spärlichem Pflanzenwuchs.

| | < **Lachmöwe** | S, D | IV-X | |

Küstenseeschwalbe
Sterna paradisaea
Familie Seeschwalben *Sternidae*
E Arctic Tern F Sterne arctique

<u>Typisch:</u> Der einheitlich rote Schnabel und die kurzen Beine.
<u>Merkmale:</u> Von der Flußseeschwalbe nur schwer zu unterscheiden; die Schwanzspieße sind länger und ragen beim Sitzen deutlich über die Flügelspitzen hinaus, der Schnabel ist einheitlich rot; im Flug wirkt die ganze Handschwinge durchscheinend (Zeichnung: Jungvogel).
<u>Stimme:</u> Nicht ganz so hart wie die der Flußseeschwalbe, Rufe meistens kürzer wie „kriär" oder „kriürr"; Stimmfühlungsruf weicher „gik".
<u>Vorkommen:</u> Brütet in Mitteleuropa ausschließlich an der Küste, meist zusammen mit anderen Seeschwalben in großen Kolonien auf Sand- und Kiesstränden. Mehrere große Kolonien an der Nordseeküste, an der Ostseeküste seltener. Regelmäßiger und recht häufiger Gast vor allem an der Nordseeküste. Auf dem Zug legen Küstensee-

Küstenseeschwalbe, juv.

schwalben riesige Entfernungen zurück, europäische Vögel gelangen auf ihren Wanderungen bis in die Antarktis und legen dabei jährlich über 20 000 Kilometer zurück.
<u>Nahrung:</u> Fische und Kleinkrebse.
<u>Brut:</u> Mai–Juli, 1 Brut; Nest: eine flache Mulde im Sand, Kies oder zwischen spärlichem Bewuchs.

| ~ Flußsee-schwalbe | S, D | IV-X | | |

Trauerseeschwalbe
Chlidonias niger
Familie Seeschwalben *Sternidae*
E Black Tern F Guifette noire

<u>Typisch:</u> Wirkt im Flug beinahe wie eine große, dunkle Schwalbe.
<u>Merkmale:</u> Kleine, im Brutkleid sehr dunkle Seeschwalbe; Kopf und Vorderkörper sind rußschwarz gefärbt, die Flügel ober- und unterseits hellgrau. Im Ruhekleid (Zeichnung) mit weißer Unterseite und dunklem Oberkopf. Jugendkleid ähnlich dem Ruhekleid, aber mit dunkel gemusterter Oberseite.
<u>Stimme:</u> Nicht sehr ruffreudig; im Flug kurz „kräk", „kik" oder nasal „kjäk"; während der Balz oft „kriär" und hoch „kiehk".
<u>Vorkommen:</u> Brütet an flachen und sumpfigen Seen, Teichen und Altwässern mit reichlich vorhandenem Pflanzenwuchs. Bei uns selten und nur im Norden. Regelmäßiger und relativ häufiger Durchzügler an verschiedenen Gewässern des mitteleuropäischen Binnenlandes und an der Küste.
<u>Nahrung:</u> Insekten, deren Larven, Kaulquappen, kleine Fische.

Trauerseeschwalbe juv.

Ruhekleid

<u>Brut:</u> Mai–Juli, 1 Brut; die Nester der Kolonie werden meist auf Bülten im Wasser oder schwimmend auf altem Schilf und anderem Material angelegt.

	< **Flußsee-schwalbe**	S, D	IV–X	▽1

Weißbartseeschwalbe
Chlidonias hybrida
Familie Seeschwalben *Sternidae*
E Whiskered Tern
F Guifette moustac

<u>Typisch:</u> Die schnarrende Stimme.
<u>Merkmale:</u> Schnabel kräftiger als bei der Trauerseeschwalbe; im Brutkleid am besten an den weißen Wangen und Halsseiten zu erkennen. Im Ruhekleid sehr ähnlich der Trauerseeschwalbe, aber kein dunkler Fleck an der Brustseite, am Scheitel weniger Schwarz. Jungvögel ähnlich Altvögeln im Ruhekleid, aber Vorderrücken bräunlich gemustert.
<u>Stimme:</u> Ruft häufig schnarrend „kreck" oder „krä" oder kreischend „schräh".
<u>Vorkommen:</u> Brütet an flachen, verlandenden Binnenseen mit reichlichem Wasserpflanzenbewuchs. In Mitteleuropa nur in Ungarn regelmäßiger Brutvogel. Bei uns im Frühjahr gelegentlich einzelne Durchzügler.
<u>Nahrung:</u> Kleine Fische, Insekten, Kleinkrebse, Kaulquappen.
<u>Brut:</u> Mai–Juli, 1 Brut; Nester oft auf Schwimmpflanzen.

Weißflügelseeschwalbe

Die **Weißflügelseeschwalbe** *Chlidonias leucopterus* ähnelt im Brutkleid der Trauerseeschwalbe, hat aber schwarze Unterflügeldecken. Sie ist seltener Brutvogel im Osten Mitteleuropas.

| < Flußsee-schwalbe | S, D | V-VIII | | |

Trottellumme *Uria aalge*
Familie Alken *Alcidae*
E Guillemot F Guillemot de Troïl

<u>Typisch:</u> Häufiger Brutvogel der Vogelberge.
<u>Merkmale:</u> Entengroßer Küstenvogel mit schlankem, spitzem Schnabel, der in aufrechter Haltung sitzt. Oft mit schmalem Augenring und schmaler, nach hinten ziehender Linie (Ringellumme). Im Ruhekleid (Zeichnung) Wangen, Kehle und Vorderhals weiß, dunkle Linie hinter dem Auge.
<u>Stimme:</u> Ruft knarrend „aaarrr…", „uarr…" oder „arr-ah-oorr"; starke individuelle Unterschiede. Jungvögel etwas weinerlich „tühii tühii".
<u>Vorkommen:</u> Brütet in großen und dicht gedrängten Kolonien auf schmalen Absätzen und kleinen Vorsprüngen steiler Felsklippen. Außerhalb der Brutzeit auf dem Meer, mindestens einige Kilometer von der Küste entfernt. Einziger Brutplatz Mitteleuropas ist Helgoland mit

Trottellumme, Ruhekleid

über 1000 Paaren. Vor der Nord- und Ostseeküste ganzjährig in geringer Zahl anzutreffen.
<u>Nahrung:</u> Hauptsächlich Fische wie Heringe, Sprotten und Dorsche, daneben auch Muscheln, Würmer und Krebstiere.
<u>Brut:</u> Mai–Juli, 1 Brut; die Eier werden direkt auf den Fels gelegt.

Tordalk *Alca torda*
Familie Alken *Alcidae*
E Razorbill F Petit pingouin

<u>Typisch:</u> Der große, seitlich zusammengedrückte Schnabel.
<u>Merkmale:</u> Ähnlich der Trottellumme, aber mit größerem Kopf, kurzem, dickem Hals und hohem Schnabel, Oberseite ganz schwarz. Im Ruhekleid ist die ganze Unterseite weiß, am Kopf reicht das Schwarz nur bis unter das Auge. Jungvögel mit kleinerem, einheitlich schwarzem Schnabel (ohne die weiße Linie); leicht mit jungen Trottellummen zu verwechseln, doch ist der Schnabel des jungen Tordalks kürzer und weniger spitz. Wirkt auf dem Wasser gedrungen, der relativ lange, spitze Schwanz wird beim Schwimmen angehoben. Fliegt mit sehr schnellem Flügelschlag, der lange Schwanz überragt die ausgestreckten Füße.
<u>Stimme:</u> Ziemlich schweigsam; gelegentlich hört man knarrende Laute wie „arrr", „orrr" oder „uorr-o".
<u>Vorkommen:</u> Brütet in Einzelpaaren oder kleinen Gruppen auf steilen Klippen unbewohnter Inseln; oft werden Nistplätze inmitten oder am Rand von Lummenkolonien bezogen. In Mitteleuropa nur auf Helgoland Brutvogel (in wenigen Paaren). Das ganze Jahr über regelmäßiger, aber seltener Gast an der Ost- und Nordseeküste.
<u>Nahrung:</u> Kleine Meeresfische, Krebstiere, Würmer.
<u>Brut:</u> Mai – Juli, 1 Brut; nistet bevorzugt in kleinen Höhlungen an steilen Felsen.

| < **Stockente** | S, (Ü), (W) | I-XII | ▽R | |

Gryllteiste *Cepphus grylle*
Familie Alken *Alcidae*
E Black Guillemot
F Guillemot à miroir

<u>Typisch:</u> Im Brutkleid sehr auffällig gefärbt.
<u>Merkmale:</u> Kleiner Alkenvogel mit überwiegend schwarzem Gefieder und stark davon abgesetztem weißen Flügelfeld; Füße intensiv rot. Im Ruhekleid (Zeichnung) Unterseite weiß, Oberseite grau mit hellen Federrändern. Jungvögel mit dunklen Füßen. Im Flug fallen die weißen Unterflügeldecken auf.
<u>Stimme:</u> Auffallend hoch und gedehnt pfeifend „ssiii…" oder „piiih"; daneben gereiht „sist sist…" oder „düse düse".
<u>Vorkommen:</u> Brütet in kleinen, lockeren Kolonien zwischen Felsen am Fuß von Steilhängen, auf den unteren Stockwerken der Vogelberge und (häufig) auf kleinen Felsinseln. Tritt bei uns ganzjährig, aber selten vor der Ostseeküste auf. Außerhalb der Brutzeit meist im küstennahen Flachwasser.
<u>Verhalten:</u> Fliegt gewandter als die Trottellumme und oft recht hoch. Jagt im

Gryllteiste

Ruhekleid

Gegensatz zu anderen Alkenvögeln dicht über dem Meeresgrund.
<u>Nahrung:</u> Krebstiere, kleine Fische, Muscheln, Schnecken.
<u>Brut:</u> Mai–Juli, 1 Brut; die Eier werden meist in kleinen Höhlungen auf wenig Nistmaterial gelegt.

	< **Stockente**	D, (W), (Ü)	I-XII	O

Tauben, Eulen, Racken, Spechte u. a.

Tauben – Columbiformes

Tauben haben einen gedrungenen Körperbau und im Verhältnis dazu einen kleinen Kopf. Ihr Flug wirkt kräftig und oft reißend, beim Auffliegen hört man oft klatschende Flügelschläge. Während der Brutzeit bildet sich an der Innenwand des Kropfes eine milchartige Masse (Kropfmilch), mit der die Jungen in den ersten Lebenstagen gefüttert werden. Die Lautäußerungen der Tauben zur Brutzeit (Gesänge) sind oft weit hörbar und daher für die Artbestimmung sehr nützlich. Das Nest ist meist nur dürftig und besteht aus wenigen Zweigen, das Gelege enthält in der Regel 2 weiße Eier. In Mitteleuropa kommen 5 Arten vor; eine davon, die Straßentaube, stammt von verwilderten Haustauben ab, die wiederum auf die wilde Stammform, die Felsentaube *Columba livia,* zurückgehen.

Kuckucke – Cuculiformes

Kuckucke sind schlanke und langschwänzige Vögel mit 2 nach vorne und 2 nach hinten gerichteten Zehen. Weniger als die Hälfte aller Kuckucksarten sind Brutschmarotzer. In Mitteleuropa kommt nur eine Art vor, deren „Rufe" allbekannt sind; das Flugbild erinnert etwas an das des Sperbers.

Eulen – Strigiformes

Wie Greifvögel sind die Eulen Beutegreifer, die vorwiegend Wirbeltiere fangen; sie haben jedoch ihre Augen nach vorne gerichtet und sind überwiegend dämmerungs- und nachtaktiv. Der Flug ist aufgrund des weichen und geräuschdämmenden Gefieders fast geräuschlos. Ihre Beutetiere lokalisieren Eulen vielfach mit Hilfe des ausgezeichneten Gehörs. Der Kopf ist meist dick und läßt sich sehr weit drehen. Viele Arten tragen auffällige Federohren. Unsere Eulen variieren hinsichtlich ihrer Größe beträchtlich – vom nur starengroßen Sperlingskauz bis zum adlergroßen Uhu.
Für die Unterscheidung der nachtaktiven Eulen ist die Kenntnis der Lautäußerungen oft unentbehrlich.

In Mitteleuropa kommen 9 Arten vor, davon sind 2 sehr selten. Die **Schleiereulen** (1 Art) werden aufgrund von anatomischen Merkmalen und unterschiedlichen Längenverhältnissen im Handschwingenbereich als eigene Familie von den **Ohreulen und Käuzen** abgetrennt.

Segler – Apodiformes

Segler sind von allen Vogelgruppen am perfektesten an den Luftraum angepaßt. Kennzeichnend sind die sehr langen, sichelförmigen Flügel und der kurze Schwanz. Der Schnabel ist sehr kurz und breit und wirkt im geöffneten Zustand wie ein Insektenkescher. Die Füße sind klein, alle 4 Zehen sind nach vorne gerichtet (Klammerfuß). Die Jungen sind extreme Nesthocker. In Mitteleuropa leben 2 Arten.

Schwalmvögel – Caprimulgiformes

In Mitteleuropa kommt eine Familie (Nachtschwalben) vor mit einer Art (Ziegenmelker). Wie der Name schon andeutet, sind Nachtschwalben in der Dämmerung und nachts aktiv. Tagsüber ruhen die Vögel auf dem Boden oder in Längsrichtung auf einem Ast. Das Gefieder ist eulenartig weich, die Färbung und Zeichnung läßt den Vogel wie ein dürres Stück Holz aussehen. Ähnlich den Schwalben, mit denen sie jedoch nicht verwandt sind, haben sie lange, spitze Flügel und jagen im Flug Insekten. Der breite Schädel mit der tief eingeschnittenen Mundspalte erlaubt eine sehr weite Öffnung des Schnabels, der wie ein Insektenkescher wirkt. Nachtschwalben sind Bodenbrüter; sie bauen kein Nest.

Rackenvögel – Coraciiformes

In dieser Ordnung sind Vogelgruppen zusammengefaßt, die sich alle von Kleintieren ernähren und in Höhlungen brüten. In Mitteleuropa leben 4 Familien mit je einer Art:

Eisvögel sind auffällig gefärbte kleine bis mittelgroße Vögel mit großem Kopf und langem, kräftigem Schnabel. Die meisten von ihnen leben in tropischen Waldgebieten und graben sich für die Brut Höhlen in Steilwände. Der europäische Eisvogel ist auf Gewässer angewiesen und ernährt sich hauptsächlich von Fischen.

Spinte haben wie Segler und Schwalben eine schlanke Gestalt und lange spitze Flügel, im Gegensatz zu diesen allbekannten Luftjägern sind sie jedoch auffallend bunt gefärbt. Der Schnabel ist lang und spitz und etwas nach unten gebogen. Sie sind elegante Insektenjäger, die ihre Beutetiere im Flug fangen. Die Vögel brüten in selbstgegrabenen Erdlöchern.

Spinte sind vor allem in südlichen Ländern verbreitet; unser einziger Vertreter, der Bienenfresser, ist nur im Südosten Mitteleuropas regelmäßiger Brutvogel.

Racken erinnern in Größe und Gestalt etwas an Häher; der Schnabel ist kräftig und trägt einen kleinen Haken an der Spitze. Auffallend ist die bunte Gefiederfärbung. Racken jagen vom Ansitz aus und im Flug große Insekten und kleine Wirbeltiere.

In Mitteleuropa gibt es nur noch wenige Brutplätze der Blauracke, die alle im Osten und Südosten liegen.

Wiedehopfe sind an ihrer großen aufrichtbaren Haube und den schwarzweiß gebänderten Schwingen leicht zu erkennen. Weltweit gibt es nur eine Art, die im zentralen Mitteleuropa nur noch an wenigen Stellen brütet. Häufig wird man durch die weittragende dumpfe Stimme auf den seltenen Vogel aufmerksam.

Spechtvögel – Piciformes

In Europa kommt aus dieser großen Ordnung, zu der auch Bartvögel, Honiganzeiger und Tukane gehören, nur eine Familie vor:

Spechte sind kleine bis mittelgroße, waldbewohnende Vögel, die sich von Kerbtieren ernähren. Sie sind durch eine Reihe von Anpassungen auf kletternde Lebensweise spezialisiert: Sie haben kräftige Füße mit 2 Zehen nach vorne und eine zur Seite; die Hinterzehe hat kaum Funktion beim Klettern und kann ganz fehlen (Dreizehenspecht). Die Schwanzfedern (besonders die mittleren) sind versteift und dienen beim Klettern als Stütze; der Schnabel ist sehr kräftig und meißelförmig, er dient zum Aufhacken des Holzes bei der Nahrungssuche, zum Zimmern einer Bruthöhle und zum Trommeln als akustische Revierbehauptung. Spechte haben eine sehr lange Zunge, die extrem weit hervorgestreckt werden kann, um die in ihren Gängen verborgenen Insekten hervorzuholen.

Spechte haben im Wald eine wichtige ökologische Funktion, indem sie durch ihren Höhlenbau Wohnraum für andere Höhlenbrüter schaffen.

Von den 10 in Mitteleuropa vorkommenden Arten weicht der Wendehals mit seinem Tarngefieder, den viel weicheren Schwanzfedern und dem relativ kurzen und schwachen Schnabel von den übrigen Spechten ab; er ist nicht in der Lage, eine Bruthöhle selbst zu zimmern.

Hohltaube *Columba oenas*
Familie Tauben *Columbidae*
E Stock Dove F Pigeon columbin

<u>Typisch:</u> Brütet in Baumhöhlen.
<u>Merkmale:</u> Oft schwer von Straßentauben zu unterscheiden, aber etwas schlanker und mit grauem Bürzel, die schwarzen Flügelbinden fallen wenig auf. Im Flug durch schmalere Flügel, schwarze Flügelspitzen, schwarzen Flügelrand und das Fehlen weißer Flügelabzeichen von der größeren Ringeltaube unterschieden. Fliegt schnell und zielstrebig.
<u>Stimme:</u> Bei Gefahr ein kurzes „hru"; der Reviergesang des ♂, eine dumpfe, monotone Folge wie „gue-ru gue-ru…" (auf der ersten Silbe betont), ist bereits im März zu hören.
<u>Vorkommen:</u> Brütet in lichtem Laub- und Mischwald, auch in Kiefernwald und Parks mit altem Baumbestand; gebietsweise auch in kleinen Feldgehölzen, Obstgärten und sogar in Dünenlandschaft. Wichtig ist das Vorhandensein von Schwarzspechthöhlen für die Brut und offenen Flächen in der Nähe zur Nahrungssuche. Außerhalb der Brutzeit oft mit anderen Tauben auf Wiesen, abgeernteten Äckern und Feldern.
<u>Nahrung:</u> Samen von Gräsern, Kräutern und Bäumen, Beeren, Eicheln, Bucheckern, grüne Pflanzenteile, Kulturpflanzen wie Gemüse, Klee.
<u>Brut:</u> März – September, 2–3 Bruten; Nest vorwiegend in alten Schwarzspechthöhlen und Nistkästen; trägt viele Halme, Blätter und kleine Zweige als Nistmaterial ein.

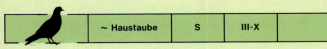

Ringeltaube *Columba palumbus*
Familie Tauben *Columbidae*
E Wood Pigeon F Pigeon ramier

Typisch: Im Flug leuchtend weiße Abzeichen am Flügel und Hals.
Merkmale: Langschwänziger als die Haustaube, Kropfgegend und Brust rötlich. Im Flug fallen neben den weißen Abzeichen der rundliche Bauch und das hell pfeifende Flügelgeräusch auf; beim Abflug und während des Balzfluges lautes Flügelklatschen.
Stimme: Reviergesang dumpf gurrend und weit hörbar „gu-guh-gu-guru".
Vorkommen: Brütet in aufgelockerten Waldgebieten mit Wiesen und Feldern oder kleinen Mooren, häufig in Feldgehölzen; gebietsweise, vor allem in der Norddeutschen Tiefebene, sind die sonst scheuen Waldvögel in die Parks und Anlagen der Städte eingewandert, wo man sie zusammen mit Haustauben und Türkentauben bei der Nahrungssuche sehen kann.
Verhalten: Außerhalb der Brutzeit oft in großen Schwärmen auf Feldern. Im Frühjahr häufig Balzflüge über dem Brutplatz.
Nahrung: Je nach Jahreszeit Samen von Gräsern und krautigen Pflanzen, Beeren, Eicheln, Bucheckern, Getreide, grüne Blätter und Knospen, Kulturpflanzen (Raps, Klee, Kohl); in den Städten auch altes Brot.
Brut: April – September, 2 (3) Bruten; Nest aus trockenem Reisig mit einer flachen Mulde, meist hoch auf Laub- und Nadelbäumen, gelegentlich auch in Büschen und sogar an Gebäuden.

> Haustaube	T, D, (W)	I-XII		

Türkentaube
Streptopelia decaocto
Familie Tauben *Columbidae*
E Collared Turtle Dove
F Tourterelle turque

<u>Typisch:</u> Nach der Straßentaube die häufigste Taube in Dörfern und Städten.
<u>Merkmale:</u> Eine helle, schlanke und langschwänzige Taube mit schwärzlichem Nackenband; Brust rötlich überhaucht.
<u>Stimme:</u> Im Flug und besonders vor dem Landen hört man oft das typische nasale „chwäh chwäh" („Girren"). Der Reviergesang ist ein monotones dreisilbiges „gu guh gu gu guh gu…". Flug schnell und etwas greifvogelähnlich, mit pfeifendem Fluggeräusch.
<u>Vorkommen:</u> Erst vor wenigen Jahrzehnten aus dem Südosten nach Mitteleuropa eingewandert; lebt heute ganzjährig in Dörfern und Städten, besonders in Bereichen mit günstigem Nahrungsangebot wie Parkanlagen, Zoos, Silos, Lagerplätzen, Bauernhöfen.
<u>Verhalten:</u> Bereits im zeitigen Frühjahr vollführen die ♂ ihre Balzflüge: Nach einem steilen Aufwärtsflug segelt der Vogel mit nach unten gebogenen Flügeln unter lautem Girren herab. Besucht auch Fütterungen für Kleinvögel.
<u>Nahrung:</u> Je nach Jahreszeit Samen, Knospen und grüne Pflanzenteile, Getreide, Beeren, Früchte, Brot.
<u>Brut:</u> März – April, 2–4 Bruten; das Nest, eine flache und oft durchscheinende Plattform aus kleinen Zweigen, meist auf Bäumen oder Sträuchern, manchmal auch an Gebäuden.

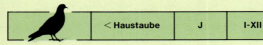

Turteltaube *Streptopelia turtur*
Familie Tauben *Columbidae*
E Turtle Dove
F Tourterelle des bois

Typisch: Die kleinste Taube bei uns; schneller, wendiger Flug.
Merkmale: Eine zierliche Taube mit rostbraunen und dunkel gefleckten Flügeldecken; auffallende schwarz-weiße Zeichnung an den Halsseiten. Das ♀ ist etwas blasser gefärbt; Jungvögel bräunlicher und ohne die schwarz-weiße Halszeichnung. Bei Abflug und Landung fällt der gestufte, oberseits schwärzliche Schwanz mit schmalem weißem Saum auf; fliegt reißend schnell und wirft sich dabei etwas ruckartig hin und her; beim Abflug oft Flügelklatschen.

Stimme: Reviergesang schnurrend und gurrend „turrr turrr…"; bei Gefahr kurz „ru".
Vorkommen: Brütet in Feld- und Ufergehölzen, an Waldrändern, in Auwäldern, Obstbaugebieten, auch in Gärten und Parks mit Baumbestand. Bei uns Brutvogel in warmen und trockenen Gegenden des Tieflandes, fehlt in großen Teilen Süddeutschlands.
Verhalten: Viel scheuer als die Türkentaube; zur Nahrungssuche fliegen Turteltauben oft paarweise oder in kleinen Trupps auf Felder.
Nahrung: Samen und Früchte von Kräutern und Gräsern, Nadelbaumsamen; weniger Kulturpflanzen als die Türkentaube.
Brut: Mai–August, meist 2 Bruten; flaches Nest aus trockenem Reisig in Bäumen oder hohen Büschen.

| < **Haustaube** | S | IV-X | | |

Straßentaube *Columba livia*
Familie Tauben *Columbidae*
E Feral Pigeon F Pigeon biset

<u>Typisch:</u> Sehr häufig in Städten.
<u>Merkmale:</u> Gefieder sehr variabel gefärbt von Blaugrau – der Färbung der wilden Felsentaube, ihrer Stammform – über Rostbraun und Schwarz bis fast ganz Weiß; meistens mit weißem oder hellgrauem Hinterrücken.
<u>Stimme:</u> Das allbekannte Gurren „guh-guruguh" ist ein Bestandteil der Balz und somit ein echter Gesang; fast das ganze Jahr über zu hören.
<u>Vorkommen:</u> Ein sehr häufiger Kulturfolger in Dörfern und Städten, besonders in Großstädten. Aufgrund der zunehmenden Bedrohung alter Bauten durch Taubenkot wurde in einigen Städten bereits ein Fütterungsverbot erlassen.
<u>Verhalten:</u> Straßentauben sind wie ihre wilden Vorfahren sehr gesellig und treten meistens in Schwärmen auf. An Plätzen, an denen sie regelmäßig gefüttert werden, verlieren sie oft ihre Scheu und kommen manchmal sogar auf die Hand. Als ursprüngliche Felsbewohner fliegen sie auch zu hochgelegenen Balkonfutterhäusern.
<u>Nahrung:</u> Verschiedene Samen, auch Baumsamen, Getreide, Eicheln, Knospen, Triebe, Blätter, Beeren, Brot, Abfälle.
<u>Brut:</u> März – September, gelegentlich auch im Winter, meist 3–4 Bruten; das Nest, eine flache Plattform aus Halmen und Zweigen, wird meist auf einem geschützten Gebäudesims gebaut.

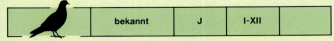

Kuckuck

ationale Volkspartei,
. Es versteht sich, dass eine
nicht auf ein «conservare»,
will, bei dem man an Still-
eit und zähes Festhalten an

nd diese Assoziation aber
nservativ» taucht zum ers-
dessen Zeitalter der Revo-
t dort nicht etwa eine die
restaurative Position, viel-
gen und Gedanken, die die
haften der Französischen
l Tendenzen zur Konter-
en.

druck

usdruck von dieser Her-
enerell konservativ, wer
nicht notwendigerweise
anzösischen Revolution
sie daher zu erhalten
hiebt sich im Lauf der
Zugleich wird der Aus-
ır mittels gewisser Qua-
ilt. Dann unterscheid

Kuckuck *Cuculus canorus*
Familie Kuckucke *Culculidae*
E Cuckoo F Coucou gris

<u>Typisch:</u> Der sperberähnliche Flug und der allbekannte „Kuckucksruf".
<u>Merkmale:</u> Meistens im Flug zu sehen; im Gegensatz zum Sperber mit spitzen Flügeln. Kommt auch in einer selteneren, oberseits rostbraunen Variante vor.
<u>Stimme:</u> Der „Kuckucksruf" des ♂ ist ein echter Reviergesang; er ist weit zu hören und wird auf einer Warte hoch in Bäumen, von Ende April bis Juli, vorgetragen. Das ♀ trillert zur Brutzeit laut.
<u>Vorkommen:</u> In allen naturnahen Lebensräumen vom Hochgebirge bis in die Dünenlandschaft an der Küste; bevorzugt abwechslungsreiche, halboffene Landschaft. Die Häufigkeit hängt vor allem von der Siedlungsdichte der Wirtsvogelarten ab; gebietsweise auch in Dörfern und Städten.
<u>Nahrung:</u> Meist haarige Schmetterlingsraupen, die von anderen Vögeln gemieden werden, aber auch Käfer, Heuschrecken, Libellen und andere Insekten.
<u>Brut:</u> Mai – Juli; der Kuckuck baut kein eigenes Nest, sondern legt seine Eier einzeln in Nester bestimmter Singvogelarten; geeignete Kuckuckswirte sind vor allem Haus- und Gartenrotschwanz, Rotkehlchen, Bachstelze, Teich- und Drosselrohrsänger, Grasmücken, Pieper, Heckenbraunelle und Neuntöter. Jedes Kuckucks-♀ legt zeitlebens Eier eines Färbungstyps und ist somit auf eine bestimmte Singvogelart als Wirt angewiesen. In der Regel schlüpft der Jungkuckuck als erster und schiebt seine Nestgeschwister bzw. die noch vorhandenen Eier der Reihe nach aus dem Nest.

| < **Haustaube** | S | IV-IX | ▽ | |

Waldohreule *Asio otus*
Familie Ohreulen, Käuze *Strigidae*
E Long-eared Owl
F Hibou moyen-duc

<u>Typisch:</u> Die langen Federohren, die jedoch angelegt werden können und dann nicht mehr sichtbar sind.
<u>Merkmale:</u> Schlanke und langflügelige Eule mit orangegelben Augen; Gefieder baumrindenfarbig.
<u>Stimme:</u> Der Gesang des ♂, ein ziemlich weit hörbares, dumpfes „huh", ist bereits im Februar zu hören; bei Gefahr ein laut bellendes „uäk", oft auch gereiht. Die Standortrufe der Jungen sind hoch und etwas klagend „zieh".
<u>Vorkommen:</u> Brütet häufig in lichten Wäldern, an Waldrändern, in Windschutzhecken, Parks und Feldgehölzen; meidet jedoch die Innenbereiche größerer Waldflächen. Jagt in offener Landschaft mit niedriger Vegetation. Übernachtet im Winterhalbjahr oft in Schlafgemeinschaften von über 20 Vögeln, auch in Parks und Friedhöfen, manchmal sogar in Gärten.
<u>Verhalten:</u> Sitzt am Tage in aufrechter, schlanker Haltung auf einem Baum, meist dicht am Stamm, so daß sie durch ihr Tarngefieder nur schwer zu entdecken ist; verläßt den Tageseinstand meist erst nach Sonnenuntergang. Jagt vor allem im Suchflug.
<u>Nahrung:</u> Hauptsächlich Wühlmäuse – bei uns zu über 80 % Feldmäuse –, daneben Waldmäuse und Kleinvögel.
<u>Brut:</u> März – Juni, 1 Brut; nistet vorwiegend in alten Rabenkrähen- und Elsternestern, gelegentlich auch in Greifvogel- und Eichhörnchennestern.

	~ Haustaube	J	I-XII	

Sumpfohreule *Asio flammeus*
Familie Ohreulen, Käuze *Strigidae*
E Short-eared Owl
F Hibou des marais

<u>Typisch:</u> Lebt in Feuchtgebieten und jagt häufig tagsüber.

<u>Merkmale:</u> Ähnlich der Waldohreule, aber mit kurzen Federohren, die oft nicht sichtbar sind; Gefieder heller und kontrastreicher gezeichnet. Augen schwefelgelb, breite, schwarze Augenumrandung. Erscheint im Flug heller und schmalflügeliger als die Waldohreule, Flügelspitzen dunkel, die Flügel sind häufig V-förmig angehoben, Schwanz keilförmig.

<u>Stimme:</u> Reviergesang des ♂ im Frühjahr dumpf „du-du-du…"; das ♀ antwortet mit „tjää-upp"; am Brutplatz warnen die Altvögel mit bellenden „kwä"-Rufen; die Standortrufe der ausgeflogenen Jungen klingen schnarchend „kschija".

<u>Vorkommen:</u> Brütet in offener Landschaft mit niedrigem, aber dichtem Bewuchs auf Mooren und Verlandungsbereichen, Heideflächen und auf Kulturflächen mit vorjährigem Gras oder Schilf. Bei uns seltener Brutvogel, im Süden nur noch sporadisch.

<u>Verhalten:</u> Langsamer Suchflug über offenem Gelände, rüttelt gelegentlich; im Frühjahr vollführt das ♂ hoch über dem Brutplatz Schauflüge mit stark verlangsamten, tief ausholenden Flügelschlägen; häufig hört man Serien von Flügelklatschgeräuschen.

<u>Nahrung:</u> Vorwiegend Feld- und Erdmäuse, bei deren Mangel auch andere Kleinsäuger und Vögel.

<u>Brut:</u> April – Juni, 1 Brut; Nest aus wenigen trockenen Halmen in einer flachen Bodenmulde.

~ Haustaube	T, W, D	I–XII	▽	

Waldkauz *Strix aluco*
Familie Ohreulen, Käuze *Strigidae*
E Tawny Owl F Chouette hulotte

<u>Typisch:</u> Sitzt oft im Sonnenschein vor dem Eingang seiner Höhle.
<u>Merkmale:</u> Eine gedrungene Eule mit großem, rundem Kopf und dunklen Augen; tritt in zwei Färbungsvarianten auf, einer rindenfarbig grauen und einer selteneren rotbraunen. Wirkt auch im Flug gedrungener als die Waldohreule, die Flügelunterseite der ziemlich breiten Flügel ist quergebändert.
<u>Stimme:</u> Der Reviergesang des ♂, ein schauriges, tremolierendes „huuu-hu-huhuhuh", ist bereits im Herbst und Winter, vorwiegend aber im zeitigen Frühjahr zu hören. Das ♀ ruft häufig laut und durchdringend „kuwitt".

<u>Vorkommen:</u> Brütet in nicht zu dichtem Laub- und Mischwald, der an offene Flächen oder Gewässer grenzt, auch in Parks, Friedhöfen und in Gärten mit alten Laubbäumen; in den Alpen bis ca. 1500 m.
<u>Verhalten:</u> Jagt vom Ansitz aus oder im Suchflug; schreckt Vögel auch am Schlafplatz auf, um sie dann im Flug zu erbeuten. Während der Jungenaufzucht auch gegen den Menschen aggressiv, greift in Nestnähe manchmal sogar an.
<u>Nahrung:</u> Sehr vielseitig; vorwiegend Feld- und Waldmäuse, aber auch Vögel, Rötelmäuse, Ratten, Maulwürfe und Spitzmäuse, Frösche, Kröten, Fische und Käfer.
<u>Brut:</u> März – Mai, 1 Brut; nistet in Baumhöhlen, seltener in alten Greifvogelnestern oder Gebäuden.

	> Haustaube	J	I-XII	

Habichtskauz *Strix uralensis*
Familie Ohreulen, Käuze *Strigidae*
E Ural Owl F Chouette de l'Oural

<u>Typisch:</u> Sehr großer Kauz.
<u>Merkmale:</u> Ähnlich dem Waldkauz, aber viel größer und heller gefärbt; ausgeprägter Gesichtsschleier, im Verhältnis kleine Augen. Wirkt im Flug durch den langen Schwanz und die kräftige Querbänderung an Flügeln und Schwanz etwas habichtartig.
<u>Stimme:</u> Der Reviergesang des ♂, „wuwuwu…", ist im Frühjahr bis zu zwei Kilometer weit zu hören, der des ♀ klingt etwas heiser.
<u>Vorkommen:</u> Brütet in abwechslungsreichen Waldgebieten mit altem, nicht zu dicht stehendem Baumbestand, in Nordeuropa vorwiegend in Nadel- und Mischwald, in Mitteleuropa auch in reinem Buchenwald. Seltener Brutvogel im Osten Polens und der Slowakei.
<u>Verhalten:</u> Aktivität in der Dämmerung und nachts, während der Jungenaufzucht und im Winter manchmal auch tagsüber, jagt wie der Waldkauz häufig vom Ansitz aus im Wald, aber regelmäßiger auf offenen Stellen wie Lichtungen, Mooren und Kahlschlägen.
<u>Nahrung:</u> Ähnlich vielseitig wie der Waldkauz; vorwiegend Wühlmäuse, aber auch Spitzmäuse und Vögel (bis Birkhahngröße), daneben Frösche und Insekten.
<u>Brut:</u> März – Juni; 1 Brut; nistet in Mitteleuropa meist in alten Greifvogelhorsten, in Nordeuropa in abgebrochenen hohlen Bäumen oder in Nistkästen.

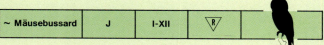

| ~ Mäusebussard | J | I–XII | R̄ | |

Rauhfußkauz *Aegolius funereus*
Familie Ohreulen, Käuze *Strigidae*
E Tengmalm's Owl
F Chouette de Tengmalm

Typisch: Der nächtliche Reviergesang, der ab Februar den heimlichen Kauz verrät.
Merkmale: Kleiner Kauz mit großem, rundem Kopf; Gesichtsschleier relativ ausgeprägt, an den Kopfseiten dunkelbraun eingefaßt; Gefieder auf der Oberseite dunkelbraun mit vielen weißen Flecken; Füße bis zu den Krallen befiedert (Name!). Jungvögel schokoladebraun, Flügel und Schwanz mit weißen Flecken. Im Flug erscheinen die Flügel und der Schwanz relativ lang; Flugbahn gerade, nicht wellenförmig wie beim Steinkauz.
Stimme: Ruft bei Beunruhigung scharf „zjuck". Der Reviergesang des ♂, ein flötendes, leicht vibrierendes und etwas anschwellendes „u-u-u-u", ist oft mehrere 100 m weit zu hören.
Vorkommen: Brütet in reich strukturierten Waldgebieten mit älteren, höhlenreichen Buchen- oder Kiefernbeständen, dichtem Fichtendickicht für die Tagesruhe und kleinen Mooren, Lichtungen oder Kahlschlägen für den Beuteerwerb.
Verhalten: Ausgeprägt nachtaktiv; jagt meist von seinem Ansitz aus.
Nahrung: Hauptsächlich Rötel-, Erd- und Waldmäuse, daneben Spitzmäuse, andere Kleinsäuger und Vögel bis Drosselgröße.
Brut: März – Juni, 1 Brut; nistet vor allem in alten Schwarzspechthöhlen, bei uns in zunehmendem Maße in speziellen Nistkästen.

	< **Haustaube**	J	I-XII	

Sperlingskauz
Glaucidium passerinum
Familie Ohreulen, Käuze *Strigidae*
E Pygmy Owl
F Chouette chevêchette

<u>Typisch:</u> Kleinste Eule Europas.
<u>Merkmale:</u> Kleiner Kopf mit flacher Stirn, ohne ausgeprägten Gesichtsschleier. Fliegt spechtartig in Bögen oder gerade und zielstrebig; im Flug kurze Flügel und abgerundeter, oft gespreizter Schwanz.
<u>Stimme:</u> Bei Gefahr einzeln oder gereiht „gju"; das ♀ läßt häufig ein feines „tsiii" hören. Der Reviergesang während der Brutzeit ist leicht nachpfeifbar: „pjü pjü pjü ...", bei Erregung „pjü üüü pjü üüü ..."; außerhalb der Brutzeit von ♂ und ♀ eine schnell ansteigende Reihe von hellen Pfeiftönen („Tonleiter").

<u>Vorkommen:</u> Brütet in aufgelockertem, hochstämmigem Nadel- und Mischwald, meist am Rand von Lichtungen oder kleinen Mooren. Bei uns verbreiteter, aber nicht häufiger Brutvogel der Mittelgebirge und des Alpenraumes.
<u>Verhalten:</u> Vorwiegend dämmerungsaktiv, aber vielfach auch am Tage zu beobachten. Sitzt oft auch auf der Spitze einer Fichte und macht mit dem Schwanz ruckartige Bewegungen. Jagt vom Ansitz aus Kleinsäuger oder im Überraschungsangriff Kleinvögel; deponiert Beutetiere als Vorrat in Baumhöhlen.
<u>Nahrung:</u> Überwiegend Kleinsäuger wie Erd- und Rötelmäuse; besonders im Winter Vögel, vor allem Meisen, Goldhähnchen und Finken.
<u>Brut:</u> April–Juni, 1 Brut; nistet meist in alten Buntspechthöhlen.

< Amsel	J	I-XII		

Uhu *Bubo bubo*
Familie Ohreulen, Käuze *Strigidae*
E Eagle Owl F Hibou grand-duc

<u>Typisch:</u> Größte Eulenart.
<u>Merkmale:</u> Großer Kopf mit orangeroten Augen und ausgeprägten Federohren. ♀ größer und schwerer als ♂. Im Flug fallen die langen und breiten, am Ende abgerundeten und unterseits hellen Flügel auf.
<u>Stimme:</u> Der Reviergesang, ein dumpfes, aber weit hörbares „buho", ist vor allem während der Balz im Februar und März, aber auch im Oktober zu hören; auch das ♀ singt, aber seltener und um eine Terz höher.
<u>Vorkommen:</u> Reich strukturierte Landschaft mit Waldflächen und offenem Gelände, häufig in Gewässernähe; brütet in Felswänden, an Steilhängen und sogar in Steinbrüchen, gelegentlich auch nahe an einer Straße. Jagt hauptsächlich auf offenen Flächen. Bei uns seltener Brutvogel, der vielerorts bereits ausgerottet war; seit einigen Jahren Bestandserholung vor allem durch Aussetzungen und Schutzmaßnahmen.
<u>Verhalten:</u> Dämmerungs- und nachtaktiv, zur Brutzeit schon etwas früher. Jagt vom Ansitz aus oder im Suchflug; Beutespektrum sehr groß, aber lokal unterschiedlich.
<u>Nahrung:</u> Säugetiere und Vögel bis Hasen- bzw. Auerhuhngröße; generell häufig Mäuse und Ratten, gebietsweise viele Igel, Kaninchen oder auch Wasservögel.
<u>Brut:</u> März – Juli, 1 Brut; nistet in Nischen von steilen Felswänden.

	> **Mäusebussard**	J	I-XII	

Zwergohreule *Otus scops*
Familie Ohreulen, Käuze *Strigidae*
E Scops Owl F Hibou petit-duc

Typisch: Der monotone Reviergesang, der von April bis Juni zu hören ist.
Merkmale: Kleine schlanke Ohreule, mit rindenfarbigem Tarngefieder; deutliche Federohren, die jedoch nicht immer zu sehen sind.
Stimme: Reviergesang ein monotones, in Abständen von 2–3 Sekunden wiederholtes „djü", ähnlich den Rufen der Geburtshelferkröte, jedoch etwas länger; ♂ und ♀ singen oft stundenlang, nach der Verpaarung auch im Duett.
Vorkommen: Brütet in abwechslungsreicher, halboffener und warmer Landschaft mit gutem Angebot an Großinsekten: in Parks, Obstgärten, Alleen oder an Rändern von lichten Laubwäldern. In den Mittelmeerländern weit verbreitet; sehr seltener Brutvogel der Südschweiz, Südösterreichs, Ungarns und der Slowakei; starker Rückgang der Brutvorkommen in Mitteleuropa.
Verhalten: Ruht am Tage meist gut versteckt in aufrechter Haltung und mit aufgestellten Federohren in Bäumen, Büschen oder Mauernischen. Jagt in der Dämmerung und nachts, meist vom Ansitz aus.
Nahrung: Grillen, Schmetterlinge, Käfer, Heuschrecken, Spinnen, Asseln, Regenwürmer, kleine Frösche, Vögel und Säugetiere.
Brut: Mai – Juli, 1 Brut; nistet in Baumhöhlen, oft in alten Spechthöhlen, auch in Mauerlöchern und sogar in Nistkästen.

< Amsel	S	IV–IX	R

Steinkauz *Athene noctua*
Familie Ohreulen, Käuze *Strigidae*
E Little Owl F Chouette chevêche

Typisch: Sitzt häufig am Tage auf Zaunpfählen oder Leitungsmasten.
Merkmale: Kleine, gedrungene und kurzschwänzige Eule mit flachem Oberkopf und großen gelben Augen; fliegt spechtartig in Bögen.
Stimme: Ruft bei Gefahr laut und durchdringend „quiu", „quitt" oder „kja". Den Reviergesang des ♂, ein langgezogenes, nasales „guhg", hört man bereits ab März.
Vorkommen: Brütet in der offenen Landschaft mit einzelnen Bäumen, Baumgruppen oder Alleen; gerne in Wiesen- und Weidegebieten mit Kopfweiden, Obstbäumen und am Rand von kleinen, lichten Wäldchen; auch an Dorfrändern und Einzelgehöften. Fehlt im geschlossenen Wald und oberhalb 700 m Höhe. Bei uns im Tiefland weit verbreitet, aber durch Bruthöhlenmangel, Ausräumung der Landschaft und Agrargifte drastisch zurückgegangen; gebietsweise Bestandszunahme durch künstliche Nisthöhlen.
Verhalten: Vorwiegend dämmerungs- und nachtaktiv, oft auch am Tage zu beobachten; jagt vom Ansitz aus oder in niedrigem Suchflug, geht auch „zu Fuß" auf Insektenjagd.
Nahrung: Vor allem Feld- und Waldmäuse, daneben Vögel (meist Junge) wie Sperlinge, Ammern, Lerchen, Stare; Frösche, Eidechsen, Regenwürmer, Käfer, Heuschrecken.
Brut: April – Juni, 1 Brut; nistet in Baumhöhlen, Mauernischen und Nisthöhlen (Steinkauzröhren).

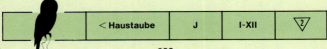

Schleiereule *Tyto alba*
Familie Schleiereulen *Tytonidae*
E Barn Owl F Chouette effraie

<u>Typisch:</u> Der auffallend helle, herzförmige Gesichtsschleier.
<u>Merkmale:</u> Eine helle Eule mit langen Beinen, schwarzen Augen und ohne Federohren. Im Flug fallen die langen, schlanken Flügel und die sehr helle Unterseite auf.
<u>Stimme:</u> Am Schleiereulen-Brutplatz hört man ab Februar/März die ganze Nacht hindurch schnarchende und kreischende Laute; der Reviergesang des ♂ klingt heiser und kreischend wie „chrührührüh…".
<u>Vorkommen:</u> In Mitteleuropa fast ausschließlich Kulturfolger; brütet in ungestörten Kirchtürmen, Scheunen, Dachstühlen und ähnlichen Schlupfwinkeln, die auch freien An- und Abflug gewähren. Jagt auf offenen Flächen. Große Bestandseinbußen durch schneereiche Winter und in feldmausarmen Jahren; leidet stark unter Nistplatzmangel, Intensivierung der Landwirtschaft und Verlusten durch Fahrzeuge und Leitungen. Bei uns im Tiefland weit verbreitet, aber selten in größerer Dichte.
<u>Verhalten:</u> Ausgeprägt nachtaktiv; jagt vom Ansitz aus oder im Suchflug; lokalisiert die Beutetiere vorwiegend akustisch.
<u>Nahrung:</u> Hauptsächlich Feldmäuse, auffallend viel Spitzmäuse, vor allem in feldmausarmen Jahren; andere Kleinsäuger, wenig Vögel.
<u>Brut:</u> April – September, 1–2 (3) Bruten; nistet in ruhigen Nischen von Gebäuden und in speziellen Schleiereulen-Nistkästen.

~ Haustaube	J	I–XII		

Mauersegler *Apus apus*
Familie Segler *Apodidae*
E Swift F Martinet noir

<u>Typisch:</u> Die langen, sichelförmigen Flügel und die schrillen Rufe.
<u>Merkmale:</u> Gefieder schwärzlich, Kinn und Kehle weißlich. Jungvögel mit heller Stirn und zart hell gewelltem Oberkopf.
<u>Stimme:</u> Ruft fast ständig hoch und schrill „sriieh" oder kürzer „sri", „sü" oder ähnlich.
<u>Vorkommen:</u> Ursprünglich Felsbrüter, doch in Mitteleuropa fast ausschließlich Kulturfolger, der kolonieweise an Kirchtürmen, Kaminen, Hochhäusern und anderen Gebäuden nistet. Überall sehr häufig, vor allem in Städten.

<u>Verhalten:</u> Verbringt den größten Teil des Lebens fliegend, außerhalb der Brutzeit oft wochenlang ohne Unterbrechung. Sehr gesellig, zur Brutzeit jagen oft mehrere Mauersegler in einem dichten Pulk mit rasender Geschwindigkeit und durchdringend lärmend um die Häuser. Nahrungssuche bei schlechtem Wetter oft niedrig über Wasserflächen oder Feuchtgebieten.
<u>Nahrung:</u> Ausschließlich kleine fliegende Insekten und Spinnen; vor allem Fliegen, Hautflügler, Blattläuse, Käfer.
<u>Brut:</u> Mai–August, 1 Brut; nistet in dunklen Hohlräumen, oft in Mauerlöchern oder unter Dächern; das Nistmaterial, Halme, Blätter, Haare und andere Stoffe, wird im Flug aufgelesen und dann mit dem zähen Speichel zu einem flachen Nest verklebt.

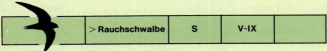

Alpensegler *Apus melba*
Familie Segler *Apodidae*
E Alpine Swift F Martinet alpin

<u>Typisch:</u> Die weiße Unterseite mit braunem Kropfband.
<u>Merkmale:</u> Wirkt deutlich größer und heller als der Mauersegler. Flügelschlagfrequenz niedriger, gleitet oft mit gesenkt gehaltenen Flügeln.
<u>Stimme:</u> Im Flug gedehnte Triller wie „trirr…", auf- und absteigend und leicht von den schrillen Rufen des Mauerseglers zu unterscheiden; erinnern in der Klangfarbe etwas an Kanarienvogel, die einzelnen Silben können im Gegensatz zu den Rufen des Mauerseglers noch wahrgenommen werden.
<u>Vorkommen:</u> Brütet an hohen Felswänden, an der Felsküste und (seltener) an hohen Gebäuden. In Mitteleuropa seltener Brutvogel Österreichs und der Schweiz; bei uns nur wenige Paare auf einem Kirchturm in Freiburg.
<u>Verhalten:</u> Erinnert sehr an das des Mauerseglers; der Flug ist etwas rasanter: im Normalflug 60–100 km/h, während der Flugspiele bis zu 250 km/h.
<u>Nahrung:</u> Wie der Mauersegler ausschließlich kleine fliegende bzw. schwebende Insekten und Spinnen.
<u>Brut:</u> Mai–August, 1 Brut; nistet in Nischen und Spalten steiler und hoher Felswände, auch in Dachstühlen und Nistkästen auf hohen Gebäuden; das Nistmaterial wird wie beim Mauersegler in der Luft gesammelt und zusammen mit Speichel zur Nestschale verklebt.

| > **Mauersegler** | S | IV–IX | ▽ 2 | |

Ziegenmelker
Caprimulgus europaeus
Familie Nachtschwalben
Caprimulgidae
E Nightjar
F Engoulevent d'Europe

<u>Typisch:</u> Die nahezu perfekte Tarnfärbung und der nächtliche schnurrende Gesang.
<u>Merkmale:</u> Schlank, langflügelig und langschwänzig, Kopf relativ flach, mit großen schwarzen Augen; Gefieder oberseits rindenartig gemustert. Kleiner Schnabel, der sehr weit geöffnet werden kann und den riesigen, von Borsten umstellten Rachen freilegt. ♂ mit weißen Flecken an den Flügelspitzen und am Schwanz. Erinnert im Flug etwas an einen Kuckuck.
<u>Stimme:</u> Ruft „kuäk" oder „kuik"; bei Störungen ein rauhes „wack". Der Gesang des ♂ ist anhaltend schnurrend wie „errr…örrrr-errr…", vorwiegend in der Abenddämmerung zu hören.
<u>Vorkommen:</u> Brütet vor allem in lockeren Kiefernwäldern auf Sandböden, auch in dichterem Wald mit Lichtungen, Schonungen oder Kahlschlägen und in trockenen Heide- und Dünengebieten. Bei uns lückenhaft verbreitet, selten.
<u>Verhalten:</u> Dämmerungs- und nachtaktiv. Versteckt sich tagsüber mit fast geschlossenen Augen auf dem Boden oder in Längsrichtung auf einem Ast. Jagdansitz auf niedrigen Warten wie Ästen oder Steinen. Während des Balzfluges klatscht das ♂ mit den Flügeln.
<u>Nahrung:</u> Ausschließlich fliegende Insekten wie Nachtfalter, Käfer.
<u>Brut:</u> Juni – August, meist 1 Brut; Gelege ohne Nest auf dem Boden, oft im Hochwald.

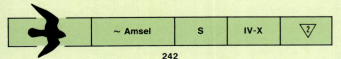

Eisvogel *Alcedo atthis*
Familie Eisvögel *Alcedinidae*
E Kingfisher F Martin-pêcheur

<u>Typisch:</u> Fliegt sehr schnell, niedrig und geradlinig über dem Wasser; der türkisblaue Rücken.
<u>Merkmale:</u> Durch Größe, Gestalt und Färbung unverwechselbar; trotzdem leicht zu übersehen, wenn er ruhig am Ufer sitzt. Beim ♀ ist die Basis des Unterschnabels rot.
<u>Stimme:</u> Ruft laut, hoch und durchdringend „tieht", „tji" oder „tii-tü"; oft werden die Einzelrufe zu einer Serie gereiht. Gesang aus abgewandelten Rufen und hell trillernden Elementen.
<u>Vorkommen:</u> Brütet an langsam fließenden, klaren Bächen und Flüssen mit senkrechten, mehr als halbmeterhohen Steilufern für die Anlage der Brutröhre; seltener an Abbrüchen von stehenden Gewässern. Außerhalb der Brutzeit auch an Fischteichen, kleinen Tümpeln und sogar an der Meeresküste zu beobachten. Bei uns weit verbreitet, Gefährdung vor allem durch Flußverbauung, Gewässerverschmutzung und Kältewinter.
<u>Verhalten:</u> Sitzt häufig am Ufer auf Zweigen oder Pfählen direkt über dem Wasser und lauert auf kleine Fische; ungesellig.
<u>Nahrung:</u> Meist kleine und schlanke Fische wie Elritzen, Stichlinge, kleine Karpfenfische und Forellen.
<u>Brut:</u> März – September, 2 (3) Bruten; in einen Uferabbruch graben Eisvögel eine bis zu einem Meter lange, meist etwas ansteigende Röhre und erweitern deren Ende zu einer rundlichen Nestkammer.

| < **Amsel** | T | I-XII | ▽3 | |

Bienenfresser Merops apiaster
Familie Spinte *Meropidae*
E Bee-eater F Guépier d'Europe

<u>Typisch:</u> Segelt häufig, dabei fallen die hell durchscheinenden, dreieckigen und spitz zulaufenden Flügel und die Schwanzspieße auf.

<u>Merkmale:</u> Sehr bunt und auffällig, kaum mit einer anderen Art zu verwechseln. Jungvögel ohne verlängerte Schwanzfedern.

<u>Stimme:</u> Häufig und oft weit zu hören; ruft im Flug „rrüp" oder „brürr", oft mehrmals wiederholt, auch im Duett; bei Auseinandersetzungen ein gedehntes „grää", bei Gefahr „quitquitquit…".

<u>Vorkommen:</u> Offene, warme und abwechslungsreiche Landschaft mit reichlichem Angebot an großen Insekten; brütet an Steilufern von Flüssen, an sandigen, trockenen Böschungen oder in Sandgruben, seltener auf ebenem Boden. Häufiger Brutvogel Südeuropas, in Mitteleuropa vor allem in Ungarn, der Südslowakei und in wenigen Paaren auch im österreichischen Burgenland; bei uns fast alljährlich einzelne Brutpaare.

<u>Verhalten:</u> Jagt Insekten häufig von trockenen Ästen, Leitungsdrähten oder ähnlichen Warten aus, auch wie Schwalben in der Luft.

<u>Nahrung:</u> Vor allem stechende Insekten wie Bienen, Wespen, Hummeln, Hornissen, auch Schmetterlinge, Käfer und Fliegen.

<u>Brut:</u> Mai – Juli, 1 Brut; ♂ und ♀ bauen in einen Steilhang eine über 1,50 m lange Röhre, am Ende legen sie die Nestkammer an.

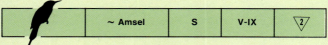

Blauracke *Coracias garrulus*
Familie Racken *Coraciidae*
E Roller F Rollier d'Europe

<u>Typisch:</u> Das vor allem im Flug auffällige, intensiv blau und violett gefärbte Gefieder.
<u>Merkmale:</u> Fast krähengroßer blauer Vogel mit rötlichbraunem Rücken; wirkt auch im Flug krähenartig.
<u>Stimme:</u> Ruft rauh und hart „rak-rak-rak…" oder (bei Gefahr) gedehnt „krah". Der Gesang, in taumelndem Balzflug vorgetragen, erinnert an Krähenkrächzen: „graraa-graraa-grera…" und „rärrärrärr…".
<u>Vorkommen:</u> Brütet in lichten Wäldern mit altem Baumbestand und vielen Höhlen, gerne in Eichen- oder Kiefernbeständen, auch in Alleen, Feldgehölzen und Parks; in Südeuropa auch Brutvogel steiler Abbrüche an Flüssen, in Felswänden und sogar altem Gemäuer. In Mitteleuropa nur noch im Nordosten und an wenigen Stellen Ostösterreichs. Bei uns nahezu ausgestorben.
<u>Verhalten:</u> Sitzt häufig auf exponierten Warten wie Leitungsmasten, Telefondrähten oder Zweigen und hält nach Insekten Ausschau; stürzt sich auf Beutetiere am Boden und kehrt dann wieder auf seine Warte zurück.
<u>Nahrung:</u> Vor allem Käfer und andere große Insekten, auch Eidechsen, junge Mäuse und Würmer.
<u>Brut:</u> Mai – Juli, 1 Brut; nistet in Baumhöhlen, häufig von Schwarz- oder Grünspecht, auch in Nistkästen. Im Süden oft in Erdhöhlen, Fels- und Mauerlöchern.

< **Rabenkrähe**	S	IV–IX	▽1	

Wiedehopf *Upupa epops*
Familie Wiedehopfe *Upupidae*
E Hoopoe F Huppe fasciée

<u>Typisch:</u> Die fächerförmig aufrichtbare Federhaube.
<u>Merkmale:</u> Langer, gebogener Schnabel. Fliegt unregelmäßig, wirkt wie ein großer Schmetterling. Im Flug fallen die kontrastreich schwarz-weiß gebänderten Schwingen und der schwarze Schwanz mit weißer Binde auf.
<u>Stimme:</u> Bei Auseinandersetzungen rauh krächzende Rufe. Den Gesang des ♂, ein dumpfes „up up up", hört man recht weit.
<u>Vorkommen:</u> Brütet in warmen, offenen Landschaften, vor allem in trockenem, extensiv bewirtschaftetem Kulturland, in Weinbergen, lichten Auwäldern und Parks, Obstgärten und Viehweiden; Brutplätze in Höhlen alter Bäume, in Fels- oder Mauerlöchern. Bei uns sehr selten geworden und nur noch in wenigen Tieflandgegenden Brutvogel.
<u>Verhalten:</u> Wenig gesellig; Nahrungssuche auf dem Boden, läuft mit ruckartigen Kopfbewegungen; stellt bei Erregung und nach dem Landen die Federhaube auf.
<u>Nahrung:</u> Vorwiegend große Insekten wie Käfer, Grillen, Raupen und Engerlinge; Spinnen, Würmer und Schnecken, auch kleine Eidechsen.
<u>Brut:</u> Mai – Juli, 1 Brut; nistet in verschiedenen Höhlen, gerne in Spechthöhlen, auch unter Dächern, in Mauerlöchern, Steinhaufen und ähnlichen Schlupfwinkeln.

| | ~ Amsel | S | IV-IX | |

Wendehals *Jynx torquilla*
Familie Spechte *Picidae*
E Wryneck F Torcol fourmilier

<u>Typisch:</u> Der etwas an den Baumfalken erinnernde Reviergesang.

<u>Merkmale:</u> Ein baumrindenartig gemusterter Spechtvogel, der mit seinem kurzen Schnabel wie ein Singvogel aussieht.

<u>Stimme:</u> Ruft bei Revierstreitigkeiten zischend „gschrie" oder „wät-wät…", bei Störung an der Bruthöhle „tep-tep…". Der Gesang, ein monotones und etwas klägliches, im Verlauf anschwellendes „gje-gje-gje…", ist von ♂ und ♀ zu hören, oft auch im Duett.

<u>Vorkommen:</u> Brütet in lichten Laubwäldern, Feldgehölzen, Parks, Alleen und Obstgärten, an Flußufern und in Feuchtgebieten mit lockerem Baumbestand oder mit Einzelbäumen; meidet das Innere von geschlossenen Waldgebieten; häufig in Brutnachbarschaft mit dem Grünspecht; Nahrungssuche am Boden. Bei uns weit verbreitet, aber nirgends häufig. Außerhalb der Brutzeit häufig auch in unbewaldeter Landschaft.

<u>Verhalten:</u> Bearbeitet mit dem Schnabel Ameisenhaufen, um mit seiner langen und klebrigen Zunge die Ameisenpuppen aus dem Inneren zu holen. Führt bei Bedrohung mit dem vorgereckten Hals und Kopf schlangenartige Bewegungen aus.

<u>Nahrung:</u> Insekten, vor allem Puppen kleinerer Ameisenarten.

<u>Brut:</u> Mai – August, 1–2 Bruten; Gelege (ohne Nistmaterial) in Baumhöhlen und Nistkästen.

| < **Amsel** | S | IV-IX | ▽2 | |

Grauspecht *Picus canus*
Familie Spechte *Picidae*
E Grey-headed Woodpecker
F Pic cendré

Typisch: Die laute, abfallende Gesangsstrophe, die vor allem im Frühjahr zu hören ist.
Merkmale: Etwas kleiner als der Grünspecht, Gefieder besonders an Kopf und Hals mehr grau, schmalerer Bartstreif; beim ♂ sind Stirn und Vorderscheitel intensiv rot, beim ♀ fehlt das Rot völlig.
Stimme: Ruft im Kontakt mit Artgenossen rauh „kjü", bei Auseinandersetzungen gepreßt „kjük". Den Reviergesang von ♂ und (seltener) ♀, eine abfallende Reihe aus wohlklingenden „gü-gü-gü…"-Lauten, kann man gut nachpfeifen. Schon im Winter sind die Trommelwirbel des ♂ zu hören (Dauer 2 sec, 20 Schläge pro sec).
Vorkommen: Brütet in aufgelockerten Laub- und Mischwäldern, häufig in Buchen- und Auwäldern, in Feldgehölzen, Parks, Obstgärten und Friedhöfen; im Gebirge auch im Nadelwald bis in rund 1300 Meter Höhe. Bei uns weit verbreitet, fehlt fast völlig in der Norddeutschen Tiefebene.
Verhalten: Lebt versteckt; außerhalb der Brutzeit kaum gesellig; wenig scheu. Besucht im Winter Futterstellen.
Nahrung: Vorwiegend Ameisen und deren Puppen; andere Insekten, Obst, Samen, Fettfutter.
Brut: April–Juli, 1 Brut; selbstgezimmerte Höhle in Laub- und seltener in Nadelbäumen; übernimmt auch alte Spechthöhlen.

	> **Buntspecht**	J	I–XII	

Grünspecht *Picus viridis*
Familie Spechte *Picidae*
E Green Woodpecker F Pic vert

<u>Typisch:</u> Die laute und schallend lachende Gesangsstrophe.
<u>Merkmale:</u> Ein großer, oberseits grün gefärbter Specht mit leuchtend rotem Scheitel; Bartstreif beim ♂ rot, schwarz eingerahmt, beim ♀ schwarz. Jungvögel sind unterseits – außer an Kopf und Hals – kräftig quergebändert, die Oberkopffärbung ist mehr orange. Im Flug fällt vor allem der gelbgrüne Bürzel auf.
<u>Stimme:</u> Ruft im Flug und in Höhlennähe hart „kjäck" oder „kjuck". Der lachende Reviergesang „klü-klü-klü…" sinkt im Gegensatz zur Grauspechtstrophe nicht ab; die Strophen der ♀ klingen weicher und sind leiser. Trommelt nur sehr selten, die einzelnen Wirbel sind kurz.
<u>Vorkommen:</u> Brütet in Randbereichen von Laub- und Mischwald, in Feldgehölzen, Obstgärten, Parks und Gärten mit altem Baumbestand; in den Alpen auch im Nadelwald. Bei uns weit verbreitet, mäßig häufig.
<u>Verhalten:</u> Hackt, um Ameisennester auszugraben, bis zu 10 cm tiefe Löcher in den Boden, arbeitet sich im Winter sogar durch den Schnee zu den Ameisenhaufen vor, hinterläßt größere Löcher. Besucht keine Futterstellen.
<u>Nahrung:</u> Hauptsächlich Ameisen, gelegentlich andere Insekten, Würmer und Schnecken, Obst.
<u>Brut:</u> April – Juli, 1 Brut; nistet gerne in alten Höhlen; neue Höhlen werden in faules Holz gezimmert.

< Haustaube	J	I-XII		

Schwarzspecht
Dryocopus martius
Familie Spechte *Picidae*
E Black Woodpecker F Pic noir

<u>Typisch:</u> Ein fast krähengroßer schwarzer Specht mit sehr kräftigem, hellem Schnabel.
<u>Merkmale:</u> ♂ mit roter Kopfplatte, ♀ nur am Hinterkopf rot. Die Zunge ist relativ kurz und ragt nur etwa 5 cm über die Schnabelspitze hinaus. Fliegt ziemlich geradlinig mit unregelmäßigen Flügelschlägen ähnlich einem Häher, weniger in Bögen als andere Spechte.
<u>Stimme:</u> Der typische Flugruf ist weit hörbar und klingt wie „prrü-prrü-prrü…", nach der Landung ertönt häufig ein abfallendes „kliööh"; der Reviergesang im Frühjahr klingt wie „kwikwikwi…". Trommelt laut und weit hörbar mit relativ langsamer Schlagfolge (Dauer eines Wirbels 2–3 sec).
<u>Vorkommen:</u> Brütet in abwechslungsreichen Misch- und Nadelwäldern mit Altbaumbeständen; Bruthöhle meistens in alten Buchen oder Kiefern; bei uns weit verbreitet in größeren Waldgebieten.
<u>Verhalten:</u> Legt bei der Nahrungssuche mit kräftigen Schnabelhieben die im Holz lebenden Insekten frei; oft findet man in kernfaulen Fichten seine Hackspuren – längliche, tiefe Löcher; „zerlegt" häufig vermodernde Baumstümpfe, um an die Nester der Roßameisen zu gelangen (siehe auch S.51).
<u>Nahrung:</u> Vor allem große Ameisen und holzbohrende Käfer.
<u>Brut:</u> März–Juni, 1 Brut; zimmert eine große Höhle mit hochovalem Schlupfloch (7–15 m Höhe); bezieht oft auch alte Höhlen.

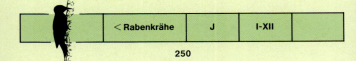

Weißrückenspecht
Picoides leucotus
Familie Spechte *Picidae*
E White-backed Woodpecker
F Pic à dos blanc

<u>Typisch:</u> Das Fehlen eines weißen Schulterfleckes (s. Buntspecht).
<u>Merkmale:</u> Größer und schwerer als der Buntspecht, mit längerem Schnabel; Vorderrücken schwarz, Hinterrücken weiß, Flanken gestrichelt, Unterschwanzfedern zart rosa. Scheitel beim ♂ rot, beim ♀ ganz schwarz.
<u>Stimme:</u> Ruft weniger häufig und meist leiser als der Buntspecht: je nach Erregungsgrad ein weiches „kjük" oder ein härteres „gek gek gek…". Der Trommelwirbel ist länger als beim Buntspecht und zum Ende beschleunigt (jeweils 30–40 Schläge in ca. 1,6 sec); zwischen den Trommelwirbeln häufig ein gedämpftes „küg-küg-kürr".
<u>Vorkommen:</u> Brütet in urwaldartigen Mischwäldern mit einem hohen Anteil an absterbenden und toten Bäumen. Seltener Brutvogel des östlichen Mitteleuropas; bei uns nur in naturnahen Bergwäldern der Alpen und des Bayerischen Waldes. Stark gefährdet aufgrund der geringen Siedlungsdichte und der großen Empfindlichkeit gegenüber forstlichen Eingriffen.
<u>Verhalten:</u> Stemmt bei der Nahrungssuche oft Rinde ab und hackt tiefe Löcher in morsches Holz; bearbeitet häufig liegende Stämme.
<u>Nahrung:</u> Vorwiegend im Holz lebende Käferlarven; Ameisen, Früchte, Nüsse; an Futterstellen Talg.
<u>Brut:</u> April–Juni, 1 Brut; zimmert eine Höhle in absterbendes Holz.

| > **Buntspecht** | J | I-XII | R | |

Buntspecht *Picoides major*
Familie Spechte *Picidae*
E Great Spotted Woodpecker
F Pic épeiche

Typisch: Weitaus der häufigste Specht bei uns.
Merkmale: Gefieder kontrastreich schwarz-weiß, auffallende weiße Schulterflecken; Unterschwanzdecken kräftig rot, Flanken ungestrichelt. ♂ mit rotem Fleck am Hinterkopf. Jungvögel mit rotem Scheitel. Flugbahn bogenförmig.
Stimme: Ruft das ganze Jahr über hart und metallisch „kick" oder „kix", bei Erregung schnell wiederholt; im Frühjahr hört man von ♂ und ♀ während der Verfolgungsspiele oft ein heiseres Gezeter. ♂ und ♀ trommeln auf trockenen Ästen, aber auch an Holzmasten, Sirenen und Blechdächern; Trommelwirbel kurz (ca. 0,5 sec lang und am Anfang betont).
Vorkommen: Brütet in allen Arten von Wäldern, besonders mit Eichen und Hainbuchen, daneben in Feldgehölzen, Parks und Gärten mit Baumbestand, oft auch mitten in Dörfern und sogar in der Großstadt.
Verhalten: Erweitert zur Bearbeitung von Früchten und Zapfen mit Schnabelhieben natürliche Spalten, in die das Nahrungsobjekt eingepaßt wird (Spechtschmiede, s. auch S. 47).
Nahrung: Im Sommer hauptsächlich im Holz lebende Insekten und deren Larven, andere Insekten, Jungvögel, Eier, Früchte; im Winterhalbjahr Nadelbaumsamen, Nüsse, Talg.
Brut: April – Juni, 1 Brut; zimmert jedes Jahr eine neue Höhle, meist in kranken Bäumen; schafft somit Wohnraum für viele Höhlenbrüter.

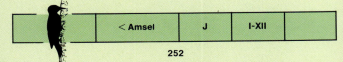

Blutspecht Picoides syriacus
Familie Spechte Picidae
E Syrian Woodpecker
F Pic syriaque

<u>Typisch:</u> Unterschied zum Buntspecht: ohne das schwarze Querband, das hinter der Ohrgegend den Bartstreif mit dem schwarzen Hinterkopf verbindet; Stimme wichtig.
<u>Merkmale:</u> Sehr ähnlich wie der Buntspecht, Jungvögel beider Arten nur schwer voneinander zu unterscheiden.
<u>Stimme:</u> Rufe weniger hart als beim Buntspecht, ähnlich denen des Mittelspechtes: „gjük", „gük" oder „dschük"; daneben Serien von „kürr", auch mit den „gjük"-Rufen kombiniert wie „gjük-gjük-kürr". Trommelwirbel etwas länger als beim Buntspecht (ca. 1 sec, 20 Schläge), aber seltener zu hören; pro min erfolgen meist 5–6 Trommelwirbel; die ♀ trommeln nicht so häufig, die einzelnen Trommelwirbel sind kürzer.
<u>Vorkommen:</u> Brütet in Flußauen, naturnahen trockenen Eichen- und Mischwäldern; in Mitteleuropa hauptsächlich in Weinbergen, Obstgärten, Parks; fehlt im Wald. Erst in den letzten Jahrzehnten in Ungarn, der Slowakei, Südpolen und Ostösterreich eingewandert. In den letzten Jahren einzelne Bastarde Buntspecht × Blutspecht in Bayern nachgewiesen.
<u>Nahrung:</u> Wie der Buntspecht holzbewohnende Insekten und deren Larven, aber das ganze Jahr über auch Steinfrüchte, Beeren, Nüsse.
<u>Brut:</u> April–Juni, 1 Brut; zimmert wie der Buntspecht Höhlen in kranke Bäume.

~ Buntspecht	J	I-XII	O	

Mittelspecht *Picoides medius*
Familie Spechte *Picidae*
E Middle Spotted Woodpecker
F Pic mar

<u>Typisch:</u> Die in allen Kleidern auffallende rote Kopfplatte ohne schwarze Umrandung.
Ähnlich wie der Buntspecht, aber etwas kleiner und mit schwächerem Schnabel; die Brustseiten sind dunkel gestrichelt, der Unterschwanz ist rosa und geht allmählich in die gelbliche Bauchfärbung über.
<u>Stimme:</u> Ruft seltener als der Buntspecht: weich „gük"; das ganze Jahr über hört man zeternde Rufreihen wie „gegegeg…". Trommelt nur selten, dafür Reviergesang, ein klagend-quäkendes „gää-gää…".
<u>Vorkommen:</u> Nur im Tiefland; brütet in naturnahen aufgelockerten Laubwäldern mit Beständen an alten Eichen und Hainbuchen, besonders in Hartholzauen, Obstgärten, aber auch in größeren Parks mit alten Eichen. Bei uns nur in wärmeren Gegenden, fehlt gebietsweise ganz.
<u>Verhalten:</u> Hackt bei der Nahrungssuche weniger intensiv als der Buntspecht, liest oft Raupen und andere Insekten vom Gezweig ab und versucht sogar fliegende Insekten zu fangen. Benützt zwar „Schmieden", aber zimmert keine eigenen.
<u>Nahrung:</u> Vorwiegend Insekten, die zwischen der Rinde oder im Gezweig leben; Baumfrüchte, Kirschkerne; am Futterplatz Talg, Samen.
<u>Brut:</u> April–Juni, 1 Brut; Nisthöhle in fauligem Holz, oft auch in einem horizontalen Seitenast.

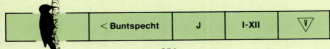

Kleinspecht *Picoides minor*
Familie Spechte *Picidae*
E Lesser Spotted Woodpecker
F Pic épeichette

<u>Typisch:</u> Kleinster Specht Europas, nur sperlingsgroß. Stimme wichtig.
<u>Merkmale:</u> Schwacher Schnabel; Rücken schwarz-weiß quergebändert, Unterseite ohne Rot. ♂ mit rotem, schwarz umrandetem Scheitel, ♀ ganz ohne Rot im Gefieder.
<u>Stimme:</u> Der Reviergesang, ein helles „ki-ki-ki…" erinnert etwas an die Strophe des Turmfalken; meistens im Frühjahr zu hören. ♂ und ♀ trommeln in langen und schwachen, gleichmäßigen Wirbeln (Dauer 1–1,5 sec) auf dünnen Ästen.
<u>Vorkommen:</u> Brütet in aufgelockerten Laub- und Mischwäldern, gerne in Bruch- und Auwäldern und in flußbegleitenden Gehölzen; auch in Parks mit alten Weiden oder Pappeln und in Obstgärten. Bei uns im Tiefland weit verbreitet, aber nicht häufig.
<u>Verhalten:</u> Klettert häufig in spechttypischer Längsrichtung an dünnen Ästen und Zweigen, vor allem im Kronenbereich der Bäume. Zieht im Winter oft mit Kleinvögeln umher und erscheint dann gelegentlich an Futterstellen.
<u>Nahrung:</u> Vor allem auf Blättern und Zweigen lebende Insekten und deren Larven; im Winter hauptsächlich Käfer, die unter der Rinde überwintern; an Futterstellen Sonnenblumenkerne.
<u>Brut:</u> April–Juni, 1 Brut; Nisthöhle in krankem oder totem Holz, oft auch in relativ schwachen Ästen mit Schlupfloch an der Unterseite.

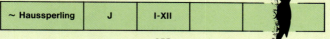

| ~ Haussperling | J | I-XII | | |

Dreizehenspecht
Picoides tridactylus
Familie Spechte *Picidae*
E Three-toed Woodpecker
F Pic tridactyle

<u>Typisch:</u> ♂ und ♀ ganz ohne Rot im Gefieder.

<u>Merkmale:</u> Knapp buntspechtgroßer, schwarz-weißer Specht; Flügel schwarz, Rücken weiß, oft mit dunkler Musterung durchsetzt. ♂ mit gelber Scheitelmitte.

<u>Stimme:</u> Ruft weniger häufig als der Buntspecht, bei Erregung ein weiches „kjüg" oder „gük", das bei stärkerer Beunruhigung zu einem Keckern gesteigert wird; die schirkenden Rufe ausgeflogener Jungvögel erinnern an Wacholderdrosseln. ♂ und ♀ trommeln ab dem Spätwinter, am häufigsten im April und Mai, die Trommelwirbel sind recht lang (rund 1,3 sec, 20 Schläge) und werden zum Ende hin etwas beschleunigt.

<u>Vorkommen:</u> Brütet in naturnahen Fichtenwäldern (Fichtentaiga) mit vielen halbtoten und abgestorbenen Bäumen, in Mitteleuropa nur in den Alpen und den höheren Mittelgebirgen Süddeutschlands, Tschechiens, der Slowakei und Polens; oberhalb rund 700 m Höhe.

<u>Verhalten:</u> Wenig scheu; Nahrungssuche vor allem unter der Rinde; hackt Reihen von kleinen Löchern in die Baumrinde (Ringeln), aus denen Baumsaft austritt.

<u>Nahrung:</u> Vorwiegend Larven und Puppen holzbewohnender Käfer; Baumsaft (vor allem im Frühjahr).

<u>Brut:</u> Mai–Juli, 1 Brut; zimmert jedes Jahr eine neue Höhle in tote oder absterbende Nadelbäume.

Singvögel

Sperlingsvögel – Passeriformes

Mehr als die Hälfte aller Vogelarten der Erde gehört in diese Ordnung. In Europa kommt nur die Unterordnung der **Singvögel (Oscines)** vor, die in 24 verschiedenen Familien ganz unterschiedliche Lebensräume in Mitteleuropa bewohnen.

Singvögel sind sehr klein bis fast bussardgroß. Sie haben einen speziellen Stimmapparat (Syrinx) mit mehr als 3 Paar Singmuskeln.

Typisch sind auch 4 Zehen, von denen eine immer nach hinten gerichtet ist.

Alle jungen Singvögel sind Nesthocker, d. h., sie werden nackt, blind und unfähig zu artgemäßer Fortbewegung geboren. Schnabelwülste und Rachenraum der Nestlinge sind auffällig gefärbt; bei Annäherung der Altvögel ans Nest sperren sie ihren Schnabel weit auf (Sperren) und präsentieren so das auffällige Rachenmuster.

Lerchen sind kleine, relativ kompakt gebaute Vögel, die hauptsächlich auf dem Boden leben. Die meisten Arten sind bräunlich gestreift, die Geschlechter sind in der Regel gleich gefärbt. In Mitteleuropa können 5 Arten angetroffen werden.

Schwalben sind kleine schlanke Singvögel mit langgestrecktem Körper, spitzen Flügeln und mehr oder weniger tief eingekerbten Schwänzen. Schnabel und Beine sind kurz. Schwalben ernähren sich ausschließlich von Insekten, die sie im Flug erhaschen. In Mitteleuropa kommen 3 Arten vor.

Stelzen halten sich vor allem auf dem Boden auf; sie ernähren sich von Insekten. Die eigentlichen Stelzen haben auffällig lange Schwänze, lange schlanke Beine und ein kontrastreich gefärbtes Gefieder. Die Pieper erinnern in ihrer Tarnfärbung an Lerchen, sind aber viel schlanker und graziler; typisch sind die oft auffälligen Singflüge. In Mitteleuropa trifft man 9 verschiedene Arten an.

Seidenschwänze sind mit ihrem rötlichbraunen Gefieder und der deutlich sichtbaren Federhaube unverkennbar. In Europa kommt nur eine Art vor. Die Vögel ernähren sich meist von Beeren und Früchten. In Mitteleuropa erscheinen Seidenschwänze nur als Wintergäste.

Wasseramseln sind die am besten an das Wasserleben angepaßten Singvögel; sie können schwimmen und tauchen und suchen ihre Nahrung vor allem unter Wasser. Häufig sieht man sie auf einem Stein im Wasser sitzen und knicksen. In Europa lebt nur eine Art.

Zaunkönige sind bis auf eine Art, den auch in Europa lebenden Zaunkönig, nur in der Neuen Welt verbreitet. Seine Winzigkeit, die rundliche Gestalt mit ständig steil aufgerichtetem Schwanz und die laute Stimme machen den Zaunkönig leicht erkennbar.

Braunellen sind unauffällige, an Sperlinge erinnernde Vögel, die sich vor allem in bodennahem Bewuchs aufhalten. Am besten sind sie aufgrund ihrer Stimmen zu entdecken. In Mitteleuropa leben 2 Arten, eine davon im Hochgebirge.

Sänger haben ziemlich lange Beine und einen schlanken Insektenfresserschnabel. Sie zeichnen sich durch besondere stimmliche Fähigkeiten aus. Ihre Nahrung – Insekten – suchen sie meist auf dem Boden. Die Jungvögel haben meist ein geflecktes Jugendgefieder. In Mitteleuropa kommen 16 Arten vor.

Grasmücken zeichnen sich wie viele Sänger durch laute und wohlklingende Stimmen aus. Die meisten Arten sind klein und unauffällig gefärbt; ihre Schnäbel sind relativ lang und schmal. In Mitteleuropa können 28 Arten beobachtet werden, einige davon nur sehr selten.

Goldhähnchen sind die kleinsten Singvögel und die kleinsten Vögel Europas. Auf dem Scheitel sind sie auffällig gelb und orange gefärbt. In dichten Nadelbäumen, ihrem Lebensraum, sind sie oft schwer zu entdecken. In Mitteleuropa leben 2 Arten.

Rohrmeisen sind langschwänzige Gebüsch- und Schilfvögel. Eine Art, die Bartmeise, ist in Mitteleuropa unsteter Brutvogel großer Schilfbestände; typisch sind die nasalen Rufe.

Schwanzmeisen fallen trotz ihrer sehr langen Schwänze vor allem durch ihre Stimmen auf; sie sind nur selten einzeln zu sehen; rastlos turnen sie an dünnen Zweigen und picken mit ihren winzigen Schnäbeln kleine Insekten auf. Die einzige Art Europas baut sehr kunstvolle Nester.

Meisen sind kräftig gebaute Kleinvögel mit kurzen spitzen Schnäbeln und relativ kurzen Schwänzen; sie klettern sehr geschickt im Gezweig und sind nur selten am Boden anzutreffen. Alle Meisen sind Höhlenbrüter. Sie ernähren sich von Insekten und von Samen. In Mitteleuropa leben 6 verschiedene Arten.

Kleiber sind robuste Singvögel mit kräftigen Schnäbeln und kurzen Schwänzen. Sie klettern an der Baumrinde – auch abwärts mit dem Kopf nach unten. Zu große Höhleneingänge werden mit feuchtem Lehm auf die passende Weite verkleinert. Die einzige in Europa vorkommende Art ist überall häufig.

Mauerläufer kommen nur in den Hochgebirgen Europas und Asiens vor. Die einzige Art ist auch Brutvogel der Alpen. Der Mauerläufer ist ein ausgeprägter Felskletterer und nicht schwer zu erkennen.

Baumläufer sind rindenfarbene Kleinvögel mit langen gebogenen Schnäbeln, die in Spiralen an Baumstämmen hochklettern; dabei stützen sie sich, ähnlich Spechten, mit dem Schwanz ab. Die beiden in Europa vorkommenden Arten sind einander sehr ähnlich.

Beutelmeisen ähneln in Gestalt und Verhalten den echten Meisen; sie haben kurze und spitze Schnäbel und turnen sehr geschickt an dünnen Zweigen und im Schilf. Die einzige in Europa vorkommende Art baut sehr kunstvolle Nester.

Pirole leben hauptsächlich in Afrika und Südostasien; sie sind drosselgroß, die Männchen der meisten Arten tragen ein auffälliges Gefieder. Die einzige in Europa anzutreffende Art ist ein scheuer Waldbewohner.

Würger spießen häufig Beutetiere auf Dornen auf oder klemmen sie in Astgabeln ein. In ihrem Verhalten erinnern sie an Greifvögel. Sie leben meist in buschreicher Landschaft, wo sie frei auf erhöhten Warten sitzen und nach Insekten und kleinen Wirbeltieren Ausschau halten. In Mitteleuropa kommen 4 Arten vor.

Rabenvögel sind die größten Singvögel; die meisten Arten haben ein dunkles Federkleid, viele sind auffällig gefärbt. Sie zeichnen sich durch große Anpassungsfähigkeit und Intelligenz aus. Ihre Gesänge sind nur wenig entwickelt. In Mitteleuropa brüten 9 Arten.

Stare sind sehr lebhafte und gesellige Vögel; die meisten haben kurze Schwänze und kräftige spitze Schnäbel. Die einzige in Mitteleuropa vorkommende Starenart ist ein überall häufiger Höhlenbrüter; durch sein Verhalten, die Rufe und den Gesang mit vielen vortrefflichen Nachahmungen ist der Star leicht zu bestimmen.

Sperlinge erinnern etwas an Finken, ihre Schwänze sind jedoch gar nicht oder nur sehr schwach gekerbt. Sie sind nah verwandt mit den afrikanischen Webervögeln. Sperlinge brüten in Höhlungen oder bauen wie die Webervögel überdachte Freinester. Von den 3 in Mitteleuropa vorkommenden Arten lebt eine nur im Hochgebirge.

Finken sind körnerfressende Kleinvögel mit spitzen, mehr oder weniger kegelförmigen Schnäbeln. Viele Finkenmännchen sind auffällig bunt gefärbt, die Weibchen dagegen meist viel schlichter. Wichtige Bestimmungsmerkmale sind neben der Zeichnung die Form des Schnabels und des Schwanzes sowie die typischen Rufe und Gesänge. In Mitteleuropa leben 14 Arten.

Ammern sind ziemlich langgestreckte, finkenähnliche Singvögel mit kurzen und kräftigen Schnäbeln. Die meisten Arten leben in offener Landschaft mit Büschen und Bäumen. Die Männchen sind meist viel bunter gefärbt als die Weibchen. In Mitteleuropa kommen 8 Arten vor, 2 davon als regelmäßige Wintergäste.

Haubenlerche *Galerida cristata*
Familie Lerchen *Alaudidae*
E Crested Lark F Cochevis huppé

<u>Typisch:</u> Die auffällige Kopfhaube.
<u>Merkmale:</u> Gedrungener und kurzschwänziger als die Feldlerche, Beine etwas kräftiger; längerer, leicht abwärts gebogener Schnabel. Oberseite weniger kontrastreich gemustert. Der Flug wirkt leicht und weich, auffallend sind die breiten Flügel, die unruhig flatternden Flügelschläge und das Gelbbraun der äußeren Schwanzfedern.
<u>Stimme:</u> Ruft im Flug häufig melodisch „djui", bei Erregung „die-dji-djie" oder „dü-dü-dür-dli". Der Gesang besteht aus kürzeren und längeren Strophen von pfeifendem und zwitscherndem Klangcharakter und enthält häufig Imitationen anderer Vogelstimmen und sogar menschlicher Pfiffe.
<u>Vorkommen:</u> Trockenes Öd- und Brachland, Steppen, Halbwüsten, Bahndämme, Fabrik- und Sportanlagen, auch in Großstädten; brütet sogar auf kiesbeschichteten Flachdächern; fehlt bei uns gebietsweise, besonders im Süden. Außerhalb der Brutzeit in kleinen Trupps.
<u>Verhalten:</u> Wenig scheu. Der Gesang wird häufig auf mittelhohen Warten, aber auch im kreisenden Singflug vorgetragen.
<u>Nahrung:</u> Samen von Gräsern und Wildkräutern, grüne Pflanzenteile, kleine Insekten und Spinnen.
<u>Brut:</u> April–Juni, 2 Bruten; einfaches Bodennest aus locker zusammengefügten Halmen.

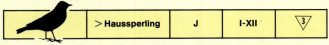

Heidelerche *Lullula arborea*
Familie Lerchen *Alaudidae*
E Woodlark F Alouette lulu

<u>Typisch:</u> Die volltönenden und stimmungsvollen Gesangsstrophen.
<u>Merkmale:</u> Kleiner und deutlich kurzschwänziger als die Feldlerche; aus der Nähe sieht man die weißlichen, am Hinterkopf zusammenlaufenden Überaugenstreifen und das schwarz-weiße Abzeichen am Flügelbug. Stellt bei Beunruhigung die sonst kaum sichtbare, rundliche Kopfhaube mehrmals auf.
<u>Stimme:</u> Ruft sanft und melodisch „didloi" oder – bei Störung – „titroit". Der Gesang des ♂ enthält sehr viele verschiedene, meist melancholisch weiche und zum Schluß abfallende Strophen wie „dlidlidlidlidlidli" oder „düdidüdidüdidüdi", die in einer festgelegten Anordnung aufeinanderfolgen; Gesangsrepertoire bis über 100 verschiedene Strophen.
<u>Vorkommen:</u> Brütet vor allem auf Waldblößen in trockenen, lichten Kiefernwäldern und in nicht zu offenen Heidegebieten; häufig in Brutnachbarschaft mit dem Baumpieper. Bei uns selten geworden; fehlt gebietsweise ganz.
<u>Verhalten:</u> Die einzige Lerche bei uns, die häufig auf Bäumen sitzt. Oft sind die Spitzen kleiner Kiefern, die als bevorzugte Singwarten dienen, durch das Gewicht der Lerchen verbogen.
<u>Nahrung:</u> Insekten, Spinnen, Knospen, grüne Pflanzenteile.
<u>Brut:</u> März – Juni, 2–3 Bruten; sauber gefertigtes, gut verstecktes Bodennest mit tiefer Mulde.

| ~ Haussperling | T | III-X | V | |

Feldlerche *Alauda arvensis*
Familie Lerchen *Alaudidae*
E Skylark F Alouette des champs

<u>Typisch:</u> Der lang anhaltende, tirilierende Gesang.
<u>Merkmale:</u> Gefieder oberseits tarnfarben; die Oberkopffedern können bei Erregung zu einer kleinen Haube gesträubt werden; Hinterrand der Flügel und Außenkanten des Schwanzes auffällig weiß gesäumt.
<u>Stimme:</u> Ruft im Flug wohltönend und hart „tschrl" oder „tschrü"; der Gesang ist weit hörbar und wird fast ausschließlich im Singflug vorgetragen: trillernde, wirbelnde und flötende Abschnitte, die pausenlos aufeinanderfolgen; häufig Nachahmungen anderer Vogelarten, z. B. Rotschenkel und Waldwasserläufer.
<u>Vorkommen:</u> Brütet in allen Arten von offener, weiträumiger Landschaft, vor allem auf Acker- und Weideland, niedrig bewachsenen Feldern und Feuchtwiesen. Bei uns überall häufig.
<u>Verhalten:</u> Fliegt zum Singflug stumm auf und steigt ununterbrochen singend steil empor, um dann minutenlang singend hoch am Himmel zu „hängen"; kreist gelegentlich niedrig mit schwirrenden Flügelschlägen. Der Normalflug ist weich und bogenförmig, wirkt flatternd. Sitzt fast nie auf Bäumen.
<u>Nahrung:</u> Insekten, Spinnen, Samen, grüne Pflanzenteile.
<u>Brut:</u> April–Juli, 2 Bruten; meist gut verstecktes Grasnest in einer selbstgescharrten Bodenmulde.

Ohrenlerche
Eremophila alpestris
Familie Lerchen *Alaudidae*
E Shore Lark F Alouette hausse-col

<u>Typisch:</u> Die einzige Lerchenart bei uns mit Gelb an Kopf, Kinn und Kehle.
<u>Merkmale:</u> Oberseite sandgrau, Unterseite weißlich. Die gelb-schwarze Kopfzeichnung ist im Winter meist nur undeutlich ausgeprägt, besonders bei den ♀; die beim ♂ im Brutkleid deutlichen Federohren sind bei ♀, bei manchen ♂ und im Ruhekleid kaum sichtbar. Wirkt im Flug schlanker und spitzflügeliger als andere Lerchen.
<u>Stimme:</u> Ruft im Flug rein und klingelnd „siit-dit-dit" oder „tsie-tui-tsie" oder „tsie-tsie"; bei Beunruhigung „psiit" oder – ähnlich wie die Schneeammer – „piü". Der Gesang ist meist ein schnelles, in kurzen Strophen vorgetragenes hohes Zwitschern; singt manchmal auch anhaltend zwitschernd wie die Feldlerche.
<u>Vorkommen:</u> Brütet in offener Fjällandschaft auf trockenen und steinigen Plateaus oberhalb der Weidenregion Nordeuropas; im Winter in kleinen Trupps und häufig in Gesellschaft von Feldlerchen an der Nord- und Ostseeküste; auf Strandwiesen, auf Ödland und Feldern mit kurzer Vegetation; erscheint nur selten im Binnenland.
<u>Verhalten:</u> Läuft am Boden oft geduckt und ruckartig und ist daher leicht zu übersehen.
<u>Nahrung:</u> Insekten, Spinnen, Samen und grüne Pflanzenteile.

| > **Haussperling** | W | X-III | O | |

Uferschwalbe *Riparia riparia*
Familie Schwalben *Hirundinidae*
E Sand Martin
F Hirondelle de rivage

<u>Typisch:</u> Kleinste europäische Schwalbe.
<u>Merkmale:</u> Deutlich kleiner als Haussperling; Schwanz schwach gegabelt; Oberseite braun, Unterseite weiß mit braunem Brustband (Zeichnung).
<u>Stimme:</u> Ruft häufig kratzend „tschripp" oder „tschr" und schnell gereiht „brbrbr", bei Gefahr scharf „zier". Der Gesang ist unauffällig zwitschernd, meist in Nistplatznähe zu hören.
<u>Vorkommen:</u> Sandige Steilufer und Sandgruben mit Steilwänden, meist in der Nähe des Wassers, auch an der Meeresküste. Brütet bei uns nur gebietsweise. Gefährdung hauptsächlich durch Störungen während der Brutzeit und Rekultivierung alter Sandgruben.

<u>Brut:</u> Mai – August, 2 Bruten; beide Partner graben eine 60–100 cm lange, waagrechte Höhle mit querovalem Flugloch in Steilwände; Bruthöhlen meist in Linien nebeneinander angeordnet.

Uferschwalbe, Flug

<u>Verhalten:</u> Sehr gesellig, nistet oft in großen Kolonien; zur Nahrungssuche häufig weitab über Wasserflächen. Nach der Brutzeit häufig große Schwärme im Schilf.
<u>Nahrung:</u> Kleine Fluginsekten.

Felsenschwalbe
Ptyonoprogne rupestris
Familie Schwalben Hirundinidae
E Crag Martin
F Hirondelle de rochers

<u>Typisch:</u> Bei gespreiztem Schwanz wird wie bei der Rauchschwalbe eine helle Fleckenreihe sichtbar.
<u>Merkmale:</u> Ähnlich der Uferschwalbe, aber größer und kräftiger, kaum gegabelter Schwanz; Gefieder oberseits bräunlich, kein Brustband, Unterflügeldecken dunkel und deutlich abgesetzt. Im Flug mauerseglerartig schnell und wendig.
<u>Stimme:</u> Ruft häufig schnurrend oder sperlingsähnlich „dschri", „trt trt" oder „pit pit"; Gesang anhaltend schwätzend, mit Rufen und Trillern durchsetzt.
<u>Vorkommen:</u> Brütet an sonnigen und reichstrukturierten, aber spärlich bewachsenen Felswänden des Alpengebietes, unregelmäßig und in wenigen Paaren auch in Bayern. Nahrungssuche außerhalb der Brutzeit und bei nasser Witterung häufig über Gewässern.
<u>Verhalten:</u> Fliegt geschickt und sehr wendig nah am Felsen, folgt den Fels-

Felsenschwalbe, Flug

strukturen. Weniger gesellig als andere Schwalben.
<u>Nahrung:</u> Fliegende Kleininsekten.
<u>Brut:</u> April–Juli, 1–2 Bruten; nistet an regen- und windgeschützten Stellen unter Überhängen, in Felsnischen und -höhlen. Nest aus Schlamm, oben offen.

| < **Haussperling** | S | III-X | ▽R̲ | |

Rauchschwalbe *Hirundo rustica*
Familie Schwalben *Hirundinidae*
E Swallow
F Hirondelle de cheminée

<u>Typisch:</u> Die häufigste Schwalbe in ländlicher Umgebung.
<u>Merkmale:</u> Sehr schlank mit auffallend langen Schwanzspießen (Zeichnung). Oberseite und Brustband metallisch blauschwarz, Stirn und Kehle rotbraun. Jungvögel matter gefärbt und mit kürzeren Schwanzspießen. Flug elegant und reißend, wirkt zielstrebiger als bei der Mehlschwalbe.
<u>Stimme:</u> Ruft häufig hell „wid wid", bei Gefahr durchdringend und sehr hell „zidit", auch mehrfach gereiht. Gesang wohlklingend und ziemlich anhaltend zwitschernd und schwätzend, meist mit schnurrendem Schlußteil.
<u>Vorkommen:</u> Überall häufig in Dörfern und offenem Kulturland, vor allem bei Einzelhöfen; Nahrungssuche meist über Grünland. Im Gebirge bis in die Almenregion.
<u>Verhalten:</u> Fliegt bei schlechtem Wetter oft bodennah oder knapp über Wasser-

Rauchschwalbe, Flug

flächen. Besonders außerhalb der Brutzeit sehr gesellig.
<u>Nahrung:</u> Fliegende Kleininsekten.
<u>Brut:</u> Nistet meist im Inneren von Gebäuden (Ställen und Scheunen) auf einer Konsole direkt an einer senkrechten Wand; schalenförmiges Nest aus Lehm und Halmen.

| | < **Haussperling** | S | IV-X | |

Mehlschwalbe *Delichon urbica*
Familie Schwalben *Hirundinidae*
E House Martin
F Hirondelle de fenêtre

Vorkommen: Häufig in Dörfern und Siedlungen; in Städten zunehmend seltener; als ursprünglicher Felsbrüter auch in Steinbrüchen; im Gebirge bis in 2000 m Höhe.

Mehlschwalbe, Flug

Typisch: Der weiße Bürzel und die reinweiße Unterseite.
Merkmale: Gedrungener als die Rauchschwalbe, Schwanz nur schwach gegabelt und ohne lange Spieße; Oberseite metallisch blauschwarz, Jungvögel schwarzbraun, ohne Glanz. Fliegt wegen der höheren Flügelschlagfrequenz mehr flatternd als die Rauchschwalbe, häufig Gleitstrecken.
Stimme: Ruft häufig „prrt", „trrtrr" oder „dschrb", bei Gefahr hoch und schrill „sier", oft auch gereiht. Gesang recht unauffällig und vokalarm zwitschernd, nicht so abwechslungsreich wie Rauchschwalbengesang und ohne den schnurrenden Schlußteil.

Verhalten: Jagt meist in größerer Höhe als die Rauchschwalbe; stets sehr gesellig.
Nahrung: Fliegende Kleininsekten.
Brut: Mai – September, 2 – 3 Bruten; nistet in Kolonien außen an Gebäuden, meist direkt unter dem Dach; sauber gemörteltes, halbkugeliges Lehmnest, bis auf ein kleines Einflugloch geschlossen.

< Haussperling	S	IV-X		

Wiesenpieper *Anthus pratensis*
Familie Stelzen *Motacillidae*
E Meadow Pipit F Pipit farlouse

Typisch: Sitzt seltener auf Bäumen als der Baumpieper. Warnt in Nestnähe mit zirpenden Rufen.
Merkmale: Vom sehr ähnlichen Baumpieper vor allem anhand von Stimme und Lebensraum unterschieden. Oberseite mehr oliv, Brust weniger gelblich und zarter gestreift. Haltung meist weniger aufgerichtet als Baumpieper; hält sich häufiger auf dem Boden auf. Flug wellenförmig und wenig stetig.
Stimme: Ruft aufgescheucht ständig hell und schrill „ist", Kontaktlaut weicher („psip"). Gesang aus hohen und dünnen, zum Schluß hart klirrenden Touren, die meist durch eine schneller werdende „tsip"-Folge eingeleitet werden.
Vorkommen: Brütet in Mooren, Feuchtwiesen, Heiden, Dünen und Ödland; im Gebirge auf Bergwiesen bis zur Baumgrenze. Bei uns im Süden deutlich seltener und meist im Bergland.
Verhalten: Unauffällig und am Boden leicht zu übersehen. Singflug seltener als beim Baumpieper, steigt häufig von einer Bodenerhebung auf; singt auch auf dem Boden, jedoch dort viel einförmiger.
Nahrung: Hauptsächlich Insekten und andere Kleintiere, die am Boden erbeutet werden; feine Samen.
Brut: April – Juni, 2 Bruten; lockeres und wenig kunstvolles Bodennest, meist unter einem Grasbüschel gut versteckt.

| | < **Haussperling** | T | I-XII | |

Baumpieper *Anthus trivialis*
Familie Stelzen *Motacillidae*
E Tree Pipit F Pipit des arbres

<u>Typisch:</u> Regelmäßig im Wald anzutreffen.
<u>Merkmale:</u> Schlanker als Haussperling, Brust und Kehle gelblich mit kräftiger dunkelbrauner Längsfleckung; Beine rötlich.
<u>Stimme:</u> Ruft aufgescheucht etwas rauh „psie", häufig in Abständen wiederholt, in Nestnähe taktmäßig wiederholt „tsitt". Gesang lauter und volltönender als beim Wiesenpieper, verschiedene längere Touren, die teilweise an Kanariengesang erinnern und zum Schluß zunehmend gedehnt werden.
<u>Vorkommen:</u> Brütet an Rändern von Laub- und Nadelwald, auf kräuterreichen Lichtungen, Mooren und Heideflächen mit einzelnen Bäumen oder Büschen. Bei uns überall recht häufig bis zur Baumgrenze.
<u>Verhalten:</u> Singt meist von hohen Baumwipfeln oder in kurzem Singflug,

Singflug

Baumpieper

wobei der Vogel von der Singwarte aufsteigt, kurz vor dem höchsten Punkt seine Strophen beginnt und dann in typischer Haltung (Zeichnung) zum Ausgangspunkt oder zu einer anderen Singwarte herabgleitet.
<u>Nahrung:</u> Meist Insekten, Spinnen.
<u>Brut:</u> Mai–Juli, 2 Bruten; gut verstecktes Nest im Bodenbewuchs.

| ~ **Haussperling** | S | IV–IX | | |

Bergpieper *Anthus spinoletta*
Familie Stelzen *Motacillidae*
E Water Pipit F Pipit spioncelle

<u>Typisch:</u> Die dunklen Beine.
<u>Merkmale:</u> Größer als Baum- und Wiesenpieper, Gefieder mehr grau, viel weniger deutlich gefleckt. Im Brutkleid Unterseite etwas rötlich überhaucht, fast ungefleckt, beim ♀ oft leicht gestreift und mit bräunlichem Anflug. Im Winter mit weniger deutlichem Überaugenstreif, etwas stärker gestreift und mit weißlicher bis rahmfarbener Unterseite.
<u>Stimme:</u> Ruft etwas tiefer als Wiesenpieper „isst isst" oder „sit sit", in Nestnähe taktmäßig wiederholt „zit". Gesang häufig im Singflug, aus verschiedenen langen und hohen Touren, die teils rein, teils geräuschhaft klingen: „tri tri tri…", „zwizwizwi…" oder füifüifüi…".
<u>Vorkommen:</u> Brütet auf schattigen und feuchten Bergwiesen oberhalb der Baumgrenze bis an die Schneegrenze; relativ häufig in den Alpen und im Hochschwarzwald sowie in den Karpaten und Sudeten. Außerhalb der Brutzeit auf Schlammflächen und in nassen Wiesen, besonders bei Frost häufig an Fluß- und Seeufer. Der unterseits kräftiger gestreifte **Strandpieper** (*Anthus petrosus*) ist Brutvogel an den skandinavischen Küsten; im Winter regelmäßig im Bereich der Nord- und Ostseeküste.
<u>Nahrung:</u> Meist Insekten, Spinnen.
<u>Brut:</u> April–Juni, 1–2 Bruten; Nest unter Steinen oder Bodenpflanzen.

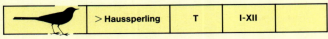

Brachpieper *Anthus campestris*
Familie Stelzen *Motacillidae*
E Tawny Pipit F Pipit rousseline

<u>Typisch:</u> Wirkt stelzenartig.
<u>Merkmale:</u> Größer und schlanker als der Baumpieper, Beine und Schwanz länger; Gefieder hell sandfarben, fast ungestreift, deutlicher heller Überaugenstreif. Bei Jungvögeln Oberseite und Brust gefleckt.
<u>Stimme:</u> Ruft sperlings- oder lerchenähnlich: Flugruf „tschrl" oder „psia", beim Abflug oft „ziehp". Der Gesang, ein mehrfach wiederholtes „zirluih", „tschrlie" oder „träih", wirkt monoton.
<u>Vorkommen:</u> Brütet in Steppenlandschaften, in offenem und trockenem Ödland mit steinigem oder sandigem Boden, auf Brachflächen und Lichtungen im Kiefernwald, in Weinbergen, Heidegebieten und Dünen. Bei uns selten geworden, nur noch lokal in milden Tieflandgebieten Brutvogel. Gefährdung vor allem durch Aufforstung von Heideflächen und Rekultivierung von Kies- und Sandgruben.
<u>Verhalten:</u> Läuft oft wie ein Regenpfeifer in waagrechter Körperhaltung auf vegetationslosem Boden. Singt häufig in kreisendem, wellenförmigem Singflug, wobei der Vogel am Ende mit vibrierenden Flügeln abwärts gleitet.
<u>Nahrung:</u> Kleine Bodeninsekten, Spinnen und Schnecken.
<u>Brut:</u> Mai–August, 1–2 Bruten; Nest aus trockenem Gras und Wurzeln, innen mit feinen Gräsern und langen Haaren ausgelegt.

| > **Haussperling** | S | IV–IX | | |

Schafstelze *Motacilla flava*
Familie Stelzen *Motacillidae*
E Blue-headed Wagtail
F Bergeronnette printanière

<u>Typisch:</u> Die einfarbig zitronengelbe Unterseite.
<u>Merkmale:</u> Etwas kleiner und kurzschwänziger als die Bachstelze; Kopf schiefergrau mit kurzem weißem Überaugenstreif. ♀ etwas blasser, Kopf mehr braungrau. Zur Zugzeit tritt bei uns regelmäßig die nordische Rasse *M. f. thunbergi* auf: Oberkopf schwärzlich, Überaugenstreif fehlt; weitere Rassen, die sich vor allem in der Kopfzeichnung von der Nominatrasse *M. f. flava* unterscheiden, sind gelegentlich auf dem Zug in Mitteleuropa zu beobachten.
<u>Stimme:</u> Ruft häufig im Flug scharf „psiehp", bei Gefahr „sriesrie". Einfacher Gesang aus kurzen Elementen wie „sri sri..." oder „tsip tsip tsipsi...".
<u>Vorkommen:</u> Weniger eng an Wasser gebunden als andere Stelzen; brütet in Mooren, Sümpfen, Heidelandschaften, Wiesen und Weiden des Tieflandes; auch auf Äckern und Feldern; meidet Waldgebiete und Bergland.
<u>Verhalten:</u> Oft in der Nähe von Weidevieh anzutreffen. Singt vom Boden aus, auf Singwarten oder im auf- und absteigenden Singflug mit flachen Flügelschlägen.
<u>Nahrung:</u> Vorwiegend Insekten, deren Larven und Spinnen.
<u>Brut:</u> Mai – Juli, 1–2 Bruten; lockeres Nest aus Halmen, Gräsern und Würzelchen in einer Mulde unter dichtem Bodenbewuchs.

| | > **Haussperling** | S | III–IX | |

Gebirgstelze *Motacilla cinerea*
Familie Stelzen *Motacillidae*
E Grey Wagtail
F Bergeronnette des ruisseaux

<u>Typisch:</u> Wippt fast ständig mit dem sehr langen Schwanz.
<u>Merkmale:</u> Von der ebenfalls unterseits gelben Schafstelze durch viel längeren Schwanz, einheitlich grauen Rücken und dunklere Flügel unterschieden. ♂ mit schwarzer Kehle; ♂ im Winter, ♀ und Jungvögel mit weißlicher Kehle. Im Flug sieht man manchmal die weiße Flügelbinde.
<u>Stimme:</u> Ruft scharf und metallisch „ziss-ziss" oder „ziit ziit", bei Störung in Nestnähe schrill „sissiht" oder „sieht zickzick". Gesang: hohe und schrill zwitschernde Strophen aus aneinandergereihten, rufähnlichen Elementen wie „ziep ziep ziep", „tze tze tze", „tsit tsit tsit".
<u>Vorkommen:</u> Brütet an schnellfließenden Bächen und seichten Flüssen der Gebirge (bis 1900 m Höhe), im Flachland meist an Stauwehren, Brücken und Mühlgräben; außerhalb der Brutzeit auch an Seen und Parkteichen.
<u>Verhalten:</u> Flattert häufig von Stein zu Stein, um Insekten zu fangen; fliegt schnell und oft niedrig über dem Fließgewässer. Singt oft im Singflug.
<u>Nahrung:</u> Insekten, Spinnen, kleine Würmer und Krebstiere am Wasser.
<u>Brut:</u> März–Juli, 2 Bruten; Nest aus Zweigen, Gras und Moos, mit Haaren ausgelegt, in Nischen an Felsen, zwischen Baumwurzeln und unter Brücken; stets in Ufernähe.

| > **Haussperling** | T | I-XII | | |

Bachstelze *Motacilla alba*
Familie Stelzen *Motacillidae*
E White Wagtail
F Bergeronnette grise

<u>Typisch:</u> Der lange schwarze Schwanz mit weißen Außenkanten, mit dem der Vogel ständig wippt.
<u>Merkmale:</u> Gefieder schwarz-weißgrau; lange und schlanke, schwarze Beine. ♀ weniger kontrastreich und mit weniger Schwarz am Oberkopf als ♂. Im Winter mit weißer Kehle und dunklem Brustband. Jungvögel oberseits bräunlichgrau, ohne Schwarz.
<u>Stimme:</u> Ruft häufig durchdringend „zick", „zlipp" oder „zilipp", oft mehrfach wiederholt, in Nestnähe oft Serien von „klik"-Rufen.
Gesang hastig zwitschernd aus rufartigen Elementen. Auftauchende Greifvögel werden mit lautem Zwitschern empfangen.

<u>Vorkommen:</u> Überall häufig in offenem Kulturland, besonders in Wassernähe; brütet als Kulturfolger in Dörfern, Städten, an Einzelgehöften, in Kiesgruben; außerhalb der Brutzeit oft an Seen und Flüssen, auf Wiesen, Äckern und Feuchtflächen.
<u>Verhalten:</u> Läuft mit schnellen Trippelschritten am Boden, macht dabei rhythmische Kopfbewegungen; Nahrungssuche meist auf vegetationsarmem Boden; fängt häufig Insekten in kurzem Jagdflug.
<u>Nahrung:</u> Insekten, deren Larven, Spinnen, kleine Würmer und Schnecken; im Winter auch Samen.
<u>Brut:</u> April – August, 2 Bruten; unordentliches Nest aus Zweigen, Halmen, Blättern und Moos, in Halbhöhlen, auf Dachbalken, an Wehranlagen und in Holzstößen.

| | > **Haussperling** | T | III-XI | |

Seidenschwanz
Bombycilla garrulus
Familie Seidenschwänze
Bombycillidae
E Waxwing F Jaseur boréal

Typisch: Die aufrichtbare Federhaube, das seidige Gefieder und die bezeichnenden hohen Rufe.
Merkmale: Gefieder sehr bunt, wirkt von weitem jedoch einheitlich bräunlich; beim ♀ sind die roten Hornplättchen auf den Flügeln kleiner, bei Jungvögeln die gelben Flügelabzeichen weniger markant. Fliegt schnell und zielgerichtet; das Flugbild erinnert an das des Stars, wirkt aber graziler.
Stimme: Ruft beim Abflug und im Flug hoch und schwirrend „srii", klingt aus der Nähe viel weicher; die Rufe eines Trupps sind oft recht weit zu hören. Gesang anhaltend sirrend und plaudernd, ähnlich den typischen Flugrufen und mit teilweise quäkenden und geräuschhaften Elementen.
Vorkommen: Brütet in der aufgelockerten und unterwuchsreichen Fichtentaiga und in Birkenwäldern Nordskandinaviens und Nordrußlands. Im Winterhalbjahr bei uns fast alljährlich in geringer Zahl zu beobachten; in manchen Jahren jedoch invasionsartige Einflüge nach Mitteleuropa.
Verhalten: Sehr gesellig, meist auf beerentragenden Sträuchern und Bäumen, oft in Parks und Anlagen; wenig scheu.
Nahrung: Zur Brutzeit überwiegend Insekten; sonst fast ausschließlich Beeren, vor allem Eberesche, Schneeball, Weißdorn, Obst.

~ Star	W, D	XI–III	O	

Wasseramsel *Cinclus cinclus*
Familie Wasseramseln *Cinclidae*
E Dipper F Cincle plongeur

<u>Typisch:</u> Der einzige Singvogel, der schwimmen und tauchen kann.

<u>Merkmale:</u> Rundliche, zaunkönigsartige Gestalt mit kurzem Schwanz, Beine und Füße kräftig. Jungvögel mit schiefergrauer Oberseite, Kehle und Brust wirken wegen der dunklen Federränder schmutzigweiß.

<u>Stimme:</u> Ruft im Flug häufig scharf und kratzend „srit" oder „zit", daneben rauh „zerrb". Gesang: eine taktmäßig aneinandergereihte schwätzende Folge von pfeifenden, trillernden, quirlenden, rauh zwitschernden und kratzenden Elementen, oft mit Imitationen anderer Vogelstimmen; ♂ und ♀ singen, auch im Winter. Durch das ständige Wasserrauschen überhört man den Gesang leicht.

<u>Vorkommen:</u> Brütet an schnellfließenden klaren Bächen und Flüssen bis in 2000 m Höhe; in den Alpen und Mittelgebirgen weit verbreitet, sonst selten, im Norden nur sporadisch. Im Winterhalbjahr auch an langsam fließenden Flüssen und Seeufern abseits der Brutplätze.

<u>Verhalten:</u> Sitzt häufig auf einem Stein im Wasser und knickst; fliegt schnell, geradlinig und niedrig über dem Wasser.

<u>Nahrung:</u> Vor allem Wasserinsekten und deren Larven; daneben Würmer, kleine Krebstiere und Fischchen.

<u>Brut:</u> März – Juli, 2 Bruten; großes, überdachtes Moosnest in der überhängenden Uferböschung, unter Brücken, in speziellen Nistkästen.

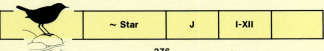

	~ Star	J	I-XII	

Zaunkönig
Troglodytes troglodytes
Familie Zaunkönige
Troglodytidae
E Wren F Troglodyte mignon

<u>Typisch:</u> Der bei Erregung meist gestelzt gehaltene Schwanz.
<u>Merkmale:</u> Winzig und gedrungen, mit kurzem Schwanz.
<u>Stimme:</u> Ruft bei Beunruhigung laut und hart „teck teck teck…", oft auch „tetetet te tete…" oder schnurrend „tserrr…". Die Standortrufe ausgeflogener Jungvögel klingen wie „ziip" und sind schwer zu orten. Gesang laut und schmetternd mit trillernden Abschnitten und am Schluß in Flötentönen ausklingend oder in einem hohen und scharfen Ton endend.
<u>Vorkommen:</u> Häufig in Wassernähe; brütet in unterholzreichen Wäldern, in Gebüsch und Gestrüpp; auch in Parks und verwilderten Gärten; in den Alpen bis rund 2000 m Höhe. Weit verbreitet und meist häufig, jedoch große Bestandsschwankungen von Jahr zu Jahr durch winterliche Kälte.
<u>Verhalten:</u> Sehr lebhaft; huscht häufig wie eine Maus in bodennahem Gestrüpp, verschwindet oft in Schilf- oder Reisighaufen, im Wurzelwerk einer Uferböschung oder in einem Holzstoß, fliegt geradlinig mit schnellem Flügelschlag. Singt fast das ganze Jahr über, meist auf niedrigen Warten.
<u>Nahrung:</u> Insekten, deren Larven, kleine Spinnen und Würmer.
<u>Brut:</u> April–Juli, 2 Bruten; kugeliges Moosnest mit seitlichem Einschlupf, meist niedrig im Gestrüpp oder in einem Wurzelteller.

| < **Haussperling** | J | I-XII | | |

Heckenbraunelle
Prunella modularis
Familie Braunellen *Prunellidae*
E Dunnock F Accenteur mouchet

<u>Typisch:</u> Unauffällig, sieht einem Haussperlings-♀ ähnlich, hat aber einen schlanken Schnabel.
<u>Merkmale:</u> Kopf und Brust schiefergrau, Flanken dunkel gestrichelt; von nahem sind die braunen Ohrdecken und die rotbraune Iris zu erkennen. Jungvögel mit braungrauem, dunkel geflecktem Oberkopf, unterseits stärker gestrichelt.
<u>Stimme:</u> Ruft bei Störung hoch pfeifend und gedehnt „zieh", als Stimmfühlungsruf oft ein hohes, reines „dididi", außerhalb der Brutzeit, vor allem im Herbst, ein hohes, weit hörbares „zihdit" oder „tsitsitsi". Gesang wohlklingend, eine kontinuierliche und eilige Zwitscherfolge von hellem Klangcharakter, leicht auf- und absteigend; Lautstärke und Strophenlänge variieren erheblich; jedes ♂ verfügt über mehrere Strophentypen.
<u>Vorkommen:</u> Brütet häufig in Nadel- und Mischwald, in Parks, Friedhöfen und verwilderten Gärten mit dichtem Gebüsch; im Gebirge bis zur Latschenregion. Ein Teil unserer Heckenbraunellen überwintert im Brutgebiet.
<u>Verhalten:</u> Hüpft oft am Boden in geduckter Haltung, verläßt nur selten die Deckung. Singt häufig auf Spitzen junger Nadelbäume.
<u>Nahrung:</u> Insekten, Spinnen, im Winterhalbjahr feine Samen (Mohn).
<u>Brut:</u> April – Juli, 2 Bruten; festgefügtes Moosnest mit einem Unterbau aus Reisern, oft in Jungfichten oder Gebüsch.

| | ~ **Haussperling** | **T** | **I-XII** | |

Alpenbraunelle *Prunella collaris*
Familie Braunellen *Prunellidae*
E Alpine Accentor
F Accenteur alpin

Typisch: Flug und Verhalten lerchenartig, kein Deckungsvogel wie die Heckenbraunelle.

Merkmale: Größer, gedrungener und lebhafter gefärbt als Heckenbraunelle; wirkt von weitem einheitlich braungrau, aus der Nähe sieht man die rostbraune Musterung der Flanken, die helle Kehlzeichnung und die gelbliche Schnabelwurzel; im Flug fallen die weißen Spitzen der Schwanzfedern auf.

Stimme: Ruft häufig hell „trrü trrü" oder „drür drür…", bei Gefahr hart „tütütüt". Gesang anhaltend schwätzend mit tiefen Trillern, etwas langsamer als der der Heckenbraunelle, erinnert etwas an Feldlerchengesang.

Vorkommen: Brütet an sonnigen Felsabbrüchen, auf alpinen Matten mit Felsbrocken und auf Steinhalden; häufig in der Nähe von bewirtschafteten Berghütten; im Sommer meist oberhalb 1300 m, im Winterhalbjahr in tieferen Lagen, dringt jedoch nur in strengen Wintern bis in die Siedlungen vor. Verbreiteter Brutvogel der Alpen und des Tatra-Gebirges.

Verhalten: Nahrungssuche in offenem Gelände; singt meist auf Warten, aber auch im Singflug.

Nahrung: Insekten, Spinnen, Würmer, Schnecken; im Winter vor allem Samen.

Brut: Mai–August, 1–2 Bruten; Nest meist in einer Bodensenke oder Felsspalte oder unter Alpenrosen.

> **Haussperling**	J	I-XII	R̅	

Rotkehlchen *Erithacus rubecula*
Familie Sänger *Muscicapidae*
E Robin F Rouge-gorge familier

<u>Typisch:</u> Die großen dunklen Augen und die orangerote Brust.
<u>Merkmale:</u> Rundliche Gestalt, relativ lange Beine; Jungvögel ohne Rot, stark bräunlich gefleckt.
<u>Stimme:</u> Ruft bei Störung scharf „zick", oft in schneller Folge („Schnickern"); ein hohes, durchdringendes „zieh" hört man beim Auftauchen eines Luftfeindes. Der Gesang ist fast das ganze Jahr über zu hören, eine klare, abfallende Tonfolge von feierlichem und melancholischem Klangcharakter; die recht langen Strophen beginnen meist mit hohen, reinen Flötentönen und „ersterben" zum Schluß.
<u>Vorkommen:</u> Brütet in allen Arten von Wäldern, vor allem in unterholzreichem Laub- und Mischwald, in Parks und Gärten mit Baumbestand oder Gebüsch. Bei uns weit verbreitet (bis zur Baumgrenze).
<u>Verhalten:</u> Hält sich zur Nahrungssuche oft am Boden auf, knickst häufig, zuckt mit Flügeln und Schwanz. Wenig scheu, oft sehr neugierig. Singt schon ab März aus der Deckung von Büschen und Bäumen, häufig bis in die späte Dämmerung. Besucht im Winter Futterstellen.
<u>Nahrung:</u> Insekten, Schnecken, Würmer, Beeren, Früchte.
<u>Brut:</u> April – Juli, 2 Bruten; Napfnest aus alten Blättern, Gras und Moos, am Boden in dichtem Bewuchs, in bodennahen Höhlungen oder zwischen Baumwurzeln.

| | | < **Haussperling** | T | I-XII | |

Blaukehlchen *Luscinia svecica*
Familie Sänger *Muscicapidae*
E Bluethroat
F Gorge-bleue à miroir

<u>Typisch</u>: Fächert häufig den Schwanz und stelzt ihn ruckartig.
<u>Merkmale</u>: In Größe und Gestalt ähnlich dem Rotkehlchen, etwas hochbeiniger; Schwanzwurzel rostrot. Mitteleuropäische Rasse (*L. s. cyanecula*) mit weißem, nordeuropäische Rasse (*L. s. svecica*) mit rotem Fleck („Stern") im blauen Kehllatz. ♀ (Zeichnung) und ♂ im Winter mit weißlicher Kehle. Jungvögel ähnlich jungen Rotkehlchen, aber wie Altvögel mit roter Schwanzwurzel.
<u>Stimme</u>: Ruft bei Störung hart „tack" oder pfeifend „hüit". Gesang aus eilig vorgetragenen, langen Strophen von rein klingenden, scharfen und gepreßten Tönen und mit Imitationen vieler verschiedener Vogelarten; zu Beginn häufig eine sich beschleunigende Reihe von grillenartigen Zirplauten.
<u>Vorkommen</u>: Brütet in verschilftem Weidengebüsch an Gräben, Teichen, Seen und Flüssen, in versumpftem Au-

Blaukehlchen, ♀

wald; bei uns seltener Brutvogel des Tieflandes.
<u>Verhalten</u>: Singt von mittelhohen Warten oder im Singflug.
<u>Nahrung</u>: Insekten, Würmer, Beeren.
<u>Brut</u>: April – Juni, 1 Brut; gut verstecktes Nest, meist bodennah.

| < **Haussperling** | S | IV-IX | | |

Nachtigall
Luscinia megarhynchos
Familie Sänger *Muscicapidae*
E Nightingale
F Rossignol philomèle

<u>Typisch:</u> Der stimmungsvolle, laut schmetternde und flötende Gesang.
<u>Merkmale:</u> Oberseite bis auf den rötlichbraunen Schwanz einfarbig braun, Unterseite etwas heller und ungemustert. Jungvögel ähnlich jungen Rotkehlchen, aber größer und mit rötlichbraunem Schwanz.
<u>Stimme:</u> Ruft ähnlich Fitis „huit", bei Gefahr tief knarrend „karrr". Gesang sehr abwechslungsreich und wohlklingend, mit monoton schmetternden und kristallklaren, flötenden Touren; dazwischen tief und hart „tjuck tjuck tjuck…", grillenartig zirpende Teile und lange, crescendoartig anschwellende Touren wie „hü hü hü hü…" („Schluchzen").

<u>Vorkommen:</u> Brütet im Laub- und Mischwald mit dichtem Unterholz, in Auwäldern, Parks, Friedhöfen und verwilderten Gärten; gebietsweise, vor allem in Süddeutschland, sehr selten oder fehlend.

Nachtigall, singend

<u>Verhalten:</u> Wenig gesellig; lebt versteckt. Nahrungssuche am Boden; bewegt sich sehr elegant, stelzt häufig den Schwanz. Singt aus dichtem Gebüsch, auch nachts.
<u>Nahrung:</u> Insekten, Würmer, Beeren.
<u>Brut:</u> Mai – Juni, 1 Brut; lockeres Nest in dichtem Bodenbewuchs.

	> **Haussperling**	S	IV-IX

Sprosser *Luscinia luscinia*
Familie Sänger *Muscicapidae*
E Thrush Nightingale
F Rossignol progné

<u>Typisch:</u> Gesang weniger abwechslungsreich, langsamer und weniger schmetternd als der der Nachtigall, ohne das „Schluchzen".
<u>Merkmale:</u> Anhand von Gefiedermerkmalen nur schwer von der Nachtigall zu unterscheiden; von nahem fällt manchmal die leicht dunkel gewölkte Brust, die dunklere, mehr olivbraune Oberseite und der nur schwach rötlich gefärbte Schwanz auf.
<u>Stimme:</u> Ruft bei Störung ähnlich wie die Nachtigall tief und sonor „karr" oder klar und hell „siih". Gesang ähnlich weit hörbar wie der der Nachtigall, regelmäßig mit eingeflochtenen tonlosen, schnarrenden und rohrsängerartigen Motiven; Imitationen von Singdrossel und Waldschnepfe sind bekannt.
<u>Vorkommen:</u> Brütet oft an feuchteren Standorten als die Nachtigall: dichtes Gebüsch an Gewässerufern, Bruchwald mit Erlen-, Birken- und Weidengebüsch. Bei uns nur im Nordosten Brutvogel, in Schleswig-Holstein treten die beiden Zwillingsarten gebietsweise nebeneinander auf.
<u>Verhalten:</u> Ähnlich wie das der Nachtigall, bei Erregung jedoch drehende Schwanzbewegungen.
<u>Nahrung:</u> Insekten, Spinnen, Würmer, Schnecken, Beeren.
<u>Brut:</u> Mai–Juni, 1 Brut; lockeres Nest aus altem Laub, Gras und Reisern, meist in einer Bodensenke unter dichtem Gebüsch gebaut.

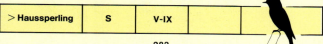

| > Haussperling | S | V-IX | | | |

Grauschnäpper
Muscicapa striata
Familie Sänger *Muscicapidae*
E Spotted Flycatcher
F Gobe-mouches gris

<u>Typisch:</u> Sitzt in aufrechter Haltung auf erhöhter Warte und fängt vorbeifliegende Insekten.
<u>Merkmale:</u> Schlank und unscheinbar, große dunkle Augen; Oberseite graubraun, Unterseite weißlich, an Kopf und Brust verwaschen längsgestreift. Jungvögel mit geschuppter Oberseite.
<u>Stimme:</u> Ruft bei Beunruhigung kurz „tk", scharf „pst" oder „zek", häufig auch „zi-tk-tk". Gesang wenig eindrucksvoll und selten zu hören: eine hastige Folge von kurzen Einzelelementen und Doppeltönen wie „tsi-tsi-tsi-sri-trü-zr".
<u>Vorkommen:</u> Brütet in lichtem Laub- und Mischwald, in Feldgehölzen, Parks und Gärten, oft im Siedlungsbereich oder an Einzelgebäuden. Bei uns weit verbreiteter Brutvogel, dessen Bestände jedoch in den letzten Jahren vielerorts deutlich abgenommen haben.
<u>Verhalten:</u> Wenig gesellig; jagt meist im Baumkronenbereich; kehrt nach einem Jagdflug wieder auf dieselbe Sitzwarte zurück; nach dem Landen und bei Erregung häufig Flügel- und Schwanzzucken. Bleibt gelegentlich flatternd in der Luft stehen.
<u>Nahrung:</u> Fliegende Insekten; im Herbst auch Beeren.
<u>Brut:</u> Mai–Juli, 1–2 Bruten; Halbhöhlenbrüter; lockeres Nest aus Moos, Federn und Haaren in Baumhöhlen, Mauerlöchern, unter Dachvorsprüngen, in Spalieren und Halbhöhlen-Nistkästen.

Zwergschnäpper *Ficedula parva*
Familie Sänger *Muscicapidae*
E Red-breasted Flycatcher
F Gobe-mouches nain

Typisch: Kleinster europäischer Fliegenschnäpper.
Merkmale: Oberseite graubraun, heller Augenring, Unterseite rahmfarben, Seiten der Schwanzbasis auffallend weiß. Altes ♂ mit orangeroter Kehle und grauen Kopfseiten, einjährige ♂ an der Kehle nur rötlich überhaucht oder wie ♀ ohne Rot. Jungvögel oberseits mit hellen Federrändern.
Stimme: Ruft bei Beunruhigung melodisch „düi", häufig auch hoch „zit" oder an Zaunkönig erinnernd „zrrr". Der Gesang, eine abfallende, reintonige und hoch pfeifende Folge, erinnert etwas an Fitisgesang: „tink tink tink… dlü tink dlü tink dlü dlü dlü…".
Vorkommen: Brütet in alten feuchten Laubwäldern, besonders in Buchenwald, gebietsweise auch in Parkanlagen, in Misch- und Nadelwald; östliche Art, die westwärts bis Norddeutschland und Südbayern (vor allem im Bergland bis rund 1300 m Höhe) verbreitet ist und nur an wenigen Stellen brütet.
Verhalten: Zuckt häufig mit dem Schwanz und läßt dabei die Flügel hängen. Hält sich meist hoch in den Baumkronen auf, um nach Fliegenschnäppermanier Insekten zu fangen; daher ohne Kenntnis der Stimme nur schwer zu entdecken.
Nahrung: Meist fliegende Insekten.
Brut: Mai–Juli, 1 Brut, Moosnest in Halbhöhlen oder Nischen, meist hoch in Laubbäumen.

< **Haussperling**	S	V-IX		

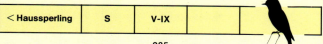

Trauerschnäpper
Ficedula hypoleuca
Familie Sänger *Muscicapidae*
E Pied Flycatcher
F Gobe-mouches noir

Typisch: Zuckt häufig mit Flügeln und Schwanz.
Merkmale: ♂ mit tiefschwarzer (Zeichnung) bis graubrauner Oberseite, deutlichem weißem Flügelfleck und weißem Stirnfleck.
Schwarz-weiße ♂ bei uns vorwiegend in den Alpen oder als Durchzügler aus nordischen Brutgebieten. ♀ stets mit graubrauner Oberseite, Unterseite und Flügelfleck schmutzigweiß. ♂ im Ruhekleid wie ♀, mit weißlichem Stirnfleck.
Stimme: Ruft bei Störung häufig scharf „bit", auch mehrfach gereiht, daneben hart „tk". Gesang auf- und absteigend „wu-ti-wu-ti-wu-ti", erinnert an den des Gartenrotschwanzes.

Vorkommen: Brütet in Laub-, Misch- und Nadelwald, in Parks und Gärten mit ausreichendem Nisthöhlenangebot; gebietsweise selten.
Verhalten: Jagt fliegende Insekten von einer Warte aus, kehrt aber selten zum

Trauerschnäpper, ♂

Ausgangspunkt zurück; nimmt Insekten auch vom Boden auf. Singt meist nur im Mai.
Nahrung: Fliegende Insekten; im Herbst auch Beeren.
Brut: Mai – Juni, 1 Brut; großes Nest aus Gräsern, Blättern und Moos, in Baumhöhlen oder Nistkästen.

Halsbandschnäpper
Ficedula albicollis
Familie Sänger *Muscicapidae*
E Collared Flycatcher
F Gobe-mouches à collier

<u>Typisch:</u> Das auffallende weiße Halsband des ♂.

<u>Merkmale:</u> ♂ stets kontrastreich schwarz-weiß, weißer Bürzel, größeres weißes Flügelfeld als beim Trauerschnäpper; ♀ im Feld kaum sicher vom Trauerschnäpper-♀ zu unterscheiden, jedoch weißer Flügelfleck größer und deutlicher, Bürzelregion heller, Halsband angedeutet, ♂ im Ruhekleid sehr ähnlich wie ♀.

<u>Stimme:</u> Ruft hoch, gedehnt und voll „sieb", das an den Warnruf der Nachtigall erinnert; daneben hart und sehr kurz „tek", auch mehrfach wiederholt. Gesang einfacher, langsamer und höher als der des Trauerschnäppers, zwischen den Strophen oft die typischen „sieb"-Rufe: „sit-sit-sit-sju-si-sju-trü-si-trü-si sieb".

<u>Vorkommen:</u> Brütet in Laubwäldern und Parks mit altem Laubbaumbestand, in Friedhöfen, Obstgärten. Bei uns nur gebietsweise Brutvogel, fehlt fast völlig im Norden.

<u>Verhalten:</u> Sehr ähnlich wie das des Trauerschnäppers, jagt gewöhnlich im Kronenbereich der Bäume.

<u>Nahrung:</u> Fast ausschließlich fliegende Insekten.

<u>Brut:</u> Mai – Juli, 1 Brut; nistet wie der Trauerschnäpper in Baumhöhlen und in künstlichen Nisthöhlen. Wie auch bei der Zwillingsart wurde beim Halsbandschnäpper „Vielweiberei" nachgewiesen, d.h. ein ♂ kann mit mehreren ♀ verpaart sein.

| < **Haussperling** | S | IV–IX | ▽1 | |

Hausrotschwanz
Phoenicurus ochruros
Familie Sänger *Muscicapidae*
E Black Redstart
F Rouge-queue noir

Vorkommen: Brütet an Einzelhäusern, in Dörfern und Städten, auch mitten in der Großstadt; ursprünglich Felsbewohner, im Gebirge bis über 3000 m Höhe; weit verbreitet und meist häufig.
Verhalten: Fliegt zum Erhaschen von

Typisch: Sitzt häufig in aufrechter Haltung auf Warten, knickst und zittert ständig mit dem Schwanz.
Merkmale: Schlank und hochbeinig, Bürzel und Schwanz rostrot; ♂ an der auffallenden dunklen Färbung und am hellen Flügelfleck schon von weitem leicht erkennbar. ♀ (Zeichnung) dunkel graubraun. Jungvögel schwarzbraun, kaum gemustert.
Stimme: Ruft bei Störung hart und kurz „hid-tek-tek", in Nestnähe sehr schnell und tonlos „tektektek". Gesang: eine kurze, hastige Strophe aus zwei Teilen, beginnt mit „jirr-titititi", der zweite Teil, ein gepreßtes, kratzendes „zchr-chz-tritütiti", erfolgt nach kurzer Pause.

Hausrotschwanz, ♀

Insekten häufig kurz auf den Boden; singt von hohen Warten wie Hausantennen, auch vor Sonnenaufgang.
Nahrung: Insekten, Spinnen, Beeren.
Brut: April–Juli, 2 Bruten; Nest in Mauerlöchern, Felsspalten, unter Dächern und in Halbhöhlen-Nistkästen.

	< **Haussperling**	T	III–X	

Gartenrotschwanz
Phoenicurus phoenicurus
Familie Sänger *Muscicapidae*
E Redstart
F Rouge-queue à front blanc

<u>Typisch:</u> Zittert in kurzen Abständen mit dem Schwanz.
<u>Merkmale:</u> ♂ im Brutkleid trotz der Buntheit oft schwer zu entdecken, im Ruhekleid (Herbst) verwaschene Kopf- und Unterseitenfärbung durch helle Federsäume. ♀ (Zeichnung) mit deutlich hellerer Unterseite als Hausrotschwanz-♀, Jungvögel unterseits stark gemustert.
<u>Stimme:</u> Ruft bei Störung kurz und gezogen „hüit" oder „hüit-teck-teck". Gesang wohlklingend und wehmütig, beginnt meist mit „hüit trä trä trä", daran schließen sich rauhe, gequetschte und reine Töne und häufig Imitationen an.
<u>Vorkommen:</u> Brütet in lichtem Laub-, Misch- und Nadelwald, in Parks, Gärten und Obstgärten mit altem Baumbestand, auch in Dörfern und an Stadträndern. Bei uns weit verbreitet, in den letzten Jahren jedoch deutlich seltener geworden.

Gartenrotschwanz, ♀

<u>Verhalten:</u> Sitzt häufig auf niedrigen Zweigen, fliegt auf den Boden, um Insekten aufzunehmen. Singt schon vor dem Morgengrauen auf Baumspitzen und Antennen.
<u>Nahrung:</u> Insekten, Spinnen, Beeren.
<u>Brut:</u> Mai–Juli, 2 Bruten; nistet in Baum- und Felshöhlen, Mauernischen, auf Dachbalken und in Nistkästen.

| < **Haussperling** | S | IV-X | | |

Braunkehlchen *Saxicola rubetra*
Familie Sänger *Muscicapidae*
E Whinchat F Traquet des prés

<u>Typisch:</u> Sitzt häufig exponiert auf vorjährigen Stauden, auf Pfosten oder Stacheldrahtzäunen.
<u>Merkmale:</u> Gedrungen und kurzschwänzig, trotz der auffälligen Färbung leicht zu übersehen. ♂ mit weißem, ♀ (Zeichnung) mit gelblichem Überaugenstreif.
<u>Stimme:</u> Ruft häufig hart und sehr kurz „tek tek" oder „zek zek", oft abwechselnd mit weichen „djü"-Rufen. Gesang: verschiedene kurze und eilige Strophen aus kratzenden, schmatzenden und flötenden Tönen; viele Strophen enthalten Imitationen oder sind verkürzte Imitationen anderer Vogelgesänge.
<u>Vorkommen:</u> Brütet in offenen, weiten Feuchtgebieten, extensiv genutzten Streuwiesen, in Brachflächen und sog. Ödland; entscheidend ist das Angebot an vorjährigen Stauden und anderen Warten. Bei uns durch Zerstörung von Feuchtgebieten selten geworden.

Braunkehlchen, ♀

<u>Verhalten:</u> Fliegt niedrig von Warte zu Warte; wippt häufig mit dem Schwanz und zuckt mit den Flügeln. Singt meist auf niedrigen Warten oder in kurzem Singflug.
<u>Nahrung:</u> Insekten, Spinnen.
<u>Brut:</u> Mai – Juni, 1 Brut; Nest gut getarnt, meist unter Grasbüscheln.

	< **Haussperling**	S	IV–IX	

Schwarzkehlchen
Saxicola torquata
Familie Sänger *Muscicapidae*
E Stonechat F Traquet pâtre

Typisch: Die auffallend kontrastreiche Färbung des ♂.
Merkmale: Gestalt etwas rundlicher als Braunkehlchen. ♀: Kopf und Oberseite bräunlich gemustert, keine weißen Schwanzseiten wie Braunkehlchen-♀, Überaugenstreif nur angedeutet. Jungvögel mit fein gestrichelter Brust.
Stimme: Ruft bei Störung hart und kratzend „trat", meist mehrfach wiederholt, oder „fid kr". Gesang: eine kurze, eilige Strophe mit kratzenden, ratternden und pfeifenden Tönen und häufig mit Imitationen anderer Vogelstimmen.
Vorkommen: Meist an trockeneren Standorten als Braunkehlchen: brütet in offener, steiniger Landschaft mit Ginsterbüschen, an Bahndämmen, aber auch auf Hochmooren und extensiv genutzten Wiesen; im Gebirge (Schweiz) bis 1400 m Höhe. Bei uns selten, nur gebietsweise Brutvogel.
Verhalten: Hält sich zur Nahrungssuche öfter auf dem Boden auf als Braunkehlchen; sitzt häufiger in aufrechter Haltung; hält auf Buschspitzen nach vorbeifliegenden Insekten Ausschau; wippt ständig mit dem Schwanz und zuckt mit den Flügeln; fliegt niedrig und ruckartig. Singt oft auf Buschspitzen, manchmal auch in kurzem, tanzend wirkendem Singflug.
Nahrung: Insekten, kleine Würmer.
Brut: April – Juli, 2 Bruten; Nest meist in dichtem Bodenbewuchs.

| < Haussperling | S | III-X | | |

Steinschmätzer
Oenanthe oenanthe
Familie Sänger *Muscicapidae*
E Wheatear F Traquet motteux

Typisch: Die im Flug auffallende Bürzel- und Schwanzfärbung: ein breites schwarzes, auf dem Kopf stehendes T (Zeichnung).
Merkmale: Lange schwarze Beine, relativ kurzer Schwanz und aufrechte Haltung kennzeichnend. Beim ♂ Rücken taubengrau, Wangen und Flügel schwarz, deutlicher weißer Überaugenstreif; ♂ im Ruhekleid und ♀ bräunlich ohne die kontrastreiche Kopfzeichnung. Jungvögel fein gefleckt.
Stimme: Ruft hart und hölzern „tk", meist wiederholt, dazwischen oft einzelne „fid"- oder „jiw"-Laute. Gesang selten zu hören, kurze, hastig schwätzende Strophen aus harten, rauhen Tönen und weichen Pfeiflauten.

Vorkommen: Offene steinige oder felsige Landschaft; Ödland, Schuttplätze, Kiesgruben, Dünen, Moor- und Heidelandschaften; im Gebirge bis über 2000 m Höhe. Bei uns selten, fehlt gebietsweise.

Steinschmätzer, Flug

Verhalten: Bodenvogel, sitzt oft auf Steinen oder Erdschollen; knickst und wippt mit dem Schwanz.
Nahrung: Insekten, Spinnen, Würmer.
Brut: April – Juni, 1 Brut; Nest in Steinhaufen, Felsspalten, Mauerlöchern, alten Säugetierbauten.

| | ~ **Haussperling** | S | IV-X | |

Steinrötel *Monticola saxatilis*
Familie Sänger *Muscicapidae*
E Rock Thrush F Merle de roche

Typisch: Das deutliche weiße Rückenfeld des ♂, dessen Ausdehnung stark variiert.
Merkmale: Unterseite und Schwanz beim ♂ rostrot, Kopf graublau. ♀ (Zeichnung) und ♂ im Ruhekleid bräunlich, oberseits kräftig gefleckt, unterseits mit gelblicher Schuppenzeichnung.
Stimme: Ruft bei Beunruhigung hart und oft mehrfach wiederholt „tack" oder leise „jih", manchmal auch elsterartig schackernd. Gesang flötend und etwas gepreßt zwitschernd, häufig mit deutlichen Imitationen anderer Vogelstimmen.
Vorkommen: Brütet an spärlich bewachsenen, sonnigen Felsabhängen, auch in Steinbrüchen und Ruinen; seltener Brutvogel der österreichischen und Schweizer Alpen, in manchen Jahren auch in den Bayerischen Alpen.
Verhalten: Ziemlich scheu; sitzt häufig aufrecht und frei auf Warten (Felsen, Gebäude, Bäume). Auffallender Sing-

Steinrötel, ♀

flug, wobei der Vogel nach dem Steigflug mit stark gespreiztem Schwanz herabschwebt.
Nahrung: Insekten, Spinnen, Würmer, Beeren.
Brut: Mai – Juli, 1 Brut; lockeres Nest in Felsspalten.

| > **Haussperling** | S | IV-X | | |

Misteldrossel *Turdus viscivorus*
Familie Sänger *Muscicapidae*
E Mistle Thrush F Grive draine

<u>Typisch:</u> Größte Drossel Europas.
<u>Merkmale:</u> Deutlich größer, langflügeliger und langschwänziger als die Singdrossel; Oberseite mehr graubraun, Unterseite gröber gefleckt; Schwanzaußenfedern mit weißlichen Enden. Jungvögel mit dunkel gefleckter und hell gestrichelter Oberseite, Kehle einfarbig weißlich. Im Flug einer Taube ähnlich, rundlicher Bauch und weißliche Unterflügeldecken auffallend; wellenförmige Flugbahn.
<u>Stimme:</u> Ruft laut und trocken schnarrend „tzrrr", besonders häufig beim Abflug. Gesang an den der Amsel erinnernd, aber von melancholischem Klangcharakter und wenig abwechslungsreich: kurze, flötende Strophen in fast gleichbleibender Tonhöhe vorgetragen.
<u>Vorkommen:</u> Hochstämmiger Laub- und Nadelwald, Feldgehölze; gebietsweise auch in Parkanlagen; im Gebirge bis zur Baumgrenze. Bei uns weit verbreitet, aber meist deutlich seltener als die Singdrossel.
<u>Verhalten:</u> Bei der Nahrungssuche auf dem Boden meist in aufrechter Körperhaltung und mit etwas hängenden Flügeln. Singt häufig auf Baumspitzen.
<u>Nahrung:</u> Würmer, Schnecken, Insekten, im Herbst auch Beeren (Mistel), Früchte, Obst.
<u>Brut:</u> März – Juni, meist 1 Brut; Nest aus Gras, Wurzeln und Zweigen, mit Erde verfestigt und mit Gräsern ausgepolstert; meist in 2–10 m Höhe in einer Astgabel.

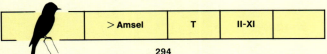

| | | > Amsel | T | II-XI | |

Singdrossel *Turdus philomelos*
Familie Sänger *Muscicapidae*
E Song Thrush
F Grive musicienne

<u>Typisch:</u> Fliegt aufgeschreckt mit hohen, scharfen „zipp"-Rufen weg.
<u>Merkmale:</u> Kleine, oberseits braune Drossel mit großen dunklen Augen; Unterseite mit kleinen dunklen Flecken übersät. Jungvögel oberseits hell gestrichelt. Im Flug fallen die gelblichen Unterflügeldecken auf.
<u>Stimme:</u> Zetert erregt amselartig, aber weniger durchdringend „dickdickdickdick…". Gesang laut und abwechslungsreich, aus 2- bis 3mal wiederholten, klangvollen flötenden und zwitschernden Motiven, z.B. „judit-judit-judit". Oft Imitationen anderer Vogelstimmen, besonders von Watvögeln.

<u>Vorkommen:</u> Weit verbreitet und häufig in allen Arten von hochstämmigen Wäldern, vor allem in unterholzreichem, lichtem Mischwald, in Feldgehölzen, Parks und Gärten mit älterem Baumbestand.
<u>Verhalten:</u> Zur Nahrungssuche oft auf Wiesen in Waldrandnähe, rennt ein kurzes Stück und bleibt dann abrupt stehen. Schlägt häufig auf bestimmten Steinen („Drosselschmiede") Gehäuseschnecken auf. Singt im Frühjahr oft ausdauernd auf Baumspitzen.
<u>Nahrung:</u> Schnecken, Würmer, Insekten, im Herbst auch Beeren, Obst.
<u>Brut:</u> April–Juli, 2 Bruten; stabiles, wohlgeformtes Nest mit tiefer Mulde, innen mit Holzmulm und Lehm ausgekleidet; oft in Jungfichten nahe am Stamm versteckt.

< Amsel	T, (W)	III-XI		

Amsel *Turdus merula*
Familie Sänger *Muscicapidae*
E Blackbird F Merle noir

<u>Typisch:</u> Sehr häufiger Kulturfolger.
<u>Merkmale:</u> Schnabel und Augenring beim ♂ orangegelb, Gefieder glänzend schwarz, beim ♀ (Zeichnung) dunkel graubraun bis schwärzlichbraun mit hellerer, schwach gemusterter Brust. Jungvögel mit mehr rotbraunem Gefieder, Unterseite stärker gemustert.
<u>Stimme:</u> Ruft häufig „tix tix" oder „duk duk duk"; bei Erregung metallisch „tsink tsink" und schrilles Zetern. Gesang laut und volltönend, von flötendem und orgelndem Klangcharakter; die relativ langsam vorgetragenen, variablen Strophen werden nicht wie bei der Singdrossel wiederholt, sie enden meist mit etwas höheren, gepreßt zwitschernden Lauten.
<u>Vorkommen:</u> Überall häufig in Wäldern, Gehölzen; Parks und Gärten.
<u>Verhalten:</u> Bei der Nahrungssuche meist auf dem Boden hüpfend, hält oft

Amsel, ♀

ruckartig an, stelzt den Schwanz und zuckt mit den Flügeln.
<u>Nahrung:</u> Regenwürmer, Schnecken, Insekten, Beeren, Früchte, Obst.
<u>Brut:</u> März–August, 2–3 Bruten; stabiles Nest meist niedrig in Bäumen, Büschen, Hecken, auch auf Fenstersimsen und Balkonen.

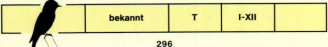

| | | bekannt | T | I–XII | |

Ringdrossel *Turdus torquatus*
Familie Sänger *Muscicapidae*
E Ring Ouzel F Merle à plastron

<u>Typisch:</u> Das auffallende weiße Brustschild des ♂.
<u>Merkmale:</u> In Größe und Gestalt ähnlich der Amsel, Flügel und Schwanz etwas länger, auf der Unterseite mehr oder weniger deutliche Schuppenzeichnung, die sich im Winter verstärkt; ♀ mit matterem, weniger auffallendem Brustschild, Gefieder mehr braun und stärker geschuppt. Jungvögel ohne Brustschild, Unterseite mit Kehle stark dunkel gefleckt.
<u>Stimme:</u> Ruft bei Erregung hölzern und hart „tok tok tok", im Flug vibrierend „tsriet"; Gesang aus kurzen, flötenden Strophen, deren Motive wie bei der Singdrossel mehrfach wiederholt werden. Klangcharakter an Amsel und Misteldrossel erinnernd, aber weniger wohlklingend und rauher: „derü derü", „trü trü" oder „tjüli tjüli".
<u>Vorkommen:</u> Brütet mäßig häufig in den Alpen und den höheren Mittelgebirgen im lockeren Fichtenwald und in der Latschenzone von rund 1000–2000 m Höhe; zur Zugzeit auch in Tälern und im Tiefland.
<u>Verhalten:</u> Fliegt schnell und gewandt; ziemlich scheu; sitzt oft auf Baumspitzen.
<u>Nahrung:</u> Würmer (Regenwürmer), Schnecken, Insekten, Beeren.
<u>Brut:</u> April–Juli, 1–2 Bruten; großes Nest aus Gras, Moos und Heidekraut, meist niedrig in einer Fichte oder Latsche, manchmal auch auf dem Boden.

~ Amsel	S, D	II-X		

Wacholderdrossel *Turdus pilaris*
Familie Sänger *Muscicapidae*
E Fieldfare F Grive litorne

<u>Typisch:</u> Die auffallende Färbung.
<u>Merkmale:</u> Langflügelig und langschwänzig. Im Flug (Zeichnung) kontrastiert der schwarze Schwanz mit dem hellgrauen Bürzel und den weißen Unterflügeldecken.
<u>Stimme:</u> Ruft im Flug laut und rauh schackernd „schak schak schak" oder, in Nestnähe, „trarrat"; Greifvögel und Krähen werden mit schnarrendem „trrtrrtrrt" verjagt. Gesang nicht sehr laut, schwätzend und gepreßt zwitschernd, mit harten und schrillen Lauten durchsetzt; singt oft im Flug.
<u>Vorkommen:</u> Brütet in Feldgehölzen, an Waldrändern, in Auwald, lichten Birkenwäldern, in Parks und Gärten mit Bäumen. Bei uns recht häufig, nur im NW selten oder fehlend.
<u>Verhalten:</u> Nahrungssuche am Boden, sitzt meist in aufrechter Haltung; sehr gesellig; in den Brutkolonien greifen die Drosseln Nestfeinde gemeinsam an.

Wacholderdrossel, Flug

Flug wellenförmig, wirkt etwas schwerfällig.
<u>Nahrung:</u> Würmer, Schnecken, Insekten, Beeren, Früchte, Obst.
<u>Brut:</u> April–Juni, 1–2 Bruten; Koloniebrüter. Großes Nest auf Bäumen in Astgabeln oder nahe am Stamm, oft ziemlich ungeschützt.

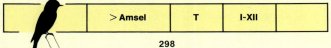

| | > **Amsel** | T | I-XII | |

Rotdrossel *Turdus iliacus*
Familie Sänger *Muscicapidae*
E Redwing F Grive mauvis

<u>Typisch:</u> Der Flugruf, ein gedehntes, hohes, etwas rauh klingendes „zjieh".
<u>Merkmale:</u> Aus der Nähe durch den weißlichen Überaugenstreif, die rotbraunen Flanken und die längsgestreifte (nicht gefleckte) Brust von der etwas größeren und helleren Singdrossel zu unterscheiden. Im Flug (Zeichnung) fallen die rotbraunen Unterflügeldecken auf.
<u>Stimme:</u> Ruft bei Störung gedämpft „djüg", in Nestnähe knatternd „trrt"; neben dem typischen Flugruf auch ein gedämpftes „kök". Gesang eine schnelle, meist melancholisch klingende, abfallende Tonreihe wie „trü trü trü trü" oder „tjirre tjerre tjürre tjörre", auf die ein hastiges, gepreßtes Zwitschern folgt; der erste (flötende) Teil des Gesangs ist recht variabel.
<u>Vorkommen:</u> Brütet in lichten nordischen Nadel- und Birkenwäldern bis

Flug

Rotdrossel

zum Tundrarand. Einzelne Paare brüten gelegentlich bei uns. Im Winterhalbjahr in offener Landschaft und aufgelockerten Wäldern, in Parks und Gärten mit beerentragenden Büschen.
<u>Nahrung:</u> Würmer, Schnecken, Insekten, auf dem Zug vor allem Beeren (besonders Weintrauben).

< **Amsel**	D, (W)	X-III	R̄	

Feldschwirl *Locustella naevia*
Familie Grasmücken *Sylviidae*
E Grasshopper Warbler
F Locustelle tachetée

Typisch: Der an die Grüne Laubheuschrecke erinnernde Gesang.
Merkmale: Schlanker, deutlich abgerundeter Schwanz; Oberseite oliv- bis gelblichbraun mit dunkler Fleckung, Unterseite weißlich, schwach gestreift. Jungvögel mit mehr rötlicher Oberseite. Bestimmung meist nur anhand des Gesangs möglich.
Stimme: Ruft bei Erregung „tschek tschek", am Nest scharf „pitt pitt". Gesang weit hörbar, ein gleichmäßiges mechanisches Schwirren auf derselben Tonhöhe, das leise beginnt und oft minutenlang anhält; nur schwer lokalisierbar. Singt auch nachts.
Vorkommen: Brütet in dichtem Gebüsch in Sumpfgebieten, in hochgrasigen Feuchtwiesen, Bruch- und Auwäldern, aber auch auf Heideflächen, trokkenen Waldlichtungen und sogar in Fichtenschonungen mit hohem Gras. Bei uns weit verbreitet, jedoch nur mäßig häufig.
Verhalten: Scheu, lebt versteckt in dichtem Pflanzenwuchs; fliegt nur selten auf.
Nahrung: Insekten, Spinnen.
Brut: Mai – Juli, 1–2 Bruten; tiefes Napfnest aus alten Blättern, Gras und Halmen, meist bodennah in dichter Vegetation.
Der winzige **Cistensänger** *Cisticola juncidis* ist sehr seltener und unregelmäßiger Brutvogel Hollands, Belgiens und der Südschweiz. Gesang: scharf und hoch „dsip dsip...", oft im Singflug.

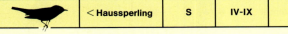

| | < **Haussperling** | S | IV–IX | |

Rohrschwirl
Locustella luscinoides
Familie Grasmücken *Sylviidae*
E Savi's Warbler
F Locustelle luscinoïde

<u>Typisch:</u> Der schnurrende Gesang.
<u>Merkmale:</u> Schwanz breit abgerundet, deutlich gestuft; Färbung nachtigallähnlich, ungefleckt; undeutlicher, kurzer Überaugenstreif.
<u>Stimme:</u> Ruft bei Störung kurz „zik", am Nest „pit" oder hart schnarrende Folgen. Gesang deutlich tiefer als der des Feldschwirls und in kürzeren Strophen, oft mit einleitenden, sich beschleunigenden Elementen: „tik tiktiktik...örr"; klingt ähnlich wie der Gesang der Wechselkröte oder der Maulwurfsgrille.
<u>Vorkommen:</u> Brütet in ausgedehnten Verlandungszonen an Gewässern mit Schilf, Rohrkolben und Binsen. Bei uns selten, fehlt gebietsweise.
<u>Verhalten:</u> Lebt weniger versteckt als Feldschwirl; singt häufig hoch auf Schilfhalmen; zuckt oft mit Flügeln und Schwanz.
<u>Nahrung:</u> Insekten, Spinnen.
<u>Brut:</u> Mai – Juli, 2 Bruten; großes Nest aus Halmen und Schilfblättern, in dichtem Schilfbestand knapp über dem Wasser.
Beim ähnlichen **Schlagschwirl** *Locustella fluviatilis* sind Kehle und Brust zart längsgestreift. Lebt versteckt in unterholzreichen Auwäldern, Flußauen und anderen Sumpfgebieten. Gesang ausdauernd wetzend „dzedzedze...". Östliche Art, die sich nach Westen ausbreitet; Westgrenze derzeit in Südbayern und Norddeutschland. Im östlichen Mitteleuropa ist die Art gebietsweise häufig.

| < **Haussperling** | S | IV–IX | ▽ | |

Sumpfrohrsänger
Acrocephalus palustris
Familie Grasmücken *Sylviidae*
E Marsh Warbler
F Rousserolle verderolle

<u>Typisch:</u> Der laute, wohlklingende und sehr abwechslungsreiche Gesang, eine Folge von brillanten Imitationen anderer Vogelarten, dazwischen immer wieder quirlende, quetschende und knarrende Töne eingestreut.
<u>Merkmale:</u> Ohne Kenntnis der Gesangsunterschiede im Feld kaum sicher vom Teichrohrsänger zu unterscheiden; Oberseite mehr olivbraun, Stirn nicht so flach.
<u>Stimme:</u> Ruft bei Störung „tschak", „tuik" oder wetzend „wäd". Gesang ohne Strophengliederung, eine schnelle Folge von Imitationen, häufig von Blau- und Kohlmeise, Amsel, Buchfink, Rauchschwalbe, Stieglitz, Bach- und Schafstelze, Feldlerche, Star, Haus- und Feldsperling, Wachtel sowie vieler anderer Vogelarten. Zusätzlich erlernen Sumpfrohrsänger auf dem Zug eine Vielzahl von Stimmen afrikanischer Vogelarten, die sie in ihren Gesang einflechten. Singt häufig auch nachts.
<u>Vorkommen:</u> Brütet in üppigem Gebüsch an Gewässern, in Hochstaudenfluren und Brennesseldickicht, in Getreide- und Rapsfeldern und in verwilderten Gärten. Bei uns weit verbreitet, nicht selten.
<u>Nahrung:</u> Insekten, Spinnen.
<u>Brut:</u> Mai – Juli, 1 Brut; Nest lockerer und flacher als beim Teichrohrsänger, aus Halmen, Stengeln und Pflanzenwolle, meist in Hochstauden (Brennesseln) zwischen die Halme geflochten.

| | < **Haussperling** | S | V-IX | |

Teichrohrsänger
Acrocephalus scirpaceus
Familie Grasmücken *Sylviidae*
E Reed Warbler
F Rousserolle effarvatte

Typisch: Kommt auch in schmalen Schilfstreifen vor.
Merkmale: Sehr ähnlich dem Sumpfrohrsänger, im Feld nur an der Stimme sicher zu erkennen; Schnabel etwas feiner, Stirn flacher, Füße dunkler, Oberseitenfärbung mehr rötlichbraun. Jungvögel beider Arten gleich gefärbt.
Stimme: Ruft bei Störung hart „kra" oder wetzend „wäd". Gesang ähnlich dem des Drosselrohrsängers, aber leiser, weniger durchdringend, kontinuierlicher und schneller; häufig rauhe, kratzige und nasale Töne, die 2- bis 3mal wiederholt werden, z.B. „tere-tere-tere-schirk-schirk-schirk-zerr-zerr-twi-twi-twi".
Vorkommen: Brütet im Schilf und in dichtem Ufergebüsch am Wasser; zur Zugzeit manchmal in wasserfernem Gebüsch. Bei uns weit verbreitet, meist der häufigste Rohrsänger an schilfigen Ufern.
Nahrung: Insekten, Spinnen.
Brut: Mai – August, 1 Brut; stabiles, tiefmuldiges Nest zwischen senkrechte Schilfhalme geflochten, meist in 1–1,5 m Höhe gebaut.
Der etwas größere **Seidensänger** *Cettia cetti* (langer, breit gerundeter Schwanz, dunkel rotbraune Oberseite) lebt in dicht bewachsenen Feuchtgebieten und fällt vor allem durch seinen sehr lauten, plötzlich einsetzenden Gesang auf. Sehr seltener Brutvogel Hollands, Belgiens und der Südschweiz.

| < Haussperling | S | V-IX | | |

Drosselrohrsänger
Acrocephalus arundinaceus
Familie Grasmücken *Sylviidae*
E Great Reed Warbler
F Rousserolle turdoïde

Typisch: Unser größter Rohrsänger, fast singdrosselgroß.
Merkmale: Kräftiger langer Schnabel, flaches Kopfprofil, deutlicher Überaugenstreif.
Stimme: Ruft bei Störung hart „karr", in Nestnähe „zäck zäck". Gesang sehr laut und rauh, deutlich abgesetzte Strophen in mäßigem Tempo; tiefe, knarrende Folgen wechseln mit hohen, wohltönenden ab, z. B. „karre-karre-karre-kiet-kiet-kiet drü-drü-drü dore dore dore tsiep-tsiep-tsiep".
Vorkommen: Brütet im Röhricht: vor allem in den zum Wasser weisenden Randbereichen von ausgedehnten Schilfwäldern an Seen, Teichen und Flüssen. Bei uns durch Lebensraumzerstörung selten geworden.
Verhalten: Fliegt langsam und etwas schwerfällig, meist mit leicht gefächertem Schwanz. Klettert oft singend an Schilfhalmen empor; lebt nicht so verborgen wie der Teichrohrsänger, daher leichter zu beobachten.
Nahrung: Insekten, Spinnen, Wasserinsekten, winzige Frösche.
Brut: Mai – Juli, 1 Brut; stabiles Hängenest mit tiefer Mulde, aus Schilfblättern erbaut, meist bis 1 m hoch zwischen Schilfhalme geflochten. Das Baumaterial wird vorher ins Wasser getaucht, damit es sich leichter um die Rohrhalme schlingen läßt; nach dem Trocknen ist das fertige Nest sehr fest und hält auch stärkstem Wind stand.

 > **Haussperling** S IV-IX

Schilfrohrsänger
Acrocephalus schoenobaenus
Familie Grasmücken *Sylviidae*
E Sedge Warbler
F Phragmite des joncs

<u>Typisch:</u> Startet häufig zu kurzen Singflügen, landet an einer anderen Stelle und singt dort weiter.
<u>Merkmale:</u> Gestrichelte Oberseite, aber einfarbiger Bürzel; dunkler Scheitel und deutlicher weißlicher Überaugenstreif kennzeichnend.
<u>Stimme:</u> Ruft bei Störung hart „zäck", „tsrr" oder schnarrend „karrr". Gesang meist durch einige kurze „trr" eingeleitet, viel längere Strophen und schnelleres Tempo als Teichrohrsänger; dazwischen lange, wohltönende Tonfolgen, viele Imitationen.
<u>Vorkommen:</u> Röhrichtgürtel, schilfdurchsetztes Weidengebüsch an Ufern und Gräben. Bei uns selten, besonders im Süden.
<u>Verhalten:</u> Lebt ziemlich verborgen, sitzt jedoch beim Singen oft auf exponierten Warten.
<u>Nahrung:</u> Insekten und Spinnen.
<u>Brut:</u> Mai–Juli, 1 Brut; umfangreiches Nest, meist bodennah im Schilf oder Weidengebüsch.

Der sehr ähnliche **Mariskensänger** *Acrocephalus melanopogon* hat eine kontrastreichere Kopffärbung; im Gesang nachtigallähnliche „düh"-Reihen. Seltener Brutvogel des österreichischen Burgenlandes.

Der **Seggenrohrsänger** *Acrocephalus paludicola* ist etwas gelblicher gefärbt als der Schilfrohrsänger, Scheitel dunkler, in der Mitte mit gelblichem Längsstreif. Lebt in ausgedehnten Seggenbeständen des nordöstlichen Mitteleuropas; in Westdeutschland ist die Art schon lange ausgestorben.

| < Haussperling | S | IV–X | | |

Gelbspötter *Hippolais icterina*
Familie Grasmücken *Sylviidae*
E Icterine Warbler
F Hypolaïs ictérine

Typisch: Der laute und rauhe Gesang mit vielen Imitationen.
Merkmale: Gefieder auffallend gelblich; Gestalt rohrsängerartig, langer orangefarbener Schnabel.
Stimme: Ruft häufig „dederoid" oder „tetedwi", bei Störung hart „tetete" oder sperlingsartig „errr". Gesang ohne deutliche Strophengliederung, Klangfarbe rauh, heiser und gequetscht, daneben wohltönende, pfeifende und langgezogene Laute. Viele Imitationen z.B. von Amsel, Wacholderdrossel, Star, Rauchschwalbe, Blaumeise, Buchfink, Pirol, Buntspecht; viele Motive werden ein- oder mehrmals wiederholt. Singt meist versteckt in Baumkronen.
Vorkommen: Brütet in lichtem Laub- und Mischwald, in Auwäldern, unterholzreichen Parks, Feldgehölzen und Gärten. Bei uns in den letzten Jahren deutlich seltener.
Nahrung: Insekten und Spinnen.
Brut: Mai–Juli, 1 Brut; sauberes Napfnest aus Halmen, Blättern und Baumrinde, mit Gespinsten fest verfilzt, in Astgabeln von Büschen und Jungbäumen in 1–3 m Höhe.

Der etwas kleinere und kurzschwänzigere **Orpheusspötter** *Hippolais polyglotta* hat deutlich kürzere Flügel; er ist im Feld vom Gelbspötter meist nur anhand des Gesangs zu unterscheiden: weniger schneidend, mehr kontinuierlich schwätzend, häufig Imitationen von Sperlingen. Brutvogel in der Südschweiz, neuerdings auch bei uns.

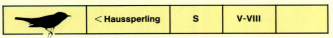

Mönchsgrasmücke
Sylvia atricapilla
Familie Grasmücken *Sylviidae*
E Blackcap F Fauvette à tête noir

Typisch: Der laut flötende Gesang mit großen Intervallsprüngen.
Merkmale: Gefieder graubraun, im Herbst mehr grau, ♂ mit schwarzer, ♀ mit rotbrauner, junge ♂ mit dunkel rotbrauner Kopfkappe.
Stimme: Ruft bei Störung hart „tak" oder „tzeck", bei starker Erregung schnell gereiht und schnarrend; vor dem Abfliegen oft leise „dididi". Der Gesang beginnt mit leise schwätzendem Vorgesang und geht plötzlich in laute, klare Flötentöne über (Überschlag); in beiden Gesangsteilen Imitationen anderer Vogelarten möglich; gebietsweise ♂ mit reduziertem Überschlag, klingt wie „diladiladila".

Vorkommen: Unsere häufigste Grasmücke; brütet in lichten Laub- und Nadelwäldern, Auwäldern, Fichtenschonungen, Parks und Gärten.
Verhalten: Lebt versteckt in Bäumen und Gebüsch; das ♂ singt meist in dichtem Blattwerk verborgen.
Nahrung: Insekten, deren Larven, Spinnen; im Herbst auch Beeren.
Brut: Mai–Juli, 1–2 Bruten; zierliches Nest aus Stengeln, Grashalmen und Würzelchen, am Rand mit Spinnweben durchwoben; meist niedrig in dichtem Gebüsch gebaut.
Die etwas größere **Orpheusgrasmücke** *Sylvia hortensis* ist seltener Brutvogel der Südschweiz. Von der Mönchsgrasmücke durch das Weiß der äußeren Schwanzfedern und die hellgelben Augen gut zu unterscheiden. Der Gesang klingt drosselartig.

< **Haussperling**	S	IV-X	

Sperbergrasmücke
Sylvia nisoria
Familie Grasmücken *Sylviidae*
E Barred Warbler
F Fauvette épervière

<u>Typisch:</u> Die stechend gelben Augen und die „gesperberte" Unterseite.
<u>Merkmale:</u> Große Grasmücke mit kräftigem Schnabel, 2 weißlichen Flügelbinden und schmalen weißen Schwanzseiten. ♀ mit weniger deutlich quergebänderter Unterseite. Jungvögel mit schmutzigweißer Unterseite und fehlender oder nur angedeuteter Bänderung.
<u>Stimme:</u> Ruft bei Störung ratternd „trtrtr" oder „örrr", daneben hart „tack tack". Gesang ähnlich dem der Gartengrasmücke, aber in kürzeren Strophen, dazwischen oft die typischen rauhen „örrr"-Rufe.
<u>Vorkommen:</u> Dornbuschreiche Waldränder, dornige Feldhecken, Wacholderheiden, verwilderte Parks mit Weißdorn und Schlehe; oft in Brutnachbarschaft mit dem Neuntöter. Vorwiegend östliche Art; bei uns seltener Brutvogel, fast nur im Nordosten, westwärts bis Schleswig-Holstein und östliches Niedersachsen.
<u>Verhalten:</u> Meist in dichtem Gebüsch verborgen; die Bewegungen wirken plump; stelzt häufig den Schwanz. Singt auch im Singflug, steigt dazu mit weit ausholenden Flügelschlägen etwas auf, um dann gleich wieder die nächste Deckung oder einen Baum anzusteuern.
<u>Nahrung:</u> Insekten, Spinnen, auch Beeren und Früchte.
<u>Brut:</u> Mai – Juli, 1 Brut; großes, lockeres und tiefmuldiges Nest aus Grashalmen und Wurzeln, meist in 0,5–2 m Höhe gebaut.

	~ Haussperling	S	V-IX	

Gartengrasmücke *Sylvia borin*
Familie Grasmücken *Sylviidae*
E Garden Warbler
F Fauvette des jardins

<u>Typisch:</u> Lebt versteckt, daher ohne Kenntnis des Gesangs nur schwer zu entdecken.
<u>Merkmale:</u> Wirkt plump; ohne besondere Kennzeichen: Kopf rundlich, Schnabel relativ kurz; Gefieder oberseits graubräunlich, Unterseite etwas heller, angedeuteter Augenstreif, Jungvögel mit mehr rotbrauner Oberseite.
<u>Stimme:</u> Bei Störung anhaltende, taktmäßig wiederholte „wet-wet-wet"-Rufe, daneben ein rauhes „tscharr" und ein laubsängerartig weiches „uit". Gesang wohltönend und in langen Strophen, anhaltend „plätschernd", erinnert wegen der kräftigen orgelnden Motive an Amselgesang; die Strophen sind in der Tonlage tiefer als die der Mönchsgrasmücke. Imitiert manchmal Stimmen anderer Vogelarten, z. B. den Buchfinkenschlag. Singt bei Beunruhigung leise und gequetscht klingende Strophen.
<u>Vorkommen:</u> Brütet häufig in dichtem, hohem Gebüsch, im Uferdickicht, an buschreichen Waldrändern, in unterholzreichen Wäldern und Parks; seltener in Gärten als die Mönchsgrasmücke. Im Gebirge bis rund 2000 m Höhe, dort oft in Erlengebüsch.
<u>Nahrung:</u> Insekten, Spinnen, im Herbst viele Beeren.
<u>Brut:</u> Mai – Juli, 1–2 Bruten; lockeres, unordentliches Nest aus Grashalmen und Würzelchen, oft niedrig in Brennesseldickicht oder Brombeergestrüpp.

| < **Haussperling** | S | V-IX | |

Dorngrasmücke
Sylvia communis
Familie Grasmücken *Sylviidae*
E Whitethroat F Fauvette grisette

<u>Typisch:</u> Der eilig zwitschernde, etwas rauh klingende Gesang.
<u>Merkmale:</u> Relativ langer Schwanz mit weißen Außenkanten; Färbung kontrastreich, schmaler weißer Augenring. ♀ matter gefärbt, mit bräunlicher Kopfkappe.
<u>Stimme:</u> Ruft bei Störung „woid-woid-wid-wid", daneben hart „scharr" und gereiht „tschek". Gesang aus kurzen rauhen, aber wohlklingenden Strophen, häufig mit Imitationen anderer Vögel.
<u>Vorkommen:</u> Brütet in dornigem Gestrüpp, in Feldhecken und Rainen mit einzelnen Dornbüschen, häufig an Bahndämmen, in aufgelassenen Kiesgruben und stark verwilderten Gärten. Bei uns weit verbreitet, aber Bestände abnehmend.
<u>Verhalten:</u> Sehr lebhaft; singt oft mit gesträubtem Scheitel- und Kehlgefieder auf einer Buschspitze, startet von

Dorngrasmücke, Singflug

dort aus zu kurzen Singflügen, um gleich wieder in die Deckung zurückzukehren (Zeichnung).
<u>Nahrung:</u> Insekten und Spinnen; im Herbst auch Beeren.
<u>Brut:</u> Mai–Juli, 1–2 Bruten; tiefmuldiges, wenig stabiles Nest aus trockenen Halmen und Wurzeln, meist unter ½ m hoch.

| | < **Haussperling** | S | IV–IX | |

Klappergrasmücke, Zaungrasmücke
Sylvia curruca
Familie Grasmücken *Sylviidae*
E Lesser Whitethroat
F Fauvette babillarde

<u>Typisch:</u> Der klappernde Gesang.
<u>Merkmale:</u> Kleinste heimische Grasmücke; aus der Nähe erkennt man die von der weißen Kehle scharf abgesetzten, maskenhaft schwärzlichen Wangen und den relativ kurzen Schwanz; Flügel ohne Rotbraun (vgl. Dorngrasmücke).
<u>Stimme:</u> Ruft oft „tjäck", bei Störung ein unregelmäßig wiederholtes „tack", bei Auftauchen eines Flugfeindes kurz „wäd". Gesang aus zwei Teilen: Auf einen leisen, eilig schwätzenden Vorgesang folgt ein laut schmetterndes Klappern auf gleicher Tonhöhe. Der Vorgesang ist nur aus der Nähe zu hören, er beginnt sehr hoch.
<u>Vorkommen:</u> Brütet in halboffener Landschaft mit dichtem Buschwerk, an Waldrändern, in Fichten- und Kiefernschonungen, in Parks und Gärten, im Gebirge bis zur oberen Latschenregion. Bei uns weit verbreitet, aber gebietsweise selten.
<u>Verhalten:</u> Wenig auffällig, lebt versteckt; der Flug wirkt ruckartig und huschend. Singt häufig in kurzen Pausen während der Insektensuche oder von einer Warte aus, gelegentlich auch in kurzem, horizontal verlaufendem Singflug.
<u>Nahrung:</u> Insekten und Spinnen, im Herbst auch Beeren.
<u>Brut:</u> Mai – Juli, 1 Brut; zierliches, flaches Nest aus feinen Reisern, trockenem Gras und Würzelchen, in 0,5–1 m Höhe in dichtem Gebüsch oder jungem Nadelbaum.

| < Haussperling | S | IV-X | |

Berglaubsänger
Phylloscopus bonelli
Familie Grasmücken *Sylviidae*
E Bonelli's Warbler
F Pouillot de Bonelli

Typisch: Die kurze, trillernde Schwirrstrophe.
Merkmale: Gefieder unauffällig, oberseits graubraun, unterseits weißlich, Flügelbug gelb, Bürzel oft mit auffallendem gelblichem Fleck, im Flug manchmal zu sehen.
Stimme: Ruft bei Erregung deutlich zweisilbig „dü-id" oder „düi-e". Gesang eine kurze, trillernde Schwirrstrophe, ähnlich der des Waldlaubsängers, aber ohne die einleitenden, sich beschleunigenden Elemente und etwas langsamer; von weitem mit dem Gesang der Klappergrasmücke zu verwechseln.
Vorkommen: Brütet in lichten Kiefern-, Lärchen- und Laubwäldern, häufig an trockenen, unterholzreichen Südhängen, im Gebirge bis zur Baumgrenze. Bei uns bis auf wenige Ausnahmen nur in den Bayerischen Alpen und in Baden-Württemberg Brutvogel, jedoch Ausbreitung nach Norden und Osten.
Verhalten: Singt von Warten, oft hoch in Bäumen, jedoch nicht im Singflug wie der Waldlaubsänger.
Nahrung: Insekten und Spinnen.
Brut: Mai–Juni, 1 Brut; ovales Backöfchennest meist in einer Bodenmulde unter Gras versteckt, häufig auf einer Lichtung.
Der ähnliche **Grünlaubsänger** *Phylloscopus trochiloides* hat einen ausgeprägten, hellen Überaugenstreif und eine schmale Flügelbinde. Brutvogel in Nordostdeutschland und Polen. Gesang relativ laut, aus 3 Teilen.

| | < **Haussperling** | S | IV-IX | |

Waldlaubsänger
Phylloscopus sibilatrix
Familie Grasmücken *Sylviidae*
E Wood Warbler F Pouillot siffleur

Typisch: Häufig im Buchenwald.
Merkmale: Etwas größer und langflügeliger als Zilpzalp; Kehle und Brust gelb, übrige Unterseite kontrastreich abgesetzt weiß, gelber Überaugenstreif. Im Sommer nach der Mauser deutlich blasser.
Stimme: Bei Erregung häufig ein weiches „düh" oder sanft „witwitwit". Gesang eine abfallende, trillernde Schwirrstrophe, von einigen „sib" eingeleitet, klingt wie „sip-sipsip-sipsirrr...", daneben häufig pfeifend melancholisch „düh düh düh düh".

Vorkommen: Brütet in nicht zu dichtem Laub- und Mischwald mit spärlichem Unterwuchs, vor allem in Buchenwald, selten in reinem Nadelwald; im Gebirge bis 1500 m Höhe. Bei uns weit verbreitet, nicht selten.
Verhalten: Lebt unter dem Blätterdach von altem, hochstämmigem Laubwald; singt meist auf einem exponierten Ast oder in horizontalem Singflug, langsam und mit schwirrenden Flügeln von Ast zu Ast fliegend; oft gut zu beobachten, aber meistens von unten.
Nahrung: Insekten, deren Entwicklungsstadien, und Spinnen.
Brut: Mai – Juli, 1 Brut, manchmal auch 2 Bruten; fast kugelförmiges „Backöfchennest" aus Gras, Blättern und manchmal Farn, in niedrigem Bewuchs und oft durch altes Laub getarnt.

< **Haussperling**	S	IV–IX		

Zilpzalp, Weidenlaubsänger
Phylloscopus collybita
Familie Grasmücken *Sylviidae*
E Chiffchaff F Pouillot véloce

Typisch: Der wie „zilp zalp" klingende Reviergesang.

Merkmale: Sehr ähnlich wie Fitis, wirkt aber weniger schlank; Flügel kürzer, Kopf etwas rundlicher; in der Regel mit dunklen Beinen, Oberseite meist weniger gelb, sondern olivbraun; Unterseite weißlich. Oberseite bei Jungvögeln mehr braun.

Stimme: Ruft bei Erregung einsilbig „hüid", lauter und etwas härter als der Fitis. Gesang monoton und unregelmäßig, klingt wie „zilp zalp zelp zilp zalp", zwischen den Strophen oft ein gedämpftes „trr-trr". Singt häufig auch im Herbst. (Manche Fitisse bringen neben ihrem eigenen Gesang auch den des Zilpzalps.)

Vorkommen: Brütet in unterholzreichem Laub- und Mischwald, in Auwald und dichtem, hohem Gebüsch, in Parks und Gärten; geht im Gebirge bis über die Baumgrenze. Bei uns überall häufig brütend.

Verhalten: Wirkt durch sein rastloses Benehmen und das ständige Flügelzucken hektisch. Singt häufig in Baumkronen, schlägt bei jedem Ton den Schwanz taktmäßig nach unten.

Nahrung: Kleine Insekten, Spinnen.

Brut: April – Juli, 1–2 Bruten; Backöfchennest ähnlich wie beim Fitis, aber etwas lockerer und mit vielen trockenen Blättern, meist in dichtem, bodennahem Gestrüpp versteckt.

| | < **Haussperling** | S | III-XI | |

Fitis *Phylloscopus trochilus*
Familie Grasmücken *Sylviidae*
E Willow Warbler F Pouillot fitis

<u>Typisch:</u> Die weichen, schwermütigen Gesangsstrophen.
<u>Merkmale:</u> Wirkt schlank und zart; vom sehr ähnlichen Zilpzalp am besten durch den Gesang zu unterscheiden; Gefieder insgesamt etwas gelblicher, gelblicher Überaugenstreif etwas deutlicher. Beine in der Regel (aber nicht immer) hellbraun. Jungvögel unterseits einheitlich gelblich.
<u>Stimme:</u> Ruft bei Erregung weich und meist deutlich zweisilbig „hü-id". Gesang flötend und schwermütig, eine klangreine, abfallende Strophe wie „titi-dje-djü-düe-düi-dju", im Tonhöhenverlauf ähnlich dem Buchfinkenschlag, aber viel zarter und leiser.
<u>Vorkommen:</u> Brütet in lichten Laub- und Mischwäldern, in Schonungen, baumbestandenen Feuchtgebieten, Weidengebüsch, an Gewässerufern, in Parks und Gärten mit Birkenbestand. Bei uns überall häufig.
<u>Verhalten:</u> Hüpft und flattert in dichtem Blattwerk umher, aber nicht so rastlos wie der Zilpzalp. Singt häufig auf freistehenden Ästen oder Spitzen von Jungbäumen, vor allem im Mai und Juni.
<u>Nahrung:</u> Kleine Insekten, Spinnen.
<u>Brut:</u> Mai – Juni, 1–2 Bruten; überdachtes Nest aus Gras und Moos, innen reichlich mit Federn gepolstert („Backöfchennest"), zwischen hohem Gras oder unter tiefhängenden Zweigen am Boden versteckt.

< **Haussperling**	S	IV-X		

Wintergoldhähnchen
Regulus regulus
Familie Goldhähnchen *Regulidae*
E Goldcrest   F Roitelet huppé

<u>Typisch:</u> Sehr klein, neben Sommergoldhähnchen kleinste Vogelart Europas.
<u>Merkmale:</u> Oberseite olivgrün; Scheitel beim ♂ leuchtend gelb mit einigen (oft verborgenen) orangeroten Federn in der Mitte, beim ♀ (Foto) einheitlich und heller gelb; kein Augen- oder Überaugenstreif. Jungvögel ohne die gelbschwarze Scheitelzeichnung.
<u>Stimme:</u> Ruft häufig sehr hoch und fein, aber durchdringend „sri-sri-sri-sri". Gesang aus kurzen, sehr hohen und dünnen Strophen, im Gegensatz zu den Sommergoldhähnchen-Strophen ohne Crescendo, sondern auf- und abschwingend und mit einem deutlich abgesetzten, etwas tieferen Schlußteil: „sesim sesim sesim sesim seritete".
<u>Vorkommen:</u> Brütet in dichtem Nadelwald oder in Nadelbäumen, die in Mischwäldern, Parks und Gärten stehen; während des Zuges auch in dichtem Gebüsch und in Laubbäumen. Bei uns weit verbreitet, häufig.
<u>Verhalten:</u> Turnt bei der Nahrungssuche mehr an der Unterseite der Zweige als die Zwillingsart. Gesellig, außerhalb der Brutzeit oft mit Tannen- und Haubenmeisen in gemischten Trupps.
<u>Nahrung:</u> Kleinste Insekten, deren Entwicklungsstadien, Spinnen.
<u>Brut:</u> April–Juni, 2 Bruten; dickwandiges Napfnest, ähnlich dem des Sommergoldhähnchens in die Astgabel eines Nadelbaumes gebaut.

| | < **Haussperling** | T | I–XII | |

Sommergoldhähnchen
Regulus ignicapillus
Familie Goldhähnchen *Regulidae*
E Firecrest
F Roitelet triple bandeau

Typisch: Der schwarze Augenstreif und der weißliche Überaugenstreif; insgesamt lebhaftere Färbung als das Wintergoldhähnchen, sehr klein.
Merkmale: Oberseite leuchtend gelblichgrün, Unterseite heller als beim Wintergoldhähnchen. Scheitel beim ♂ orangerot, beim ♀ gelb. Jungvögel ohne „Krönchen", aber mit dunklem Augenstreif.
Stimme: Ruft sehr hoch und scharf „sisisi". Gesang eine crescendomäßig anschwellende, aber auf gleicher Tonhöhe bleibende, kurze Strophe aus sehr hohen, dünnen Tönen mit betontem Endteil, klingt wie „sisisisisisirrr".

Vorkommen: Brütet im Nadelwald, aber nicht so ausschließlich an Koniferen gebunden wie das Wintergoldhähnchen; auch in Friedhöfen, Parks, Gärten und Gebüsch; während des Zuges auch in Laubwald und in niedrigen Büschen. Bei uns weit verbreitet und häufig.
Verhalten: Lebt verborgen in dichtem Nadelwald, jedoch nicht scheu. Nahrungssuche häufig auf der Oberseite von Zweigen, rüttelt auch vor Zweigspitzen. Nicht so gesellig wie die Zwillingsart, schließt sich nur selten Meisentrupps an.
Nahrung: Kleinste Insekten, deren Entwicklungsstadien, Spinnen.
Brut: Mai – Juli, 2 Bruten; dickwandiges, tiefmuldiges Nest aus Moos und Gespinsten, an der Unterseite von Nadelbaumzweigen, meist gut versteckt.

< Haussperling	S	III–XI		

Bartmeise *Panurus biarmicus*
Familie Rohrmeisen *Panuridae*
E Bearded Tit
F Mésange à moustaches

<u>Typisch:</u> Der auffällig lange, zimtbraune Schwanz.
<u>Merkmale:</u> Gefieder überwiegend zimtbraun; ♂ mit grauem Kopf und breitem schwarzem Bartstreif, Augen und Schnabel gelb; ♀ ohne die auffällige Kopf- und Halszeichnung, Schnabel bräunlich. Jungvögel ähnlich dem ♀, aber mit schwarzen Partien auf der Oberseite und an den Schwanzseiten.
<u>Stimme:</u> Ruft im Flug häufig nasal „dsching", oft auch gereiht; bei Störung kurz „pik" oder „pik pik". Gesang: leise Strophen aus rufähnlichen Motiven wie „dsching-dschik-pit-tschräd".

<u>Vorkommen:</u> Brütet in ausgedehnten Schilfbeständen. In Mitteleuropa seltener und meist unregelmäßiger Brutvogel mit starken Bestandsschwankungen wegen der oft hohen Winterverluste. Größere Vorkommen in Holland, Norddeutschland, Polen und am Neusiedler See; in Südwestdeutschland unstete Brutansiedlungen.
<u>Verhalten:</u> Gesellig; klettert geschickt; fliegt langsam und flatternd, oft mit etwas gefächertem Schwanz, meist knapp über dem Schilf, um schnell wieder in der Deckung zu verschwinden.
<u>Nahrung:</u> Insekten, im Winter vorwiegend Schilfsamen.
<u>Brut:</u> April–Juli, 2–3 Bruten; großes, napfförmiges Nest mit tiefer Mulde im dichten Schilfgewirr knapp über dem Grund.

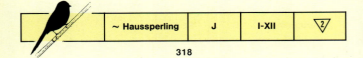

Schwanzmeise
Aegithalos caudatus
Familie Schwanzmeisen
Aegithalidae E Long-tailed Tit
F Mésange à longue queue

<u>Typisch:</u> Der sehr lange, stufige Schwanz, der über die Hälfte der Körperlänge ausmacht.

<u>Merkmale:</u> Mitteleuropäische Rasse (Zeichnung) mit breitem, schwärzlichem Überaugenstreif, nördliche und östliche Rasse mit reinweißem Kopf (Foto). Jungvögel mit kürzerem Schwanz und dunklen Wangen.

<u>Stimme:</u> Ruft häufig „tsri", „sisisi" oder „sitrr", bei Erregung oft „tserr" oder „tschrrt", im Flug leise und ständig „pt". Gesang selten zu hören, ein leises Potpourri aus zirpenden, zwitschernden und trillernden Lauten.

<u>Vorkommen:</u> Brütet in unterholzreichen Wäldern, besonders an Gewässern; in Feld- und Moorgehölzen, Parks und Gärten. Bei uns mäßig häufig.

<u>Verhalten:</u> Sehr gesellig, außerhalb der Brutzeit in kleinen Trupps, die durch ständigen Rufkontakt eng zusammenhalten; der Flug wirkt hüpfend.

Schwanzmeise, mitteleuropäische Rasse

<u>Nahrung:</u> Kleine Insekten, Spinnen.
<u>Brut:</u> April–Juni, 1–2 Bruten; sehr kunstvolles, eiförmiges Nest aus Moos, Flechten, Pflanzenwolle, Gespinsten, Federn und Haaren, in Bäumen oder hoch im Gebüsch, meist gut versteckt.

< **Haussperling**	T	I–XII	

Sumpfmeise *Parus palustris*
Familie Meisen *Paridae*
E Marsh Tit F Mésange nonnette

<u>Typisch:</u> Die glänzend schwarze Kopfplatte.
<u>Merkmale:</u> Etwa blaumeisengroße „Graumeise" mit hellen Wangen und kleinem schwarzem Kehllatz. Jungvögel mit mattschwarzer Kopfplatte, kaum von jungen Weidenmeisen zu unterscheiden.
<u>Stimme:</u> Ruft häufig „zidjä", „pistjü" oder „pistja dädädä", die „dä"-Laute viel weniger gedehnt als bei der Weidenmeise. Gesang aus klappernden Strophen, z. B. „tjitjitjitji…", „zjezjezje…" oder rhythmisch „ziwüd ziwüd ziwüd…"; ein ♂ wechselt zwischen mehreren Strophentypen ab.

<u>Vorkommen:</u> Brütet in Laub- und Mischwäldern, Feldgehölzen, Streuobstflächen, Parks und Gärten; meist an trockeneren Stellen als die Weidenmeise. Bei uns weit verbreitet und meist häufig.
<u>Verhalten:</u> Besucht im Unterschied zur Weidenmeise häufig Futterhäuschen; nimmt dort gerne Hanfsamen, von denen sie oft mehrere im Schnabel aufgereiht transportiert und dann einzeln in Rindenspalten, zwischen dürren Blättern oder an anderen Stellen versteckt.
<u>Nahrung:</u> Insekten, deren Larven, Spinnen, Samen von Disteln, anderen Kräutern und Gräsern.
<u>Brut:</u> April – Mai, 1 Brut; Nest aus Moos, Haaren und Federn in Baumhöhlen, ausgefaulten Astlöchern, zwischen Baumwurzeln, nur selten in Nistkästen.

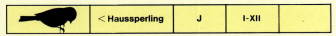

Weidenmeise *Parus montanus*
Familie Meisen *Paridae*
E Willow Tit
F Mésange boréale

Typisch: Die nasalen und gedehnten „däh"-Rufe.
Merkmale: Sehr ähnlich der etwa gleich großen Sumpfmeise, aber Kopfplatte mattschwarz; diese reicht weiter in den Nacken und bewirkt ein dickköpfigeres Aussehen; Kehllatz zur Brust hin etwas ausgedehnter, Flanken etwas dunkler. Nur bei der Weidenmeise ein helles Flügelfeld, das im Frühjahr jedoch allmählich verschwindet.
Stimme: Typischer Ruf ist ein gedehntes, nasales „däh-däh-däh", oft auch „zi-zi-däh-däh-däh". Gesang: reintonige, etwas absinkende „zjü-zjü-zjü..."-Reihen; die Alpenrasse der Weidenmeise singt auf gleicher Tonhöhe bleibend „zie-zie-zie...". Gelegentlich ein grasmückenartiges Geschwätz.
Vorkommen: Brütet in Wäldern auf sumpfigem Boden, besonders mit Erlen-, Weiden- und Birkenbestand, aber auch auf trockenen Lichtungen mit Jungwald; seltener in Gärten und Parks als die Sumpfmeise; die Alpenrasse besiedelt Nadel- und Mischwald bis zur Latschenregion. Bei uns in den Alpen und gebietsweise im Tiefland häufig.
Nahrung: Insekten, deren Larven, Spinnen, kleine Samen.
Brut: April – Mai, meist 1 Brut; dürftiges Nest aus Holzteilchen, Moos und Tierhaaren; zimmert eine Höhle in morsches Holz von Laubbäumen; nistet gelegentlich auch in Spechthöhlen oder Nistkästen.

< **Haussperling**	J	I-XII		

Tannenmeise *Parus ater*
Familie Meisen *Paridae*
E Coal Tit F Mésange noir

Typisch: Kleinste einheimische Meise, knapp blaumeisengroß.
Merkmale: Relativ großer Kopf, auffallend weiße Wangen, großer weißer Nackenfleck. Bei Jungvögeln Unterseite und Wangen gelblich.
Stimme: Kontaktrufe hoch und dünn „si" oder „zizizi", bei Erregung hoch und etwas nasal „tüi" oder „sitjü", Flugfeindalarm hoch und sehr schnell „sisisi". Gesang: zarte Strophen von mehrmals wiederholten Motiven wie „zewizewizewi" oder „sitüi-sitüi-sitüi". Der Gesang ist das ganze Jahr über zu hören, auch die ♀ singen.
Vorkommen: Brütet in Fichten- und Tannenwald, seltener in Kiefernwald, vom Tiefland bis zur Baumgrenze; ebenfalls in Parkanlagen und Gärten mit Nadelbäumen; außerhalb der Brutzeit auch in Laubwäldern. Bei uns überall häufig.
Verhalten: Turnt zur Nahrungssuche oft hoch in Nadelbäumen herum, bewegt sich rastlos, flink und geschickt. Außerhalb der Brutzeit häufig mit anderen Meisenarten und mit Wintergoldhähnchen in gemischten Trupps; besucht häufig Futterhäuschen.
Nahrung: Insekten, deren Larven, Spinnen, Nadelbaumsamen, Nüsse.
Brut: April – Juni, 2 Bruten; verfilztes Nest aus Moos und Spinnweben, mit Pflanzenwolle und Haaren gepolstert; nistet in Baumhöhlen, Baumstubben, Erd- und Mauerlöchern und in nicht zu hoch aufgehängten Nistkästen.

| | < **Haussperling** | J | I-XII | |

Haubenmeise *Parus cristatus*
Familie Meisen *Paridae*
E Crested Tit F Mésange huppée

<u>Typisch:</u> Die schwarz-weiß gesprenkelte Federhaube.
<u>Merkmale:</u> Oberseite braun, Unterseite weißlich mit rahmfarbenen Flanken. Jungvögel mit kürzerer und matter gefärbter Haube.
<u>Stimme:</u> Ruft bei Erregung häufig schnurrend und rollend „gürrr" oder „zi-zi-gürrr-r". Gesang: eine Folge der arttypischen Rufe, selten auch ein variables Schwätzen.
<u>Vorkommen:</u> Brütet im Kiefern-, Fichten- und Tannenwald bis zur Baumgrenze, auch in kleinen Nadelwaldinseln im Laubwald; sehr standorttreu. Bei uns weit verbreitet, aber deutlich seltener als die Tannenmeise.
<u>Verhalten:</u> Turnt wie die Tannenmeise oft hoch auf Nadelbäumen, aber mehr in Deckung, daher nicht so leicht zu beobachten; wenig gesellig, auch außerhalb der Brutzeit in der Regel paarweise; erscheint an Futterhäusern nur im Nadelwald.
<u>Nahrung:</u> Insekten, deren Larven, Spinnen, Nadelbaumsamen, Nüsse.
<u>Brut:</u> April–Juni, 1–2 Bruten; Nest aus Moos und Flechten, innen mit Wolle und Haaren ausgekleidet; nistet in engen Baumhöhlen, in Baumstümpfen, gelegentlich auch in alten Eichhornkobeln und sogar in bewohnten Greifvogelhorsten. Die Meisen zimmern sich ihre Bruthöhlen meistens selber zurecht und beziehen Nistkästen nur bei Mangel an geeigneten Naturhöhlen.

< **Haussperling**	J	I–XII		

Blaumeise *Parus caeruleus*
Familie Meisen *Paridae*
E Blue Tit   F Mésange bleue

<u>Typisch:</u> Der einzige einheimische Kleinvogel mit blau-gelbem Gefieder.
<u>Merkmale:</u> Klein und gedrungen mit kurzem Schnabel; ♀ etwas matter gefärbt. Jungvögel viel blasser, mit grünlichbrauner Oberseite und gelben Wangen.
<u>Stimme:</u> Ruft bei Störung häufig nasal ansteigend „tserretetet", daneben „tsi-tsi-tsi", „tüi" oder etwas rauh „dschäd". Gesang: Strophen von sehr hellen und reinen Tönen, auf die tiefere, trillernde Reihen folgen wie „zii-zii-tütütü..." oder „zizizizirr".
<u>Vorkommen:</u> Brütet in Laub- und Mischwäldern, besonders mit Eichenbestand, in Feldgehölzen, Parks und Gärten. Im Winter zur Nahrungssuche häufig im Schilf. Bei uns überall häufig.
<u>Verhalten:</u> Sehr lebhaft; turnt geschickt an dünnen Zweigen, auch mit dem Bauch nach oben; wenig scheu; außerhalb der Brutzeit oft in gemischten Meisentrupps. Singt bereits ab Februar, fliegt während der Balz oft kurze Strecken in schmetterlingsartigem Segelflug.
<u>Nahrung:</u> Insekten, deren Larven, Spinnen, feine Samen; Talg, Nüsse.
<u>Brut:</u> April–Juni, 1–2 Bruten; filziges Nest aus weichen Pflanzenteilen, Wolle, Haaren und Federn; in Baumhöhlen, Nistkästen, Mauerlöchern, gelegentlich auch in Briefkästen oder an ähnlichen Standorten.

| | < **Haussperling** | J | I–XII | |

Kohlmeise *Parus major*
Familie Meisen *Paridae*
E Great Tit
F Mésange charbonnière

Typisch: Die größte und häufigste einheimische Meise.
Merkmale: Auffällig schwarz-weißer Kopf, gelbe Unterseite mit breitem (♂) oder mit schmalem (♀) Längsstreif in der Mitte. Jungvögel mit gelblichen Wangen, sonst am Kopf schwarzbraun gefärbt, insgesamt weniger kontrastreich.
Stimme: Vielseitiges Repertoire; ruft häufig buchfinkenartig „pink" oder „zipink", Warnruf schnarrend „tscher-r-r-r" oder „terrr terrr"; daneben „zituit" und gedehnt „siii"; ahmt häufig die Rufe von Blau-, Sumpf- und Tannenmeise nach. Gesang: einfache Strophen von mehrfach wiederholten Motiven, z. B. „zi-zi-be-zi-zi-be" oder „zipe zipe".
Vorkommen: Brütet in Wäldern aller Art, in Parks und Gärten, auch mitten in der Großstadt.
Verhalten: Wenig scheu; gebietsweise sogar futterzahm; häufiger als andere Meisen zur Nahrungssuche auf dem Boden; außerhalb der Brutzeit oft in gemischten Kleinvogeltrupps; besucht häufig Futterstellen.
Nahrung: Insekten, deren Larven, Spinnen, Samen, Nüsse, Talg.
Brut: April – Juli, 1–2 Bruten; Nest aus Moos, Wurzeln, Halmen und Wolle, innen mit Haaren und Pflanzenwolle ausgepolstert; in Baumhöhlen, Mauerlöchern und Nistkästen, gelegentlich auch in Briefkästen oder sogar in Eisenröhren.

| < **Haussperling** | J | I-XII | | |

Kleiber *Sitta europaea*
Familie Kleiber *Sittidae*
E Nuthatch F Sittelle torchepot

Typisch: Gedrungen und mit kurzem Schwanz; starker, spechtartiger Schnabel.
Merkmale: Oberseite und Scheitel blaugrau, Unterseite rahmgelb, Flanken beim ♂ kastanienbraun und deutlich gegen die Unterseitenfärbung abgesetzt, beim ♀ nur schwach abgesetzt, heller braun.
Stimme: Ruft häufig „twit twit twit", „tui tutui" oder (bei Störung) scharf „tititsirr". Gesang weit hörbar, pfeifend und trillernd „wiwiwiwiwi…", „tuituituitui…" oder „trirrr…". Die verschiedenen Strophen lassen sich meist ziemlich leicht nachpfeifen.
Vorkommen: Brütet vor allem in Laub- und Mischwäldern, in Feldgehölzen, Parks und Gärten; in den Alpen bis in rund 1700 m Höhe. Bei uns weit verbreitet und häufig.
Verhalten: Klettert unermüdlich an Stämmen und Ästen, auch an der Unterseite und sogar abwärts mit dem Kopf nach unten. Besucht oft Futterhäuschen in Wald- und Parknähe. Wenig gesellig, auch außerhalb der Brutzeit meist paarweise.
Nahrung: Insekten, deren Larven, grobe Samen, Nüsse, Talg.
Brut: April–Juni, 1 Brut; Nest aus großen Mengen feiner Rindenstücke (vor allem Kiefernspiegelrinde) und trockenen Blättern; nistet in Spechthöhlen und Nistkästen; zu große Höhleneingänge werden bis auf ein kleines Schlupfloch mit feuchtem Lehm zugemauert.

	~ Haussperling	J	I-XII	

Mauerläufer
Tichodroma muraria
Familie Mauerläufer
Tichodromidae
E Wall Creeper
F Tichodrome échelette

<u>Typisch:</u> Die langen, abgerundeten Flügel mit auffallend rotem Feld und weißen Flecken.

<u>Merkmale:</u> Langer und dünner, gebogener Schnabel, kurzer Schwanz; Kehle und Kropfgegend beim ♂ im Brutkleid schwärzlich, bei ♀ und im Ruhekleid hell. Der Flug erinnert etwas an Schmetterlinge; trotz der auffälligen Färbung ist der Vogel leicht zu übersehen.

<u>Stimme:</u> Das ganze Jahr über, aber nicht oft zu hören, da sie häufig in Wind- oder Wasserrauschen untergeht. Ruft fein pfeifend „tüi" oder unrein „tchruit". Der Gesang besteht aus hellen, ansteigenden und teilweise etwas kratzigen Pfeiftönen. Auch die ♀ singen.

<u>Vorkommen:</u> Brütet an steilen Felswänden mit Rissen und Spalten für die Nestanlage, in tiefen Schluchten und Klammen, besonders, wenn es dort Wasserfälle gibt. Im Winter oft in tieferen Lagen, dann auch an Gebäuden wie Türmen und Ruinen. In den Alpen weit verbreiteter, aber nicht häufiger Brutvogel; nur selten im Tiefland.

<u>Verhalten:</u> Einzelgänger; klettert mit etwas ruckartigen Bewegungen und unter ständigem Flügelzucken an senkrechten Felsen.

<u>Nahrung:</u> Insekten und deren Entwicklungsstadien.

<u>Brut:</u> Mai–Juli, 1 Brut; Nest meist in tiefen Felsspalten, oft „freßfeindsicher" über Bergbächen; nistet manchmal an Gebäuden.

| > **Haussperling** | J | I-XII | ▽R | |

Gartenbaumläufer
Certhia brachydactyla
Familie Baumläufer *Certhiidae*
E Short-toed Tree Creeper
F Grimpereau des jardins

<u>Typisch:</u> Der Gesang, eine kurze, ansteigende Strophe.
<u>Merkmale:</u> Größe wie Blaumeise, schlank; langer zarter, abwärts gebogener Schnabel, langer Stützschwanz, Gefieder oberseits rindenfarbig graubraun, unterseits weißlich mit bräunlichen Flanken.
<u>Stimme:</u> Ruft oft laut und hoch „tüt" oder „tüt tüt tüt", daneben hoch „sri", gedehnter als beim Waldbaumläufer. Gesang: kurze, laute Strophe aus ansteigenden hohen und feinen Pfeiftönen wie „tütütütiroiti".
<u>Vorkommen:</u> Brütet in lichtem Laub- und Mischwald, besonders mit Eichen, Ulmen und Eschen, in Parks und Gärten mit alten Laubbäumen und in Streuobstflächen; in den Alpen oberhalb 800 m Höhe selten, ab 1300 m fehlend. Bei uns weit verbreitet und meist häufig.
<u>Verhalten:</u> Klettert bei der Nahrungssuche in kleinen Sprüngen an Baumstämmen hoch, oben angekommen fliegt er zum Fuß eines anderen Baumes. Nicht sehr gesellig, im Winter jedoch Schlafgemeinschaften von mehr als 10 Baumläufern als Schutz gegen die Kälte.
<u>Nahrung:</u> Kleine Insekten und deren Larven, Spinnen; im Winter auch kleine Samen und Talg.
<u>Brut:</u> April–Juli, 1–2 Bruten; Nest aus Reisern, Halmen und Moos, hinter abstehender Baumrinde, in Baum- und Mauerspalten oder in speziellen Baumläufer-Nistkästen.

		< **Haussperling**	J	I–XII	

Waldbaumläufer
Certhia familiaris
Familie Baumläufer *Certhiidae*
E Tree Creeper
F Grimpereau des bois

Typisch: Der Gesang, eine zweiteilige, abfallende Tonreihe.
Merkmale: Vom Gartenbaumläufer am besten anhand der Stimme zu unterscheiden; Schnabel meist etwas kürzer und weniger gebogen, der weiße Überaugenstreif ist deutlicher ausgeprägt, der Oberkopf stärker hell gestreift, die Unterseite ist reinweiß, die Oberseite heller und der Bürzel rostbraun.
Stimme: Ruft hoch und etwas vibrierend „srii", oft gereiht, bei Gefahr „srii-tsi-tsitsi", im Flug „tititi". Gesangsstrophen länger und leiser als beim Gartenbaumläufer, eine abfallende Reihe aus zwei Trillern, von denen der erste sehr hoch beginnt und langsam abfällt, der zweite fast ebenso hoch beginnt, jedoch schneller abfällt.
Vorkommen: Brütet in größeren Nadelwaldgebieten, aber auch in Mischwald; seltener in Parks und Gärten mit Nadelbaumbestand; in den Alpen bis zur Baumgrenze. Bei uns weit verbreitet.
Verhalten: Streift außerhalb der Brutzeit oft mit Meisentrupps umher; besucht wie der Gartenbaumläufer Kleinvogel-Fütterungen.
Nahrung: Insekten, deren Larven, Spinnen; feine Samen, Talg.
Brut: April–Juli, 1–2 Bruten; Nest aus Reisern, Moos und Halmen hinter abstehender Rinde, in Baumspalten oder in Nistkästen mit seitlichem, schlitzförmigem Einschlupfloch (Baumläuferkästen).

< Haussperling	J	I-XII		

Beutelmeise *Remiz pendulinus*
Familie Beutelmeisen *Remizidae*
E Penduline Tit F Rémiz penduline

<u>Typisch:</u> Das an einer Zweigspitze hängende Beutelnest.

<u>Merkmale:</u> Nur knapp blaumeisengroß; einziger Kleinvogel mit kastanienbraunem Rücken; auffallende schwarze Gesichtsmaske. ♀ weniger kontrastreich gefärbt; Jungvögel ohne schwarze Gesichtszeichnung.

<u>Stimme:</u> Ruft hoch und gezogen „ziih" oder „siüü", ähnlich dem Ruf der Rohrammer, aber dünner und reiner. Gesang: leise und abwechslungsreiche Strophen, die häufig den „siüü"-Ruf und kürzere Folgen von „tlü"-Lauten enthalten.

<u>Vorkommen:</u> Brütet im Auwald, im Uferdickicht mit Weiden- und Pappelbeständen an Teichen, Flüssen und Seen. Vorwiegend im östlichen Mitteleuropa; bei uns selten und vielfach unstet, aber im Zunehmen begriffen und neuerdings auch in den westlichen Landesteilen Brutvogel; außerhalb der Brutzeit wesentlich häufiger, im Winter jedoch nur ausnahmsweise.

<u>Verhalten:</u> Turnt meisenartig geschickt im Gezweig, sucht im Sommer meist hoch oben in Laubbäumen Nahrung; im Frühjahr und Herbst oft in kleinen Trupps im Weidengebüsch und im Schilf.

<u>Nahrung:</u> Kleine Insekten, Spinnen, im Winter auch Samen.

<u>Brut:</u> April – Juni, 1 Brut; filziges, an einem Zweigende frei hängendes Beutelnest mit einer Einflugröhre, häufig über dem Wasser.

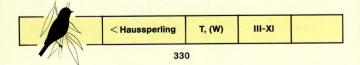

	< **Haussperling**	T, (W)	III-XI	

Pirol *Oriolus oriolus*
Familie Pirole *Oriolidae*
E Golden Oriole F Loriot d'Europe

Typisch: Die auffallende gelb-schwarze Färbung und der leicht nachzupfeifende Gesang des ♂.

Merkmale: Ohne Kenntnis der Stimme oft schwer zu entdecken. ♂ unverkennbar schwarz und gelb, ♀ und Jungvögel mit grünlicher Oberseite und hellgrauer, schwach gestreifter Unterseite, Flügel und Schwanz schwarzbraun; altes ♀ ähnlich dem ♂.

Stimme: Ruft bei Beunruhigung rauh und gepreßt „krää" oder „grewäh". Gesang: ein angenehm flötendes, leicht nachzupfeifendes „düdlio" oder ähnlich, der erste Teil leiser und weniger weit hörbar.

Vorkommen: Brütet in alten Laubwäldern, in Auwäldern, Parks und Alleen mit altem Laubbaumbestand; gebietsweise auch in Kiefernwald; bei uns im Flachland weit verbreitet, aber nicht häufig und vielerorts im Rückgang begriffen.

Verhalten: Scheu; lebt zur Brutzeit sehr versteckt im Blätterdach der Bäume. Fliegt schnell und in großen, flachen Bögen, das letzte Stück, bevor er in einer Baumkrone landet, pfeilartig und mit angelegten Flügeln. Wenig gesellig.

Nahrung: Größere Insekten, deren Larven (Raupen), Beeren, Obst.

Brut: Mai – Juli, 1 Brut; kunstvolles, hängendes Napfnest aus Grashalmen, Bast und manchmal Papier, in eine Astgabel oder zwischen zwei waagrechte Zweige geflochten, meist hoch auf Laubbäumen.

< **Amsel**	S	V-IX	

Neuntöter, Rotrückenwürger
Lanius collurio
Familie Würger *Laniidae*
E Red-backed Shrike
F Pie-grièche écorcheur

Vorkommen: Brütet in Moor- und Heidegebieten, an Waldrändern mit Dornengebüsch, in der kleinräumigen Kulturlandschaft mit breiten, möglichst dornigen Hecken und einzelnen Büschen. Bei uns weit verbreitet, selten.

Typisch: Sitzt in aufrechter Haltung exponiert auf Buschspitzen.
Merkmale: ♂ auffällig gefärbt, der dicke schwarze Augenstreif ist oft schon von weitem erkennbar; ♀ (Zeichnung) mit rotbrauner Oberseite und heller, quergewellter Unterseite. Jungvögel mit kräftiger Schuppenzeichnung.
Stimme: Ruft bei Störung „dschää", „gäck" oder hart „trrt-trrt", oft auch nasal „kewewi". Gesang selten zu hören, abwechslungsreich schwätzend, mit gepreßten Lauten; häufig mit eingeflochtenen Imitationen anderer Vogelstimmen. Die Bettelrufe der flüggen Jungen sind laut und durchdringend wie „quää".

Neuntöter, ♀

Verhalten: Fliegt geradlinig, rüttelt manchmal; bei Erregung drehende Schwanzbewegungen. Spießt bei Nahrungsüberschuß Beutetiere auf Dornen und Stacheldraht auf.
Nahrung: Großinsekten, Eidechsen, Jungvögel, junge Mäuse.
Brut: Mai – Juli, 1 Brut; Nest in dornigen Büschen, 1–3 m hoch.

	< **Amsel**	S	IV–IX	

Rotkopfwürger *Lanius senator*
Familie Würger *Laniidae*
E Woodchat Shrike
F Pie-grièche à tête rousse

<u>Typisch:</u> Oberkopf und Nacken rostrot, auffallende weiße Schulterflecken.
<u>Merkmale:</u> Etwas breiterer Kopf und kürzerer Schwanz als der Neuntöter; Oberseite schwärzlich, ganze Unterseite reinweiß. ♀ etwas blasser gefärbt, Oberseite mehr bräunlich, schwarze Gesichtsmaske weniger markant. Jungvögel ähnlich jungen Neuntötern, aber oberseits mehr braun, Schulter- und Bürzelbereich heller.
<u>Stimme:</u> Ruft haussperlingsähnlich „dscherrt", schackernd und hölzern „dschä-dschä", bei Erregung oft mehrfach wiederholt. Gesang anhaltend und plaudernd mit rauhen und harten Lauten sowie vielen Imitationen anderer Vogelarten.
<u>Vorkommen:</u> Brütet in offener Landschaft mit Büschen und Feldgehölzen, in Streuobstflächen und Heidelandschaften, an Alleen. Seltener Brutvogel der Schweiz und Ostösterreichs, Ungarns, Tschechiens, der Slowakei und Polens. Bei uns vor allem durch die Zerstörung von Streuobstflächen selten geworden; brütet nur noch in warmen Gegenden Süddeutschlands.
<u>Nahrung:</u> Große Insekten, vor allem Käfer und Hummeln.
<u>Brut:</u> Mai–Juli, 1 Brut; festgefügtes Nest aus Reisern, Halmen und Wurzeln, häufig in 2–6 m Höhe in Apfel- oder Birnbäumen.

| < **Amsel** | S | IV–IX | ▽ | |

Schwarzstirnwürger
Lanius minor
Familie Würger *Laniidae*
E Lesser Grey Shrike
F Pie-grièche à pointrine rose

Typisch: Die schwarze Maske, die sich bis über die Stirn zieht.
Merkmale: Etwas kleiner als der Raubwürger, Schnabel und Schwanz kürzer, Flügel jedoch länger; Unterseite rötlich überhaucht. ♀ mit etwas weniger breiter Maske. Jungvögel mit grauer Stirn, oberseits mit feinem Schuppenmuster. Im Flug fällt vor allem die weiße Flügelbinde auf.
Stimme: Ruft bei innerartlichen Auseinandersetzungen gepreßt „gschwää", „gerrib" oder sperlingsartig tschilpend. Gesang schwätzend mit hervorragenden Imitationen vieler verschiedener Vogelarten, z. B. von Amseln, Grasmükken und Meisen.
Vorkommen: Brütet in warmer, offener Landschaft mit einzelnen Bäumen oder Büschen, in Alleen, Weingärten und Streuobstflächen. Seltener Brutvogel Ungarns, der Slowakei und Polens; bei uns im letzten Jahrzehnt aufgrund von Landschaftszerstörung, Pestizidanwendung und einer Serie kalter, nasser Sommer als Brutvogel nahezu ausgestorben, in Österreich fast verschwunden.
Verhalten: Sitzt häufig in aufrechter Haltung auf Telegrafenleitungen; fliegt meist geradlinig.
Nahrung: Vorwiegend Großinsekten wie Käfer und Heuschrecken.
Brut: Mai - Juli, 1 Brut; sorgfältig gebautes Napfnest aus Zweigen, Gräsern und Würzelchen; nistet oft hoch in Obstbäumen oder Pappeln.

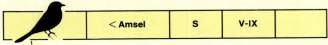

Raubwürger *Lanius excubitor*
Familie Würger *Laniidae*
E Great Grey Shrike
F Pie-grièche grise

<u>Typisch:</u> Der breite, schwarze Augenstreif, der durch einen schmalen weißen Bereich von der grauen Oberkopffärbung getrennt ist.

<u>Merkmale:</u> Deutlich größer als der Neuntöter; Flügel relativ kurz, Schwanz ziemlich lang und etwas gestuft, das Gefieder wirkt aus der Ferne hell schwarz-weiß. ♀ mit mehr oder weniger feiner Wellenmusterung auf der Brust. Jungvögel unterseits dunkel quergewellt.

<u>Stimme:</u> Ruft scharf zwei- oder dreisilbig „wääd" oder „schrrie", manchmal elsterähnliches Schackern. Der Gesang besteht aus kurzen Strophen, klingt oft metallisch oder vibrierend, daneben auch kontinuierliche, schwätzende Gesangsformen mit Imitationen anderer Vogelstimmen.

<u>Vorkommen:</u> Brütet in Moor- und Heidegebieten mit Baumgruppen, in Heckenlandschaften und Obstgärten. Bei uns durch Lebensraumzerstörung selten geworden.

<u>Verhalten:</u> Sitzt häufig in waagrechter Haltung auf hohen Warten und späht nach Beutetieren. Flug langsam und bogenförmig, rüttelt oft. Klemmt bei Nahrungsüberschuß Beutetiere in Astgabeln ein oder spießt sie auf Dornen und Stacheldraht auf.

<u>Nahrung:</u> Großinsekten, Vögel, Mäuse, Spitzmäuse, Eidechsen.

<u>Brut:</u> April – Juni, 1 Brut; Nest aus Zweigen, Moos und Halmen in höheren Büschen oder hoch auf einzeln stehenden Bäumen.

| < Amsel | T | I-XII | ▽ | |

Eichelhäher *Garrulus glandarius*
Familie Rabenvögel *Corvidae*
E Jay F Geai des chênes

<u>Typisch:</u> Die auffällig blau-schwarz gebänderten Flügelfedern.
<u>Merkmale:</u> Oberkopf gestrichelt, zu einer Haube aufstellbar, schwarzer Bartstreif. Die weißen Abzeichen an Flügeln und Schwanz fallen besonders im Flug (Zeichnung) auf.
<u>Stimme:</u> Ruft bei Erregung laut und rauh kreischend „rrää", oft mehrfach wiederholt, auch „schrähi" und leise „gahi", häufig ein bussardähnliches „hii-ä". Gesang sehr abwechslungsreich, leise schwätzend, mit bauchrednerischen Lauten und mit Imitationen.
<u>Vorkommen:</u> Brütet vor allem in Misch- und Laubwäldern, in Parks und Gärten mit größerem Baumbestand, seltener in Nadelwald; in den Alpen bis rund 1700 m Höhe. Fast überall häufig.

<u>Verhalten:</u> Fliegt langsam und mit unregelmäßigen Flügelschlägen; hüpft zur Nahrungssuche oft auf dem Boden; im Winterhalbjahr vielfach in kleinen, locker zusammenhaltenden Trupps, besucht auch Futterstellen für Kleinvögel.

Eichelhäher, Flug

<u>Nahrung:</u> Vielseitig; vor allem Samen, Eicheln, Nüsse, Bucheckern, Insekten, Würmer, Jungvögel, Eier.
<u>Brut:</u> April – Juni, 1 Brut; relativ kleines, flaches Nest meist gut versteckt in Bäumen oder Büschen.

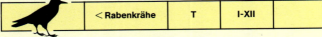

	< **Rabenkrähe**	T	I-XII	

Tannenhäher
Nucifraga caryocatactes
Familie Rabenvögel *Corvidae*
E Nutcracker
F Casse-noix moucheté

Typisch: Der heisere und etwas nasale Ruf „grährr-währ".
Merkmale: Im Flug (Zeichnung) fallen die breiten, abgerundeten Flügel, der kurze Schwanz mit weißer Endbinde und die signalweißen Unterschwanzdecken auf.
Stimme: Der typische Ruf wird häufig mehrfach wiederholt, daneben oft ein dohlenartiges „jäk jäk". Gesang unbedeutend, leise schwätzend mit Imitationen anderer Vogelstimmen untermischt.
Vorkommen: Brütet in Nadel- und Mischwäldern der Alpen bis 2000 m Höhe und in den Mittelgebirgen; im Winter oft in den Alpentälern; in manchen Jahren bei uns invasionsartige Einflüge von Tannenhähern der dünnschnäbeligen sibirischen Rasse *N. c. macrorhynchos*.
Verhalten: Sitzt häufig auf den höchsten Baumspitzen; fliegt langsam und etwas

Tannenhäher, Flug

unregelmäßig; legt im Herbst Vorratslager von Arven- und anderen Baumsamen an.
Nahrung: Samen von Nadelbäumen (vor allem Arve), Hasel- und Walnüsse, Beeren, Obst.
Brut: März – Mai, 1 Brut; Nest aus Reisig, Gräsern und Flechten, mit etwas Erde verfestigt, hoch auf Nadelbäumen.

< **Rabenkrähe**	J	I-XII		

Elster *Pica pica*
Familie Rabenvögel *Corvidae*
E. Magpie F Pie bavarde

<u>Typisch:</u> Das glänzend schwarz-weiße Gefieder und der lange, stufige Schwanz.
<u>Merkmale:</u> Im Flug fällt das weiße Handschwingenfeld auf (Zeichnung). Jungvögel mit viel kürzerem Schwanz, Gefieder kaum glänzend.
<u>Stimme:</u> Ruft häufig schackernd „schakschakschak" oder „tscharrakakak", auch „kekekek" oder „jekjekjek". Gesang: ein rauh gurgelndes Schwätzen mit schnarrenden, gepreßten und pfeifenden Lauten.
<u>Vorkommen:</u> Brütet in der offenen Landschaft mit Hecken, Feldgehölzen und Alleen; in Dörfern, Parks und Gärten mit Baumbestand, auch mitten in der Stadt; meidet geschlossenen Wald; im Gebirge bis rund 1500 m Höhe. Bei uns weit verbreitet und vielerorts häufig.
<u>Verhalten:</u> Läuft am Boden in wackelndem Gang; wachsam und scheu; gesellig, meist paarweise oder in kleinen Trupps.

Elster, Flug

<u>Nahrung:</u> Würmer, Schnecken, Insekten, Früchte, Samen, Abfälle, Eier, Jungvögel, Mäuse, Frösche.
<u>Brut:</u> April – Juni, 1 Brut; großes, überdachtes Reisignest mit seitlichem Eingang, meist hoch in Bäumen oder Büschen. Alte Elsternester werden häufig von Turmfalken und Waldohreulen bezogen.

	< **Rabenkrähe**	J	I-XII	

Dohle Corvus monedula
Familie Rabenvögel Corvidae
E Jackdaw F Choucas des tours

Typisch: Die hellen Rufe.
Merkmale: Gefieder überwiegend schwarz, Nacken und Hinterkopf grau, Augen hell. Jungvögel mit bräunlich-schwarzem Gefieder.
Stimme: Ruft häufig kurz und laut „kja" oder „kjak", auch gereiht, daneben schnarrend „kjerr", bei Bedrohung hoch „jüb". Gesang selten zu hören, ein leises Schwätzen mit knackenden Tönen und miauenden Lauten; auch das ♀ singt.
Vorkommen: Brütet in Laubwäldern mit Schwarzspechthöhlen, in Felswänden und Steinbrüchen, in Feldgehölzen und Parks mit altem Baumbestand, an Kirchen, Burgen und Ruinen; gebietsweise häufig, fehlt aber vielerorts.
Verhalten: Lebenslange Paarbindung; sehr gesellig, Nahrungssuche meist in kleinen Trupps auf offenem Gelände. Dohlen fliegen oft in Saatkrähenschwärmen mit, sie fallen neben der geringeren Größe durch ihre helleren

Dohle, Flug

Rufe und schnelleren Flügelschläge auf.
Nahrung: Insekten, Würmer, Schnecken, Früchte, Samen, Körner, Jungvögel, Mäuse, Abfälle.
Brut: April – Juni, 1 Brut; Koloniebrüter in Baumhöhlen, Felsspalten und -nischen, Mauerlöchern und Nistkästen; oft großes Reisignest.

| < **Rabenkrähe** | T, W | I–XII | | |

Alpendohle
Pyrrhocorax graculus
Familie Rabenvögel *Corvidae*
E Alpine Chough
F Chocard à bec jaune

<u>Typisch:</u> Häufig um Berggipfel, an Seilbahnstationen und Skihütten.
<u>Merkmale:</u> Gelber, schwach gebogener Schnabel, orangerote Beine. Jungvögel mit grauschwarzen Beinen und bräunlichem Schnabel.
<u>Stimme:</u> Ruft häufig scharf und schrill „psia" oder „zja", bei Gefahr durchdringend „tschirr". Gesang selten zu hören, ein unbedeutendes Schwätzen mit harten metallischen Pfiffen.
<u>Vorkommen:</u> Brütet in den Alpen oberhalb der Baumgrenze; im Winter auch in den Tälern.
<u>Verhalten:</u> Sehr gesellig und lärmend, tritt häufig in Schwärmen von mehreren hundert Vögeln auf; wenig scheu, die Dohlen lassen sich oft an Berghütten füttern.
<u>Nahrung:</u> Insekten, deren Larven, Würmer, Schnecken, Aas, Beeren, Früchte, Abfälle.
<u>Brut:</u> April – Juli, 1 Brut; Nest aus Reisig,

Alpendohle, Flug

Wurzeln und feinen Halmen, tief in Spalten an Felswänden, oft in größeren Naturhöhlen oder in Tunnels angelegt.
Die etwas größere **Alpenkrähe** *Pyrrhocorax pyrrhocorax* hat einen langen und gebogenen roten Schnabel. Brütet nur sporadisch in den Alpen, meist oberhalb der Baumgrenze an schroffen Felsen.

| | < **Rabenkrähe** | J | I-XII | |

Kolkrabe Corvus corax
Familie Rabenvögel *Corvidae*
E Raven F Grand corbeau

<u>Typisch:</u> Größter Rabenvogel, auffallend tiefe Rufe.
<u>Merkmale:</u> Sehr kräftiger, schwarzer Schnabel, Gefieder schwarz mit bläulichem Glanz. Im Flug fällt der keilförmige Schwanz auf.
<u>Stimme:</u> Sehr vielseitig; ruft tief und sonor „grok", „krah" oder „kroar", auch hohl „klong", hölzern „k-k" und bei Gefahr „kra-kra". Gesang abwechslungsreich schwätzend mit rufähnlichen schnarrenden und schnalzenden Lauten und mit zahlreichen Imitationen.
<u>Vorkommen:</u> Brütet in sehr unterschiedlichen Lebensräumen wie offenen zusammenhängenden Waldgebieten, Gebirgs- und Küstenregionen, Tundren und Steppen. Bei uns vor allem in den Alpen, im Alpenvorland und in Waldgebieten Schleswig-Holsteins und Niedersachsens.
<u>Verhalten:</u> Fliegt mit wuchtigen Flügelschlägen, dabei pfeifendes Fluggeräusch; segelt häufig.

Kolkrabe, Flug

<u>Nahrung:</u> Aas, Insekten, Würmer, Schnecken, kleine Säuger, Vögel.
<u>Brut:</u> Februar – April, 1 Brut; großes Nest aus Ästen und Zweigen in Nischen steiler Felswände oder auf hohen Bäumen des Tieflandes.

> **Rabenkrähe**	J	I-XII		

Rabenkrähe
Corvus corone corone
Familie Rabenvögel *Corvidae*
E Carrion Crow F Corneille noir

<u>Typisch:</u> Anpassungsfähiger Kulturfolger, überall häufig.
<u>Merkmale:</u> Rabenkrähe und Nebelkrähe (*C. c. cornix,* Zeichnung) werden als Rassen derselben Art, der Aaskrähe (*C. corone*) angesehen. Bei der Nebelkrähe sind Rücken und Unterseite hellgrau. In der Überlappungszone treten Mischlinge beider Formen auf.
<u>Stimme:</u> Ruft häufig „kräh", „wärr", „kirrk" oder „konk", bei Gefahr kurz „krr". Gesang bauchrednerartig schwätzend mit pfeifenden und kreischenden Lauten und mit zahlreichen Imitationen.
<u>Vorkommen:</u> Brütet häufig in offener Kulturlandschaft, in Mooren, an der Küste, in Parks und Gärten, auch innerhalb der Städte; im Gebirge bis 2000 m Höhe. Östlich der Elbe, in Teilen der Südschweiz und in Ostösterreich ist die Nebelkrähe heimisch.
<u>Verhalten:</u> Meist paarweise oder in

Nebelkrähe, Flug

Trupps, aber nie in riesigen Schwärmen wie Saatkrähen.
<u>Nahrung:</u> Würmer, Schnecken, Insekten, Mäuse, Eier, Jungvögel, Aas, Früchte, Pflanzenteile, Abfälle.
<u>Brut:</u> März – Juni, 1 Brut; großes, stabiles Nest aus Zweigen und Erde, meist hoch auf Bäumen.

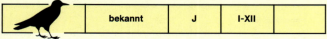

| | bekannt | J | I-XII | |

Saatkrähe *Corvus frugilegus*
Familie Rabenvögel *Corvidae*
E Rook F Corbeau freux

<u>Typisch:</u> Die unbefiederte, weißliche Schnabelwurzel der Altvögel.
<u>Merkmale:</u> Gefieder schwarz, metallisch blau schillernd; Kopf mit steiler Stirn, wirkt eckig; das Bauch- und Schenkelgefieder steht im Gegensatz zu dem der Rabenkrähe meist locker ab.
<u>Stimme:</u> Ruft tiefer und rauher als die Rabenkrähe: „kroh", „krah" oder „korr", daneben „kja" und ein mechanisch klingendes „krrr". Gesang schwätzend und schnarrend mit metallischen und krächzenden Lauten durchsetzt.
<u>Vorkommen:</u> Offene Kulturlandschaft mit Gehölzen, Ränder von Laub- und Nadelwäldern, Parks, auch in größeren Städten. Brütet bei uns nur gebietsweise (im Tiefland).

<u>Verhalten:</u> Sehr gesellig, im Winter häufig große Schwärme von Saatkrähen aus nördlichen und östlichen Brutgebieten, die auf Feldern, in Parks und Anlagen Nahrung suchen.

Saatkrähe, Jungvogel

<u>Nahrung:</u> Insektenlarven wie Raupen und Drahtwürmer; Schnecken, Mäuse, Samen, Pflanzenteile, Abfälle.
<u>Brut:</u> März – Mai, 1 Brut; Koloniebrüter in Baumkronen; großes Nest aus Zweigen, Halmen und Erde.

~ Rabenkrähe	T, W	I-XII		

Star *Sturnus vulgaris*
Familie Stare *Sturnidae*
E Starling F Étourneau sansonnet

Typisch: Der wackelnde Gang.
Merkmale: Kurzschwänzig und untersetzt, mit langem und spitzem gelbem Schnabel; im Herbst mit braunem Schnabel und dicht weiß getupft (Perlstar) durch weiße Federsäume; diese nutzen sich zum Frühjahr hin allmählich ab, so erscheint das grün-violette Brutkleid. Jungvögel einheitlich graubraun mit heller Kehle, Schnabel dunkel. Im Flug fallen die dreieckigen, spitzen Flügel auf.
Stimme: Ruft häufig heiser „rrhää" oder „ärr", schrill „schriin" oder bei Gefahr hart „wätt wätt". Gesang: ein abwechslungsreiches, anhaltendes Schwätzen aus pfeifenden, knackenden, schnalzenden und ratternden Lauten; viele Imitationen anderer Vogelstimmen und Umweltgeräusche.
Vorkommen: Brütet überall häufig, wo es Bäume mit Naturhöhlen oder Nistkästen gibt: in Laub- und Mischwald, offenem Kulturland, Parks, Gärten. Nur wenige Stare überwintern bei uns (im Tiefland).
Verhalten: Sucht in wackelndem Gang und ständig stochernd auf dem Boden nach Nahrung, hüpft nicht. Sehr gesellig, außerhalb der Brutzeit oft in großen Schwärmen.
Nahrung: Insekten, Schnecken, Würmer, Obst (Weintrauben), Beeren.
Brut: April–Juli, 1–2 Bruten; unordentliches Nest aus Stroh, Stengeln und Blättern in Baum- und Felshöhlen, Nistkästen.

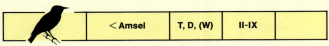

	< **Amsel**	**T, D, (W)**	**II–IX**	

Schneefink *Montifringilla nivalis*
Familie Sperlinge *Passeridae*
E Snow Finch
F Niverolle des Alpes

<u>Typisch:</u> Die besonders im Flug auffallende schwarz-weiße Zeichnung von Flügeln und Schwanz.
<u>Merkmale:</u> Wirkt groß und finkenartig; im Brutkleid ♂ (Zeichnung) mit grauem Kopf, schwarzem Schnabel und schwarzem Kehlfleck; ♀ mit mehr braungrauer Kopffärbung und undeutlicherem Kehlfleck, das Weiß im Flügel etwas weniger ausgedehnt. Im Winter (Foto) ♂ und ♀ mit gelbem Schnabel und ohne den schwarzen Kehlfleck.
<u>Stimme:</u> Ruft häufig kurz und nasal „pchie", „zuziek" oder „wähk", bei Gefahr ähnlich der Haubenmeise weich trillernd „pchrrrt". Gesang ein einfaches, etwas stotterndes Zwitschern aus wiederholten Lauten, z.B. „titt-titt-tsche"
<u>Vorkommen:</u> Brütet in der alpinen Felszone der Schweiz, Österreichs und Bayerns, meist über 1900 m Höhe; im

Schneefink, Brutkleid

Winter auch an Seilbahnstationen und Berghütten, jedoch nur selten in den Tälern.
<u>Verhalten:</u> Sehr gesellig, brütet meist zu mehreren Paaren, tritt außerhalb der Brutzeit in oft größeren Schwärmen auf.
<u>Nahrung:</u> Insekten, Samen.
<u>Brut:</u> Mai – Juli, 1–2 Bruten; Nest in Spalten und kleinen Höhlen, gebietsweise auch an Gebäuden.

| > **Haussperling** | J | I-XII | R̅ | |

Haussperling *Passer domesticus*
Familie Sperlinge *Passeridae*
E House Sparrow
F Moineau domestique

<u>Typisch:</u> Sehr häufig in Städten.
<u>Merkmale:</u> ♂ kontrastreich gefärbt, ♀ (Zeichnung) und Jungvögel schlicht graubraun.
<u>Stimme:</u> Ruft bei Erregung durchdringend „tetetet" oder „tsched-tsched", im Flug häufig „tschuib" oder „dschlue". Gesang: das allbekannte rhythmische Tschilpen wie „tschilp tschelp…"
<u>Vorkommen:</u> Überall, wo es Häuser gibt; sehr häufiger Kulturfolger in Dörfern, Städten und an Einzelgehöften; auch an manchen nicht zu hoch gelegenen Berghütten.
<u>Verhalten:</u> Sehr gesellig, oft in lärmenden Trupps, die einander ständig verfolgen und dabei tschilpen und zetern; im Gegensatz zum Buchfink auf dem Boden hüpfend; badet gerne im Staub; häufig Gruppenbalz mehrerer ♂ mit hängenden Flügeln und gestelztem Schwanz.
<u>Nahrung:</u> Insekten, deren Larven,

Haussperling, ♀

Samen, Früchte, Beeren, Knospen, Getreide, Abfälle.
<u>Brut:</u> April – August, 2–3 Bruten; wenig sorgfältiges, überdachtes Nest aus Halmen, Stengeln, Papier und Lumpen, meist unter Hausdächern oder in Mauerlöchern.

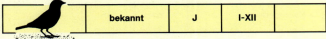

| | bekannt | J | I-XII | |

Feldsperling *Passer montanus*
Familie Sperlinge *Passeridae*
E Tree Sparrow F Moineau friquet

Typisch: Im Verhalten viel unauffälliger als der Haussperling.

Merkmale: Etwas kleiner und schlanker als der Haussperling, leicht durch den kastanienbraunen Oberkopf und Nakken sowie den schwarzen Ohrfleck und kleineren schwarzen Kehlfleck zu unterscheiden. Jungvögel mit graubraunem Oberkopf und dunkelgrauer Kehle.

Stimme: Ruft bei Erregung und im Flug hart „tek tek tek", oft auch mit „zwit" kombiniert, daneben „dschäd dschäd". Gesang ähnlich dem des Haussperlings, ein rhythmisches, stammelndes Tschilpen, jedoch kürzer und geräuschhafter.

Vorkommen: Weniger an Siedlungen gebunden als der Haussperling; brütet in offener Kulturlandschaft mit Hecken, Feldgehölzen und Obstgärten; in Parks und an Stadt- und Dorfrändern.

Verhalten: Ebenso gesellig wie der Haussperling, aber nicht so lärmend; im Winter häufig an Dorfrändern; besucht Futterhäuschen, aber zurückhaltender als der Haussperling. Beide Sperlingsarten sind an der Fütterung weniger zänkisch als beispielsweise Finken.

Nahrung: Insekten, Samen, Früchte, Knospen, Sämereien, Haferflocken, Getreide, Abfälle.

Brut: April – August, 2 – 3 Bruten; überdachtes Nest aus Halmen und Stengeln, innen mit Federn gepolstert, in Baumhöhlen, Nistkästen, Felslöchern und sogar in alten Uferschwalbenröhren.

< **Haussperling**	T	I-XII	▽	

Buchfink *Fringilla coelebs*
Familie Finken *Fringillidae*
E Chaffinch F Pinson des arbres

<u>Typisch:</u> Häufigster Fink.
<u>Merkmale:</u> Oberkopf beim ♂ im Brutkleid leuchtend blaugrau, im Ruhekleid bräunlichgrau; ♀ (Zeichnung) oberseits olivbraun, unterseits graubraun. Besonders im Flug sind die leuchtend weißen Flügelabzeichen und die weißen Schwanzkanten auffällig.
<u>Stimme:</u> Ruft bei Gefahr laut und kurz „pink", ähnlich wie die Kohlmeise, bei Erregung weich „füid" oder wiederholt „wwrüt" (Regenruf), beim Auffliegen kurz „jüb". Gesang: eine laut schmetternde, abfallende Strophe mit betontem Schluß „zizizizjezja-zo-ritju-kik", das „kik" – vom Buntspecht imitiert – fehlt regional.
<u>Vorkommen:</u> Überall häufig, wo es Bäume gibt. Bei uns überwintern fast nur ♂.
<u>Verhalten:</u> Nahrungssuche meist am Boden, trippelt mit ruckartigen Kopfbewegungen; außerhalb der Brutzeit oft in großen Schwärmen.

Buchfink, ♀

<u>Nahrung:</u> Samen, Früchte, Insekten, Spinnen, Sämereien, Getreide.
<u>Brut:</u> April–Juli, 2 Bruten; kunstvolles, festes Napfnest, relativ hoch in Bäumen und Büschen.

| | ~ **Haussperling** | T | I-XII | |

348

Bergfink *Fringilla montifringilla*
Familie Finken *Fringillidae*
E Brambling F Pinson du nord

Typisch: Der auffallende weiße Bürzel, beim Auffliegen meist deutlich zu sehen.

Merkmale: Beim ♂ im Brutkleid (nicht abgebildet) Kopf, Schnabel und Rücken schwarz, Brust und Schultern orangefarben; beim ♂ im Ruhekleid (Foto) schwarze Gefiederpartien bräunlich geschuppt, durch Abnutzung der hellen Federsäume entsteht im Frühjahr allmählich die Schwarzfärbung. ♀ (Zeichnung) mit grauen Wangen, schwärzlich gestreiftem Scheitel und stets braun gemustertem Rücken.

Stimme: Ruft auffällig quäkend „dschäe" oder „kwäig", im Flug kurz „jäk", beim Abflug gereiht. Gesang nicht sehr laut, eine Kombination von grünlingsartigen Quetschlauten wie „dsäää" und scheppernden Elementen.

Vorkommen: Häufiger Brutvogel in

Bergfink, ♀

Fjällbirken- und Nadelwäldern des Nordens; im Winterhalbjahr in oft großen Schwärmen in Buchenwäldern, Parks, Gärten und auf Feldern. Besucht auch Futterstellen.

Nahrung: Insekten und deren Larven, im Winter Bucheckern, grobe Sämereien, Getreide, Nüsse.

| ~ **Haussperling** | W, D | X-IV | ▽ R | 🐦 |

Girlitz *Serinus serinus*
Familie Finken *Fringillidae*
E Serin F Serin cini

<u>Typisch:</u> Kleinster heimischer Fink, sehr kurzer Kegelschnabel.

<u>Merkmale:</u> Gefieder mit viel Gelb (♂), ♀ mehr graugrün, unterseits gestreift, Bürzel wie beim ♂ gelb, im Flug oft gut zu erkennen. Jungvögel bräunlich, stark dunkel gestreift, ohne gelben Bürzel.

<u>Stimme:</u> Ruft im Flug hoch trillernd „tirri", „girr" oder „girlitt", bei Beunruhigung gedehnt „dschäi". Gesang: ein anhaltendes hohes und klirrendes Gezwitscher in ähnlicher Tonhöhe.

<u>Vorkommen:</u> Brütet in Friedhöfen, Parks, Gärten, Obstgärten und Weinbergen, in lichtem Laub- und Mischwald bis rund 1200 m Höhe. Bei uns weit verbreitet im Tiefland, aber nur gebietsweise häufig.

<u>Verhalten:</u> Flug schnell und leicht bogenförmig. Nahrungssuche häufig am Boden; tritt meist paarweise oder in kleinen Trupps auf. Singt auf Baumspitzen, Telegrafenleitungen oder in fledermausartigem Singflug, wobei der Vogel in weiten Bögen in Baumkronenhöhe fliegt und nach dem Landen intensiv weitersingt.

<u>Nahrung:</u> Feine Wildsamen, grüne Pflanzenteile, Insekten.

<u>Brut:</u> April–Juli, 2 Bruten; kunstvolles Nest aus Wurzeln, Halmen und Moos, mit Federn, Haaren und Pflanzenwolle ausgepolstert; meist halbhoch in Nadelbäumen, Hecken und Büschen.

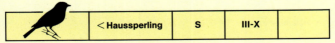

Zitronengirlitz *Serinus citrinella*
Familie Finken *Fringillidae*
E Citril Finch
F Venturon montagnard

<u>Typisch:</u> Klein und unauffällig, am besten an der Stimme zu erkennen.
<u>Merkmale:</u> Gesicht und Unterseite ungestrichelt gelb, Nacken und Halsseiten grau, zwei gelblich-grüne Flügelbinden, Schwanz ohne Gelb; ♀ weniger gelb und dunkler, oberseits schwach gestreift. Jungvögel mehr bräunlich, auch unterseits deutlich gestreift.
<u>Stimme:</u> Ruft im Flug häufig hoch und etwas nasal „dit dit", auch schnell gereiht, bei Störung „ziä". Der Gesang erinnert in der Klangfarbe an den des Stieglitzes und ist ähnlich anhaltend wie der des Girlitzes, ein sprudelndes Gezwitscher, das oft mit einem gedehnten Quetschlaut endet.
<u>Vorkommen:</u> Brütet relativ häufig in lockerem Nadelwald der Alpen ab 1400 m Höhe bis zur Baumgrenze; einige Brutplätze im Schwarzwald. Nur wenige überwintern bei uns.
<u>Verhalten:</u> Gesellig, im Spätwinter oft in Schwärmen auf aperen Flächen und in Gärten der Gebirgstäler.
<u>Nahrung:</u> Samen von Nadelbäumen, Kräutern und Gräsern, Insekten.
<u>Brut:</u> April–August, 1–2 Bruten; Nest aus Gräsern, Wurzeln, Moos und Flechten, innen mit Pflanzenwolle und Federn ausgepolstert, meist hoch auf Nadelbäumen; häufig auf Lichtungen mit einzelnen Nadelbäumen.

< **Haussperling**	T	III-X		

Grünling, Grünfink
Carduelis chloris
Familie Finken *Fringillidae*
E Greenfinch F Verdier d'Europe

Typisch: Größter gelbgrüner Fink.
Merkmale: Besonders im Flug auffallende gelbe Flügelspiegel. ♀ (Zeichnung) überwiegend graugrün, gelbe Abzeichen an Flügeln und Schwanz weniger deutlich. Jungvögel kräftig dunkel längsgestreift.
Stimme: Ruft beim Abfliegen laut und klangvoll „gügügü", bei Störung nasal „diu" oder „dschwuit", bei Auseinandersetzungen schnarrend „tsrr". Gesang aus kanarienartig klingelnden und trillernden Touren, dazwischen an Kleiber erinnernde Pfeiflaute und gedehnte Quetschlaute wie „dejäieh".
Vorkommen: Brütet häufig in lichten Mischwäldern, an Waldrändern, in Hecken, Parks, Obstgärten und Alleen, auch in Gärten mitten in der Großstadt.
Verhalten: Gesellig; besucht oft Futterhäuschen. Singt in fledermausartigem Balzflug mit stark verlangsamten Flügelschlägen.

Grünling, ♀

Nahrung: Samen, Knospen, Blüten, Insekten, Sonnenblumenkerne.
Brut: April – August, 2 – 3 Bruten; lockeres Nest meist halbhoch in dichten Büschen und Bäumen, auch in Blumenkästen auf dem Balkon.

| | ~ Haussperling | T | I-XII | |

Stieglitz, Distelfink
Carduelis carduelis
Familie Finken *Fringillidae*
E Goldfinch
F Chardonneret élégant

Typisch: Ungewöhnlich bunt, besonders im Flug fällt die breite gelbe Flügelbinde auf.

Merkmale: Jungvögel ohne die schwarz-weiß-rote Kopffärbung, aber mit der typischen gelben Flügelbinde.

Stimme: Ruft sehr häufig hoch klingelnd und schnell „didlit" oder „zidit", bei Gefahr nasal gezogen „wäii", bei innerartlichen Auseinandersetzungen schnarrend „tschrrr". Die klangvollen hohen und eilig vorgetragenen Gesangsstrophen bestehen aus zwitschernden und trillernden Folgen sowie nasalen Elementen und werden meist durch „didlit"-Rufe eingeleitet.

Vorkommen: Brütet in Parkanlagen, Obstgärten, Heckenlandschaften, Alleen und Gärten, häufig in Dörfern mit alten Laubbäumen; außerhalb der Brutzeit in offenem Gelände und an Wegrändern; einige Stieglitztrupps überwintern.

Verhalten: Sehr gesellig; singt meist hoch auf Bäumen; Nahrungssuche oft in kleinen Trupps auf Wildkräuterflächen mit Disteln und anderen samentragenden Stauden.

Nahrung: Samen von Disteln, Löwenzahn und Laubbäumen; während der Brutzeit auch kleine Insekten, vor allem Blattläuse.

Brut: Mai – August, 2 Bruten; das ♀ baut ein dickwandiges und verfilztes Nest aus Pflanzenwolle, Moos und Gras, meist hoch oben in der Astgabel eines Laubbaumes.

| < Haussperling | T | I-XII | | |

Zeisig, Erlenzeisig
Carduelis spinus
Familie Finken *Fringillidae*
E Siskin F Tarin des aulnes

<u>Typisch:</u> Die wehmütigen Flugrufe.
<u>Merkmale:</u> Sehr klein, relativ schlanker, spitzer Schnabel; Gefieder grünlich-gelb, Flügel schwarz mit breiter gelber Flügelbinde. ♂ mit schwarzer Kopfplatte und kleinem schwarzem Kinnfleck; ♀ graugrün, stärker gestrichelt und ohne schwarze Kopfplatte. Jungvögel oberseits mehr braun, noch stärker gestrichelt.
<u>Stimme:</u> Ruft im Flug oft wehmütig „tüli", „tsie" oder „diäh", Betonung auf der ersten Silbe, häufig auch kurz „tet" oder „tetetet". Gesang eilig zwitschernd, oft mit eingeflochtenen „tüli"-Rufen, vielen Imitationen anderer Vogelstimmen und am Ende mit einem gedehnten Quetschlaut.
<u>Vorkommen:</u> Brütet in Fichten- und Mischwald, besonders in Bergwäldern bis zur Baumgrenze; im Winterhalbjahr häufig im Tiefland; große Bestandsschwankungen von Jahr zu Jahr.
<u>Verhalten:</u> Turnt bei der Nahrungssuche geschickt auf Erlen und Birken; gesellig, außerhalb der Brutzeit oft in großen Schwärmen; singt bereits ab Ende Januar, oft hoch in Bäumen oder in fledermausartigem Singflug.
<u>Nahrung:</u> Samen von Laub- und Nadelbäumen, Insekten, feine Sämereien, Nüsse, Talg.
<u>Brut:</u> April–Juli, 2 Bruten; Nest aus Halmen, Moos und Flechten, meist hoch auf Nadelbäumen.

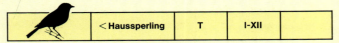

| | < **Haussperling** | T | I–XII | |

Birkenzeisig *Acanthis flammea*
Familie Finken *Fringillidae*
E Redpoll F Sizerin flammé

Typisch: Die Flugrufe.
Merkmale: Sehr klein; hornfarbener, spitzer Schnabel; Gefieder überwiegend bräunlich gestreift, mit tiefrotem Scheitelfleck und schwarzem Kinn. ♂ im Brutkleid mit rötlicher Brust. Jungvögel ohne Rot.
Stimme: Typischer Flugruf ein schnelles, weit hörbares „dschedschedsche", bei Störung ein nasales, gezogenes „wäid" oder „wüid". Gesang anhaltend, rauh zwitschernd mit schwirrenden Lauten, klangvollen Pfeiftönen und mit Flugrufen untermischt.
Vorkommen: Brütet in lockerem Nadelwald der Alpen ab 1400 m Höhe, besonders an der Baumgrenze; in Mittelgebirgen und in Moorgebieten des Alpenvorlandes, auch in Erlen- und Weidengehölzen sowie in Nadelholzschonungen des Tieflandes; in Ausbreitung begriffen, nistet sogar schon in einigen Städten Süddeutschlands.
Verhalten: Sehr gesellig, im Winterhalbjahr in Schwärmen auf Erlen und Birken; singt häufig im normalen Flug oder Singflug mit verlangsamten Flügelschlägen.
Nahrung: Samen von Bäumen und Kräutern; Insekten; feine Sämereien, Nüsse, Talg.
Brut: Mai – Juli, 2 Bruten; Nest aus Reisern, Moos und Halmen in unterschiedlicher Höhe in Büschen oder Bäumen.

< Haussperling	T	I-XII		

Berghänfling
Acanthis flavirostris
Familie Finken *Fringillidae*
E Twite F Linotte à bec jaune

Typisch: Im Winter in dichten Schwärmen an der Küste.
Merkmale: Sehr ähnlich dem Hänflings-♀, aber weniger Weiß an Flügeln und Schwanz; Gefieder mehr braun; Kehle anders als beim Hänfling nicht weißlich, sondern gelblichbraun; Bürzel beim ♂ rosafarben, beim ♀ meist ohne Rosa. Schnabel im Ruhekleid gelblich.
Stimme: Ruft im Flug „diep-ep-ep", weicher als der Hänfling, daneben gezogen und etwas quäkend „gjä gjä gjä" oder „djedu". Gesang schon im Spätwinter zu hören, holprig und gequetscht zwitschernd, mit variierten Rufen und gedehnten Schnarrlauten; etwas langsamer als Hänflingsgesang.
Vorkommen: Brütet in steinigen und vegetationsarmen Küstengebieten, in Gebirgslagen und auf Moor- und Heideflächen Nordeuropas; im Winterhalbjahr regelmäßig auf Strandwiesen, Quellerflächen und Stoppeläckern an der norddeutschen Küste, selten auf Äckern und Ödflächen des Binnenraumes bis ins Alpenvorland.
Verhalten: Sehr gesellig, sucht im Winter oft in dicht zusammenhaltenden Schwärmen auf krautigen Pflanzen und auf dem Boden Nahrung.
Brut: Mai – Juli, 2 Bruten; relativ großes Nest aus Gräsern, Stengeln, Wolle und Haaren, meist in bodennahem Bewuchs oder in Höhlungen.

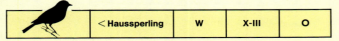

Hänfling, Bluthänfling
Acanthis cannabina
Familie Finken *Fringillidae*
E Linnet F Linotte mélodieuse

<u>Typisch:</u> Die nasalen Rufe.
<u>Merkmale:</u> Vorderer Scheitel und Brust beim ♂ im Brutkleid leuchtend rot; Ruhekleid insgesamt blasser, kein Rot am Kopf; ♀ (Zeichnung) stets ohne Rot, streifig und oberseits dunkelbraun, Jungvögel stärker gestreift.
<u>Stimme:</u> Ruft im Flug nasal stotternd „gegegeg", bei Beunruhigung gedehnt und nasal „düje" oder „glü". Gesang nasal geckernd, aber wohlklingend, beginnt mit einer sich beschleunigenden Serie der typischen Rufe, die in hastig vorgetragene Triller, Pfeiftöne und geräuschhafte Laute übergehen.
<u>Vorkommen:</u> Brütet in offener Kulturlandschaft mit Hecken und Gehölzen, in Friedhöfen, Weinbergen, Wacholderheiden, Parks und Gärten, häufig an Dorfrändern; im Gebirge bis zur Baumgrenze. Außerhalb der Brutzeit oft in größeren, dicht zusammenhaltenden Schwärmen in offener Landschaft.

Hänfling, ♀

<u>Nahrung:</u> Samen von krautigen Pflanzen und Bäumen, Insekten.
<u>Brut:</u> April–August, 2 Bruten; Nest niedrig in Hecken, Büschen und Jungbäumen; oft kleine Kolonien mehrerer Brutpaare.

| < **Haussperling** | T | I–XII | | |

Karmingimpel
Carpodacus erythrinus
Familie Finken *Fringillidae*
E Scarlet Grosbeak
F Roselin cramoisi

Typisch: Das Karminrot von Kopf, Kehle, Brust und Bürzel des mindestens zweijährigen ♂.
Merkmale: Flügel und Schwanz dunkelbraun, zwei schmale Flügelbinden. ♀ (Zeichnung) und junge ♂ unauffällig bräunlich mit hellerer Unterseite und gestreifter Brust.
Stimme: Ruft bei Störung am Nest weich „djüi", klingt häufig auch gequetscht, daneben kurz „zit". Gesang einprägsam und weit hörbar, ein stereotypes, etwas an Pirol erinnerndes, jedoch rein pfeifendes „si-widjü-widju", die letzte Silbe ist deutlich abwärts gezogen.
Vorkommen: Brütet in buschreichen Feuchtgebieten, besonders in Weiden- und Erlenbeständen in Gewässernähe, in lichtem, kräuterreichem Bruchwald, in Parklandschaften und Anpflanzungen. Brutvogel im östlichen Mitteleuropa, seit einigen Jahrzehnten Ausbreitung nach Westen; heute lokale Brutvorkommen in Österreich, der Schweiz in Südbayern und Niedersachsen.

Karmingimpel, ♀

Nahrung: Insekten, deren Larven, Knospen, Triebe, Beeren, Samen.
Brut: Mai–Juli, 1 Brut; Nest locker gebaut aus Halmen und Gräsern, mit Würzelchen und Haaren ausgelegt, meist in 0,5–2 m Höhe in dichtem Gebüsch.

	~ **Haussperling**	S	V-IX	

Fichtenkreuzschnabel
Loxia curvirostra
Familie Finken *Fringillidae*
E Crossbill
F Bec-croisé des sapins

<u>Typisch:</u> Der kräftige Schnabel mit übereinander gekreuzten Spitzen.
<u>Merkmale:</u> Gedrungen und mit dickem Kopf, kurzer, gegabelter Schwanz; ♂ ab dem 2. Lebensjahr ziegelrot, ♀ olivgrün mit gelblichem Bürzel (Zeichnung). Jungvögel stark dunkel längsgestreift.
<u>Stimme:</u> Ruft häufig hart „gip gip gip" oder „klip klip klip", oft auch im Flug, daneben weicher „tjük" oder „tjök".
Gesang: viele verschiedene, 2–3mal wiederholte, laute und klare Elemente, untermischt mit den typischen „gip"-Rufen und mit härteren Lauten.
<u>Vorkommen:</u> Brütet in Nadelwald, vor allem in Bergfichtenwald bis zur Baumgrenze. Die Vögel vagabundieren auf der Suche nach reifen Fichtenzapfen oft weit umher. Bei uns weit verbreitet, jedoch in sehr unterschiedlicher Häufigkeit.
<u>Verhalten:</u> Gesellig, meist in kleineren bis größeren Trupps; die Vögel klettern

Fichtenkreuzschnabel, ♀

papageienartig an Fichtenzapfen. Singt fast zu jeder Jahreszeit.
<u>Nahrung:</u> Vor allem Fichtensamen.
<u>Brut:</u> Das ganze Jahr über, jedoch meist Dezember–Mai, 1–2 Bruten; stabiles Nest aus Reisern, Moos und Flechten, hoch auf Fichten.

| > **Haussperling** | J | I-XII | | 🐦 |

Gimpel, Dompfaff
Pyrrhula pyrrhula
Familie Finken *Fringillidae*
E Bullfinch F Bouvreuil pivoine

<u>Typisch:</u> Die leuchtend rosenrote Unterseite des ♂.
<u>Merkmale:</u> Wirkt gedrungen und plump, kräftiger schwarzer Kegelschnabel. ♀ (Zeichnung) mit bräunlichgrauer Unterseite. Jungvögel bräunlich, keine schwarze Kopfkappe. Im Flug fällt der weiße Bürzel auf.
<u>Stimme:</u> Ruft sanft und weich, etwas abfallend „djü" oder „düp", leicht nachzupfeifen; beim Abflug leise „büt büt". Gesang: ein zartes pfeifendes und zwitscherndes Geplauder mit eingestreuten Lockrufen und gepreßten Tönen.
<u>Vorkommen:</u> Brütet in Nadel- und Mischwald, in Fichtenschonungen, an Waldrändern, in Parks, Gärten und Friedhöfen mit viel Gebüsch.

<u>Verhalten:</u> Wenig scheu, lebt in der Regel paarweise; außerhalb der Brutzeit meist mehrere Paare in kleinen Trupps; sitzen im Winter oft dick aufgeplustert in beerentragenden Sträuchern; häufig an Futterhäuschen.

Gimpel, ♀

<u>Nahrung:</u> Samen und Knospen von Bäumen und Kräutern; Beeren, auch Insekten.
<u>Brut:</u> April–August, 2 Bruten; lockeres Nest in dichtem Gebüsch und jungen Nadelbäumen versteckt.

| | > **Haussperling** | T | I–XII | |

Kernbeißer
Coccothraustes coccothraustes
Familie Finken *Fringillidae*
E Hawfinch
F Gros-bec cassenoyaux

Typisch: Gedrungen mit großem Kopf und extrem klobigem Schnabel.
Merkmale: Schnabel im Sommer stahlblau, im Winter (Foto) hornfarben. ♀ weniger auffällig, blasser gefärbt. Jungvögel bräunlich mit starker Musterung. Im Flug an der dicken Gestalt und den teilweise hell durchscheinenden Flügeln, beim Auffliegen am weißen Schwanzende zu erkennen.
Stimme: Ruft schrill und scharf „zicks" oder „zieck", „zittit" oder hoch „jichz". Gesang selten zu hören, eine klirrende und holprige Aneinanderreihung von variierten Rufen und nasalen Lauten. Der Gesang ist sehr wenig entwickelt und hat daher auch kaum territoriale Funktion.
Vorkommen: Brütet in Laub- und Mischwald, besonders mit Buche und Ahorn, in Parks und Gärten mit hohen Laubbäumen. Bei uns weit verbreitet, meist nicht selten.
Verhalten: Ziemlich scheu; hält sich im Sommer meist in Baumkronen auf; besucht im Winter Futterhäuschen. Flug schnell und geradlinig in weiten Bögen und meist in Baumkronenhöhe.
Nahrung: Samen von Laubbäumen, besonders Hainbuche, Ahorn; Kerne von Steinobst, die er aufknackt; Knospen, Insekten.
Brut: April–Juni, 1–2 Bruten; umfangreiches Nest aus Zweigen, Wurzeln und Halmen, meist hoch in Laubbäumen.

> **Haussperling**	T	I–XII	

Schneeammer
Plectrophenax nivalis
Familie Ammern *Emberizidae*
E Snow Bunting
F Bruant des neiges

<u>Typisch:</u> Das besonders beim ♂ auffällige weiße Flügelfeld.
<u>Merkmale:</u> ♂ im Brutkleid mit weißem Kopf und weißer Unterseite, Flügel schwarz mit großem weißem Feld, Schnabel schwarz; ♀ weniger kontrastreich, Oberseite mehr bräunlich. Im Ruhekleid (Foto ♂) Rücken bräunlich und schwarz gemustert, Ohrbereich, Oberkopf und ein angedeuteter Halsring orangebraun; ♀ oberseits hell bräunlich gemustert, mehr Braun an Kopf, Brust und Flanken, kleineres weißes Flügelfeld; bei manchen jungen ♀ fehlt das weiße Flügelfeld.

<u>Stimme:</u> Ruft im Flug trillernd „tirr" oder „diüh", von landenden Trupps hört man oft ein scharfes „tsrr". Gesang: eine hell trillernde, lerchenartige Strophe mit schnellem Tonhöhenwechsel.
<u>Vorkommen:</u> Brütet in felsigen und steinigen Fjäll- und Tundragebieten Nordeuropas; im Winter regelmäßig an der Nord- und Ostseeküste auf offenen, kurzrasigen Flächen, manchmal auch an Seeufern und auf Ödland im mitteleuropäischen Binnenland.
<u>Verhalten:</u> Streift in kleinen Trupps umher, hält sich am Boden auf; wenig scheu.
<u>Nahrung:</u> Insekten, Spinnen, im Winterhalbjahr Samen.
<u>Brut:</u> Mai–Juli, 1 Brut; Bodennest aus Tundrapflanzen, mit Federn und Wolle ausgepolstert, meist in Felsspalten und unter Steinen.

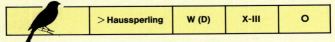

Spornammer
Calcarius lapponicus
Familie Ammern *Emberizidae*
E Lapland Bunting F Bruant lapon

Typisch: Die im Ruhekleid kastanienbraun gefärbten Flügeldecken, von den beiden weißen Flügelbinden eingerahmt.

Merkmale: ♂ im Brutkleid (Foto) sehr auffällig und kaum zu verwechseln. Im Ruhekleid (Zeichnung ♂) ähnlich der Rohrammer, aber mit längeren Flügeln und kürzerem Schwanz, dem typischen Flügelmuster und (beim ♂) Resten der rostbraunen Nackenfärbung; Schnabel gelblich; junge ♀ oft mit braungelblicher Kopffärbung.

Stimme: Ruft während des Zuges häufig etwas schnarrend „prrrt" oder „tjüprrrt", am Brutplatz „djüi", manchmal auch abwechselnd „djüi" und „tchiü". Der Gesang ähnelt dem der Schneeammer, klingt aber etwas holpriger.

Vorkommen: Brütet in niedriger Buschvegetation oberhalb der Baumgrenze in nordeuropäischen Fjällgebieten. Im

Spornammer, Ruhekleid

Winterhalbjahr regelmäßig auf küstennahen Wiesen, Weiden und Äckern an der Nord- und Ostsee; nur ausnahmsweise im mitteleuropäischen Binnenland.

Verhalten: Während des Zuges meist auf dem Boden, läuft geduckt und rasch in niedrigem Bodenbewuchs.

Nahrung: Meist Samen, Insekten.

> **Haussperling**	W	X-III	O	

Goldammer *Emberiza citrinella*
Familie Ammern *Emberizidae*
E Yellowhammer F Bruant jaune

<u>Typisch:</u> Die auffällige Gelbfärbung des ♂ an Kopf und Unterseite.
<u>Merkmale:</u> Schlank und langschwänzig, Bürzel zimtbraun; ♀ (Zeichnung) und Jungvögel mit weniger Gelb, auch an Kopf und Kehle dunkel gestreift. Beim Auffliegen weiße Schwanzkanten sichtbar.
<u>Stimme:</u> Ruft häufig „zrik" oder „trs", beim Abflug trillernd „tirr". Gesang: eine kurze melancholische und oft verkürzt vorgetragene Strophe „zizizizizi-zii-düh", häufig mit „wie wie wie hab' ich Dich lieb" wiedergegeben.
<u>Vorkommen:</u> Fast überall häufig in abwechslungsreicher Kulturlandschaft mit Hecken, Feldgehölzen, gebüschreichen Waldrändern und in Fichtenschonungen; im Gebirge bis rund 1200 m Höhe; vor allem im Winter auch in Dörfern.
<u>Verhalten:</u> Zuckt häufig mit dem Schwanz; singt oft auf Buschspitzen,

Goldammer, ♀

Leitungen und anderen Warten, auch noch im Hochsommer; im Winter in kleinen Trupps.
<u>Nahrung:</u> Insekten, Spinnen, Samen, Getreide, grüne Pflanzenteile.
<u>Brut:</u> April – Juli, 2 Bruten; Nest meist niedrig im bodennahen Gestrüpp, in kleinen Bäumen, an Weg- und Straßenböschungen.

| | > **Haussperling** | T | I-XII | |

Zaunammer *Emberiza cirlus*
Familie Ammern *Emberizidae*
E Cirl Bunting F Bruant zizi

Typisch: Sehr unauffällig.
Merkmale: Unterseite beim ♂ gelb mit grünlichem Brustband, Flanken dunkel gestrichelt, Kopf und Hals auffällig gelb-schwarz gezeichnet. ♀ viel weniger kontrastreich gefärbt, recht ähnlich einem Goldammer-♀, aber weniger gelb und mit graubraunem (nicht zimtbraunem) Bürzel.
Stimme: Ruft ähnlich der Goldammer, aber dünn und hoch „ziih" oder „tzii", auch kurz und hart „tick" oder „tsittit". Der Gesang erinnert etwas an den der Klappergrasmücke, klingt aber höher und mehr klingelnd, oft nur auf einem Ton „klappernd".

Vorkommen: Brütet in offener und buschreicher Landschaft mit einzelnen höheren Bäumen, an Weinbergen, im Süden vor allem an sonnigen und trockenen Berghängen. Seltener Brutvogel der Schweiz und Österreichs; bei uns nur noch kleine Brutvorkommen im Südwesten und Süden.
Verhalten: Viel weniger auffällig als die Goldammer, meist schwer zu entdecken. Singt auf höheren Warten, oft bis zum Herbst. Streift außerhalb der Brutzeit gerne mit Goldammern in gemischten Trupps auf Ackerflächen umher.
Nahrung: Vorwiegend Samen, zur Jungenaufzucht Insekten.
Brut: Mai–August, 2 Bruten; Nest in dichtem Gebüsch oder in jungen Bäumen, meist nah am Boden.

| > **Haussperling** | T | I–XII | ▽2 | |

Ortolan, Gartenammer
Emberiza hortulana
Familie Ammern *Emberizidae*
E Ortolan Bunting
F Bruant ortolan

Typisch: Der hell gelbliche Augenring und der rötliche Schnabel.
Merkmale: Im Brutkleid mit graugrünlichem Kopf, gelber Kehle und gelbem Bartstreif. ♀ heller, weniger grünlich gefärbt, an der Brust dunkel gestrichelt. ♂ im Herbst sehr ähnlich wie ♀. Jungvögel stark dunkel gestrichelt.
Stimme: Ruft bei Erregung „psip" oder „psiè", oft mit „djüb" abwechselnd. Gesang: eine kurze, etwas schwermütige Strophe wie „zri-zri-zri-cjü-djü-djü" oder ähnlich; jedes ♂ bringt bis zu vier verschiedene Strophentypen.
Vorkommen: Brütet in klimatisch milden Gegenden; in der kleinräumigen, abwechslungsreichen Feldflur mit Streuobstflächen, Laubbaumreihen an Landstraßen oder Bächen, an Waldrändern und Feldgehölzen mit Laubbäumen, oft auch am Rand von Feuchtgebieten. Bei uns seltener und lokaler Brutvogel im Tiefland. Rückgang durch Biotopzerstörung und naßkalte Witterung zur Brutzeit.
Verhalten: Singt häufig auf Baum- und Buschspitzen; außerhalb der Brutzeit meist in kleinen Trupps.
Nahrung: Vor allem verschiedene Samen, zur Brutzeit auch Insekten.
Brut: Mai – Juli, 1–2 Bruten; Nest aus Halmen, Gras und Wurzeln, innen mit feinen Gräsern und Tierhaaren ausgelegt, meist am Boden zwischen Stauden oder unter Büschen.

| | > **Haussperling** | S | IV-X | |

Zippammer *Emberiza cia*
Familie Ammern *Emberizidae*
E Rock Bunting F Bruant fou

Typisch: Der aschgraue Kopf mit den schmalen schwarzen Streifen und die silbergraue Kehle.

Merkmale: Gefieder überwiegend zimtbraun, Bürzel ungestreift rotbraun, Schwanz mit weißen Außenkanten. ♀ mit mehr braungrauem Kopf und dunkelbraunen Kopfstreifen. Jungvögel zart gestrichelt, junge ♀ oft sehr unscheinbar gefärbt, jedoch am rotbraunen Bürzel zu erkennen.

Stimme: Ruft häufig kurz „zip" oder hoch „zie". Die wenig variierten, hell klingenden und hastig gesungenen Strophen erinnern etwas an die der Heckenbraunelle, sie werden oft mit „zip" eingeleitet.

Vorkommen: Brütet an sonnigen und trockenen, oft sehr steilen Hängen mit vielfältigen Kleinstrukturen wie Büschen, Felsbereichen, Trockenmauern, kleinen Wildkräuterflächen; oft in nicht bereinigten Weinbergen. Seltener Brutvogel Österreichs, Ungarns und der Schweiz. Bei uns nur noch wenige Brutplätze im Westen und Südwesten. Rückgang vor allem durch Lebensraumzerstörung, Aufgabe von Beweidung und Klimaveränderung.

Verhalten: Ziemlich scheu, fliegt oft schon auf große Entfernung weg. Singt auf erhöhten Warten.

Nahrung: Samen, zur Brutzeit vor allem Insekten.

Brut: April – Juli, 1–2 Bruten; Nest aus Gräsern, Halmen und Wurzeln, meist in Felsnischen gebaut.

| > **Haussperling** | S | III-X | | |

Rohrammer
Emberiza schoeniclus
Familie Ammern *Emberizidae*
E Reed Bunting
F Bruant des roseaux

<u>Typisch:</u> Häufige Ammer in Feuchtgebieten.
<u>Merkmale:</u> Beim ♂ im Frühjahr und Sommer, Kopf, Kinn und Kehle schwarz, Bartstreif und Nackenband weiß, im Winter sind Kopf und Nacken verwaschen bräunlich. ♀ (Zeichnung) und Jungvögel tarnfarben mit auffälligem schwarz-weißem Bartstreif.
<u>Stimme:</u> Ruft scharf und etwas absteigend „zieh" oder „ziüh", tiefer als der Lutalarmruf von Amsel und Rotkehlchen; daneben oft ein stumpfes „tschö" oder „pse". Gesang: eine kurze, stammelnde, häufig auch verkürzt vorgetragene Strophe wie „zje zje toi ziri", „zip zip tete zink tet" oder „dip dip dip tiö tete". Jedes ♂ bringt nur einen Strophentyp; häufig singen Reviernachbarn unterschiedliche Strophen.
<u>Vorkommen:</u> Brütet in Verlandungszonen an Flüssen und Seen mit Schilf- und Seggenbeständen und feuchtem Weidengebüsch.

Rohrammer, ♀

<u>Nahrung:</u> Insekten, kleine Krebstiere, Schnecken, Grassamen.
<u>Brut:</u> Mai–Juli, 2 Bruten; baut ein großes Nest aus Schilfblättern und Halmen, häufig niedrig im Gebüsch auf umgebrochenem Schilf.

| | ~ **Haussperling** | T | I-XII | |

Grauammer *Emberiza calandra*
Familie Ammern *Emberizidae*
E Corn Bunting F Bruant proyer

Typisch: Unscheinbar lerchenartig gefärbt; singt oft auf exponierten Warten.
Merkmale: Wirkt plump und gedrungen; Gefieder ohne auffällige Abzeichen. Unterseite rahmfarben, an Kehle und Flanken bräunlich gestrichelt, Schwanz ohne Weiß.
Stimme: Ruft kurz vor dem Abflug und im Flug ein kurzes „tick", häufig 2- bis 3mal wiederholt. Der Gesang besteht aus kurzen, tickenden Lauten, die sich beschleunigen und in einen klirrenden Schlußteil übergehen „tiktiktiktiktik ... schnirrps".
Vorkommen: Brütet in offener, trockener Landschaft mit Getreidefeldern, Wiesen und einzelnen Büschen und Bäumen, an Trockenhängen und auf Ödland. Bei uns nur im Tiefland, fehlt gebietsweise.
Verhalten: Fliegt oft mit flachen Flügelschlägen und herabhängenden Beinen; singt mit weit aufgesperrtem Schnabel, häufig exponiert auf Leitungsdrähten und Buschspitzen, besonders an Landstraßen. Außerhalb der Brutzeit streifen Grauammern mit anderen Ammern und mit Lerchen umher.
Nahrung: Insekten, kleine Schnecken, Samen, grüne Pflanzenteile.
Brut: Mai–Juli, 1–2 Bruten; lockeres Nest aus Gras und Wurzeln, in einer Bodenmulde oder im bodennahen Gestrüpp, seltener in Hecken oder in dichtem Gebüsch.

| > **Haussperling** | T | I–XII | ▽2 | |

Nordeuropa

Norden: Nordeuropa und Britische Inseln

1 Eistaucher *Gavia immer*
L 73-88 cm > Prachttaucher*
Brütet an großen Seen und Meeresbuchten in der Tundra. Vorwiegend in Nordamerika Brutvogel; dort ist er die häufigste Seetaucherart.
In Europa nur auf Island (rund 300 Paare); überwintert an der nord- und westeuropäischen Küste.

2 Ohrentaucher *Podiceps auritus*
L 31-38 cm < Haubentaucher
Brütet auf üppig bewachsenen Teichen und Seen, seltener an Meeresbuchten, im hohen Norden auch an vegetationsärmeren Seen.
Brutvogel Islands, Schottlands, Skandinaviens, Finnlands und Nordrußlands.

3 Schwarzschnabel-Sturmtaucher
Puffinus puffinus
L 30-35 cm < Eissturmvogel
Brütet kolonieweise auf abgelegenen Inseln und an Steilküsten des Nordatlantiks, vor allem auf den Britischen Inseln. Folgt nur selten Schiffen. Unternimmt nach der Brutzeit oft weite Wanderungen, gelangt im Winter zu den Küsten Südamerikas und Südafrikas.

4 Baßtölpel *Sula bassana*
L 85-97 cm ~ Graugans
Brütet in Kolonien auf Meeresklippen Islands, der Britischen Inseln und Norwegens, größte Kolonien auf den schottischen Inseln; auch auf Helgoland. Stürzt sich bei der Jagd auf Fische aus bis zu 40 m Höhe senkrecht und mit nach hinten gestreckten Flügeln ins Meer.

5 Sturmschwalbe *Hydrobates pelagicus*
L 15-16 cm > Mehlschwalbe
Brütet auf kleinen Felsinseln und an der Felsküste, vor allem der Britischen Inseln und Färöer, aber auch im Mittelmeerraum. Erscheint im Herbst auch in der südlichen Nordsee, besonders nach Stürmen. Folgt häufig Schiffen.

6 Krähenscharbe *Phalacrocorax aristotelis*
L 68-78 cm ~ Gans
Brütet an steilen Felsküsten des Nordatlantiks, vor allem im Bereich der Britischen Inseln; kleinere Brutvorkommen auch am Mittelmeer. Nach der Brutzeit finden Zerstreuungswanderungen statt, die die Vögel in unterschiedliche Richtungen führen – im Extremfall bis zu 1000 km.

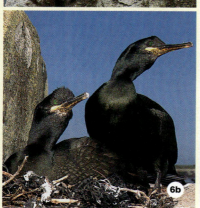

*Als <u>Referenzarten</u> dienen hier neben den auf der hinteren Klappe und auf den Seiten 7 und 8 beschriebenen Arten weitere, im allgemeinen Teil beschriebene Vogelarten (siehe auch „Zeichen und Abkürzungen", S. 7).

Nordeuropa

Norden: Nordeuropa und Britische Inseln

1 Kurzzschnabelgans *Anser brachyrhynchus*
L 64-76 cm   < Graugans
Brütet in der offenen Tundra, gerne an Steilhängen von tiefen Schluchten.
Brutvogel Islands und Spitzbergens; überwintert vorwiegend auf den Britischen Inseln und, in geringerer Zahl, an der Nordseeküste.

2 Zwerggans *Anser erythropus*
L 56-66 cm   > Stockente
Brütet in der Tundra, der Strauchtundra und in Fjällgebieten in der Weiden- und Birkenzone.
Brutgebiet in einem schmalen Gürtel von Nordskandinavien bis nach Ostsibirien; inzwischen sehr selten. Überwintert in Südosteuropa auf Salzsteppen und Agrarland.

3 Kragenente *Histrionicus histrionicus*
L 38-45 cm   < Stockente
Brütet an reißenden Bächen und Flüssen in Küstennähe. In Europa nur auf Island Brutvogel; überwintert an der isländischen Küste, meist an felsigen Abschnitten mit starker Brandung.

4 Brautente *Aix sponsa*
L 43-51 cm   > Mandarinente
Brütet an stehenden und fließenden, baumbestandenen Gewässern. Ursprünglich nordamerikanische Art. Freilebende Bestände vorwiegend in Südengland; zunehmend auch in Mitteleuropa Brutvogel.

5 Eisente *Clangula hyemalis*
L 39-47 cm (ohne Schwanzspieße)   ~ Schellente
Brütet an Tümpeln und Seen der Tundra und Bergtundra sowie an der Küste; außerhalb der Brutzeit oft große Scharen auf der Ostsee. Brutvogel Islands, der skandinavischen Gebirgskette und Nordrußlands.

6 Scheckente *Polysticta stelleri*
L 42-48 cm   < Eiderente
Brütet in der arktischen Tundra an der sibirischen Küste. Ganzjährig an den Küsten des nördlichen Norwegens; seltener, aber regelmäßiger Wintergast in der Ostsee.

7 Prachteiderente *Somateria spectabilis*
L 55-63 cm   < Eiderente
Brütet in Gruppen an kleinen stehenden und fließenden Gewässern der arktischen Tundra. Brutvogel auf Spitzbergen und im hohen Norden Rußlands. Übersommert an der isländischen und norwegischen Küste.

8 Spatelente *Bucephala islandica*
L 42-53 cm   > Schellente
Brütet in Höhlen des Lavagesteins an Teichen, Seen (vor allem am Myvatn) und Flüssen (hauptsächlich Laxá) Islands. Überwintert auf isländischen Binnengewässern, die eisfrei bleiben; daher sind in Mitteleuropa auftauchende Spatelenten in der Regel Gefangenschaftsvögel.

Norden: Nordeuropa und Britische Inseln

1 Gerfalke *Falco rusticolus*
L 53-63 cm   größter Falke, ~ Bussard
Jagt vor allem Schneehühner. Brütet in geringer Zahl auf Island, in den skandinavischen Fjällgebieten und in der Tundra des hohen Nordens; Nestanlage gerne auf Felsbändern in Steilwänden von Flußtälern.

2 Schelladler *Aquila clanga*
L 59-69 cm   < Steinadler
Jagt in ausgedehnten, gewässerreichen Feuchtgebieten; brütet in alten Auwäldern.
Seltener und stark bedrohter Brutvogel Ost- und Nordosteuropas, westwärts bis Südfinnland, Litauen, Nordostpolen (rund 10 Brutpaare) und westliches Rumänien.

3 Moorschneehuhn *Lagopus lagopus*
L 35-43 cm   ~ Rebhuhn
Brütet in Moorgebieten und offenen Wäldern sowie in der Wald- und Zwergstrauchtundra des hohen Nordens.
Brutvogel Skandinaviens, Finnlands, des Baltikums und des Nordens von Weißrußland und Rußland.

4 „Schottisches Moorschneehuhn" *Lagopus lagopus scoticus*
L 35-43 cm   ~ Rebhuhn
Brütet in Moor- und Heidegebieten im Norden Großbritanniens und auf Irland; in Westengland als Jagdwild eingebürgert.

5 Sumpfläufer *Limicola falcinellus*
L 15-18 cm   < Alpenstrandläufer
Brütet in großen, seggenbestandenen Mooren.
Brutvogel Skandinaviens, Finnlands sowie der Kola- und Kanin-Halbinsel.

6 Temminckstrandläufer *Calidris temminckii*
L 13,5-15 cm   < Alpenstrandläufer
Brütet in offenem Gelände, meist in Gewässernähe, in Mooren, Sümpfen und (hauptsächlich) in der Tundra.
Brutvogel Skandinaviens, Finnlands und Nordrußlands.

7 Terekwasserläufer *Xenus cinereus*
L 22-25 cm   < Rotschenkel
Brütet an Flußufern und auf Flußinseln in der Taigazone sowie (in Finnland) an der Küste. Oft sitzen die Vögel auf Baumstämmen, die im Wasser treiben.
Seltener Brutvogel Nordrußlands und Finnlands.

8 Teichwasserläufer *Tringa stagnatilis*
L 22-25 cm   < Rotschenkel
Brütet auf kurz bewachsenen Feuchtwiesen und Sumpfflächen in Wald- und Steppengebieten, außerdem an Fischteichen und auf Weideflächen.
Seltener Brutvogel Finnlands, Lettlands, Polens und Rumäniens sowie in einem breiten Gürtel vom Schwarzen Meer ostwärts.

Nordeuropa

Norden: Nordeuropa und Britische Inseln

1 Doppelschnepfe *Gallinago media*
L 26-30 cm > Bekassine
Brütet auf nassen Wiesen und nassen, bültenreichen Mooren, in der Strauchtundra sowie im Fjäll im Bereich der Baumgrenze.
Brutvogel Skandinaviens und vom Baltikum und Ostpolen bis zum Jenissej.

2 Thorshühnchen *Phalaropus fulicarius*
L 20-22 cm ~ Alpenstrandläufer
Brütet in Europa in der nassen Tundra an der Küste. In Europa nur auf Island, Spitzbergen, der Bäreninsel und Nowaja Semlja Brutvogel.

3 Skua *Stercorarius skua*
L 50-58 cm ~ Silbermöwe
Brütet in kleinen Kolonien auf hochgelegenen Moorflächen an der Küste und auf Felsinseln.
Rein europäischer Brutvogel; über die Hälfte des Weltbestandes brütet nördlich der Britischen Inseln. Erst kürzlich wurden Norwegen, Spitzbergen, die Bäreninsel und Rußland besiedelt.

4 Spatelraubmöwe *Stercorarius pomarinus*
L 42-50 cm < Silbermöwe
Brütet an der arktischen Küste Rußlands einschließlich der Inseln von der Kanin-Halbinsel bzw. von Nowaja Semlja an ostwärts. Gelegentlich im Sommerhalbjahr in Nordnorwegen.

5 Eismöwe *Larus hyperboreus*
L 63-68 cm > Silbermöwe
Brütet in Küstennähe auf kleinen Inseln, Klippen und an Felswänden, meist in der Nähe von Seevogelkolonien.
Brutvogel Islands, Jan Mayens, der Bäreninsel und der russischen Nordküste von der Kanin-Halbinsel ostwärts.

6 Krabbentaucher *Alle alle*
L 19-21 cm ~ Star
Brütet in oft riesigen Kolonien auf hohen, nicht zu steilen Berghängen mit Geröll und Felsbrocken; außerhalb der Brutzeit in großen Schwärmen auf dem offenen Meer, oft am Rand des Packeises.
Brutvogel Spitzbergens (rund 1 Million Brutpaare).

7 Papageitaucher *Fratercula arctica*
L 28-34 cm ~ Teichhuhn
Brütet an für Raubtiere unzugänglichen Grashängen im Bereich der Felsküste. Im Winterhalbjahr Hochseevogel, selten in der Nordsee.
Brutvogel an den Küsten und Inseln des Nordatlantiks von Island und Irland über die Küste Norwegens bis Nowaja Semlja und Spitzberger.

8 Dickschnabellumme *Uria lomvia*
L 40-44 cm ~ Trottellumme
Brütet wie Trottellumme auf entlegenen, oft hohen und vor Raubtieren sicheren Klippen, aber oft auf noch schmaleren Simsen und nie wie die Trottellumme auf offenen Plateaus.
Nur Island, Spitzbergen und Nordnorwegen.

Nordeuropa

Norden: Nordeuropa und Britische Inseln

1 Schnee-Eule   *Nyctea scandiaca*
L 53-65 cm   < Uhu
Jagt vorwiegend Lemminge. Brütet in der Tundra und in baumlosen Hochebenen mit einzelnen Felsen als Ausguck.
Brutvogel Islands, der skandinavischer Gebirgskette und der nordrussischen Tundra. Wandert nach guten Lemmingjahren nach Süden und gelangt dabei gelegentlich nach Mitteleuropa.

2 Bartkauz   *Strix nebulosa*
L 59-68 cm   ~ Uhu
Ausgeprägter Wühlmausjäger. Brütet in flechtenreichen Taigawäldern in der Nähe von Mooren und anderen offenen Flächen.
Brutvogel Ostskandinaviens, Finnlands und Nordrußlands; selten in Ostpolen.

3 Sperbereule   *Surnia ulula*
L 35-43 cm   ~ Waldkauz
Jagt Mäuse und Vögel. Brütet in Taigawäldern, gerne in höheren Lagen und in der Nähe von Mooren oder Kahlschlägen.
Brutvogel Mittel- und Nordskandinaviens, Finnlands und Nordrußlands.

4 Rotkehlpieper   *Anthus cervinus*
L 14-15 cm   ~ Haussperling
Brütet in der Strauchtundra, in offenen, sumpfigen Bereichen der Fjällbirkenzone und des Fjälls.
Brutvogel in einem schmalen Streifen vom Norden Norwegens, Schwedens, Finnlands und Rußlands ostwärts.

5 Strandpieper   *Anthus petrosus*
L 15,5-17 cm   ~ Haussperling
Brütet an felsigen Küsten und auf flachen Felsinseln (Schären).
Brutvogel Nordfrankreichs, der Britischen Inseln, der Färöer, Skandinaviens, Finnlands und der Kola-Halbinsel.

6 Schlagschwirl   *Locustella fluviatilis*
L 14,5-16 cm   ~ Haussperling
Brütet am Rand und auf Lichtungen von unterholzreichen Laub- und Auwäldern, gerne in Sumpfgebieten mit Baumbestand, auch in Parks.
Brutvogel Mittel- und Osteuropas sowie Südfinnlands.

7 Lapplandmeise   *Parus cinctus*
L 12,5-14 cm   > Blaumeise
Brütet in alten, flechtenbehangenen Taigawäldern und Fjällbirkenwald.
Brutvogel von Mittel- und Nordskandinavien sowie Nordfinnland ostwärts.

8 Lasurmeise   *Parus cyanus*
L 12-13 cm   > Blaumeise
Brütet in Auwäldern und feuchten, unterholzreichen Laubwäldern, gerne in Weidengebüsch an Flüssen und in Feuchtgebieten.
Brutvogel Rußlands und Weißrußlands.

Nordeuropa

380

Norden: Nordeuropa und Britische Inseln

1 Unglückshäher *Perisoreus infaustus*
L 26-29 cm < Eichelhäher
Brütet in alten, flechtenbehangenen Taigawäldern, auch Birkenwäldern.
Brutvogel von Mittel- und Nordskandinavien sowie fast ganz Finnland ostwärts.

2 Hakengimpel *Pinicola enucleator*
L 19-22 cm > Gimpel
Brütet in ursprünglichen Taigawäldern, oft feuchten Mischwäldern mit Birken sowie Bodenbewuchs aus Heidel- und Preiselbeere.
Brutvogel in einem schmalen Bereich von Mittelskandinavien über Nordfinnland und Nordrußland ostwärts.

3 Bergfink *Fringilla montifringilla*
L 14-16 cm ~ Haussperling
Brütet in offenen Taigawäldern, auch in Birkenwäldern und in Weidengebüsch von Flußauen. Im Winter meist in Buchenwald. Häufiger Wintergast in Mitteleuropa.
Brutvogel Skandinaviens, Finnlands und Nordrußlands, westwärts bis ins östliche Baltikum.

4 Bindenkreuzschnabel *Loxia leucoptera*
L 14,5-16 cm ~ Fichtenkreuzschnabel
Brütet in Taigawäldern, vorwiegend in Sibirien, dort auf Lärchenzapfen spezialisiert.
Seltener, unregelmäßiger Brutvogel Nordskandinaviens und Nordfinnlands.

5 Kiefernkreuzschnabel
Loxia pytyopsittacus
L 16-18 cm > Fichtenkreuzschnabel
Brütet meist in lichten Kiefernwäldern und in Fichtenwald mit hohem Kiefernanteil.
Brutvogel Skandinaviens, Finnlands und Nordrußlands.

6 Waldammer *Emberiza rustica*
L 13-14,5 < Haussperling
Brütet in feuchten Bereichen der Taiga, gerne in der Uferzone, an Moorrändern sowie in Laubwald, der unter Wasser steht.
Brutvogel Skandinaviens, Finnlands und Nordrußlands.

7 Schneeammer *Plectrophenax nivalis*
L 15,5-18 cm > Haussperling
Brütet oberhalb und nördlich der Baumgrenze, meist in felsigen, kargen Hochflächen und in der Tundra.
Brutvogel Islands, Spitzbergens und anderer arktischer Inseln sowie der Gebirge Schottlands und Skandinaviens.
Erscheint im Winter regelmäßig an der mitteleuropäischen Nord- und Ostseeküste auf offenen, kurzrasigen Flächen, gelegentlich auch an Seeufern im Binnenland.

Südeuropa

Süden: Süd- und Osteuropa, Türkei, Kanaren

1 Gelbschnabel-Sturmtaucher
Calonectris diomedea
L 45-56 cm > Eissturmvogel
Brütet kolonieweise an Steilküsten des Mittelmeeres; folgt Schiffen. Erscheint in der zweiten Jahreshälfte auch im Nordatlantik (oft Britische Inseln).

2 Rosapelikan *Pelecanus onocrotalus*
L 140-175 cm ~ Höckerschwan
Brütet kolonieweise auf kahlen Inseln in schwer zugänglichen Feuchtgebieten und Deltas im Binnenland.
Brutvogel Griechenlands, Rumäniens und Südrußlands, streift in der Türkei umher.

3 Krauskopfpelikan *Pelecanus crispus*
L 160-180 cm ~ Höckerschwan
Brütet kolonieweise in binnenländischen Feuchtgebieten und an Küstenlagunen; Nest auf schwimmenden Inseln im Schilf oder auf mit Salzpflanzen bedeckten Inseln. Kleine Brutvorkommen in Südosteuropa und in der Türkei.

4 Zwergscharbe *Phalacrocorax pygmeus*
L 45-55 cm ~ Bläßhuhn
Brütet kolonieweise in ausgedehnten Sümpfen an Seen und langsam fließenden Flüssen, Nester auf Bäumen und Büschen.
Brutvogel in Europa vorwiegend auf dem Balkan, kleine Vorkommen in Ungarn und der Slowakei.

5 Kuhreiher *Bubulcus ibis*
L 45-52 cm < Seidenreiher
Brütet in Kolonien, oft zusammen mit anderen Reihern, an mit Bäumen und Büschen gesäumten See- und Flußufern; Nahrungssuche auf Wiesen und Weiden, gerne zwischen Kühen und Pferden.
Brutvogel auf der Iberischen Halbinsel, Sardinien und in der Südtürkei.

6 Sichler *Plegadis falcinellus*
L 55-65 cm ~ Seidenreiher
Brütet kolonieweise im Schilf oder auf Büschen in Sumpfgebieten.
Brutvogel vorwiegend in Südosteuropa, hauptsächlich Ukraine und Rußland; sehr kleines Vorkommen in Ungarn.

7 Rallenreiher *Ardeola ralloides*
L 40-49 cm < Seidenreiher
Koloniebrüter, oft zusammen mit anderen Reihern, an Gewässerufern mit Baum- und Buschbestand; Nahrungssuche gerne an Gräben.
Brutvogel Südeuropas und der Türkei; brütet in Mitteleuropa nur in Ungarn regelmäßig.

8 Rosaflamingo *Phoenicopterus ruber*
L 90-120 cm ~ Graureiher
Brütet an flachen Salzseen und Lagunen, gerne in Salinen; auch im Brackwasser.
Brutvogel vor allem der Camargue (Südfrankreich) und der Türkei, selten in Spanien, Italien (Toskana), Griechenland und auf Sardinien.

Südeuropa

Süden: Süd- und Osteuropa, Türkei, Kanaren

1 Rostgans *Tadorna ferruginea*
L 58-70 cm > Brandgans
Brütet in offener, trockener Landschaft an vegetationsarmen Seen; Nest meist in Höhlungen von Steilufern und Klippen oder in Ruinen.
Brrutvogel vorwiegend der Türkei und Südrußlands, seltener in Südosteuropa.

2 Marmelente *Marmaronetta angustirostris*
L 39-42 cm < Reiherente
Brütet im Tiefland an kleinen, flachen, üppig bewachsenen Süß- und Brackwasserseen.
Seltener Brutvogel Südspaniens, der Kaukasusregion und der Türkei.

3 Weißkopf-Ruderente *Oxyura leucocephala*
L 43-48 cm > Reiherente
Brütet an kleinen, nährstoffreichen Flachseen.
Seltener Brutvogel mit zerstreutem Vorkommen in Europa - Südspanien, Donau- und Wolgadelta – sowie in der Türkei.

4 Schwarzkopf-Ruderente
Oxyura jamaicensis
L 35-43 < Reiherente
Brütet an offenen Gewässern mit dicht bewachsenen Ufern.
Wurde in Europa vorwiegend auf den Britischen Inseln eingebürgert und hat sich dort stark vermehrt. Brütet auch in Südspanien.

5 Schmutzgeier *Neophron percnopterus*
L 55-65 cm > Mäusebussard
Ernährt sich vielfach von Aas und Abfällen. Brütet in kahlen und zerklüfteten Berglandschaften; oft an Müllplätzen.
Brutvogel des Mittelmeerraumes, vorwiegend in Spanien und der Türkei, sonst selten.

6 Mönchsgeier *Aegypius monachus*
L 100-115 cm > Steinadler
Hauptsächlich Aasfresser. Trockenes Bergland; brütet meist auf Bäumen in alten Bergwäldern.
Brutvogel Spaniens (einschließlich Mallorca), Ostgriechenlands, Bulgariens, der Krim, Georgiens und Armeniens sowie der Türkei.

7 Kaiseradler *Aquila heliaca*
L 70-83 cm < Steinadler
Jagt vorwiegend Ziesel. Brütet in Wald- und Steppengebieten sowie in offener Landschaft mit Gehölzen und Auwäldern; jagt auch über Kulturland.
Seltener und bedrohter Brutvogel Ungarns, der Slowakei, Südost- und Osteuropas, des Transkaukasusgebietes, Südrußlands und der Türkei.

8 Spanischer Kaiseradler *Aquila adalberti*
L 72-85 cm < Steinadler
Jagt vorwiegend Kaninchen. Brütet in zentralspanischen Gebirgen und in den ausgedehnten Feuchgebieten des Guadalquivir in Südspanien.
Seltener und bedrohter Brutvogel der Iberischen Halbinsel.

Südeuropa

Süden: Süd- und Osteuropa, Türkei, Kanaren

1 Habichtsadler *Hieraaetus fasciatus*
L 55-65 cm   < Steinadler
Brütet in abgelegenen, schluchtenreichen Gebirgsgegenden, jagt vor allem in Busch- und Steppenlandschaften, aber auch im Kulturland.
Seltener Brutvogel des Mittelmeerraumes, vor allem der Iberischen Halbinsel und der Türkei

2 Gleitaar *Elanus caeruleus*
L 31-36 cm   ~ Turmfalke
Brütet in Halbwüsten, in offener Landschaft mit lichten Wäldern, gerne in Kulturland mit Einzelbäumen.
Im Bestand zunehmender Brutvogel in Westspanien und Portugal, neuerdings auch in Südwestfrankreich mehrere Brutplätze.

3 Adlerbussard *Buteo rufinus*
L 50-61 cm   > Mäusebussard
Jagt in Steppen- und Halbwüstengebieten, aber auch über Kulturland. Brütet meist in Gebirgsgegenden mit steilen Felswänden für die Nestanlage.
Brutvogel Südosteuropas und der Türkei.

4 Kurzfangsperber *Accipiter brevipes*
L 30-37 cm   < Sperber-Weibchen
Brütet in abwechslungsreichen Laubwaldgebieten (meist Auwäldern) und Gehölzen, auch in Obstgärten und sogar am Rand von Siedlungen.
Brutvogel Südosteuropas, auch in Ostungarn.

5 Rötelfalke *Falco naumanni*
L 27-33 cm   < Turmfalke
Brütet kolonieweise (bis über 100 Paare) in Höhlen und Spalten steiler Felsen, heute meist in Kirchen, Ruinen oder Steinbrüchen.
Brutvogel Südeuropas; vor allem auf der Iberischen Halbinsel und in der Türkei.

6 Lannerfalke *Falco biarmicus*
L 43-50 cm   ~ Wanderfalke
Vorwiegend Vogeljäger. Brütet in Steppengebieten, offenem, trockenem Wiesengelände und anderen Kulturflächen mit Felsen für die Nestanlage.
Brütet in Europa nur in Italien und Sizilien, in Teilen des Balkans sowie in der Türkei.

7 Eleonorenfalke *Falco eleonorae*
L 36-42 cm   > Turmfalke
Vorwiegend Vogeljäger. Brütet (erst ab Juli, wenn die Zugvögel zahlreich sind) kolonieweise auf Steilküsten und kleinen Felseninseln des Mittelmeerraumes und der Kanarischen Inseln.

8 Würgfalke *Falco cherrug*
L 47-55 cm   > Wanderfalke
Jagt vor allem Ziesel in offener, steppenartiger Landschaft. Brütet in Felsen, gerne an Flüssen, oder in Baumhorsten von anderen Greifvögeln, gelegentlich sogar auf Strommasten.
Seltener Brutvogel des südöstlichen Mitteleuropas, Osteuropas und der Türkei.

Südeuropa

Süden: Süd- und Osteuropa, Türkei, Kanaren

1 Rothuhn *Alectoris rufa*
L 32-35 cm > Rebhuhn
Brütet vor allem in Kulturland; gerne Brachen, Olivenhaine, Weinberge, extensive Weidegebiete.
Brutvogel der Iberischen Halbinsel, Frankreichs und Norditaliens. In Großbritannien und Gran Canaria als Jagdwild eingebürgert.

2 Steinhuhn *Alectoris graeca*
L 33-36 cm > Rebhuhn
Brütet meist oberhalb der Baumgrenze an sonnigen, felsigen Hängen.
Brutvogel der Alpen, des Apennin, Siziliens, des Balkans und Bulgariens.

3 Chukarhuhn *Alectoris chukar*
L 32-35 cm > Rebhuhn
Brütet an trockenen, kaum bewachsenen Hängen mit etwas Gebüsch, auch in großen Höhen, ferner in Weinbergen und anderem Kulturland, auch in tieferem, wüstenartigem Gelände.
Brutvogel der östlichen Balkans, der östlichen Mittelmeerinseln, der Türkei sowie der Krim.

4 Kammbläßhuhn *Fulica cristata*
L 39-44 cm ~ Bläßhuhn
Brütet in Salinen, Lagunen und nährstoffreichen, üppig bewachsenen Sumpfgebieten.
In Europa nur in Südwestspanien Brutvogel.

5 Purpurhuhn *Porphyrio porphyrio*
L 45-50 cm > Bläßhuhn
Lebt an üppig bewachsenen Seen, Stauseen und Lagunen, wo es im Schilf klettern kann.
Brütet zerstreut in Südspanien, auf Sardinien, in der Südtürkei und in Traskaukasien.

6 Jungfernkranich *Anthropoides virgo*
L 85-100 cm < Kranich
Brütet in Steppengebieten mit Wasservorkommen.
Brutvogel der Südostukraine, Südrußlands und der Nordosttürkei.

7 Zwergtrappe *Tetrax tetrax*
L 40-45 cm ~ Fasanen-Weibchen
Brütet in der Steppe, auf extensiven Kulturflächen, vor allem mit Hülsenfrüchten, sowie auf Brachen.
Brutvogel der Iberischen Halbinsel, Frankreichs, Italiens, Sardiniens und Südrußlands.

8 Schwarzflügel-Brachschwalbe
Glareola nordmanni
L 24-28 cm < Flußseeschwalbe
Brütet in Randbereichen von Feuchtgebieten mit Süß- oder Brackwasser, auch in Kulturland mit steppenartigem Bewuchs.
Seltener Brutvogel Südosteuropas.

9 Spornkiebitz *Hoplopterus spinosus*
L 25-28 cm < Kiebitz
Brütet auf trockenem, sandigem Boden an Seen und Sümpfen mit Süß- oder Brackwasser.
Seltener Brutvogel Griechenlands und der Türkei.

Südeuropa

Süden: Süd- und Osteuropa, Türkei, Kanaren

1 Dünnschnabelmöwe *Larus genei*
L 37-42 cm > Lachmöwe
Brütet auf kleinen Inseln in Küstennähe, an Lagunen und flachen, oft salzigen Steppenseen, auch in brackigen Flußdeltas.
Lückig über den Mittelmeerraum verbreitet, ferner am Schwarzen Meer und in der Türkei. Die größten europäischen Vorkommen in der Ukraine.

2 Schwarzkopfmöwe *Larus melanocephalus*
L 37-40 cm ~ Lachmöwe
Brütet an der Küste und an Binnenseen in Lachoder Sturmmöwenkolonien.
Brutvogel hauptsächlich Südeuropas und der Türkei; hat sich stark ausgebreitet, heute sogar Bruten bis Deutschland, England und Südskandinavien.

3 Korallenmöwe *Larus audouinii*
L 44-52 cm < Silbermöwe
Brütet auf kleinen Felsinseln.
Eine sehr seltene, ans Meer gebundene Möwenart, nur im Mittelmeerraum. An den Küsten Spaniens brüten rund 90% des Weltbestandes.

4 Weißflügel-Seeschwalbe
Chlidonias leucopterus
L 24-28 cm ~ Trauerseeschwalbe
Brütet in weitläufigen Sumpfgebieten, vor allem in Flußauen und auf Überschwemmungswiesen.
Brutvogel des östlichen Europas von NW-Italien, Ungarn, Polen und dem Baltikum bis ins Amurgebiet. Hat in Deutschland gebrütet.

5 Sandflughuhn *Pterocles orientalis*
L 30-35 cm ~ Rebhuhn
Brütet in Steppengebieten, auf trockenen Weiden, kargen Brachflächen und Berghängen bis über 1000 m Höhe; weniger auf Sandböden.
Brutvogel der Iberischen Halbinsel, der Türkei sowie der Kanarischen Inseln.

6 Spießflughuhn *Pterocles alchata*
L 28-32 cm (ohne Spieße) ~ Rebhuhn
Brütet in trockenem, oft sandigem Gelände; warme Steppengebiete, trockene Schlammflächen; steinige Ebenen und sehr trockenes Kulturland.
In Europa vorwiegend in Spanien Brutvogel.

7 Palmtaube *Streptopelia senegalensis*
L 23-26 cm < Turteltaube
Brutlebensraum sind Gehölze, Gärten und Anpflanzungen, gerne Dattelpalmen.
Brütet im Stadtgebiet von Istanbul sowie in der Südosttürkei. In Europa nur in Georgien und Armenien Brutvogel.

8 Felsentaube *Columba livia*
L 30-35 cm ~ Haustaube
Brütet in Höhlungen an der Felsküste und in felsigem Bergland.
Brutvogel der Britischen Inseln sowie der Shetlands und Färöer, vor allem aber des südlichen Europas und der Türkei.

Südeuropa

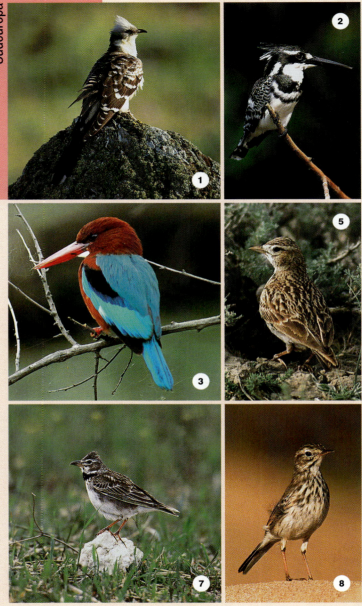

Süden: Süd- und Osteuropa, Türkei, Kanaren

1 Häherkuckuck *Clamator glandarius*
L 35-39 cm ~ Kuckuck
Brutparasit bei Rabenvögeln. Brütet in offenen Wäldern, gerne mit Korkeichen und Kiefern, auch in Gehölzen und Plantagen (z.B. Olivenhainen).
Brutvogel der Iberischen Halbinsel und der Türkei; selten in Südfrankreich, Italien, Nordgriechenland.

2 Graufischer *Ceryle rudis*
L 25-27 cm ~ Amsel
Brütet in Steilufern an Flüssen, Kanälen, Seen und Fischteichen sowie in Sumpfgebieten.
Brutvogel der Süd- und Westtürkei.

3 Braunliest *Halcyon smyrnensis*
L 26-39 cm ~ Misteldrossel
Brütet in steilen Ufern; jagt in unterschiedlichen, baumbestandenen Lebensräumen, meist am Wasser (oft Bewässerungsgräben), auch in trockenerem Kulturland, in Parks und Anpflanzungen.
Brutvogel der Süd- und Westtürkei.

4 Rothals-Ziegenmelker
Caprimulgus ruficollis
L 30-34 cm > Ziegenmelker
Brütet in offenem Pinienwald, in sandigen Heidegebieten und an verbuschten Waldrändern.
Brutvogel der Iberischen Halbinsel.

5 Kurzzehenlerche
Calandrella brachydactyla
L 14-16 cm < Feldlerche
Brütet in kargen Steppengebieten, oft in trockenem Kultur- und Grünland mit niedrigem Bewuchs.
Brutvogel in den Mittelmeerländern, in Osteuropa und der Türkei.

6 Stummellerche *Calandrella rufescens*
L 13-14,5 cm < Feldlerche
Brütet in steppenartiger Landschaft; Salzsteppen, Strauchsteppen, Küstendünen.
Brutvogel auf der Iberischen Halbinsel, den Kanarischen Inseln, in Osteuropa und der Türkei.

7 Kalanderlerche *Melanocorypha calandra*
L 17,5-20 cm > Feldlerche
Brütet in Steppengebieten, in extensivem Grünland und anderem Kulturland.
Brutvogel in den Mittelmeerländern, in Osteuropa und der Türkei.

8 Kanarenpieper *Anthus berthelotii*
L 13-14,5 cm < Haussperling
Brütet auf sandigem und steinigem Boden mit niedriger Vegetation sowie an kargen Berghängen.
Nicht seltener Brutvogel der Kanarischen Inseln.

9 Rötelschwalbe *Hirundo daurica*
L 14-19 cm < Rauchschwalbe
Brütet in Höhlungen an Klippen in trockenen Berggegenden und an der Steilküste, regelmäßig auch an alten Gebäuden und sogar unter Brücken.
Brutvogel Südeuropas und der Türkei.

Südeuropa

Süden: Süd- und Osteuropa, Türkei, Kanaren

1 Zitronenstelze   *Motacilla citreola*
L 15,5-17 cm   ~ Schafstelze
Brütet in Mooren und auf Feuchtwiesen, im Norden in der Strauchtundra; gerne Flußufer.
Brutvogel von Zentralrußland ostwärts und in Nordrußland von der Kanin-Halbinsel ostwärts. Westausbreitung nach Finnland, Litauen und Polen.

2 Gelbsteißbülbül   *Pycnonotus xanthopygos*
L 19-21 cm   ~ Singdrossel
Brütet in Busch- und Kulturland, Gärten, Palmenhainen, oft in der Nähe von Gewässern.
Brutvogel der Südtürkei.

3 Heckensänger   *Cercotrichas galactotes*
L 15-17cm   ~ Haussperling
Brütet im Buschland, gerne mit Tamarisken; oft Kulturflächen wie Citrus-Plantagen oder Olivenhainen, aber auch Kiefernpflanzungen.
Brutvogel der Iberischen und Balkanhalbinsel, der Türkei und Transkaukasiens.

4 Weißkehlsänger   *Irania gutturalis*
L 16,5-18 cm   > Haussperling
Brütet an gebüschreichen, steinigen Berghängen, gerne mit Wacholder, Mandel und Heckenkirsche.
Brutvogel der Türkei und Transkaukasiens.

5 Nonnensteinschmätzer
   Oenanthe pleschanka
L 14-16,5 cm   ~ Haussperling
Brütet an steinigen, steilen Hängen und auf Hochebenen mit karger Vegetation.
Brutvogel im Westen des Schwarzen Meeres (Osten Rumäniens und Bulgariens) sowie der Ukraine.

6 Isabellsteinschmätzer
   Oenanthe isabellina
L 15-16,5 cm   ~ Haussperling
Brütet in Kleinsäugerbauen auf halbtrockenen Wiesen und an Berghängen mit niedriger Vegetation.
Brutvogel von der Türkei und der Krim ostwärts, neuerdings auch auf dem Balkan.

7 Mittelmeer-Steinschmätzer
   Oenanthe hispanica
L 13,5-15,5 cm   ~ Haussperling
Brütet in offener, oft steiniger Landschaft mit Büschen und Einzelbäumen, gerne Weideland.
Brutvogel des Mittelmeerraumes.

8 Kanarenschmätzer   *Saxicola dacotiae*
L 12-14 cm   < Haussperling
Brütet an Berghängen und Schluchten mit niedrigem Bewuchs und ein paar Büschen.
Brutvogel Fuerteventuras (Kanarische Inseln).

9 Trauersteinschmätzer   *Oenanthe leucura*
L 16-18   > Haussperling
Brütet an steilen Felshängen von Schluchten und Klippen oder Blocksteinhalden mit ein paar Büschen und Bäumen – bis über 3000 m Höhe.
Brutvogel der Iberischen Halbinsel und Südfrankreichs.

Südeuropa

Süden: Süd- und Osteuropa, Türkei, Kanaren

1 Blaumerle *Monticola solitarius*
L 21-23 cm   < Amsel
Brütet an Felsabhängen und in Schluchten, auch in Steinbrüchen (Tessin), an Ruinen, Türmen oder Schlössern in Großstädten wie Athen oder Rom.
Brutvogel Südeuropas und der Türkei.

2 Orpheusgrasmücke *Sylvia hortensis*
L 15-16 cm   ~ Haussperling
Brütet in lichten, unterwuchsreichen Laubwäldern, oft in Hanglage, ferner in Olivenhainen, Gärten.
Brutvogel Südeuropas und der Türkei.

3 Samtkopfgrasmücke
Sylvia melanocephala
L 13-14 cm   < Haussperling
Brütet in Busch- und Gestrüpplandschaften (Macchie), in Olivenhainen und offenen Wäldern.
Häufiger Brutvogel des Mittelmeerraumes und der Kanarischen Inseln.

4 Maskengrasmücke *Sylvia rueppelli*
L 12,5-13,5 cm   < Haussperling
Brütet meist an Berghängen in Dorngebüsch sowie in offenem, unterwuchsreichem Eichenwald.
Brutvogel Südgriechenlands, der Ägäischen Inseln und der Türkei.

5 Brillengrasmücke *Sylvia conspicillata*
L 12-13 cm   < Haussperling
Brütet in niedrigem, vergrastem Gebüsch (Garrigue), gerne auf ehemaligen Brandflächen, in Queller- und Tamariskenbeständen.
Brutvogel der Iberischen Halbinsel, Südfrankreichs und Italiens sowie der meisten Mittelmeerinseln.

6 Weißbartgrasmücke *Sylvia cantillans*
L 12-13 cm   < Haussperling
Brütet in warmer, trockener, vorwiegend immergrüner mediterraner Buschlandschaft, meist in 1-4 m Höhe, aber auch in lichten Eichenwäldern.
Brutvogel Südeuropas und der Westtürkei.

7 Provencegrasmücke *Sylvia undata*
L 13-14 cm   < Haussperling
Brütet auf Heideflächen mit Ginstergestrüpp in Küstennähe, oft einige Jahre nach Bränden, an Berghängen und in unterholzreichem Wald.
Brutvogel von der Iberischen Halbinsel bis Südengland, Italien und Sizilien.

8 Sardengrasmücke *Sylvia sarda*
L 13-14 cm   < Haussperling
Brütet in niedrigem Gebüsch mit ein paar Bäumen, oft an Hängen und an der Küste; meidet Wald und Kulturland.
Brutvogel auf Inseln des westlichen Mittelmeeres.

9 Cistensänger *Cisticola juncidis*
L 10-11 cm   ~ Zaunkönig
Brütet im hohen Gras von Flußtälern und offenem Tiefland, auch auf Kulturland.
Brutvogel Südeuropas und der Türkei, nordwärts bis Westfrankreich.

Südeuropa

Süden: Süd- und Osteuropa, Türkei, Kanaren

1 Seidensänger *Cettia cetti*
L 13-14 cm < Haussperling
Brütet in dicht bewachsenen Feuchtgebieten, meist in Gestrüpp am Wasser; manchmal in Parks.
Brutvogel Süd- und Westeuropas, nordwärts bis Nordfrankreich und Südengland, sowie der Türkei.

2 Orpheusspötter *Hippolais polyglotta*
L 12-13 cm < Haussperling
Brütet in ähnlichen Lebensräumen wie der Gelbspötter (S. 306), aber auch in Himbeer- und Brombeergestrüpp oder Tamarisken.
Brutvogel Süd- und Westeuropas, im Norden bis Belgien und Westdeutschland.

3 Blaßspötter *Hippolais pallida*
L 12-14 cm < Haussperling
Brütet in Gebüsch, Obstgärten, Olivenhainen, Parks und Pflanzungen, gerne an Flüssen.
Brutvogel der Iberischen Halbinsel, des Balkans und der Türkei. Im Norden bis Ungarn.

4 Türkenkleiber *Sitta krueperi*
L 11,5-12,5 cm < Haussperling
Brütet in verschiedenen Bergwäldern, meist Nadelwäldern in 1200-2200 m Höhe.
Brutvogel der Türkei und auf Lesbos.

5 Felsenkleiber *Sitta neumayer*
L 14-15,5 ~ Haussperling
Brütet in Felsgebieten mit mediterranem Bewuchs, meist in 1000-1200 Höhe.
Brutvogel des Balkans und der Türkei.

6 Maskenwürger *Lanius nubicus*
L 17-18,5 cm ~ Neuntöter
Brütet in offenen, unterwuchsreichen Wäldern, gerne mit Pinien und Eichen, in Obstgärten, Olivenhainen und Pappelbeständen.
Brutvogel Griechenlands, Bulgariens, der Türkei und Cyperns.

7 Alpenkrähe *Pyrrhocorax pyrrhocorax*
L 37-41 cm > Dohle
Brütet in Felsgebieten mit Steilabhängen und Schluchten, meist in tieferen Lagen als Alpendohlen, sowie an der Felsküste.
Brutvogel in zerstreuten Populationen auf den Kanarischen Inseln, in der Türkei und Transkaukasien sowie auf den Britischen Inseln.

8 Blauelster *Cyanopica cyana*
L 31-35 cm < Elster
Brütet vor allem in immergrünen Eichen- und Pinienwäldern, auch in Olivenhainen.
Brutvogel der Iberischen Halbinsel.

9 Einfarbstar *Sturnus unicolor*
L 19-22 cm ~ Star
Brütet in Gärten, Parks und Siedlungen, auch in Olivenhainen und Weideland sowie auf Klippen; Nest oft unter Dächern.
Brutvogel der Iberischen Halbinsel, der Balearen, Korsikas, Sardiniens und Siziliens.

Südeuropa

Süden: Süd- und Osteuropa, Türkei, Kanaren

1 „Italiensperling"
Passer hispaniolensis italiae
L 14-16 cm ~ Haussperling
Brütet kolonieweise in Siedlungen und an Felsen bis in 2200 m Höhe.
Brutvogel der Südschweiz, Nord- und Mittelitaliens sowie Korsikas.

2 Weidensperling *Passer hispaniolensis*
L 14-16 cm ~ Haussperling
Brütet kolonieweise in Feuchtgebieten und Flußauen, meist in Bäumen oder Büschen, häufig auch als „Untermieter" in Horsten von Großvögeln.
Brutvogel der Kanarischen Inseln, der Iberischen Halbinsel, Sardiniens, des Balkans und der Türkei.

3 Steinsperling *Petronia petronia*
L 15-17 cm > Haussperling
Brütet in sonnigen Felsbereichen und Steinbrüchen, meist in Felslöchern, auch in Ruinen und Baumhöhlen.
Brutvogel der Kanarischen Inseln, Südeuropas, der Türkei und Transkaukasiens.

4 Teydefink *Fringilla teydea*
L 16-18 cm > Buchfink
Brütet in den Kiefernwäldern der Berghänge auf den Kanarischen Inseln Teneriffa und Gran Canaria.

5 Kanarengirlitz *Serinus canaria*
L 12,5-13,5 cm < Haussperling
Stammform des Kanarienvogels. Brütet in Gärten, Obstgärten, Hainen, Gebüsch und an Waldrändern.
Brutvogel der Kanarischen Inseln, außer Lanzarote und Fuerteventura.

6 Rotstirngirlitz *Serinus pusillus*
L 11,5-12,5 cm ~ Erlenzeisig
Brütet meist in Gebüsch, an Waldrändern und in lichten Wäldern im Bereich der Waldgrenze, gerne an Steilhängen.
Brutvogel der Türkei und der Kaukasusländer.

7 Wüstengimpel
Bucanetes githagineus
L 11,5-13 cm < Haussperling
Brütet in steinigen Halbwüsten und Wüsten.
Brutvogel der Kanarischen Inseln, der südöstlichen Iberischen Halbinsel sowie Aserbaidschans.

8 Kappenammer *Emberiza melanocephala*
L 15,5-17,5 > Haussperling
Brütet in offener, trockener Landschaft mit einzelnen Bäumen, in Buschland und extensivem Kulturland, Obstbaugebieten und an Berghängen.
Brutvogel Italiens und des Balkans, Südrußlands, der Kaukasusregion sowie der Türkei und Cyperns.

9 Grauortolan *Emberiza caesia*
L 14-15,5 cm ~ Haussperling
Brütet an trockenen, felsigen Berghängen mit einzelnen Büschen in Küstennähe.
Brutvogel Griechenlands und Albaniens, Cyperns und der Türkei.

Flugbilder von Enten

Flugbilder von Enten und Sägern

Flugbilder von Falken und Greifvögeln

Flugbilder von Greifvögeln

Flugbilder von Watvögeln

Flugbilder von Watvögeln

Flugbilder von Möwen

Flugbilder von Möwen und Seeschwalben

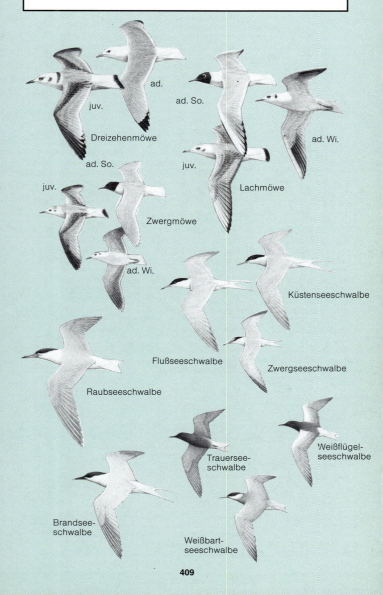

Register

Bei den deutschen Namen weisen **halbfette** Seitenzahlen auf die Artbeschreibung hin und *kursive* auf die Arten des Sonderteils: Vogelarten Nord- und Südeuropas.

Acanthis cannabina 357
– *flammea 355*
– *flavirostris 356*
Accipiter brevipes *387*
– gentilis **134**
– nisus **135**
Accipitridae 16, 125
Accipitriformes 122
Acrocephalus arundinaceus **304**
– melanopogon **305**
– paludicola **305**
– palustris **302**
– schoenobaenus **305**
– scirpaceus **303**
Actitis hypoleucos **191**
Adler 122
Adlerbussard *387*
Aegithalidae 21, 319
Aegithalos caudatus **319**
Aegolius funereus **234**
Aegypius monachus *385*
Aix galericulata **120**
– *sponsa 373*
Alauda arvensis **262**
Alaudidae 19, 260 ff.
Alca torda **219**
Alcedinidae 19, 243
Alcedo atthis **243**
Alcidae 18, 218 ff.
Alectoris chukar *389*
– graeca **156**, *389*
– *rufa 389*
Alken 18, 167, 218 ff.
Alkenvögel 166
Alle alle 377
Alpenbraunelle **279**
Alpendohle **340**
Alpenkrähe **340**, *399*
Alpenschneehuhn 62, **151**
Alpensegler **241**
Alpenstrandläufer **183**, 406
Ammern 22, 259, 362 ff.
Amsel 28, 33, **296**

Anas acuta **105**
– clypeata **104**
– crecca **102**
– penelope **100**
– platyrhynchos **106**
– querquedula **103**
– strepera **101**
Anatidae 16, 90 ff.
Anser albifrons **95**
– anser **94**
– brachyrhynchus 93, *373*
– erythropus **95**, *373*
– fabalis **93**
Anseriformes 71
Anthropoides virgo *389*
Anthus berthelotii *393*
– campestris **271**
– cervinus *379*
– petrosus **270**, *379*
– pratensis **268**
– spinoletta **270**
– trivialis **269**
Apodidae 18, 240 f.
Apodiformes 222
Apus apus **240**
– melba **241**
Aquila adalberti *385*
– chrysaetos **139**
– clanga **141**, *375*
– heliaca **139**, *385*
– pomarina **141**
Ardea cinerea **82**
– purpurea **83**
Ardeidae 16, 80 ff.
Ardeola ralloides *383*
Arenaria interpres **192**
Asio flammeus **231**
– otus **230**
Athene noctua **238**
Auerhuhn 57, 67,147, **153**
Austernfischer 17, 30, 42, 166, **168**
Aythya ferina **108**
– fuligala **110**
– marila **111**
– nyroca **109**

Bachstelze 27, **274**
Bartgeier **129**
Bartkauz *379*
Bartmeise **318**
Baßtölpel **78**, *371*
Baumfalke 29, **144**, 404
Baumläufer 21, 259, 328 f.

Baumpieper 27, **269**
Bekassine 29, 42,**199**
Bergente **111**, 403
Bergfink **349**, *381*
Berghänfling **356**
Berglaubsänger **312**
Bergpieper **270**
Beutelmeise 36, **330**
Beutelmeisen 21, 259
Bienenfresser **244**
Bindenkreuzschnabel *381*
Birkenzeisig *355*
Birkhuhn 62, **152**
Bläßgans **95**
Bläßhuhn 24, 30, 32, **162**
Bläßpötter *399*
Blauelster *399*
Blaukehlchen **281**
Blaumeise 27, 46, **324**
Blaumerle *397*
Blauracke **245**
Bluthänfling **357**
Blutspecht **253**
Bombycilla garrulus **275**
Bombycillidae 20, 275
Bonasa bonasia **150**
Botaurus stellaris **80**
Brachpieper **271**
Brachschwalbe, Schwarzflügel- *389*
Brachvogel, Großer 42, **195**
Brandgans 40, **99**, 403
Brandseeschwalbe **212**, 408
Branta bernicla **98**
– canadensis **96**
– leucopsis **97**
Braunellen 20, 258, 278 f.
Braunkehlchen 28, **290**
Braunliest *393*
Brautente *373*
Brillengrasmücke *397*
Bruchwasserläufer **189**, 407
Bubo bubo **236**
Bubulcus ibis *383*
Bucanetes githagineus *401*
Bucephala clangula **116**
– *islandica 373*
Buchfink 26, 27, 33, **348**
Buntspecht 47, 51, 52, 56, 61, **252**
Burhinidae 17, 169

Burhinus oedicnemus 169
Bussarde 122
Buteo buteo 136
– *lagopus* 137
– *rufinus* 387

Calandrella brachydactyla 393
– *rufescens* 393
Calcarius lapponicus 363
Calidris alba 180
– *alpina* 183
– *canutus* 179
– *ferruginea* 182
– *maritima* 184
– *minuta* 181
– *temminckii* 181, 375
Calonectris diomedea 383
Caprimulgidae 18, 242
Caprimulgiformes 222
Caprimulgus europaeus 242
– *ruficollis* 393
Carduelis carduelis 353
– *chloris* 352
– *spinus* 353
Carpodacus erythrinus 358
Casmerodius albus 84
Cepphus grylle 220
Cercotrichas galactotes 395
Certhia brachydactyla 328
– *familiaris* 329
Certhiidae 21, 328 f.
Ceryle rudis 393
Cettia cetti 303, 399
Charadriidae 17,172 ff.
Charadriiformes 166
Charadrius alexandrinus 174
– *dubius* 172
– *hiaticula* 173
– *morinellus* 175
Chlidonias hybrida 217
– *leucopterus* 217, 391
– *niger* 216
Chukarhuhn *389*
Ciconia ciconia 88
– *nigra* 89
Ciconiidae 16, 88
Ciconiiformes 71
Cinclidae 20, 276
Cinclus cinclus 276
Circaetus gallicus 130
Circus aeruginosus 131
– *cyaneus* 132

– *pygargus* 133
Cistensänger 300, *397*
Cisticola juncidis 300, 397
Clamator glandarius 393
Clangula hyemalis 113, 373
Coccothraustes coccothraustes 361
Columba livia 228, 391
– *oenas* 224
– *palumbus* 225
Columbidae 18, 224 ff.
Columbiformes 222
Coracias garrulus 245
Coraciidae 19, 245
Coraciiformes 222
Corvidae 22, 336 ff.
Corvus corax 341
– *corone cornix* 342
– *corone corone* 342
– *frugilegus* 343
– *monedula* 339
Coturnix coturnix 155
Crex crex 160
Cuculidae 18, 229
Cuculiformes 222
Cuculus canorus 229
Cyanopica cyana 399
Cygnus bewickii 92
– *cygnus* 91
– *olor* 90

Delichon urbica 267
Dickschnabellumme *377*
Distelfink **353**
Dohle 28, **339**
Dompfaff **360**
Doppelschnepfe 200, *377*
Dorngrasmücke **310**
Dreizehenmöwe 32, 43, **203**, 409
Dreizehenspecht 52, **256**
Drosseln 20, 294
Drosselrohrsänger 28, **304**
Dryocopus martius 250
Dünnschnabelmöwe *391*
Dunkler Wasserläufer **186**, 407

Egretta garzetta 85
Eichelhäher 28, 61, **336**
Eiderente 24, 32, **112**, 403
Einfarbstar *399*
Eisente *113*, *373*, 403
Eismöwe *377*
Eissturmvogel **78**

Eistaucher 73, *371*
Eisvögel 19, 223
Eisvogel 38, 221, **243**
Elanus caeruleus 387
Eleonorenfalke *387*
Elster 28, 35, 56, **338**
Emberiza caesia 401
Emberiza calandra 369
– *cia* 367
– *cirlus* 365
– *citrinella* 364
– *hortulana* 366
– *melanocephala* 401
– *rustica* 381
– *schoeniclus* 368
Emberizidae 22, 362 ff.
Entenvögel 16, 71. 90 ff.
Erdsänger 20, 280
Eremophila alpestris 263
Erithacus rubecula 280
Erlenzeisig **354**
Eule, Schnee– *379*
Eulen 222

Falco biarmicus 387
– *cherrug* 145, *387*
– *columbarius* 146
– *eleonorae* 387
– *naumanni* 387
– *peregrinus* 145
– *rusticolus* 375
– *subbuteo* 144
– *tinnunculus* 142
– *vespertinus* 143
Falconidae 16, 142 ff.
Falconiformes 123
Falken 16, 142 ff.
Falkenartige 123
Falkenraubmöwe **202**
Fasan 30, 50, 62, 67, **156**
Feldhühner 16, 143, 154 ff.
Feldlerche 27, 45, **262**
Feldschwirl **300**
Feldsperling **347**
Felsenkleiber *399*
Felsenschwalbe **265**
Felsentaube *391*
Ficedula albicollis 287
– *hypoleuca* 286
– *parva* 285
Fichtenkreuzschnabel 51, **359**
Finken 22, 259, 348 ff.
Fischadler 16, 122, **124**, 405
Fitis 27, **315**
Fliegenschnäpper 284

Flußregenpfeifer 25, 29, 42, 165, **172**, 406
Flußseeschwalbe 29, **214**, 408
Flußuferläufer 29, **191**, 407
Fratercula arctica 377
Fringilla coelebs 348
– *montifringilla* 349, 381
– *teydea* 401
Fringillidae 22, 348 ff.
Fulica atra 162
– *cristata* 389
Fulmarus glacialis 78

Gänse 16, 71
Gänsegeier **128**
Gänsesäger **119**, 403
Galerida cristata 260
Galliformes 148
Gallinago gallinago 199
– *media* 200, 377
Gallinula chloropus 161
Garrulus glandarius 336
Gartenammer **366**
Gartenbaumläufer 27, **328**
Gartengrasmücke **309**
Gartenrotschwanz 28, 46, 62, **289**
Gavia arctica 72
– *immer* 73, 371
– *stellata* 73
Gaviidae 15, 72 f.
Gaviiformes 15
Gebirgstelze **273**
Geier 122
Gelbschnabel-Sturmtaucher *383*
Gelbspötter 25, 27, **306**
Gelbsteißbülbül *395*
Gelochelidon nilotica 211
Gerfalke *375*, 404
Gimpel 50, **360**
Girlitz **350**
Glareola nordmanni 389
Glattfußhühner 148
Glaucidium passerinum 235
Gleitaar *387*
Goldammer 27, 45, **364**
Goldhähnchen 20, 258, 316 f.
Goldregenpfeifer **176**
Grasmücken 20, 258, 300 ff.
Grauammer **369**
Graufischer *393*
Graugans 40, 67, **94**
Grauortolan *401*

Graureiher 34, 57, 64, 67, **82**
Grauschnäpper 27, 66, **284**
Grauspecht **248**
Greifvögel 122
Großer Brachvogel **195**
Großtrappe 57, **163**
Grünfink **352**
Grünlaubsänger **312** .
Grünling 27, 46, 62, **352**
Grünschenkel **188**, 407
Grünspecht 49, 61, **249**
Gruiformes 148
Grus grus 164
Gryllteiste **220**
Gypaetus barbatus 129
Gyps fulvus 128

Habicht 34, 54, 55, 56, 59, **134**, 372
Habichtartige 16, 122, 125 ff.
Habichte 122
Habichtsadler *387*
Habichtskauz **233**
Häherkuckuck *393*
Haematopodidae 17, 166, 168
Haematopus ostralegus 168
Hänfling 27, **357**
Hakengimpel *381*
Halbgänse 16, 71
Halcyon smyrnensis 393
Haliaeetus albicilla 125
Halsbandschnäpper **287**
Haselhuhn 42, **150**
Haubenlerche **260**
Haubenmeise **323**
Haubentaucher 32, **74**
Hausrotschwanz 28, **288**
Haussperling 27, 50, **346**
Heckenbraunelle 28, **278**
Heckensänger *395*
Heidelerche 45, **261**
Heringsmöwe 43, **208**, 408
Hieraaetus fasciatus 387
– *pennatus* 140
Himantopus himantopus 171
Hippolais icterina 306
– *pallida* 399
– *polyglotta* 306, 399
Hirundinidae 19, 264 ff.
Hirundo daurica 393
– *rustica* 266
Histrionicus histrionicus 373

Höckerschwan 24, 32, 69, **90**
Hohltaube 43, **224**
Hoplopterus spinosus 389
Hühnervögel 148
Hydrobates pelagicus 371

Ibisse 15, 71, 87
Irania gutturalis 395
Isabellsteinschmätzer *395*
„Italiensperling" *401*
Ixobrychus minutus 81

Jungfernkranich *389*
Jynx torquilla 247

Käuze 18, 222, 230 ff.
Kaiseradler 139, *385*
Kaiseradler, Spanischer *385*
Kalanderlerche *393*
Kammbläßhuhn *389*
Kampfläufer **185**, 407
Kanadagans **96**
Kanarengirlitz *401*
Kanarenpieper *393*
Kanarenschmätzer *395*
Kappenammer *401*
Karmingimpel **358**
Kernbeißer 26, 33, 53, **361**
Kiebitz 25, 29, 55, 61, **178**
Kiebitzregenpfeifer **177**
Kiefernkreuzschnabel *381*
Klappergrasmücke 28, **311**
Kleiber 21, 26, 27, 37, 259, **326**
Kleines Sumpfhuhn **159**
Kleinspecht **255**
Knäkente **103**, 402
Knutt **179**, 406
Kohlmeise 25, 27, **325**
Kolbenente **107**, 402
Kolkrabe **341**
Korallenmöwe *391*
Kormoran **79**
Kormorane 15
Kornweihe **132**, 405
Krabbentaucher 377
Kragenente *373*
Krähenscharbe 79, *371*
Kranich **164**
Kraniche 17, 149, 164
Kranichvögel 148
Krauskopfpelikan *383*

Krickente **102**, 402
Kuckuck 59, **229**
Kuckucke 18, 222
Küstenseeschwalbe 43, **215**, 409
Kuhreiher *383*
Kurzfangsperber *387*
Kurzschnabelgans 93, *373*
Kurzzehenlerche *393*

Lachmöwe 30, 55, 65, **205**, 409
Lachseeschwalbe **211**
Lagopus lagopus 375
– *lagopus scoticus* 375
– *mutus* 151
Laniidae 22, 332 ff.
Lanius collurio 332
– *excubitor* 335
– *minor* 334
– *nubicus* 399
– *senator* 333
Lannerfalke *387*
Lappentaucher 15, 70, 74 ff.
Lapplandmeise *379*
Laridae 18, 203 ff.
Larus argentatus 207
– *audouinii* 391
– *cachinnans* 207
– *canus* 206
– *fuscus* 208
– *genei* 391
– *hyperboreus* 377
– *marinus* 209
– *melanocephalus* 391
– *minutus* 204
– *ridibundus* 205
Lasurmeise *379*
Laubsänger 20, 312 ff.
Lerchen 19, 258, 260 ff.
Limicola falcinellus 375
Limosa lapponica 196
– *limosa* 197
Locustella fluviatilis 301, *379*
– *luscinoides* 301
– *naevia* 300
Löffelente **104**, 402
Löffler **87**
Loxia curvirostra 359
– *leucoptera* 381
– *pytyopsittacus* 381
Lullula arborea 261
Luscinia luscinia 283
– *megarhynchos* 282
– *svecica* 281
Lymnocryptes minimus 200

Lyrurus tetrix 152

Mäusebussard 29, 59, 65, 121, **136**, 404
Mandarinente 57, **120**
Mantelmöwe **209**, 408
Mariskensänger **305**
Marmaronetta angustirostris 385
Marmelente *385*
Maskengrasmücke *397*
Maskenwürger *399*
Mauerläufer 21, 259, **327**
Mauersegler 28, **240**
Meerstrandläufer **184**, 406
Mehlschwalbe 28, 37, **267**
Meisen 21, 258, 320 ff.
Melanitta fusca 115
– *nigra* 114
Melanocorypha calandra 393
Mergellus albellus 117
Mergus merganser 119
– *serrator* 118
Merlin **146**, 404
Meropidae 19, 244
Merops apiaster 244
Milane 122
Milvus migrans 126
– *milvus* 127
Misteldrossel **294**
Mittelmeer-Steinschmätzer *395*
Mittelsäger **118**, 403
Mittelspecht **254**
Mönchsgeier *385*
Mönchsgrasmücke 28, 33, **307**
Möwen 18, 166, 203 ff.
Möwenvögel 166
Monticola saxatilis 293
– *solitarius* 397
Montifringilla nivalis 345
Moorente **109**, 402
Moorschneehuhn *375*
„Moorschneehuhn, Schottisches" *375*
Mornell **175**
Motacilla alba 274
– *cinerea* 273
– *citreola* 395
– *flava* 272
– *flava thunbergi* 272
Motacillidae 19, 268 ff.
Muscicapa striata 284
Muscicapidae 20, 280 ff.

Nachtigall 28, **282**

Nachtreiher **86**
Nachtschwalben 18, **242**
Nebelkrähe 55, **342**
Neophron percnopterus 385
Netta rufina 107
Neuntöter 27, 33, 49, 66, **332**
Nonnengans **97**
Nonnensteinschmätzer *395*
Nucifraga caryocatactes 337
– *caryocatactes macrorhynchos* 337
Numenius arquata 195
– *phaeopus* 194
Nyctea scandiaca 379
Nycticorax nycticorax 86

Odinshühnchen **193**
Oenanthe hispanica 395
– *isabellina* 395
– *leucura* 395
– *oenanthe* 292
– *pleschanka* 395
Ohrenlerche **263**
Ohrentaucher 76, *371*
Ohreulen 18, 222, 230 ff.
Oriolidae 21, 331
Oriolus oriolus 331
Orpheusgrasmücke 307, *397*
Orpheusspötter 306, *399*
Ortolan **366**
Oscines 258
Otis tarda 163
Otididae 17, 163
Otus scops 237
Oxyura jamaicensis 385
– *leucocephala* 385

Palmtaube *391*
Pandion haliaetus 124
Pandionidae 16, 124
Panuridae 21, 318
Panurus biarmicus 318
Papageitaucher *377*
Paridae 21, 320 ff.
Parus ater 322
– *caeruleus* 324
– *cinctus* 379
– *cristatus* 323
– *cyanus* 379
– *major* 325
– *montanus* 321
– *palustris* 320
Passer domesticus 346
– *hispaniolensis* 401

- *hispaniolensis italiae* 401
- *montanus* 347
Passeridae 22, 345 ff.
Passeriformes 258
Pelecaniformes 70
Pelecanus crispus 383
- *onocrotalus* 383
Perdix perdix 154
Perisoreus infaustus 381
Pernis apivorus 138
Petronia petronia 401
Pfeifente **100,** 402
Pfuhlschnepfe **196**
Phalacrocoracidae 79
Phalacrocorax aristotelis 79, 371
- *carbo* 79
- *pygmeus* 383
Phalaropus fulicarius 377
- *lobatus* 193
Phasianidae 16, 154 ff.
Phasianus colchicus 156
Philomachus pugnax 185
Phoenicopterus ruber 383
Phoenicurus ochruros 288
- *phoenicurus* 289
Phylloscopus bonelli 312
- *collybita* 314
- *sibilatrix* 313
- *trochiloides* 312
- *trochilus* 315
Pica pica 338
Picidae 19, 247 ff.
Piciformes 223
Picoides leucotus 251
- *major* 252
- *medius* 254
- *minor* 255
- *syriacus* 253
- *tridactylus* 256
Picus canus 248
- *viridis* 249
Pinicola enucleator 381
Pirol 28, 34, 62, **331**
Pirole 21, 259
Platalea leucorodia 87
Plectrophenax nivalis 362, 381
Plegadis falcinellus 383
Pluvialis apricaria 176
- *squatarola* 177
Podiceps auritus 76, 371
- *cristatus* 74
- *grisegena* 75
- *nigricollis* 76
Podicipedidae 15, 74 ff.

Podicipediformes 70
Polysticta stelleri 373
Porphyrio porphyrio 389
Porzana parva 159
- *porzana* 158
- *pusilla* 159
Prachteiderente *373*
Prachttaucher **72**
Procellariidae 15, 78
Procellariiformes 70
Provencegrasmücke *397*
Prunella collaris 279
- *modularis* 278
Prunellidae 20, 278 f.
Pterocles alchata 391
- *orientalis* 391
Ptyonoprogne rupestris 265
Puffinus puffinus 371
Purpurhuhn *389*
Purpurreiher **83**
Pycnonotus xanthopygos 395
Pyrrhocorax graculus 340
- *pyrrhocorax* 340, 399
Pyrrhula pyrrhula 360

Rabenkrähe 29, 46, **342**
Rabenvögel 22, 259, 336 ff.
Racken 19, 223
Rackenvögel 222
Rallen 17, 148 f., 157 ff.
Rallenreiher *383*
Rallidae 17, 157 ff.
Rallus aquaticus 157
Raubmöwen 17,166, 201 f.
Raubseeschwalbe **210,** 409
Raubwürger 27, 66, **335**
Rauchschwalbe 28, 34, 45, **266**
Rauhfußbussard **137,** 404
Rauhfußhühner 16, 148, 150 ff.
Rauhfußkauz **234**
Rebhuhn 30, 62, 63, **154**
Recurvirostra avosetta 170
Recurvirostridae 17, 170 f.
Regenbrachvogel **194**
Regenpfeifer 17, 166, 172 ff.
Regulidae 20, 316 f.
Regulus ignicapillus 317
- *regulus* 316
Reiher 15, 71, 80 ff.
Reiherente **110,** 403
Remiz pendulinus 330

Remizidae 21, 330
Ringdrossel **297**
Ringelgans **98**
Ringeltaube 54, 55, 61, **225**
Riparia riparia 264
Rissa tridactyla 203
Rötelfalke *387*
Rötelschwalbe *393*
Rohrammer **368**
Rohrdommel **80**
Rohrmeisen 21, 258, 318
Rohrsänger 20, 300
Rohrschwirl **301**
Rohrweihe 34, **131,** 405
Rosaflamingo *383*
Rosapelikan *383*
Rostgans *385*
Rotdrossel **299**
Rotfußfalke **143**
Rothalstaucher **75**
Rothals-Ziegenmelker *393*
Rothuhn *389*
Rotkehlchen 28, 45, 257, **280**
Rotkehlpieper *379*
Rotkopfwürger **333**
Rotmilan **127,** 404
Rotrückenwürger **332**
Rotschenkel **187,** 407
Rotschwänze 20, 288
Rotstirngirlitz *401*
Ruderente, Schwarzkopf- *385*
Ruderente, Weißkopf- *385*
Ruderfüßer 70

Saatgans **93**
Saatkrähe 35, **343**
Säbelschnäbler **170**
Säger 16, 71
Sänger 20, 258, 280 ff.
Samtente **115,** 403
Samtkopfgrasmücke *397*
Sanderling **180,** 406
Sandflughuhn *391*
Sandregenpfeifer 23, **173,** 406
Sardengrasmücke *397*
Saxicola dacotiae 395
- *rubetra* 290
- *torquata* 291
Schafstelze **272**
Scheckente *373*
Schelladler 141, *375*
Schellente **116,** 403
Schilfrohrsänger **305**
Schlagschwirl 301, *379*

Schlangenadler **130**
Schleiereule 25, 44, 60, 64, 66, **239**
Schleiereulen 18, 222
Schmarotzerraubmöwe **201**
Schmutzgeier *385*
Schnatterente **101**, *402*
Schneeammer **362**, *381*
Schnee-Eule *379*
Schneefink **345**
Schnepfen 17, 166, 179 ff.
Schnepfenvögel 166
„Schottisches Moorschneehuhn" *375*
Schreiadler **141**
Schreitvögel 71
Schwalben 19, 258, 264 ff.
Schwalmvögel 222
Schwäne 16, 71
Schwanzmeise 27, 36, **319**
Schwanzmeisen 21, 258, 319
Schwarzflügel-Brachschwalbe *389*
Schwarzhalstaucher **76**
Schwarzkehlchen **291**
Schwarzkopfmöwe *391*
Schwarzkopf-Ruderente *385*
Schwarzmilan 30, **126**, *404*
Schwarzschnabel-Sturmtaucher *371*
Schwarzspecht 51, 52, **250**
Schwarzstirnwürger **334**
Schwarzstorch 35, **89**
Schwimmenten 16, 71
Scolopacidae 17, 179 ff.
Scolopax rusticola 198
Seeadler **125**, *405*
Seeregenpfeifer **174**, *406*
Seeschwalbe, Weißflügel- *391*
Seeschwalben 18, 166, 210 ff.
Seetaucher 15, 70, 72 f.
Seggenrohrsänger **305**
Segler 18, 222, 240 f.
Seidenreiher **85**
Seidensänger 303, *399*
Seidenschwanz **275**
Seidenschwänze 20, 258
Serinus canaria 401
Serinus citrinella 351
– *pusillus* 401

– *serinus* 350
Sichelstrandläufer **182**, *406*
Sichler *383*
Silbermöwe 30, 57, 65, **207**, *408*
Silberreiher **84**
Singdrossel 25, 28, 33, 46, 48, 49, 62, **295**
Singschwan **91**
Singvögel 257 ff.
Sitta europaea 326
– *krueperi* 399
– *neumayer* 399
Sittidae 21, 326
Skua **201**, *377*
Somateria mollissima 112
– *spectabilis* 373
Sommergoldhähnchen **317**
Spanischer Kaiseradler *385*
Spatelente *373*
Spatelraubmöwe **202**, *377*
Spechte 19, 223, 247 ff.
Spechtvögel 223
Sperber 29, 53, 54, 56, 59, 122, **135**, *372*
Sperbereule *379*
Sperbergrasmücke **308**
Sperlinge 22, 259, 345 ff.
Sperlingskauz **235**
Sperlingsvögel 257
Spießente **105**, *402*
Spießflughuhn *391*
Spinte 19, 223, 244
Spornammer **363**
Spornkiebitz *389*
Sprosser **283**
Sraßentaube 228
Star 28, 49, **344**
Stare 22, 259
Steinadler 34, **139**, *405*
Steinhuhn 62, 156, *389*
Steinkauz 60, 65, **238**
Steinmerlen 20, 293
Steinrötel *293*
Steinschmätzer 20, 28, 290, **292**
Steinschmätzer, Mittelmeer- *395*
Steinsperling *401*
Steinwälzer **192**, *407*
Stelzen 19, 258, 268 ff.
Stelzenläufer 17, 166, 170 f., **171**
Stercorariidae 17, 201 f.
Stercorarius longicaudus 202

– *parasiticus* 201
– *pomarinus* 202, *377*
– *skua* 201, *377*
Sterna albifrons 213
– *caspia* 210
– *hirundo* 214
– *paradisaea* 215
– *sandvicensis* 212
Sternidae 18, 210 ff.
Sterntaucher **73**
Stieglitz 27, 50, 62, **353**
Stockente 40, **106**, *402*
Störche 16, 71, 88
Strandpieper 270, *379*
Streptopelia decaocto 226
– *senegalensis* 391
– *turtur* 227
Strigidae 18, 230 ff.
Strigiformes 222
Strix aluco 232
– *nebulosa* 379
– *uralensis* 233
Stummellerche *393*
Sturmmöwe **206**, *408*
Sturmschwalbe *371*
Sturmtaucher, Gelbschnabel- *383*
Sturmtaucher, Schwarzschnabel- *371*
Sturmvögel 15, 70, 78
Sturnidae 22, 233
Sturnus unicolor 399
– *vulgaris* 344
Sula bassana 78, *371*
Sumpfhuhn, Kleines **159**
Sumpfläufer *375*
Sumpfmeise 27, **320**
Sumpfohreule **231**
Sumpfrohrsänger 28, 33, **302**
Surnia ulula 379
Sylvia atricapilla 307
– *borin* 309
– *cantillans* 397
– *communis* 310
– *conspicillata* 397
– *curruca* 311
– *hortensis* 307, 397
– *melanocephala* 397
– *nisoria* 308
– *rueppelli* 397
– *sarda* 397
– *undata* 397
Sylviidae 20, 300 ff.

Tachybaptus ruficollis 77
Tadorna ferruginea 385
– *tadorna* 99
Tafelente **108**, *402*

Tannenhäher 51, 61; **337**
Tannenmeise **322**
Tauben 18, 222, 224 ff.
Tauchenten 16, 71
Teichhuhn 30, 42, **161**
Teichrohrsänger 28, 31, **303**
Teichwasserläufer **185**, 375
Temminckstrandläufer 181, *375*, 406
Terekwasserläufer *375*
Tetrao urogallus 153
Tetraonidae 16, 150 ff.
Tetrax tetrax 389
Teydefink *401*
Thorshühnchen *377*
Threskiornithidae 15, 87
Tichodroma muraria 327
Tichodromidae 21, 327
Tordalk **219**
Trappen 17, 149, 163
Trauerente **114**, 403
Trauerschnäpper 25, **286**
Trauerseeschwalbe **216**, 409
Trauersteinschmätzer *395*
Triel **169**
Triele *169*
Tringa erythropus 186
– *glareola* 189
– *nebularia* 188
– *ochropus* 190
– *stagnatilis* 186, 375
– *totanus* 187
Troglodytes troglodytes 277
Troglodytidae 20, 277
Trottellumme **218**
Tüpfelsumpfhuhn **158**
Türkenkleiber *399*
Türkentaube 61, **226**
Turdus iliacus 299
– *merula* 296
– *philomelos* 295
– *pilaris* 298
– *torquatus* 297
– *viscivorus* 294
Turmfalke 24, 29, 41, 59, 65, **142**, 404

Turteltaube **227**
Tyto alba 239
Tytonidae 18, 239

Uferschnepfe **197**
Uferschwalbe 38, **264**
Uhu 60, **236**
Unglückshäher *381*
Upupa epops 246
Upupidae 19, 246
Uria aalge 218
– *lomvia* 377

Vanellus vanelius 178

Wacholderdrossel **298**
Wachtel **155**
Wachtelkönig **160**
Waldammer *381*
Waldbaumläufer 27, **329**
Waldkauz 43, 44, 60, 65, **232**
Waldlaubsänger 27, **313**
Waldohreule 39, 55, 60, 65, **230**
Waldsaatgans 93
Waldschnepfe **198**
Waldwasserläufer **190**, 407
Wanderfalke 55, **145**, 404
Wasseramsel 28, 36, **276**
Wasseramseln 20, 258
Wasserläufer, Dunkler **186**, 407
Wasserralle **157**
Weidenlaubsänger **314**
Weidenmeise **321**
Weidensperling *401*
Weihen 122
Weißbartgrasmücke *397*
Weißbartseeschwalbe **217**, 409
Weißflügelseeschwalbe 217, *391*, 409
Weißkehlsänger *395*
Weißkopfmöwe **207**
Weißkopf-Ruderente *385*
Weißrückenspecht **251**
Weißstorch 64, **88**

Wendehals 67, **247**
Wespenbussard 29, 41, 59, 65, **138**, 404
Wiedehopf 19, 61, **246**
Wiedehopfe 223
Wiesenpieper **268**
Wiesenralle **160**
Wiesenschmätzer 20, 290 ff.
Wiesenweihe 59, **133**, 405
Wintergoldhähnchen 27, **316**
Würger 22, 259, 332 ff.
Würgfalke 145, *387*
Wüstengimpel *401*

Xenus cinereus 375

Zaunammer **365**
Zaungrasmücke **311**
Zaunkönig 28, 36, 45, **277**
Zaunkönige 20, 258
Zeisig **354**
Ziegenmelker 28, **242**
Ziegenmelker, Rothals- *393*
Zilpzalp 27, **314**
Zippammer **367**
Zitronengirlitz **351**
Zitronenstelze *395*
Zwergadler **140**
Zwergbläßgans **95**
Zwergdommel **81**
Zwerggans *373*
Zwergmöwe **204**, 409
Zwergohreule **237**
Zwergsäger **117**, 403
Zwergscharbe *383*
Zwergschnäpper **285**
Zwergschnepfe **200**
Zwergschwan **92**
Zwergseeschwalbe **213**, 409
Zwergstrandläufer **181**, 406
Zwergsumpfhuhn **159**
Zwergtaucher **77**
Zwergtrappe *389*